Despertar para a vida

Despertar para a vida

psicografado por
Eliana Machado Coelho

pelo espírito
Schellida

LÚMEN
EDITORIAL

Despertar para a Vida
pelo espírito *Schellida*
psicografia de *Eliana Machado Coelho*

Copyright ® 2006 - 2024
by Lúmen Editorial Ltda.

14ª edição – Setembro de 2024

Coordenação editorial: *Ronaldo A. Sperdutti*
Preparação de originais: *Eliana Machado Coelho*
Revisão: *Profª Valquíria Rofrano*
Correção digitalizada da revisão: *Eliana Machado Coelho*
Diagramação: *Sheila Fahl / Casa de Ideias*
Arte da Capa: *Daniel Rampazzo / Casa de Ideias*
Impressão e acabamento: *Renovagraf*

**Dados Internacionais de Catalogação na Publicação
(CIP)(Câmara Brasileira do Livro, SP, Brasil)**

Schellida (Espírito).
Despertar para a vida / pelo espírito Schellida ; psicografia de Eliana Machado Coelho. — São Paulo : Lúmen, 2006.

1. Espiritismo 2. Psicografia 3. Ficção espírita
I. Coelho, Eliana Machado. II. Título.

06-1158   CDD-133.93

Índices para catálogo sistemático:
1. Romances espíritas : Espiritismo   133.93

LÚMEN
EDITORIAL

Av. Porto Ferreira, 1031 | Parque Iracema
CEP 15809-020 | Catanduva-SP
17 3531.4444

www.lumeneditorial.com.br | atendimento@lumeneditorial.com.br
www.boanova.net | boanova@boanova.net

Proibida a reprodução total ou parcial desta
obra sem prévia autorização da editora
Impresso no Brasil – *Printed in Brazil*

Índice

1 – Jonas, alimentado pela vingança 7
2 – A convalescença de Márcia 19
3 – Reorganizando a vida 45
4 – Iniciando os momentos de tensão 65
5 – A visão de Márcia 87
6 – Márcia é promovida 111
7 – Éramos unidos, felizes 123
8 – Um amigo para ouvir 149
9 – Aprendendo a caminhar 167
10 – Conflito sentimental 189
11 – Amor e suicídio 203
12 – O brilho da verdade 219
13 – Encarcerados e libertos 239
14 – A mediunidade de Fábio 251
15 – A persistência de um obsessor 267
16 – Esclarecimentos oportunos 283
17 – O exemplo de Bete 305
18 – Mudanças repentinas 317

19 – Abalos, transtornos e desespero 331
20 – Márcia entre o desespero e a determinação 351
21 – Enquanto há vida, há esperança 363
22 – Roberto esconde graves acontecimentos 387
23 – A formosura de uma rosa 405
24 – Vidas em perigo 423
25 – Discussões acaloradas 439
26 – Unidos por amor 461
27 – Tentando separar os que se amam 483
28 – Sob terríveis seduções 503
29 – Reconciliações 525
30 – Recompensa Divina 551

# 1

Jonas, alimentado pela vingança

Márcia conduzia tranqüilamente seu veículo por uma auto-estrada. Tinha ficado a serviço por duas semanas na cidade do Rio de Janeiro. E estava feliz, ansiosa por retornar a São Paulo, queria rever sua família e retomar suas atividades. Trabalhava em uma multinacional que, às vezes, a mandava para outras cidades por conseqüência de serviços.

Era um lindo dia de sol e a Rodovia Presidente Dutra, com destino a São Paulo, estava com pouco movimento. Por ser hora do almoço, Márcia resolveu parar em um restaurante da estrada, pois deveria ter pela frente mais de uma hora e meia de viagem. Como sabia que aquele era um bom lugar para se fazer refeição, preferiu dispor-se naquela hora. Após estacionar o carro, entrou no restaurante, dirigiu-se a uma mesa, sentou-se e pediu um prato "leve". Ao terminar, aceitou o café oferecido, pagou a conta e seguiu viagem.

Já passavam das treze horas e o calor era intenso. Em vez de ligar o ar condicionado, preferiu abrir os vidros e quebrar o vento para dentro do carro. Ela gostava de sentir os seus cabelos esvoaçando. Ligou o som e colocou a música de sua preferência. Isso a fez pensar no namoro que havia terminado recentemente com Arnaldo e, entretida com as idéias, questionava-se:

"Como será que ele está? Não acredito que sinta qualquer mágoa. Eu nem mesmo estou triste. Afinal, depois de um ano de namoro nós já estávamos desgastados, significando que não havia mais amor. Não sentíamos mais aquele entusiasmo em nossos encontros e, às vezes, quando não nos víamos, por qualquer motivo, não sentíamos mais aquela saudade. As coisas estavam muito frias e... na verdade só gosto dele, só isso. Não quero mais envolvimento ou compromisso". Interrompendo a seqüência de seus pensamentos sem perceber, entusiasmada, iniciou outro como quem muda de assunto repentinamente: "Farei uma surpresa para minha mãe! Quando chegar, não vou telefonar e amanhã bem cedinho, vou visitá-la e...".

Nesse momento, subitamente, Márcia ouviu um estouro e um forte barulho de ferragens batendo. Tudo girou e ela não viu ou ouviu mais nada.

Horas depois escutava vozes a seu lado sem entender direito o que estava acontecendo. Tentava abrir os olhos, mas suas pálpebras estavam pesadas e teimavam em se fechar. Mesmo atordoada, reconheceu a voz de seu pai que estava a alguns metros de seu leito.

— O que há com ela, doutor? Já era para minha filha ter acordado!

— Acalme-se, senhor Jovino — aconselhou o médico com tranqüilidade. — Essa reação é normal depois de um acidente, além do que, sua filha está sob efeito de medicamentos.

"Acidente?!", pensava Márcia. "Não me lembro de nenhum acidente!". E, com muito esforço, balbuciou:

— Pai...

O senhor Jovino correu para perto de Márcia e, quase em desespero, com a voz embargada, perguntou comovido:

— Filha, você está bem?! Está me ouvindo?!

Remexendo-se um pouco no leito, Márcia tornou a dizer em voz baixa e fraca:

— Pai... estou com dores por todo o corpo... — sussurrou lentamente.

— Não se esforce — interveio o médico com voz firme. — Você sofreu um acidente. Não está com nenhuma fratura, somente alguns hematomas. Após o choque, desmaiou, e é normal que se sinta assim. Agora, Márcia, você tem que repousar e ficará em observação pelas próximas 48 horas.

— Meu filho é médico, doutor — interferiu o senhor Jovino sem demora. — Já liguei e pedi que ele viesse para cá, pois quero transferi-la para o hospital onde ele trabalha lá em São Paulo. — Voltando-se para Márcia continuou: — Vou tirá-la daqui, filha.

— Fique tranqüilo, senhor Jovino, como médico eu garanto que ela está bem. Deixe seu filho vir para que, juntos, cheguemos a um único parecer clínico. Agora, o importante é que a Márcia descanse.

— E o meu carro? — perguntou Márcia desorientada e alheia ao assunto.

— Seu carro está como todos após um acidente. Ele não é tão importante, pode esperar muito tempo para ser socorrido, você não — disse o médico com um leve sorriso no rosto e um tom de brincadeira na voz. Virando-se para o senhor

Jovino, concluiu: — Vamos à recepção, pois seu filho pode não encontrá-lo ao chegar e Márcia precisa descansar. — Colocando o braço no ombro do senhor, conduziu-o lentamente para fora do quarto.

Mil coisas passavam pelos pensamentos de Márcia: "Como foi acontecer aquilo? Não lembro de nada. Será que dormi ao volante? Não! Impossível!", acreditava.

Além do corpo todo dolorido, a moça sentia forte dor de cabeça que passou a aumentar a cada segundo. O quarto, agora, parecia girar, sentia náuseas e intenso mal-estar.

Nem Márcia, nem ninguém ali presente, pôde ver, mas na cabeceira do leito da jovem havia um rapaz magro, alto, as roupas sujas com alguns rasgos, barba por fazer e cabelos com aspecto grudento e desalinhado. Seu rosto estava pálido e sua feição era de quem sofria muito. Possuía escoriações por toda a face, um machucado na cabeça que ainda sangrava[1]. Seu braço direito mexia, mas nele havia um grande ferimento exposto. Quase não se agüentava em pé, pois vez ou outra sentia fortes dores abdominais, cólicas intestinais tão fortes que ele se contorcia involuntariamente. Trazia consigo uma mágoa, um rancor incontrolável e, apesar de tudo o que

---

[1] (*N.A.E.: Em O Livro dos Médiuns – Capítulo VII – entendemos que todas as propriedades manifestas no invólucro semimaterial do espírito, o perispírito, dependem de suas práticas e pensamentos quando encarnado. Em O Livro dos Espíritos – Capítulo VI – questões de 254 a 256 – explica-nos que a inferioridade de um espírito o faz provar a fadiga, o frio, o calor, os sofrimentos, de modo tão penoso como a própria realidade. Quanto maior a inferioridade do espírito, maiores as impressões, as angústias e dores. Por essa razão eles se vêem, após o desencarne, experimentando o mesmo que sofreram durante a vida até que se socorram verdadeiramente em Deus. Em O Livro dos Espíritos, questões: 287 e 289, deixam claro que os espíritos justos são recebidos como um irmão bem amado e os maus como um ser que se despreza. Enquanto os que estão manchados ficam no isolamento ou cercados somente de espíritos semelhantes a eles.)

sofria, conseguia forças para alimentar um ódio que parecia exalar em sua aura turva. Aproximando-se um pouco mais de Márcia, como que apertando com as duas mãos a cabeça da moça, como se fosse coroá-la, dizia-lhe palavras de baixo calão demonstrando-se enfurecido, pois suas vibrações eram extremamente fortes. Com os dentes cerrados e a voz rouca, repetia com muito ódio:

— Você vai sofrer! Sofrer! Sofrer muito!!! Vai sentir muita dor, sua desgraçada!

No mesmo instante, Márcia começou a remexer-se no leito. Uma dor insuportável, muito aguda, parecia perfurar sua cabeça. Seu desespero era tamanho que começou a gritar. Levantando os braços, ela abraçou a própria cabeça, agitando-se de um lado para outro como se quisesse, de algum modo, livrar-se da dor, de todo aquele sofrimento, de toda aquela angústia.

Rapidamente aproximou-se uma enfermeira e logo atrás o médico. Seus gritos podiam ser ouvidos ao longe. Márcia, já sentada na cama e ainda abraçando a cabeça, girava o corpo de um lado para outro, exibindo um descontrole sem igual.

A enfermeira e o médico a seguravam, enquanto ele perguntava repetidas vezes o que sentia, mas Márcia não conseguia explicar e só gritava:

— Que dor! Ai, que dor! Eu não agüento mais!!! — enquanto as lágrimas rolavam em sua face pálida.

Gritando a uma outra enfermeira que chegava, o médico pediu que preparasse um sedativo ditando-lhe os componentes e a dosagem em rápidas palavras. Foi quando Márcia, em meio a tanto sofrimento, gritou desesperada:

— Deus! Por favor, ajude-me!

Como quem levasse um súbito choque, num pulo o rapaz a largou e foi atirado longe, no outro canto do quarto.

A dor foi suavizando como por milagre. Márcia jogou-se para trás deixando-se cair como se desfalecesse. Pausadamente e com a voz fraca sussurrou enquanto lágrimas corriam-lhe ainda pela face:

— Foi muito forte... não quero sentir isso novamente. Pelo amor de Deus...

— Acalme-se, Márcia. Sou eu, o doutor Jarbas. Vamos cuidar de você, mantenha-se calma, o sedativo já vai fazer efeito.

A custo, o senhor Jovino era mantido, pelos enfermeiros, do lado de fora do quarto.

Levantando-se do chão, o rapaz, ainda um pouco atordoado, atravessou a porta fechada. Sua raiva era tamanha que conseguiu forças para dizer ao senhor Jovino, com vibração sarcástica, influenciando-o:

— Ela vai sofrer! Você vai chorar muito por ela, pode crer! Sua queridinha já começou a sofrer, seu velho safado.

O senhor Jovino não ouviu nada, mas pôde captar aqueles desejos, aquela energia que o envolveu com vibrações angustiantes fazendo-o cair num pranto compulsivo ao pedir, melancólico:

— Por favor, ajudem minha filha!

Minutos se fizeram e a situação foi controlada.

Quando Ciro chegou, o filho do senhor Jovino que era médico, ficou ciente de tudo e cuidou da transferência de sua irmã para um hospital em São Paulo, pois, devido ao quadro clínico apresentado, acreditou que seria melhor realizar, o quanto antes, uma tomografia do cérebro, recurso que não existia naquele hospital. E assim foi feito.

Ninguém pôde ver, mas no momento em que Márcia rogou por ajuda usando de todo seu desejo e fé, acreditando com todas as forças no Criador, um socorrista do plano espiritual, que estava naquele hospital, fez-se presente. Sem muito esforço e sem ser visto, até mesmo pelo espírito Jonas, colocou suas mãos sobre os ombros do rapaz para evitar que continuasse a torturar Márcia. O socorrista, que naquele momento estava apresentando o hospital e o trabalho ali realizado para um Grupo de Estudo que viera de uma colônia espiritual do interior de São Paulo, emanou verdadeiros desejos de amor, carinho e proteção o que causou um choque com as vibrações energéticas daquele espírito, neutralizando o que Márcia sentia.

Observando a cena, o instrutor do grupo, Renato, passou a explicar a situação do espírito que torturou Márcia e que se chamava Jonas. Infeliz por não aceitar orientação espiritual e tratamento, permanecendo na ignorância e em estado de perturbação por buscar vingança do que lhe aconteceu no passado, Jonas nunca refletiu ou questionou a verdadeira culpa por tudo o que sofreu e sofria. Mesmo desencarnado, ele ainda experimenta todo reflexo de sua ira e nunca alcançou a paz, sofrendo em demasia e, como que alucinado a todo instante, sentia cada parte de seu corpo doer como no momento de sua morte.

— Jonas é alimentado pelos sentimentos de sua mãe e de sua irmã, ainda encarnadas que não se conformavam, como ele, com seu desencarne — explicou Renato com poucos detalhes.

— Renato, como pode ser isso? — perguntou uma das alunas.

— Bem, Jonas sempre foi superprotegido e mimado, desde sua infância. Filho caçula e somente com uma irmã dez anos mais velha que ele, sempre foi o destaque da família. Tudo o que fazia era considerado certo e até engraçadinho pelos seus pais, mesmo quando suas peraltices de infância ultrapassavam todos os limites, deixando de ser arte de criança, ele era "aplaudido". Jonas possuía tudo o que desejava, mas sempre se revoltava, ficava insatisfeito, querendo mais ou exigindo que seus desejos fossem realizados rapidamente. Sua mãe sempre contornava as situações extremas que ele provocava e nunca o advertia com seriedade, punindo-o ou deixando que o punissem pelo que fizesse de errado.

— A punição excessiva ou drástica é prejudicial, certo? — perguntou uma das alunas.

— Sem dúvida. O excesso, tanto na rigidez da educação quanto no abandono da mesma, ou na proteção exagerada, sempre será prejudicial — continuou Renato com dedicada orientação. — Mas a punição na hora certa, de maneira ponderada, sem excessivas agressões físicas ou morais, com orientação sensata e instrutiva, guiam a pessoa ao caminho correto. No caso de Jonas, seus pais não ofereceram qualquer orientação filosófica, religiosa ou espiritual, não lhe ensinaram nenhum princípio básico para uma boa formação moral, nunca lhe impuseram limites, tudo o que ele queria fazer era permitido. Só que Jonas foi crescendo e nunca acreditou nem mesmo em Deus, pois lhe faltou muita base na formação de caráter. Já com mais idade, suas obrigações foram aumentando, só que ele não queria assumir nenhuma responsabilidade, preferia ser imprudente e negligente. Desde a escola ele dizia que a culpa era de seus colegas por tudo o que lhe acontecia de errado, os professores nunca estavam certos, ou eram muito exigentes, na opinião dele. E seus pais sempre o apoiaram, dando-lhe todo o crédito. Até que começou a se revoltar contra os próprios pais, passou a beber e usar drogas. Os pais julgavam que os amigos eram os únicos culpados e responsáveis pelo mau caminho que Jonas seguia.

— Digamos que era cômodo para os pais culparem os outros por seus erros, por eles não ensinarem moral e caráter ao filho — observou outra aluna.

— Sim. É sempre cômodo, para qualquer um, culpar o outro por suas falhas em vez de tentar corrigi-las — confirmou o instrutor, ponderado. — Os pais sufocavam Jonas com excesso de proteção e ele sabia disso. Entretanto, Jonas nunca se deixou responsabilizar pelos próprios erros. Ele não queria encarar a vida nem a seus pais, revelando e contando a verdade sobre seus atos inconseqüentes ou reivindicando aos pais o seu direito de aprender, de se libertar dos laços de superproteção, desejando amadurecer, progredir com as oportunidades da vida. Jonas sempre foi um covarde na luta por seus direitos de crescer, de evoluir seu caráter, sempre foi um fraco por não lutar pelos seus objetivos, nunca quis ser produtivo e independente.

Todos ouviram com muita atenção o esclarecimento de Renato, até que Ivo, um outro membro do grupo, indagou curioso:

— Alguém no plano espiritual já alertou Jonas de tudo isso?

— Sim, claro, inúmeras vezes, mas agora a condição dele é tão inferior que não consegue sequer nos ouvir. Contudo, podemos enviar-lhe boas vibrações, como elevadas preces de amor e paz, desejo no bem, para aliviá-lo de tudo o que experimenta, rogando misericórdia ao Pai da Vida. Encarnados e desencarnados podem fazer isso para auxiliar espíritos que, como Jonas, sofrem desorientados ou com as idéias fixas de vingança, ou por seguirem caminhos tortuosos.

— Renato, você disse a princípio, que a mãe e a irmã de Jonas nutrem todo esse ódio que ele sente e o faz ter aquela aparência, experimentando constantemente tanto sofrimento e dor. Então elas são as culpadas por Jonas estar nessa condição espiritual tão inferior? Como é isso?

— Não — esclareceu Renato, corrigindo-a —, o único culpado é o próprio Jonas. A mãe e a irmã estão erradas, sim! — salientou com ênfase. — Elas são responsáveis pelas condições em que ele se encontra, mas é culpa dele não querer melhorar, uma vez que já lhe foi oferecido tratamento e orientação.

— Se ele é o culpado pelo próprio sofrimento, como elas podem estar erradas e serem as responsáveis pelo que Jonas está passando atualmente? Elas são culpadas também, não são?

— O caso é o seguinte: elas não se conformam com o desencarne dele. Julgam os envolvidos com Jonas, durante sua vida terrena, os únicos culpados pela desventura que o levou à morte prematura. Esse tipo de sentimento e pensamento alimenta o ódio e o rancor que Jonas sente. Elas rogam pragas aos seus desafetos e desejam todo tipo de mal possível a eles. Essa disposição afetiva, em relação à ordem moral ou intelectual das coisas, libera energias que nutrem todo sentimento ruim que Jonas possa ter, dando-lhe muita força para desejar vingar-se. Só que com isso, Jonas continua no erro, no sofrimento, na ignorância e na mediocridade espiritual, sem paz, sem elevação, com sofrimentos, dores, angústias, muitos tormentos e um estado de perturbação inenarrável.

— Elas deveriam orar para que Jonas elevasse seus pensamentos a Deus, rogasse por paz, orientação, socorro e que Ele o envolvesse com amor e perdão. A justiça pertence a Deus — complementou o socorrista que também ouvia a conversa.

— O que essas pessoas fizeram a Jonas? Pelo que entendi é dessa moça Márcia e de seu pai que ele quer se vingar. Senti que eles são pessoas de bem, o que aconteceu?

— Ah! Essa é uma longa história que vou ficar devendo para outro dia, Ivo. Precisamos prosseguir na visita de estudo. Só quero ressaltar uma coisa: você percebeu ou sentiu que são pessoas de bem, acertou. Jonas, sua mãe e sua irmã julgam que eles e outros são culpados. Aí está um grande erro: o julgamento. Julgar é algo delicado que não nos pertence. Podemos cometer erros difíceis de serem reparados. Por isso, ao sentir qualquer injustiça, perdoar é o melhor a se fazer. Deixe que a Divina Natureza haja. A Natureza é a atuação de Deus. Se não sabemos o que merecemos, como podemos saber o que os outros merecem?

— Só mais uma coisa, Renato.

— Sim, diga.

— Essa história, pelo visto, não acaba por aqui, não é?

— Eu creio que não. Todos os envolvidos têm muito que aprender e o sofrimento é útil para alguns aprendizados.

E todos seguiram Renato que decidiu continuar com a visita de estudo.

2

A convalescença de Márcia

Quatro dias se passaram após o acidente. Márcia já estava bem e recuperava-se na casa de seus pais.

Abrindo a porta do quarto suavemente e com a voz bem baixa, quase sussurrando, dona Mariana entrou dizendo:

— Vim trazer um chá, filha.

— Oh, Mãe! Não precisava... a senhora está se incomodando muito comigo. Eu já ia levantar para ir até a copa. A senhora está me acostumando mal, não posso ter tanta mordomia assim — respondeu Márcia com voz meiga, sorrindo para a mãe.

Márcia era a caçula dos quatro filhos do senhor Jovino com dona Mariana. Sempre foi bem querida por todos da família e protegida desde pequena. Nitidamente, Márcia era a pupila, filha mais querida do senhor Jovino.

Havia três anos, Márcia resolveu sair de casa para morar mais perto do serviço, uma vez que atravessava a cidade para ir trabalhar e perdia muito tempo no trajeto. Indo de carro ou utilizando o transporte coletivo, sempre era um transtorno chegar ao serviço.

Apesar dos mimos, ela não era uma pessoa dependente. Esforçada, dinâmica e cheia de vida, amante da arte e da música, queria ser independente, e era. Sempre prática, de personalidade forte, marcante e lógica, quase não se apegava as minúcias da vida corriqueira; entretanto era muito amorosa.

Para o senhor Jovino, era um absurdo uma filha dele sair de casa para morar sozinha. Apesar da evolução dos tempos e da idade de Márcia, ele não concordava muito, pois era preso a antigos costumes, mas usando sua perspicácia, Márcia, contando também com o apoio dos irmãos, conseguiu seu objetivo: arrumou um apartamento na área central da cidade, pois assim seriam bem mais práticas e rápidas suas idas e vindas ao trabalho. Não necessitaria usar tanto o carro, uma vez que o metrô lhe serviria bem. O apartamento não era grande, mas possuía tudo de que precisava para viver confortavelmente. A decoração, sem ostentação nem luxo, porém de muito bom gosto, assim como a organização, impecável!

Márcia ocupava o cargo de analista de sistemas no departamento de Informática em uma grande empresa. Ela dominava bem sua área de trabalho. Desde quando terminou a universidade, graduando-se em Análise de Sistemas, realizava todos os cursos possíveis, ocupando totalmente o seu tempo disponível em aprender e se aperfeiçoar. Por ser perseverante, não foi difícil a competição com os outros candidatos para a vaga disponível naquela grande empresa tão conceituada. Isso a fazia se sentir estabilizada e muito confiante, até porque tinha consciência de sua capacidade.

Desde que saiu da casa de seus pais, foi a primeira vez que precisou da ajuda deles. Visitava-os aos fins de semana e telefonava diariamente, duas ou três vezes, entretanto nunca necessitou do amparo deles como agora.

Porém, depois do acidente e devido ao susto, sentia-se carente, apesar de não admitir. Em seu olhar podia se observar um pedido de auxílio e carinho, apesar de todos a rodearem com ternura e atenção. Assim como sua mãe, principalmente, fazia:

— Filha, não se levante. Você precisa se recuperar bem. Olha o que o médico falou!

— Mãe! A senhora exagera, assim como meu irmão, digo meu médico — respondeu Márcia com ar irônico. Depois continuou: — Foi só um susto, algumas dores pelo corpo e... eu já estou me sentindo bem. Pior foi o meu carro. Falando nisso, o Roberto já chegou com alguma notícia?

— Não, ele disse que sairia da gráfica mais cedo para pegar o laudo da perícia e o boletim de ocorrência para preparar a documentação exigida pela seguradora do carro. Só que ainda não chegou, liga pro celular dele, filha!

— Não, ele deve chegar logo. — E ajeitando-se na cama, Márcia passou a desabafar: — Sabe mãe, eu já voltei mentalmente à cena do acidente várias vezes, em pensamento, entende? E não consigo lembrar de qualquer coisa que eu tenha feito para provocar tudo aquilo. Só me recordo de um barulho forte e tudo girando, não entendo o que aconteceu.

— É filha, você precisa rezar! Isso é inveja, você ganha bem, é bonita...

Márcia, com generosidade, a interrompeu argumentando:

— Ora mãe, que inveja que nada! Isso foi alguma falha mecânica no carro, apesar de meu carro ser novo.

— Filha, isso é inveja sim, veja só... — a senhora foi interrompida pelo som insistente da campainha. — Espere aí! — pediu dona Mariana. — Eu já vou atender!
Era a entrega de uma cesta com flores para Márcia, com um enorme envelope branco. Dona Mariana recebeu e foi correndo ao quarto levar à filha.
— Veja, Márcia, é para você! — disse entusiasmada. — Que flores lindas!!!
Márcia sentou-se na cama e com um largo sorriso estendeu os braços para recebê-las. Ajeitando o cesto no colo, pegou o envelope, abrindo-o enquanto questionava:
— De quem será, hein, mãe? Será que é do Arnaldo?
— Iiih! Eu acho que ele nem está sabendo que você se acidentou, Má.
— É do meu serviço! Puxa! — Exibindo felicidade, Márcia leu o que dizia o enorme cartão, que finalizava: — "...Com votos de uma ótima saúde e rápida recuperação, contamos com a sua volta em breve. Sentimos muito sua falta, assinado..." Todos da minha seção assinam, a começar pela Ana, a minha chefe, aqui em baixo diz: "PS. Não agüentamos mais dividir e fazer o seu serviço, ele é muito chato e estamos nos sobrecarregando, vê se volta logo, Má, não seja má conosco!!!" — Márcia caiu na gargalhada ao ver a piada feita com seu apelido e, entregando as flores para sua mãe, comentou:
— Como esse pessoal é bacana, né, mãe? Mandaram essas flores lindas, um belo e gigantesco cartão, fizeram piadinha... Tenho sorte por trabalhar com gente assim! — desfechou empolgada.
— Cheguei!!! — gritou Roberto que acabava de entrar no quarto.

— Ai!!! Roberto! Que susto!!!
— Você está se assustando à toa Márcia — disse Roberto debochando.
— Filho, sua irmã está se recuperando, não faça isso.
— Desculpe-me maninha. — Sentando-se ao lado de Márcia, beijou-a na testa dizendo: — Eu me esqueci de que você está se refazendo, está dodói... — desfechou com modos marotos e rindo, mas com carinho.
— Como foi lá? — perguntou Márcia, ansiosa para saber sobre seu carro.
— Bem, tudo indica que o pneu estourou — respondeu Roberto resumidamente.
— Como assim? — tornou ela.
— Talvez algum defeito de fabricação, não se sabe ao certo. Mas para provocar aquelas capotagens, tudo indica que o pneu do carro estourou. Segundo as testemunhas, seu carro, ou melhor, seu antigo carro, capotou três vezes antes de sair da rodovia. O homem que a socorreu vinha logo atrás e é uma das testemunhas. Ele disse não ter visto nada de estranho, só as capotagens, sem mais nem menos. O seu carro teve perda total. O difícil é explicar para os outros que você sobreviveu e sem fraturas...! Por isso eu digo: "vaso ruim não quebra mesmo!", nem quando o atiramos ao chão.

Nesse momento, dona Mariana deu um tapa na cabeça de Roberto e zangando-se o repreendeu:
— Deixe de falar besteiras, menino! Não diga mais isso!
Roberto encolheu-se e somente riu.
— Puxa vida! Eu não bati em nada nem machuquei alguém? — perguntou Márcia.

— Não, claro que não. O homem que a socorreu garantiu isso.

— Vão conseguir provar que foi defeito de fabricação do pneu? Afinal o carro é novo e não havia nenhum problema com ele.

— Não dá para provar que foi o pneu, ele está em mil pedacinhos espalhados pela rodovia, não há como verificar. Estão se baseando no que as testemunhas viram e no estouro que elas ouviram, uma vez que os mecânicos não encontraram defeito algum no carro ou nas sobras dele.

— Foi rapidinho esse laudo, não foi?

— Aaah!!! — gabou-se Roberto. — Eu tenho meus conhecidos e meus meios para acelerar as coisas. O importante é que tudo já está esclarecido. Não foi você quem bateu ou cometeu alguma imprudência; ninguém bateu em você e o seguro cobrirá tudo. Dentro de alguns dias você terá um outro carro novinho.

— Bem... dos males o menor. Eu não gostava muito daquela cor — riu com gosto.

— Marcinha, deixe-me tomar um banho porque tenho que sair. Afinal, hoje é sexta-feira!

— Encontro especial?!!! — brincou a irmã.

— Talvez... talvez... — respondeu, sorrindo de modo travesso.

Roberto se levantou e ia saindo quando dona Mariana começou a falar:

— Filho, filho! Olha por onde anda e com quem anda. Hoje em dia é preciso tomar muito cuidado. Tem muita moça por aí que não tem nada a perder, que não tem família para dar satisfação, que pode acusá-lo de um monte de coisa... que tem um monte de doença... que...

— Está vendo, Marcinha, o que você me arrumou com essa pergunta?! O belo sermão de sempre!

Roberto saiu, mas dona Mariana continuou:

— Está vendo?! Vocês nunca ligam para o que uma mãe fala, mas elas sempre têm razão. O mundo hoje em dia está ficando louco. Você devia é arrumar uma moça de família e se casar, Roberto.

— Deixe ele, mãe — interferiu Márcia em favor do irmão. — O Roberto tem direito a passear, a se distrair. Ele fica naquela gráfica a semana inteira! Além do mais, como quer que ele conheça uma moça para se casar se não quer que ele saia de casa? Socado aqui, como conhecerá alguém?

— Nos lugares aonde ele vai, não encontrará uma moça direita — retrucou dona Mariana.

— Como a senhora sabe que não é um bom lugar, ou que ele não vai encontrar moças direitas lá?

— Olha, Márcia, não vou dizer mais nada porque está se recuperando. Eu disse isso para o bem dele. Veja o Ciro, tá com seus trinta e oito anos, é médico, está casado e bem casado com a Rose. Deram-me duas lindas netinhas! — emocionou-se, sorrindo orgulhosa ao falar das netas. — A Rose é uma boa moça, tem formação, é dentista. Se bem que ela nem precisava trabalhar, mas quer, por isso tem que por a Clara para cuidar da casa e das duas meninas. Mesmo assim, a Rose é uma excelente dona de casa, esposa e mãe, além de boa nora. Não posso me queixar dela. A Paula fez um bom casamento com o João Vítor, que é um bom marido e ótimo pai para Bárbara. Ele dá muito carinho e atenção para a menina desde pequena, sempre foi muito amigo da filha. Tanto é que não se vê a Bárbara com essas crises de adolescente rebelde como a gente vê em alguns jovens por aí hoje em dia. Alguns pensam que são donos do mundo, são malcriados e não respeitam a ninguém.

Márcia interrompeu sua mãe e perguntou de forma lamentável:

— A senhora não está se esquecendo da Melissa, não é? O João Vítor e a Paula davam carinho e atenção às duas filhas, ou até mais para a Melissa! No entanto deu no que deu. De nada adiantou.

Dona Mariana fez um breve silêncio, pois repentinamente lembrou-se de sua neta mais velha, Melissa, que morrera de forma triste e lamentável. Mas, sem demora, dona Mariana continuou a conversa como se Márcia não tivesse comentado sobre aquele assunto:

— A Paula trabalha o dia inteiro na escola para ajudar o João Vítor, eles se dão muito bem. Mas agora o Roberto, já está ficando velho e precisa casar logo.

— Mãe, o Roberto só tem vinte e nove anos!

— Com essa idade seu pai já era casado e tinha dois filhos. E você, Márcia?

— Eu?! Eu, o quê?!!!

— É, filha! Você está solteira, com vinte e sete anos, quando é que vai arrumar um bom rapaz e se casar, também?

— Sabia que iria sobrar para mim — resmungou Márcia franzindo o semblante.

E, acomodando-se na cama, a moça fez uma expressão de pouco caso, pois sabia que quando sua mãe implicava com alguma coisa, falava muito e não se dava por vencida.

— Está na hora de se casar, Márcia! No meu tempo uma moça da sua idade já era considerada solteirona. Daqui a pouco não encontrará rapaz que a queira por causa da idade. Veja lá, hein! Abra o olho para não ser usada pelos aproveitadores. Sei que me entende bem! Não quero que filha minha fique falada, muito menos... você sabe! Não vai sair por aí e... Daqui a pouco ninguém vai querer uma velha!

— Ah, mãe! A senhora está exagerando. O que é isso? Velha, eu?!

— Claro que está! — insistiu dona Mariana.

— Mãe, antigamente as mulheres não eram tão produtivas nem tão requisitadas no mercado de trabalho, principalmente as casadas. Elas não tinham condições de competir com os homens, não havia muito espaço para elas. Então, o que elas podiam fazer era se casar e ficar em casa criando filhos, no máximo, trabalhavam só até o casamento. Era difícil uma mulher casada trabalhar. O mercado de trabalho só oferecia às mulheres os cargos que não interessavam aos homens, era raríssimo ver uma mulher ocupar um lugar de destaque numa empresa e ganhar tão bem quanto um homem. Hoje em dia é diferente, a mulher estuda tanto quanto um homem e tem as mesmas condições de disputar com eles as vagas para os melhores cargos e salários no mercado de trabalho. Com raras exceções de empresas medíocres, que ainda são machistas, e ficam atentas ao sexo e não à capacidade pessoal e intelectual do candidato. Daí que as mulheres têm mais coisas para se preocuparem do que casamento e filhos.

— A mulher deixou de ser "Amélia"! — disse Ciro, irmão de Márcia, que entrava no quarto naquele momento. — Desculpe-me, mas não deu para deixar de ouvir a última parte da conversa. — E sorrindo, perguntou: — Interrompo algo importante?

— Ciro, por favor...! — gritou Márcia encenando um drama. — Socorra-me! A mãe está querendo me convencer a casar! O assunto é sério! E já está longo demais.

Ciro, depois de rir com gosto, aproximou-se de sua mãe e após beijá-la, sentou-se na cama de Márcia, abraçou-a com carinho e brincou ao dizer:

— Não, não. Não vou salvá-la de nada, Má. Eu já ouvi muito desses sermões e sei que a Paula também. Agora é a sua vez e a do Roberto de ouvirem a mãe.

— O Roberto já ouviu só que caiu fora! Fugiu para o banho, e eu, pobre de mim, presa a esta cama não tenho como escapar.

— Você não acha que eu tenho razão, Ciro, meu filho? A Márcia já era para ter se casado! A Paula está com quarenta e dois anos, ela teve a Bárbara aos vinte e sete e a Márcia com essa idade ainda está solteira.

— Ah! Se a senhora quer um netinho ou netinha de minha parte, isso é fácil! Posso providenciar sem ter que me casar — disse Márcia caindo na gargalhada acompanhada por Ciro.

— Você nem brinca Márcia! — zangou-se dona Mariana que, mesmo sabendo ser brincadeira, começou a se irritar com a história. — Lembre da moral que te demos. Você jamais faria isso! Só se tiver ficando louca! Só se quisesse matar a mim e a seu pai! — e saiu do quarto ruminando seus pensamentos sobre a brincadeira de Márcia.

Ficando a sós com Ciro, Márcia perguntou:

— E daí? Quando é que vou sair daqui e retomar minha vida normal? Estou exausta desta cama, não agüento mais!

Sentado a seu lado, Ciro pegou as mãos de Márcia, afastou seu tronco para trás a fim de vê-la melhor, observou alguns detalhes e com um sorriso irônico comentou:

— Estou vendo que hoje já está penteada, arrumadinha, de batom, huuuum!... Fez escova nos cabelos?

— Pára Ciro! Fala logo! — pediu, sorrindo encabulada.

— Está esperando a visita de alguém? Porque no dia após o acidente, você estava um horror! E hoje, vejam só...!

— A Bárbara esteve aqui logo cedo. Eu havia acabado de sair do banho e ela deu um trato nos meus cabelos. No hospital tudo é horrível e meus cabelos não são fáceis de arrumar, você sabe.

— Formam cachos largos e lindos Márcia. Você é quem quer mudar a natureza desnecessariamente.

— Os outros podem gostar, eu não. Preferiria que fossem lisos iguais aos seus e aos do Roberto. Mas, vamos lá, não me enrola, não são dos meus cabelos que estamos falando. Vai! Diga logo! Estou desesperada para retomar a minha vida normal.

— Os resultados dos exames estão ótimos. Você não ficou com nenhuma seqüela. Do jeito que ficou seu carro, pode-se dizer que você nasceu novamente.

— É, mas olha quantos roxos e hematomas ainda têm em minhas pernas e meus braços.

— Não lamente, você teve muita sorte. Vendo como está seu carro, ninguém diria que alguém sobreviveu, e inteiro, ali dentro.

— Ficou tão ruim assim?! — assustou-se a jovem.

— Nossa! E como! Acho que nem o ferro velho vai aceitar.

— Não exagera! Mas... e aí? Não estou sentindo mais nada. Estou de alta?

— Não está sentindo nada mesmo? — perguntou desconfiado.

— Só um pouco de dor muscular. Porém, acredito que a cama está me fazendo mais mal do que o acidente. A mãe só me deixa levantar para ir ao banheiro, até o telefone ela traz aqui. Sem falar da água que está aí na cabeceira, olha só. Esse tipo de tratamento faz mal, me deixa entrevada.

— Não aconselho que saia, pelo menos até segunda-feira. Poderá sentir tonturas e mal-estar, considerados normais pelo fato de ter ficado deitada todos esses dias e pela medicação que você tomou. Caminhe pela casa, pelo quintal... tome um solzinho...

— Posso voltar para meu apartamento, não é?

— Você não está sentindo medo? Não está tendo sonhos ou assustada com o acidente? Quer mesmo voltar para sua casa e ficar sozinha?

— Não estou com medo. Só quero voltar para minha casa. A única coisa que ainda me incomoda é lembrar da rapidez de como tudo aconteceu! Num instante eu estava bem, no outro um estouro e... Tudo foi tão rápido que não deu tempo nem de lamentar do que eu não pude fazer na vida, ou o que deixei de realizar por ter adiado. Agora penso, e se eu não tivesse sobrevivido? Deixaria vocês, minhas coisas... O que teria valido a pena? Aí, eu sinto uma coisa no peito, parece uma dor e tenho vontade de abraçar vocês e amarrá-los junto a mim — Márcia sorriu e fez uma breve pausa. Depois desfechou: — Deve ser o susto. Acho que quando se morre não se tem tempo para pensar em tudo isso.

— Será que não temos, mesmo? — perguntou Ciro com olhar expressivo.

— Você é médico, Ciro, e ainda duvida? Eu creio que, quando se morre, tudo acaba. Nunca vi ninguém voltar.

— Eu tenho minhas dúvidas, Márcia — concluiu Ciro pensativo e com o olhar perdido.

— Ciro, você é médico! Conhece a carne e a matéria humana melhor do que eu. Como pode pensar assim?!

— É que, ao contrário de alguns colegas de profissão, procuro observar algo que possa existir além da matéria que vejo. Eu penso no "algo" que animava aquela matéria que, repentina ou lentamente, torna-se inanimada. Para onde foi, ou onde está aquele "algo", aquela energia que animava tudo aquilo?

— Como assim? — perguntou Márcia curiosa, sentando-se melhor para prestar atenção na conversa.

— Vou dizer algo bem simples para que você possa entender e acompanhar minhas reflexões — argumentou Ciro, pacientemente, falando com voz cordial. — Muitos colegas já me disseram que não há vida até o terceiro mês de gestação, outros, entretanto e infelizmente, vão mais além, eles afirmam não haver vida no óvulo fecundado, que é o embrião, nem no feto, que é quando começam a aparecer os traços humanos, formação de órgãos e tecidos. Talvez digam isso para justificarem suas práticas. Mas para mim estão cometendo um grande erro. Na minha opinião, ali, há muito mais vida do que pensamos, há muito mais energia naquelas células se multiplicando do que depois, quando o corpo assume todas as suas funções sem dependência.

— Como assim? Não entendi.

— Não estou falando no sentido biológico, estou dizendo que naquela única célula que, depois de fecundada, passa a se dividir, há muito mais energia, muito mais força para viver. É como se a energia que se manifesta não fosse somente da célula. Ninguém nasce pronto. Existe algo mais dando vida para aquela vida. Observando o processo com o coração e não com os olhos, vê-se que é muito rápido, objetivo, perfeito e mesmo eu entendendo o funcionamento, me pergunto: Como uma célula pôde se transformar em um ser vivo? Como muitos ainda podem acreditar que um óvulo fecundado não tem vida nos primeiros dias, ou meses? É um absurdo pensar assim. Se acaso um óvulo fecundado não fosse sustentado por uma Onipotência que desconhecemos, caso aquelas células, que se multiplicam para a formação de um ser não tivessem uma vida própria que já existisse antes daquela matéria começar a se formar, aquilo tudo não se transformaria em um ser humano. Olha só a perfeição e a harmonia do ser humano! — afirmou como que maravilhado. Logo, perguntou:

— Má, você já observou a sua mão?

Márcia ouvia atentamente e Ciro, fugindo das questões biológicas e materiais, empolgava-se na explicação e prosseguia sem deixá-la responder.

— Olhe bem, um simples movimento de sua mão supera toda a perfeição de qualquer máquina inventada pelo homem.

— Mas eu já vi, na televisão, uma mão mecânica que realizava cirurgias perfeitas.

— Ah! Sim. Aquela máquina faz somente aquilo, certo? Diga aos seus inventores para fazerem, aquela mesma mão mecânica, digitar um documento, esfregar um chão, lavar uma louça ou simplesmente fazer um carinho. — Ciro, levando levemente sua mão ao rosto da irmã, acariciou-a com suavidade, depois continuou: — A mão humana é insubstituível. Qual mão mecânica poderia fazer-lhe um afago suave? A mão humana é complexa e simples. Indo mais além, eu diria que o corpo humano é maravilhoso. Já viu uma mulher amamentando? Márcia pendeu a cabeça positivamente e Ciro continuou: — É a coisa mais linda, mais singela! — enfatizou o irmão. — Os braços e as mãos envolvem o bebê com doce carinho. Ele, por sua vez, aconchega-se em seu peito e simplesmente mama, suga o leite. Quem o ensinou a mamar? Instinto? Mas de onde veio esse instinto? E o leite então, não é maravilhosa a produção do leite? O sangue generoso se transformando na brancura do leite... Alguma "Inteligência Maior" rege tudo isso, Márcia. Eu poderia ficar aqui, durante horas, falando de inúmeras coisas de minhas experiências diárias como médico, mas ao redor de qualquer pessoa há exemplos de uma vida fora da matéria. Por exemplo: a inteligência humana, de onde vem? Como o homem a desenvolveu e por que, se nenhum outro animal conseguiu fazê-lo? — Ciro fez breve pausa e Márcia ficou pensativa. Depois ele prosseguiu: — Algo que sempre me questiono é sobre a existência de problemas mentais. Por que será que uns nascem com problemas, deficiências físicas ou síndromes mentais enquanto outros as desenvolvem com o passar do tempo e há aqueles que gozam de perfeita e harmoniosa saúde por toda a vida?

    Márcia ficou séria e pensativa, Ciro a olhava fixamente, esperava por uma pergunta ou reação, que não aconteceu. Então ele prosseguiu:

— Alguma inteligência, razão e vida há no ser humano mesmo antes dele nascer, mesmo antes da concepção. Para que ele já se forme com todas as características necessárias para sua experiência humana, dentro do ventre de sua mãe.

— Você está indo longe demais, Ciro.

— Não estou, não, Márcia. Há sim uma vida ou inteligência no ser antes da concepção, pois nada mais justifica uma pessoa nascer de um jeito e a outra ter forma tão diferente.

— Você não vai entrar nessa de espíritos, vai?

— Eu nunca fui ligado nessas coisas. Mas se a ciência está estudando e a parapsicologia tenta explicar, por que vou fugir e ignorar as minhas dúvidas? Tenho que filosofar. Pensar e repensar! Porque é isso o que faz a criatura humana evoluir. Tenho que me incentivar pela crença, mesmo quando ninguém mais acredita, pois ficar acomodado atrofia a mente e o corpo. A energia mental é o que motiva a saúde, a sabedoria e a inteligência.

Subitamente o celular de Ciro tocou. O telefonema o chamou para uma emergência.

Márcia parou estarrecida diante das reflexões de seu irmão. Ela o admirava muito. Acreditava que Ciro fosse uma pessoa lógica, objetiva e sem crendices. Nunca o ouviu falar sobre esses assuntos.

Ciro interrompeu os pensamentos de sua irmã avisando:

— Tenho que ir. O dever me chama.

Beijando-a na testa, afastou-se caminhando lentamente. Já de costas e perto da porta, virou-se, aproximou-se novamente, olhou fixamente em seus olhos e abraçou-a com meiguice. Por fim disse:

— Fiz você pensar, não foi? — Sem esperar por uma resposta, completou: — Amanhã eu venho aqui novamente ver como você está. Ah! Já ia me esquecendo... a Rose, as meninas e a dona Clara mandaram beijos. Elas vêm comigo amanhã. Tchau!

Ciro saiu, enquanto Márcia, sem dizer nada, acomodou-se entre os travesseiros que a apoiavam, passou as mãos pelos cabelos e deu um longo suspiro. Intrigada com tudo o que ouviu não conseguia parar de pensar nas questões que Ciro apresentou.

* * *

Quinze dias após o acidente, Márcia foi ao seu serviço levar algumas documentações e relatórios que trouxera do Rio de Janeiro e que foram encontrados, só agora, em meio às ferragens de seu carro.

Márcia era dona de muito bom gosto. Elegante e vaidosa tinha a natureza a seu favor, porque contava com uma beleza discreta, porém bem marcante e sensual.

Trajava-se sempre de forma executiva, impecável e seus procedimentos correspondiam à sua aparência. Sabia comportar-se muitíssimo bem em qualquer ocasião. Era bem discreta.

Naquela manhã, estava nitidamente disposta e animada, ansiosa por encontrar seus colegas. Já no andar em que trabalhava, quase não conseguiu chegar à sua seção, pois muitos, que se importavam com ela, questionavam-na sobre o acidente e sua recuperação.

Ao entrar na seção, uma grande sala que dividia com mais oito funcionários, ficou surpresa com a recepção, todos interromperam seus afazeres para abraçá-la, oferecendo-lhe calorosa simpatia.

— Márcia! Seja bem-vinda! — exclamou Ana, coordenadora da seção.
— Quando você volta, Má? — indagou Zé, um dos colegas.
— Ela nem se recuperou ainda, cara. Dá um tempo! — defendeu outro amigo.
— Eu tenho que passar pela avaliação médica da empresa amanhã — explicou Márcia.
— Mas já? — admirou-se Ana, sua encarregada.
— Sim. Já se passaram quinze dias e eu me sinto bem. Tenho que voltar logo antes que não sintam mais a minha falta.
— O que é isso? Não fale assim. Você é muito útil, eficiente, qualidades essenciais e indispensáveis a qualquer profissional hoje em dia, além disso, como pessoa, você é muito especial — tornou Ana.
— Nossa!!! Desse jeito o ego da Márcia vai estourar — interveio Fábio, um outro amigo, brincando. Colocando seu braço no ombro de Márcia, balançando-a com carinho, continuou: — Todos nós devemos reconhecer que as palavras de Ana são verdadeiras.

Naquele momento, Márcia corou encabulada, nunca se vira em situação semelhante, afinal, Ana era ponderada e não costumava exprimir elogios ou comentários. Às vezes, no máximo, dizia: "Muito bom trabalho!", sem tantos adjetivos para complementar suas manifestações.

Olhando, somente agora para sua mesa, Márcia deparou-se com lindas flores, entre as quais havia um pequeno cartão.

— Que lindas! — exclamou surpresa. — Puxa gente! Como vocês são... Nem tenho palavras.

Abraçando as flores, inclinou-se para sentir o aroma agradável que exalava, apanhou o cartão onde leu silenciosamente: "Bem-vinda. Você é tão especial como essas flores". Emocionada, precisou conter-se para não chorar e somente agradeceu com a voz embargada.

Aos poucos os colegas voltaram aos seus afazeres, ficando Fábio que, quase sentado sobre a mesa, acomodou-se, enquanto Márcia sentada em uma cadeira giratória, pôs-se a rodar, vagarosamente, de um lado para outro, ao mesmo tempo em que desabafava com o amigo:

— Sabe, Fábio, enquanto eu estava no hospital, pensei: e se eu não voltasse mais? E se eu tivesse morrido? Tudo o que eu venho fazendo até hoje estaria perdido. Tanto tempo gasto com estudo, o dinheiro investido, tanta coisa para quê? Essas perguntas não saem de minha mente.

— Você acredita na morte, Márcia? — indagou Fábio.

— Bem, pelo que eu vejo ninguém fica aqui eternamente, não é? — respondeu Márcia estampando um sorriso, sem querer ofendê-lo.

— Não seja insolente! — retrucou Fábio, brincando. — Não é por que esteve doentinha que vou bajular você. Eu quero saber o que você entende por morte e se acredita na vida após a morte.

— Você está igual ao meu irmão, acreditando em vida sem corpo.

— Você não respondeu a minha pergunta, Má — insistiu Fábio com seriedade.

— Eu acredito que, quando morremos, tudo se acaba.

— Você é uma pessoa inteligente, por isso vou deixá-la com algumas perguntas, mas não precisa me responder agora, ta! Márcia, ouça atentamente: Será que Deus é tão cruel a ponto de nos "fabricar" e depois nos jogar fora, fazendo com que tudo termine repentinamente? Ele cria-nos, deixa-nos viver por anos e anos, e, durante esse tempo todo, nós estudamos, trabalhamos, vivemos, nos envolvemos com várias pessoas, gostando de umas e odiando outras, daí então, Ele faz com que tudo isso termine com a morte? Nascemos, lutamos feito condenados para melhorarmos qualquer coisa à nossa volta e depois Ele, simplesmente, faz com que tudo isso acabe? Sem qualquer propósito? Nós e o que fizemos somos jogados fora? Acabamos ao morrer?

Márcia olhou para Fábio, intrigada. Primeiro seu irmão viera com aquela conversa, agora Fábio. Ela ficou calada e deixou-o continuar:

— Na minha filosofia de vida, Márcia, eu acredito que nada é por acaso. Se esse acidente aconteceu sem te causar nenhum arranhão foi por que você tem muito a fazer aqui. Muitos precisam de sua presença e você de mais experiências de vida. Se ficou pensativa e preocupada com sua ausência aqui, pense no motivo de sua existência e no que ainda há para fazer, conquistar. Por que será que está diante dessa experiência? — Fábio fez uma pequena pausa, e Márcia não se manifestou. Depois ele prosseguiu: — O fato de seu irmão conversar com você sobre a existência de "algo" além desta vida que vemos só com os olhos do físico, talvez seja para estimulá-la, ou razão para levá-la à busca de respostas para suas dúvidas sobre a existência humana e as diversas experiências individuais, principalmente as suas. Cabendo lembrar tratar-se de um assunto que eu nem mesmo sabia e se assemelha com o que falamos agora.

Márcia sacudiu a cabeça negativamente, dizendo:
— Volta Fábio, volta tudo. Você me confundiu. Eu não entendi nada. Não falei nada sobre meu irmão e nem mesmo contei qual o assunto que conversei com ele. Você é adivinho?

Fábio simplesmente sorriu com generosidade e passou a explicar de forma diferente:

— Você, Márcia, é bem sucedida, não é rica, mas também não é nenhuma miserável que mereça a compaixão de alguém. Leva uma vida boa, resultado de muita perseverança, estudo e esforço. Em sua vida surgem oportunidades e você está sempre preparada para elas, pois estudou, atualiza-se sempre que pode etc. Aí, um dia, você pára e pensa: O que é que estou fazendo aqui? Por que não sou a rainha da Inglaterra? Aconteceu um acidente e você sai inteira, então, pergunta novamente: Por que não morri? Por que estou aqui? Por que estou pensando tudo isso somente agora? E eis que surge um cara, começa a falar que a vida não é somente isso, mas depende de tudo isso e vai além do que podemos ver. Depois você ainda se questiona: Por que essas perguntas só me ocorreram neste momento?

Márcia manifestou-se imediata:

— E por que esse "cara" só chegou agora para me falar de tudo isso? Por que meu irmão veio com o mesmo assunto? Por que pensei nisso somente neste instante? Afinal, não me considero desprovida de inteligência.

— Isso!!! — vibrou Fábio. — Eram essas as perguntas que eu queria ouvir! Esse cara só apareceu com esse assunto, assim como seu irmão, simplesmente porque, somente a partir desta fase de sua vida, você está preparada para entender tudo isso, ou seja: a Lei da Vida, as Leis de Deus. Nada é por acaso, Márcia. Costumamos ter essas dúvidas quando o espírito está, vamos dizer, maduro, pronto e apto para compreender, aceitar, evoluir e passar adiante, certo? — Parado, olhou-a fixamente a espera de uma argumentação.

— Tudo isso é confuso, Fábio, principalmente para mim. Vim de uma família rigorosamente católica e apesar de ter vivido todos esses anos sob ensinamentos Cristãos, não estou, hoje em dia, de acordo com alguns conceitos do tipo: terra prometida, céu, purgatório ou inferno; ninguém nunca provou nada a respeito. Como meu irmão disse: a ciência está buscando provas e a parapsicologia procura explicar. Portanto eu ainda fico "em cima do muro".

— Mas você não está curiosa a respeito da sua própria vida, da sua existência e o porquê de todas essas dúvidas?

— Sim, Fábio. Mas acredito que seja um fator psicológico. Estive à beira de um acidente fatal; é natural que sinta medo por quase ter perdido a vida. Talvez por isso nunca ter acontecido antes, é que eu tenha me questionado sobre esse assunto agora.

— Acredita em Deus? — indagou afável.

— Sim. — Márcia respondeu tão friamente que ela própria incomodou-se e decidiu justificar: — Bem, eu acredito que Alguém ou Algo criou tudo isso e continua criando, cuidando e preservando. A esse Alguém, a esse Criador dá-se o nome de Deus, eu aceito e acredito nesse Criador.

— Já é um bom começo — argumentou compreensivo.

— Mas daí para acreditar que há vida após a morte, espíritos nos rodeando o tempo todo, almas penadas, ou até mesmo que nada é por acaso e eu tenho ou estou preparada, madura espiritualmente para aprender sobre esses assuntos, eu tenho cá minhas dúvidas.

— Você já viu a nossa seção tão quieta assim? — questionou com meticulosidade.

— Como?!

Márcia surpreendeu-se com aquela questão que parecia fora de propósito, pois o assunto vigente não era aquele. Entretanto, Fábio insistiu:

— Você já viu a nossa seção tão tranqüila a ponto de dois funcionários ficarem conversando tanto tempo como nós estamos agora? Será que isso é por acaso, ou esse "Alguém" está dando a você a oportunidade de ganhar orientação e parar de acreditar que Deus nos joga fora depois desta vida?

— O que é isso Fábio? Você não está querendo dizer o que eu estou pensando? Ou você está ficando louco? Acho que este assunto está indo longe demais.

— Márcia — insistiu —, quase nunca conseguimos um tempo para assuntos de trabalho ou para discutirmos algum relatório ou memorando e estamos aqui, sem sermos interrompidos, falando de assuntos espirituais. Você não acha isso interessante? Esse lugar é uma loucura e, de repente, quando você necessita de explicações ou orientações sobre suas dúvidas, foi aqui que encontramos tempo para conversar.

Márcia balançou a cabeça negativamente, dizendo:

— Não, não, Fábio. Pra mim chega! Não quero me envolver com isso. É muito complexo, inseguro e... sei lá... talvez não seja o momento para mim.

Fábio pendeu a cabeça levemente, lamentando a decisão da amiga. Por alguns segundos lastimou muito, pois sabia, sentia que Márcia necessitaria de instrução e muito amparo espiritual. Com aquela conversa pôde observar que ela não tinha qualquer conhecimento sobre o assunto e que infelizmente ainda não estava interessada em aprender.

Depois de um longo suspiro ele sorriu, concluindo com generosidade:

— Má, me desculpe. Eu não quis, de forma alguma, mudar seus procedimentos ou sua filosofia de vida. Mas sei que a fiz entender sobre o que eu acredito. O conhecimento que eu tenho sobre minha filosofia de vida estará sempre à sua disposição, certo?

Márcia fitou-o longamente. Em seu olhar podia se notar uma insatisfação com seus próprios conceitos e questões sem respostas. O que Fábio lhe apresentou também não a satisfez, mesmo assim sorriu e agradeceu por educação:

— Sou grata, Fábio, vou me lembrar de você, se eu precisar. — Mudando de assunto ela continuou, avisando em um tom alegre: — Vou indo, tenho que ver algumas coisas em meu apartamento que deve estar um horror.

— Você não foi lá ainda? — perguntou curioso.

— Não. Minha mãe não me larga! — enfatizou rindo. — Já faz uma semana que quero ir embora para minha casa e ela não me deixa, aí eu acabo ficando na casa dela por pena. Você sabe como é, fico só mais um dia, e só mais um dia...

— Falta uma hora para encerrar o expediente, se quiser eu te dou uma carona, aceita? — propôs Fábio.

— Claro que sim! — animou-se de pronto. — Vou dar mais uma volta por aí depois passo aqui para irmos.

— Vou dar uma ligada para a Bete e avisar que vou demorar, porque deixarei você em seu apartamento.

Márcia, espirituosa, ainda brincou:

— Não quero encrencas com sua noiva! Você só vai me deixar em casa e não vai demorar. Não me use como desculpa para seu atraso! Vê lá, hein! Vou marcar os minutos e avisar a Bete para que ela o controle.

Ambos riram e Fábio, aceitando a brincadeira, completou:

— Puxa, Márcia! Não faça isso! Não vai me entregar, não é?

Márcia sorria ao sair e prometeu retornar, mas dissimulava, sentia algo errado consigo. Como se indefinível dor se fixasse no centro de seu peito, mas vinha de seus pensamentos. Cada vez que lembrava de suas dúvidas, o peito parecia apertar mais.

"Seria uma premonição?", pensava. "Não. Não acredito nisso! Essas coisas não existem. Tudo é besteira". Ela afastou rapidamente essa possibilidade de suas idéias, queria fugir da realidade e dos sentimentos que experimentava.

3

Reorganizando a vida

Mais tarde, chegando frente ao prédio onde morava, Márcia convidou Fábio para subir e ver o microcomputador que tinha comprado havia pouco tempo. Fábio ficou indeciso, não queria deixar sua noiva esperando-o por muito tempo, mas decidiu aceitar o convite diante da empolgação da colega para mostrar o equipamento.

Antes de abrir a porta do apartamento, Márcia avisou:

— Não repare, estou há mais de trinta dias sem vir aqui, desde que fui para o Rio. Nem sei como está lá dentro. Minha irmã Paula e minha sobrinha Bárbara vieram aqui para pegar algumas coisas pra mim.

— Está bem, eu juro que fecho os olhos — tornou Fábio, brincalhão.

Márcia abriu a porta e ligou o interruptor, só que a luz não acendeu.

— Caramba! O que aconteceu? — perguntou Márcia intrigada.

— Deve ser lâmpada queimada — opinou o amigo.

— Será que há energia no prédio?
— Claro, Márcia! Subimos de elevador.
— É mesmo! Que bobeira que me deu. Vou chamar o zelador.
— Vamos primeiro ver o que é? — sugeriu Fábio. — Acenda a lâmpada de outro cômodo.

Indo até a cozinha, conjugada com a sala que só se separava por um balcão, ela ligou o interruptor anunciando alegre:
— Acendeu!!!
— Legal! Você tem outra lâmpada? — perguntou Fábio.
— Deixe-me ver... Sim, está aqui.

Enquanto trocava a lâmpada, Fábio começou a sentir-se mal. Mas não comentou nada. Márcia pôde perceber que algo estava errado, ele empalidecia.
— Pronto. Acende aí — pediu ele.
— Jóia! — exclamou Márcia ao ver a lâmpada acesa.

Descendo rapidamente do banco, Fábio sentou-se no sofá, pois acreditou que pudesse desmaiar.
— O que foi? Está se sentindo mal? — perguntou Márcia surpresa ao olhá-lo. O rapaz não respondeu. Estava gelado e suava frio, empalidecendo rapidamente. — Fábio? Fala comigo — insistiu Márcia que começou a se desesperar.
— Espera um pouco que já passa — ele forçou-se a responder com a voz fraca, segurando a cabeça com as mãos no rosto e os cotovelos apoiados nos joelhos.

Fábio sentia fortes calafrios. Em silêncio passou a fazer uma oração, solicitando o socorro do plano espiritual. Era um rapaz visivelmente saudável, de porte atlético. Márcia nunca o viu abalado por qualquer problema de saúde.
— Quer que eu chame um médico ou alguém para ajudá-lo? — perguntou, abaixada ao lado dele sem saber o que fazer.

— Já estou melhorando, não precisa, não.

— Vou fazer um chá — decidiu Márcia atordoada.

Indo até a cozinha, não tirava os olhos do amigo que se desfigurou. Após alguns minutos em silêncio, depois de fazer uma prece, Fábio começou a sentir-se melhor. Respirou fundo, e passou a girar o pescoço de um lado para outro. Friccionou as mãos no rosto e pediu um pouco de água.

— Tome. Você está melhor? — perguntou a amiga solícita, entregando-lhe o copo.

— Sim. Por favor, posso usar o seu banheiro para lavar o rosto?

— Claro! Venha.

Segurando-o pelo braço, Márcia o levou até a porta e voltou para ver o chá que quase fervia. Quando retornou, Fábio sentia-se melhor.

— Toma um pouco, é chá de camomila, vai te fazer bem.

Pegando a xícara, meio encabulado, ele pediu:

— Desculpe-me. Isso nunca me aconteceu antes. Deve ter sido queda de pressão.

— Você está com algum problema de saúde?

— Não. Nenhum que eu saiba.

Embora Fábio soubesse que não se tratava de qualquer problema físico, preferiu dizer aquilo devido à descrença de Márcia. Tinha a certeza de sentir a presença de algum espírito vingativo que não o queria ali. Provavelmente por causa dos esclarecimentos que ofereceu à sua colega. Ele tinha razão, era o mesmo desencarnado que estava no hospital, Jonas. Enfurecido pela presença de Fábio, passou a atacá-lo provocando-lhe aquele mal-estar súbito.

Mas Fábio era um médium educado, com experiência nesse tipo de acontecimento, dono de grande autocontrole e fé, por esses atributos, durante a sua prece, recebeu imediatamente da espiritualidade que o assistia as energias revigorantes que o auxiliou muito, fazendo-o melhorar rapidamente.

Um amigo espiritual de Fábio, que se chamava Otávio, ficou ao seu lado observando Jonas que se encolheu num canto da sala. Jonas estava irritado, principalmente agora com a presença de Otávio que se fez visível a ele. O espírito Otávio apresentava-se como um senhor de uns sessenta e cinco anos, estatura pequena e um pouco gordinho. Mas a luz de sua aura era grande e magnificamente radiosa, ofuscando a visão de Jonas que chegou a ponto de esconder seu rosto no canto da parede para não encará-lo.

— Filho, para que insistir nesse sofrimento? — disse Otávio ao espírito Jonas com voz suave emanando-lhe carinho.

— Saia daqui! Você é igual aos outros! Suma eu não quero a ajuda de ninguém! — aos gritos, respondeu Jonas a Otávio, irritado pela sua aproximação.

— Só quero seu bem — tornou Otávio amável. — Estou oferecendo a oportunidade de melhorar, de sair dessas condições e desse sofrimento.

— Eles me deixaram nessas condições, eu não merecia ter morrido, a culpa é toda dela, do pai e do irmão também! — esbravejava Jonas, enfurecido e descontrolado, cuspinhando enquanto gritava. — O pai e o irmão vão sofrer através dela, e ela vai vê-los sofrerem tudo o que eu sofri e muito mais. Todos a quem eles amam vão sofrer muito! — Sem olhar para Otávio, Jonas ruminava uma vingança sórdida sem igual.

— Acalme-se — dizia Otávio estendendo a mão direita na direção de Jonas emanando-lhe energias calmantes. — Acalme-se e pense, meu filho.

— Eu não sou seu filho!
— Está bem, mas acalme-se e lembre-se do Criador, é a Ele que pertence toda a justiça e não a nós. Entregue a Deus suas dores e seus pesares e terá paz, harmonia e...

Jonas estupidamente interrompeu-o:

— Pro inferno você e seus papos furados. Eu faço o que eu quero e o que achar melhor. Ninguém vai me prender em canto algum. Não sou prisioneiro de ninguém. Quase entrei nesse papo antes, agora já estou escaldado.

Jonas levantou-se e atravessou a porta indo embora. Otávio abaixou o olhar, lamentando.

Márcia olhava para Fábio sem pestanejar. Nunca o viu passar mal ou reclamar de qualquer problema. Há três anos o conhecia e nunca presenciou Fábio tão sério como agora. Ele sempre foi alegre e de um bom humor nítido, nunca demonstrava preocupação, entretanto apresentava muita responsabilidade com tudo o que fazia.

— Você tá legal, Fábio?

— Bem melhor! Não sei o que me deu. — Levantando-se, Fábio mudou de assunto: — Seu apartamento é muito bonito, de um incrível bom gosto.

— Obrigada! Você gostou mesmo?! — perguntou vaidosa e sorridente.

— Nossa! Ele é ótimo! É de um como esse que eu e a Bete precisamos.

— Vocês vão casar logo?

— Ela tem que terminar a faculdade primeiro. Depois que se casa, os gastos sempre são maiores, aparecem inúmeros imprevistos e necessidades. Eu acredito que quando se é solteiro, fica mais fácil estudar, tanto pelo fator financeiro como pelo emocional. As preocupações são menores.

— É verdade. Para a mulher casada, que trabalha e estuda, sobram também as necessidades da casa e as tarefas do dia-a-dia que se acumulam.

— Sem dúvida! — concordou Fábio convicto. — Mas enquanto a Bete não termina a faculdade, nós estamos juntando algum dinheiro, comprando móveis e utensílios.

— Antes que apareça outro governante para prender o nosso dinheiro novamente — enfatizou Márcia.

— Puxa! Nem me fale! — exclamou Fábio levando as mãos à cabeça para exagerar na expressão. Quando olhou para o canto observou: — Ah! Esse é o micro que você comprou?

— Sim, é esse! É um dos mais modernos — exibiu-se Márcia. — A impressora também.

— A Bete iria adorar! Ela estava pensando em comprar um, mas agora... Já estamos com muitas dívidas. — Mesmo apreciando tudo, Fábio decidiu apressar-se: — Preciso ir, se não a Bete vai ficar preocupada. Você precisa de alguma coisa que eu ou a Bete possamos ajudar, Márcia?

— Agradeço a oferta, mas não. Obrigada por me ajudar com a lâmpada. — Observando-o melhor, perguntou: — Tem certeza de que está bem, Fábio?

— Estou ótimo. E você, vai ficar bem, aqui sozinha?

— Já estou acostumada. Ligarei para minha mãe e avisando-a que estou aqui. Vou comer algo e dormir. Amanhã tenho que levantar cedo.

— Eu também, e ainda tenho que passar na casa da Bete. Obrigado pelo chá. Fica com Deus. — Apertando a mão da colega disse com ar de brincadeira, pois não queria ser muito direto para não estragar a amizade que tinham: — Vê se reza, tá?

— Pode deixar, rezo sim. Dá um beijão na Bete por mim.

— Muito mais que um. Tchau! — Despediu-se sorridente.

Ao fechar a porta, Márcia passou a sentir uma enorme onda de tristeza, um vazio inexplicável.

Olhou para o apartamento, que começou parecer sem graça, como se perdesse o brilho, agora. Pensou no amigo que se foi e aconselhou o mesmo que sua mãe: "reza". Sem saber o que fazer, foi até a geladeira que se encontrava quase vazia, pois sua irmã havia tirado todos os alimentos perecíveis. Pegando uma latinha de refrigerante, sentou-se na banqueta próxima ao balcão da cozinha e ligou para seus pais avisando que já estava em casa. Depois tomou um longo banho e deitou-se.

Ela não conseguia dormir, sentia-se inquieta, angustiada. Rolou na cama de um lado para outro e aquela dor no peito novamente voltou, junto com mil coisas que passavam em sua mente. Experimentava uma perturbação sem igual, mesmo assim, insistiu e começou a mudar os pensamentos fazendo planos otimistas para o dia seguinte, depois disso, adormeceu.

Jonas, que voltou ao apartamento, parou à porta do quarto e observou quando ela se deitou. Ele começou a vibrar sórdidas intenções de vingança, imaginando tudo de ruim para perturbá-la. Márcia não podia vê-lo, mas sentia-se incomodada pelas vibrações depressivas de Jonas.

Porém, agora, o maior incômodo para Jonas seria Fábio, que se aproximou de Márcia com esclarecimentos que poderiam ser perigosos para seus planos, se Márcia o ouvisse. Ficou pensando em como afastá-los, porque Fábio tornava-se um empecilho com seus conhecimentos; seria difícil envolvê-lo por seu caráter, sua firmeza e equilíbrio espiritual, além da proteção ofertada por Otávio.

* * *

Na manhã seguinte, Márcia acordou com muito sono, queria ficar na cama, mas precisava comparecer ao médico, tinha horário agendado.

Levantou-se contrariada e entrou no chuveiro. Após um banho rápido, escolheu uma roupa, deu um jeito nos cabelos, maquiou-se, foi até a cozinha e bebeu só leite, pois havia somente algumas caixinhas de leite em embalagens "longa vida".

— Puxa, se não fosse esse leite teria que sair em jejum! Olha só, não tenho nada para comer! — falava consigo mesma. Admirada, abriu os armários à procura de alimentos matinais, murmurando: — Só tem alguns enlatados, chás, macarrão... Nossa! Preciso ir ao mercado urgente. Já sei! — lembrou-se.

Correndo até o telefone, ligou:

— A bênção mãe! — Depois de ouvi-la responder, Márcia pediu: — Mãe, eu preciso de um favor, daria para a senhora ir ao mercado hoje para mim? É que não tenho quase nada em casa. Acho que vou começar a trabalhar amanhã mesmo e não vai dar tempo de eu fazer compras, mesmo por que estou sem carro. — Diante da disposição de sua mãe, ela acalmou-se e ainda pediu: — Olha, traga-me algumas frutas e as verduras menos complicadas de lavar e preparar, a senhora sabe que tenho pavor de ficar muito tempo na cozinha. Ah!

Estou sem biscoitos e salgadinhos. Por favor, compra também pão de forma e leite longa vida, é que dura muito mais tempo. E... mãe, diga para o meu irmãozinho, o Robertinho, que eu o amarei ainda mais se ele trouxer tudo aqui, pois estou sem carro, né?

Mais animada após falar com sua mãe, Márcia resolveu sair depressa, poderia atrasar-se para o médico. Porém, quando olhou para a pia, viu as flores que recebeu no dia anterior em seu serviço e elas estavam murchando.

— Pobre flores! Esqueci de vocês!

A preocupação com Fábio e os sentimentos confusos fizeram com que se esquecesse de colocar as flores em um vaso. Foi então que abriu um armário, pegou a primeira jarra que encontrou, encheu-a de água e pôs as flores dentro, sem muito capricho, saindo em seguida.

Após passar pelo médico e receber alta definitiva, foi à sua seção e informou a todos que no dia seguinte estaria de volta. Ana, sua encarregada, satisfeita, rapidamente passou-lhe novos serviços e a fez corrigir outros.

— Márcia, sabe os relatórios que trouxe do Rio de Janeiro? Preciso de um parecer mais lógico e de uma estatística numérica com cronograma, pode prepará-lo para a próxima semana? — quis saber de imediato.

— Acredito que sim. Você tem alguma data específica? — perguntou Márcia.

— Quarta-feira! Preciso deles para quarta-feira. O diretor quer uma reunião e necessito apresentar esses dados. Ninguém melhor que você para avaliar tais resultados, uma vez que esteve lá e acompanhou de perto todo o desenvolvimento do projeto.

— Está bem — respondeu Márcia, sentindo-se útil.

Indo para sua mesa, Márcia levou os relatórios procurando se reintegrar com o trabalho, sentia-se perdida, porém orgulhosa por ser necessária e perceber que sentiram sua falta. Sentando-se, apanhou uma caneta e começou a ler os tais papéis.

— Márcia? — interrompeu Ana — Amanhã! Você só volta a trabalhar, amanhã!

Márcia sorriu e Ana voltou para sua sala. Nesse momento, Fábio, que estava "mergulhado" em seu serviço, foi surpreendido por uma bolinha de papel amassado que Márcia atirou nele. Quando olhou ela sussurrou:

— Como é? Apanhou ontem por ter chegado tarde?

Fábio se levantou e foi até Márcia respondendo:

— Ela não bateu muito, não. Quando a Bete me bate mesmo, eu nem venho trabalhar — tornou brincando como sempre. Em seguida, puxou uma cadeira e sentou-se perto dela.

— Você melhorou, Fábio? Não sentiu mais nada?

— Estou ótimo! Não sei o que foi aquilo, deve ser pressão ou algo assim. Não senti mais nada depois. E você, melhorou?

— Estou melhor. Acho que o apartamento vazio, sem alguém para conversar, me fez sentir mal, insone e pensando coisas bobas. Desacostumei da solidão por ter ficado muito tempo na casa dos meus pais, então... Ei!!! — sobressaltou-se. — Como sabe que eu não estava legal? Não falei nada!

— Não sei por que perguntei — envergonhou-se. — Talvez tenha achado você triste ontem, sei lá... — dissimulou o amigo.

— Já passou. Agora, me inteirando com o serviço, ficarei renovada.

— Que bom! Se precisar estou ali.

Fábio levantou-se e foi para sua mesa. Ele sabia que no apartamento de Márcia havia algum espírito sofredor, sem esclarecimento, pois sentiu na própria pele as vibrações negativas daquele irmão necessitado. Ao ir embora, pressentiu que Márcia não passaria bem por causa das energias desconfortáveis que estavam ali. Foi por isso que perguntou se ela havia melhorado.

Márcia ficou pensando em Fábio: "Como ele sabia que eu não me senti bem? Que estranha essa sua filosofia esquisita e seu jeito de pensar. Mas devo admitir que ele é uma ótima pessoa. Sempre educado, otimista e prestativo. Um colega maravilhoso nas horas em que precisamos dele. E quando não se sente necessário, Fábio fica quieto no seu canto, sem cobrar o favor prestado", admirou.

Deixando de lado aquelas reflexões, concentrou-se novamente na arrumação de suas coisas para o dia seguinte. Não queria perder tempo e planejava entregar os dados do relatório antes do prazo determinado. Após organizar-se, despediu-se de todos e foi embora.

* * *

Já no apartamento, encontrou suas compras espalhadas pela sala e pela cozinha. Tudo na maior bagunça.

— Que droga!!! — reclamou enfurecida, começando a falar sozinha. — O Roberto também! Não precisava deixar tudo jogado assim pela casa toda! Olha só essas coisas de geladeira molhando os meus móveis! Ele bem que poderia ter posto as compras aqui na cozinha! Inferno!

Jonas estava no apartamento e ria do nervosismo de Márcia. Alimentando mais ainda a sua raiva, ele dizia envolvendo-a em suas vibrações:

— Vai trouxa! Chame-o de amorzinho agora! Diga que o ama se ele trouxer as compras. — Aproximando-se mais, quase abraçando-a, completou: — Se ele a considerasse, não largaria tudo aqui jogado pela sala, olha só, um pacote ali, outro lá. Roberto ficou com raiva de você fazê-lo de empregado.

Márcia não podia ouvi-lo, porém captava seus sentimentos correspondendo aos seus desejos e vibrações quando reclamava. Angustiada, irritada agia de forma imprudente.

— O Roberto me paga!!! Custava...

Acidentalmente, por imprudência nos gestos, ela bateu a mão na bandeja de ovos e viu-os voar para o chão sem que pudesse fazer nada. Gritando alguns palavrões ao ver toda aquela sujeira, Márcia começou a chorar. Cedendo aos impulsos.

De repente ouviu um barulho de chave na porta que se abriu lentamente e, após pouco tempo, Roberto entrou de costas, segurando algumas sacolas. Márcia, ainda com lágrimas nos olhos, tentou esconder o rosto.

— Oi, Marcinha! Já chegou?!

— Não! Estou no meu serviço, ainda.

Roberto deixou os pacotes sobre o único lugar disponível que encontrou sobre a mesa e foi na direção da irmã, perguntando de forma calma e carinhosa:

— O que foi? Por que está assim tão amarga?

Abraçando-a, Roberto comoveu-se, pois Márcia caiu em pranto ao apontar:

— Olha... o que eu fiz! Deixei cair todos os ovos... — gaguejou.

— Você está chorando por causa disso? — perguntou sorrindo. — Ora, Má! Você nem bem voltou para o seu apartamento, está com saudade lá de casa e quer disfarçar dizendo que está chorando por causa do acidente com os ovos, não é?

— O que você está fazendo aqui? Eu pensei que já tivesse ido embora — disse, agora mais calma.

— Cheguei há pouco e ainda estou tirando as coisas do carro que deixei na garagem. Você sabe como a mãe é exagerada! Comprou coisas para um ano, olha só! E eu não encontrei o carrinho de compras que serve aos moradores. Tive que trazer sacola por sacola.

— Estou vendo — respondeu encabulada e enrubescida.

— Eu vou tirar tudo daqui, calma. Não vou deixar nada espalhado. Acontece que preferi primeiro trazer as compras e depois guardar o que sei onde fica.

Márcia envergonhou-se. Seu irmão parecia ter lido seus pensamentos. Mais racional, percebeu que não era motivo para amargurar-se e se irritar tanto.

— Não precisa guardar. Deixe que eu faço isso, senão depois não saberei onde estão.

— O que eu souber onde fica, vou guardando pra ajudar — respondeu já arrumando algumas coisas. Intimamente eles sentiam-se felizes e satisfeitos. Márcia e Roberto sempre se deram bem.

Jonas, extremamente encolerizado com a harmonia entre os irmãos, saiu do apartamento para não presenciar ou se envolver com a agradável vibração, nobre e generosa, bem salutar que passou a reinar.

Márcia preparou um café e abriu um pacote de biscoito. Depois do primeiro gole, Roberto argumentou:

— Legal! Seu café está ruim como sempre!

— Deixa de ser bobo! Se está ruim, não toma!

— Estou brincando, Má — ele a abraçou, encostou sua cabeça em seu ombro e ela, insegura, perguntou:

— Está ruim mesmo?

— Não. Sabe que é brincadeira. Má, você está diferente. Por que está tão agressiva? Você não é desse jeito.

— Sei lá, Roberto. De ontem pra cá está me dando uma coisa inexplicável. Estou deprimida, irritada, e não há razão, não tenho motivo.

— Seu acidente é recente, ainda está traumatizada. Essa é uma forma de seu inconsciente demonstrar o abalo pelo choque que sofreu. Você precisa sair, passear, conhecer pessoas novas, ir a uma boate, dançar, ir a um barzinho, jogar conversa fora... é disso que precisa, ou então, está querendo a proteção da mamãe e do papai.

— Aaah! Nem brinca! Custou tanto eles me deixarem sair de casa numa boa.

— O pai está zangado porque você voltou para cá. Acho que ele pensou que, depois do acidente, você ficaria lá em casa.

— Não dá, não é Roberto. Lá na casa do pai, tenho que levantar quatro horas antes de entrar no serviço, qualquer caminho que fizer de carro eu pego engarrafamento e de metrô chego ao trabalho toda amarrotada. Aqui é diferente, acordo uma hora antes de entrar no serviço, me arrumo em quarenta ou quarenta e cinco minutos e levo uns quinze minutos para chegar à empresa. Ando de metrô somente duas estações.

Às vezes gasto mais tempo na fila para comprar o bilhete das passagens do que no trajeto. Se eu quiser, é só levantar mais cedo e ir a pé. Essa economia de tempo é ótima quando estou fazendo algum curso, não chego tão tarde em casa e durmo mais por não ter que levantar tão cedo. O pai parece que não entende isso.

— Ele entende sim. Mas quer ter todos os filhos à sua volta, como todo patriarca de família.

— Ele ficou muito zangado?

— Isso passa. Ficará falando por alguns dias e depois se acostuma.

Márcia balançou a cabeça negativamente desaprovando a teimosia de seu pai.

— Bem, Márcia, agora está tudo guardado e arrumado. E essas flores?

— Ganhei ontem no serviço.

— As pobrezinhas estão murchas, me dê um vaso.

Roberto teve o capricho de desfazer o buquê, limpou todos os talos e depois os cortou. Açucarou um pouco a água do vaso onde pôs duas pedras de gelo e colocou as flores nele. Ajeitou uma pequena toalha na mesa de centro da sala e colocou o vaso sobre ela.

— Não vai deixar essa sujeira aqui na minha pia, não é?

— Não senhora, dona Márcia — ironizou Roberto. Depois de limpar tudo, desfechou debochado: — A senhora me dispensa por hoje?

— Sim, por hoje, sim — brincou agora.

— Então, até mais. — Abraçando-a, beijou como sempre fazia e disse: — Quando se sentir vazia, me chama para encher sua paciência. Adoro fazer isso!

Márcia sorriu e brincando empurrou-o para fora do apartamento.

— Vai logo e mande um beijo para todos! Eu ligo pra mãe mais tarde.

Acompanhou-o até o elevador, depois retornou ao apartamento. Naquele instante, Jonas chegou e decidiu seguir junto com Roberto. Ele acomodou-se no banco do carro ao lado do rapaz que tinha a intenção de ir do apartamento de Márcia direto para a gráfica. O espírito Jonas torcia as mãos num gesto enervante e dizia a Roberto:

— Você também vai me pagar! Sei que ajudou a me ferrar. Você não presta, safado! É um filhinho de papai, seu ordinário! Agora tá aí, num carrão, dando uma de bom... Mas isso vai durar pouco, vou te ferrar, cara! Entendeu?!

Uma angústia dominou inexplicavelmente os sentimentos de Roberto que começou a ficar inquieto. De repente, num cruzamento, um outro veículo passou com semáforo vermelho fazendo com que o rapaz freasse bruscamente, quase batendo o automóvel. Parando seu carro, Roberto esbravejou e xingou, perdendo o controle emocional, enquanto via o outro ir embora.

— Isso! Vai! Briga mesmo! — caindo na gargalhada, o espírito Jonas vibrava. — Viu como você não vale nada?! Aquele cara que passou nem sabe que você existe, idiota!

Ao esbravejar, xingar e cultivar um forte sentimento de raiva, Roberto alterou-se emocionalmente e entrelaçou-se aos desejos daquele espírito, pois se deixou envolver por suas energias e vibrações que eram de um nível incrivelmente baixo. Jonas enviava-lhe agora mais idéias, pensamentos e sentimentos inferiores, sem que Roberto percebesse que não eram seus.

Não parando de pensar no acontecido, Roberto estacionou o carro próximo à gráfica corroendo-se com idéias revoltantes até que um colega, que passava do outro lado da calçada, o chamou:

— Roberto! Ei, cara! Quanto tempo!

— Oi! Tudo bem? — respondeu Roberto agora sorrindo.

— E aí? Você está sumido, hein! — expressou-se o amigo que se aproximou. — Vamos até o bar conversar um pouco e tomar uma cerveja? Faz muito tempo que a gente não se fala, não é? — convidou o colega animado.

— É que eu tenho que...

Não dando oportunidade de Roberto recusar o convite, o amigo o interrompeu:

— Você não tem que fazer é nada! Tira uma folga! Dá um tempo para você mesmo.

E colocando a mão no ombro de Roberto, conduziu-o para o bar.

Jonas, quando ouviu o convite, passou a sugerir compulsivamente a Roberto:

— Vamos lá, cara! Dá uma relaxada! Você está precisando de uns goles, não é? Está nervoso. Vamos lá, eu te acompanho — riu com sarcasmo.

Diante de tanta insistência, Roberto não questionou e deixou-se dominar por ambos.

A partir daí, o espírito Jonas passou a entender que poderia influenciar Roberto. Então, procuraria interferir cada vez mais em suas decisões e colocar em prática seus sórdidos planos de vingança.

* * *

O tempo foi passando. O espírito Jonas começou a fazer parte do dia-a-dia de todos de forma vagarosa, meticulosa, e, lógico, despercebido ao sugerir sutilmente seus pensamentos, interferindo na opinião pessoal sem ser identificada a intervenção espiritual malévola. Em alguns momentos Jonas estava com Márcia ou Roberto, além de seguir outros da família, principalmente João Vítor, marido de Paula. Mesmo acompanhando um de seus desafetos, esse espírito poderia saber o que acontecia com o outro, conforme lhe era conveniente.

Captava seus pensamentos e quando observava que iam refletir a respeito de algum assunto ou tomar uma decisão importante, Jonas começava a interferir entremeando suas idéias e opiniões de acordo com seus propósitos de vingança, guiando-os a erros que, em tese, eram insignificantes e ignorados.

Jonas registrava as reações de cada um, estudava-os, conhecendo-os cada dia melhor. Verificava seus pontos fracos e fortes.

Como a sussurrar-lhes ao ouvido, Jonas observava a aceitação de cada um e o quanto eram fortes sua irradiação e interferência, subjugando-os pela força de seus pensamentos. Traçando estratégias, conhecia qual o melhor momento de agir, não podia desperdiçar energia ou perder a calma, pois, quando isso acontecia, notava que suas sugestões não eram aceitas e passavam despercebidas pelos encarnados. Sua inferioridade oferecia-lhe a audácia de insistir na perseguição, no ódio de vingar-se mesmo tendo consciência do quanto estava interferindo e prejudicando a todos, mas ele era inconseqüente, impiedoso e insistente.

Vez ou outra ia até a casa de seus pais. Era quando sua revolta aumentava, sentindo-se revigorado por pensamentos cruéis, devido a encontrar a própria mãe e a irmã lamentando sua morte ou relembravam dele com piedade, lamuriando e deplorando sua vida e ausência.

Elas nunca deram força e orientação a ele, seja moral ou espiritual, para que se libertasse daquelas condições. Ao contrário, alimentavam-no com o ódio e o rancor que tinham para com os envolvidos na morte dele.

Elas se diziam religiosas e em suas orações rogavam a Deus que fizesse aquelas pessoas sofrerem tanto quanto Jonas e pediam também a morte de um deles para saberem o quanto era difícil perder alguém que se ama. Além disso, a inveja as corroia e a falsidade imperava em suas aparências.

4

Iniciando os momentos de tensão

Dias se passaram. Como de costume, em todos os domingos, todos os filhos e netas estavam reunidos na casa do senhor Jovino.

Márcia conversava com o seu pai animadamente na área da frente da casa. Quem passasse na rua e fixasse o olhar por entre as plantas do jardim poderia vê-los.

— Eu soube por Roberto que a gráfica está indo muito bem, não houve necessidade de despedir ninguém como se temia — comentou a filha interessada.

— No começo foi difícil — explicou o pai —, mas estamos nos mantendo bem agora. Surgiu uma aparelhagem nova para os fotolitos, tudo informatizado. O Roberto é que entende daquilo e muito bem, no meu tempo era tudo feito à mão. Eu ainda não me acostumei muito bem com todas aquelas coisas. Mas seu irmão está fazendo a gráfica crescer.

De sorriso estampado no rosto, Márcia ressaltou:

— O senhor deve ter muito orgulho do Roberto, não é pai? Ele demorou a tomar um rumo, mas quando se decidiu...

Interrompendo-a educadamente e se empolgando, considerou:

— Decidiu-se definitivamente! Concretizou todos os planos dele e os meus também. Roberto me surpreendeu quando não quis seguir a carreira de advogado e foi trabalhar comigo lá na gráfica. Confesso que se não fosse por suas idéias de informatizar tudo, a gráfica estaria fechada. — Pendendo a cabeça positivamente, com sorriso no rosto, o olhar perdido e brilhante, o senhor Jovino suspirou e desfechou: — Tenho muito orgulho do Roberto, sim. Não posso imaginar o que teria sido de mim sem ele. Certamente estaria falido.

— Ele é muito esforçado. A propósito, preciso conversar com ele, pois há algumas novidades no mercado de informática que serão úteis para vocês lá na empresa.

Dona Mariana interrompeu-os dizendo:

— O almoço está na mesa!

Márcia levantou-se juntamente com seu pai e abraçados foram para a copa onde os demais se encontravam, e o almoço estava sendo servido.

A felicidade reinava. Todos se sentiam alegres e, em meio a pequenas brincadeiras, divertiam-se muito. Já haviam se sentado quando soou a campainha e dona Mariana resmungou:

— Justo na hora do almoço! — mesmo assim, ela foi atender.

Era sua vizinha, dona Cleide, que lhe trouxera algumas frutas.

— Oi, Mariana! Desculpa incomodar, mas é que eu vi os carros parados aqui fora e deduzi que todos estavam aqui reunidos, como sempre, não é? — Dona Mariana sorriu concordando e ela continuou: — Olha, eu estou chegando do sítio agora e resolvi trazer aqui algumas laranjas e esses abacates. É para todos experimentarem, por isso é que trouxe agora, não quero atrapalhar.

— Ora! Não atrapalha, não, Cleide. Vamos entrar e chame o Osvaldo, almocem conosco.

— Não, de forma alguma! Trouxe almoço pronto de lá. Ontem fizemos uma feijoada, sobrou, então eu trouxe. Deixa o convite para outra vez. Além do que, vocês têm que aproveitar essa reunião de família. Uma família como a sua é rara hoje em dia e nós podemos incomodar, pois não faremos parte dessa harmonia. Tenho que ir.

Dona Mariana ficou um pouco sem graça. Realmente não poderia insistir para que Cleide entrasse, pois havia algum tempo seus filhos se desentenderam e o problema não ficou esclarecido. Somente dona Mariana e dona Cleide, aparentemente, pareciam não lembrar tudo.

— Então, muito obrigada, Cleide.

— Não por isso — sorriu —, até mais.

Dona Mariana entrou com o cesto de frutas. Vendo que todos já estavam sentados e servidos, inclinou o cesto exibindo as frutas e dizendo:

— Vejam que bonitas, estão fresquinhas! A Cleide trouxe para nós, foram colhidas lá no sítio dela.

— São bonitas mesmo — concordou Rose, nora de dona Mariana. — Nada como laranjas recém colhidas, não é?!

Bárbara, neta de dona Mariana, retrucou sem pensar:

— Não gosto dela. Essa mulher é tão falsa! Vive nos rodeando. Será que ela se esqueceu do passado? Ou quer vingar alguma coisa?

Paula, mãe de Bárbara, sabendo que sua mãe gostava da vizinha, entendia que dona Cleide não tinha nenhuma responsabilidade pelo ocorrido no passado, por isso imediatamente repreendeu sua filha:

— Bárbara, não diga isso. Dona Cleide nunca nos fez nada. Ao contrário, sua avó lhe deve muitos favores. Apesar de tudo, ela sempre foi compreensiva e ponderada.

— Isso mesmo — concordou dona Mariana. — Não posso falar mal da Cleide.

Rose, sem refletir sobre suas palavras, interrompeu entusiasmada:

— Pode ser uma intuição ou premonição da Bárbara, quem sabe elas tiveram alguns problemas em outra encarnação para a Bárbara ter essa antipatia! — Rose fez um breve silêncio, depois continuou: — É, pode ser sim! Estou lendo um livro ótimo! É espírita. Kardecista. Eu nunca tinha lido nada a respeito, estou adorando.

Vendo que seu sogro, senhor Jovino, levantou a cabeça levemente e a fuzilou com o olhar, reprovando os comentários, Rose calou-se. O senhor Jovino e dona Mariana freqüentavam com assiduidade a paróquia do bairro. Eram católicos fervorosos. Os filhos, quando pequenos, acompanhavam os pais às missas. Mas agora, crescidos e emancipados, só compareciam à igreja em datas comemorativas. Para o casal todos teriam de ser católicos, jamais admitiria que trocassem de religião. Isso seria uma heresia.

Naquele momento, Bárbara ficou observando o descontentamento do avô o que lhe causou curiosidade. Nunca ouviu falar em Kardecista. O que seria aquilo? Seria algo relacionado aos espíritos? Bem mais tarde, Bárbara procurou pela tia. E, vendo-a só, debruçada na mureta da área, que ficava na frente da casa, não perdeu a oportunidade. Aproximando-se, perguntou:

— Tia, lá dentro você falou sobre um livro Kardecista. O que é Kardecista?

— Sente-se aqui — propôs Rose, batendo a mão sobre a mureta, indicando à Bárbara onde deveria sentar, enquanto ela se acomodava na outra, ficando de frente para a sobrinha. — Para eu explicar o que é Kardecista, é necessário que eu fale antes sobre outras coisas. Não tenho tanto conhecimento sobre o assunto, sei que preciso de muito estudo, mas vou procurar ensinar o pouco que aprendi. — Bárbara fixou os olhos em Rose, atentamente, enquanto a tia narrava: — Há muito tempo, por volta do ano de 1848, num vilarejo pequeno, chamado Hydesville, em Nova York, nos Estados Unidos da América do Norte, começaram os primeiros registros de acontecimentos espíritas dos tempos modernos. Nesse vilarejo passou a morar uma família composta de pai, mãe e vários filhos, dentre eles as irmãs Margareth e Kate que tinham quatorze e onze anos, mais ou menos. A família Fox, pois era esse o sobrenome deles, começou a ouvir ruídos estranhos na nova casa. Eram pancadas e arranhões no forro, no assoalho ou nas paredes. A mãe das meninas ficou tão nervosa e preocupada que em poucos dias seus cabelos embranqueceram. Então mandaram as meninas para a casa dos irmãos, uma longe da outra, em cidades diferentes. Mas os efeitos estavam ligados às garotas. Eles continuavam onde quer que se encontrassem, só que mais fortes. Um dia a menina mais nova, Kate, bateu palmas e falou, de modo inocente, para quem tivesse fazendo aqueles barulhos que agisse exatamente como ela. Imediatamente as palmas se repetiram de forma idêntica! — enfatizou Rose. — Outros pedidos foram feitos e as réplicas foram perfeitas, corretas. A mãe das meninas solicitou àquela entidade que dissesse a idade de cada filho seu, através de batidas e a resposta foi exata, incrivelmente precisa. Haviam conseguido um meio de se comunicarem com o espírito ali presente. Desse modo, isto é, através das pancadas, descobriu-se que o nome daquele espírito era Charles Rosna.

— Como tia? — indagou Bárbara entusiasmada com a história.

— O número de pancadas correspondia a uma letra no alfabeto. Por exemplo: três pancadas, letra C; oito pancadas letra H; uma pancada letra A, e assim por diante. Só através dessa longa comunicação — continuou Rose — ficaram sabendo que o senhor Charles Rosna tinha sido assassinado com facadas, seu dinheiro roubado, seu corpo levado para a adega e só enterrado no dia seguinte a uns três metros do solo, lá na casa de Hydesville, onde, depois de alguns anos, a família Fox foi morar. Escavações foram feitas, mas a princípio não acharam nada. Somente em novembro de 1904, "casualmente" após a queda de uma parede, é que encontraram o esqueleto do pobre homem.

Bárbara ouvia com tamanha atenção que seus olhos brilhavam, pareciam nem piscar. Rose, por sua vez, colocava sem perceber impressionante emoção ilustrando suas palavras.

— O pastor da igreja — continuou Rose — forçou as meninas a passarem por um comitê averiguador ou elas seriam expulsas da comunidade religiosa. Diante da recusa, foram expulsas mesmo. Logo depois, surgiram outras comissões para comprovarem a veracidade do ocorrido. A primeira e a segunda acreditaram que elas usavam artifícios para produzirem aqueles sons, mas não conseguiram provar nenhuma fraude. Uma terceira comissão foi formada. Realizaram grande investigação, um rigoroso inquérito! Todos da cidade se reuniram no maior salão dali. Diante da conclusão de que não havia ação impostora, dolosa ou fraudulenta, o povo não se conformou e queria linchar as garotas. Margareth e Kate sofreram nas mãos dos inquisidores! As senhoras que faziam parte das pesquisas, despiram-nas, revistando-as brutalmente, com a maior humilhação! Imagine isso...! — protestou Rose. — Seus vestidos foram amarrados e apertados ao corpo, em seguida colocaram-nas sob vidros, isolando-as. Mesmo assim batidas bem nítidas puderam ser ouvidas nas paredes, no assoalho e em outros lugares sem que as pobres meninas se movessem. Coitadas... — lamentou Rose, presumindo a cena.

— E depois?! — quis saber Bárbara, não contendo a ansiedade.

— Formularam várias perguntas, mas todas elas foram respondidas com exatidão. Algumas das questões nem as meninas nem qualquer um dos presentes teriam condições de saber a resposta. Então, todos tiveram que aceitar que Margareth e Kate não fraudaram nada. Tempos depois, insatisfeitos, separaram as meninas em salas distantes e ambas receberam uma mensagem simultânea assinada com o nome Benjamin Franklin, que previa inúmeras mudanças para o século dezenove. Coisas que eram estranhas para aquela época se tornariam comuns mais tarde, pois novas explicações surgiriam esclarecendo tudo aquilo.

— Nossa tia! Que legal! Isso é Kardecista?

— Não, isso não. Esse foi um dos casos que incentivou pesquisas para o início da descoberta de uma nova ciência e filosofia estudada pouco depois na França e chamada de Espiritismo. Os Estados Unidos da América do Norte, por ser um país onde a maioria é de religião Protestante ou ramificações do Protestantismo, os que se denominam evangélicos e só acreditam na manifestação de espíritos perversos e demoníacos, não admitiram, de forma alguma, qualquer averiguação tranqüila a fim de maiores e novas descobertas sobre o fenômeno ocorrido no vilarejo de Hydesville, em 1848. Apesar de todas as investigações inquiridoras e provas contundentes, como o achado do esqueleto de Charles Rosna, rejeitaram o acontecido e quiseram esquecer o assunto. A inquisição da comunidade foi tamanha que, com o tempo, as irmãs Fox foram obrigadas a mentir dizendo que fraudaram tudo ou, então, seriam linchadas pela comunidade que as consideravam possuídas pelo demônio. Porém, mais tarde, assumiram novamente a veracidade dos fatos, dizendo que foram obrigadas a mentir por sofrerem terríveis ameaças, preconceitos e humilhações. O caso das irmãs de Margareth e Kate foi a primeira história realmente registrada, documentada e de grande repercussão a respeito de estudos Espíritas. Além desse caso nos Estados Unidos, outros aconteciam inexplicavelmente, naquela época, por toda a Europa e principalmente na França. Lá, diferente do que houve nos Estados Unidos, as pessoas se reuniam em volta de uma mesa e fazendo perguntas obtinham respostas através de batidas, por isso os fenômenos passaram a ser chamados de "mesas falantes" ou "mesas girantes". Todas as entidades que se comunicavam, denominavam-se "espíritos" e diziam pertencer a um mundo invisível a nós. Os efeitos eram sempre os mesmos, em locais e com pessoas diferentes.

Foi então que na França — prosseguiu Rose sem trégua —, um homem bacharel em Letras e Ciências, doutorado em Medicina, defensor de teses brilhantes, poliglota, Escritor e Pedagogo famoso, chamado Hippolyte Léon Denizard Rivail, o discípulo mais assíduo de Pestalozzi, foi chamado para estudar tais fenômenos. Esse catedrático se destacava tanto a ponto de substituir o Mestre Pestalozzi nos congressos e seminários da época. O senhor Hippolyte Rivail, consagrado professor de Filosofia, Química, Astronomia e Física, ganhador de vários prêmios, era um homem extremamente sério, excessivamente científico e não se deixava levar por misticismo ou crendices. Ao ouviu falar das "mesas falantes", desprezou o assunto. Disse que só acreditaria se alguém lhe provasse que uma mesa tem cérebro para pensar, nervos para sentir e se tornar-se sonâmbula. Até aí, tudo isso não passava de uma fábula. A custo um amigo o convenceu a assistir a tal das "mesas falantes" ou "mesas girantes".

O senhor Rivail — continuou Rose —, interessado em estudar sobre magnetismo, passou a observar e pesquisar esses fatos. Com olhos científicos, reuniu pessoas sérias e interessadas a respeito. Daí por diante, realizou um grande estudo sobre as respostas que eram obtidas com as batidas. Como esse era um processo muito lento, passaram a adaptar o movimento de um lápis ligado a um objeto sobre o qual pousavam os dedos e essa peça se deslocava traçando a letra. Após muita observação, percebeu que os espíritos que trabalhavam sobre aqueles materiais, poderiam atuar sobre o braço do médium, denominados, mais tarde, de médium escrevente, ou seja, a pessoa que escreve involuntariamente, impulsionada por um espírito que dele se serve como seu intérprete. Desde então, as comunicações nunca mais pararam, porque, além de tudo, era mais rápida a troca de idéias com informações bem precisas entre os espíritos e os vivos, ou melhor, os encarnados.

Não querendo que seu nome, famoso na área acadêmica, influenciasse seu novo estudo — esclareceu Rose —, como codificador da Doutrina que os espíritos estavam elucidando, o senhor Rivail adotou o nome de Allan Kardec, pois um espírito protetor disse que ele recebeu esse nome em outra encarnação. Os estudos, as observações e as pesquisas de Allan Kardec sobre essas manifestações e as informações obtidas deram origem a Doutrina Espírita, que é composta de cinco livros de estudo. Também chamada de Espiritismo, essa Doutrina se propagou em vários países, principalmente no Brasil. Daí que outras religiões e filosofias existentes naquela época ou que surgiram depois, e que também acreditavam no mundo espiritual ou usavam algum tipo de comunicação com os espíritos, começaram a ser confundidas com o Espiritismo ou Doutrina Espírita, causando grande confusão. Então, alguns adeptos do Espiritismo o chamam de Kardecista para não ser confundido como praticante das demais. Mas a palavra Kardecista nunca foi usada na Codificação Espírita. É um termo ramificado do nome de seu codificador Allan Kardec e popularizado para que fique bem claro, aos leigos, a distinção. Espiritismo ou Doutrina Espírita é uma coisa só. Não existe Espiritismo isso ou aquilo.

— Que interessante! — exclamou Bárbara. — Eu já ouvi falar em Espiritismo, mas nunca soube o que era ou qual sua origem. Gostei! Mas... tia, como os espíritos podem se comunicar?

— Pelo que sei, até agora, o mais comum é através dos médiuns, que são pessoas sensíveis à presença deles e podem captar seus desejos, pensamentos ou impressões.

— O que podemos ganhar com o Espiritismo? Que tipo de informação importante os mortos podem nos dar? — perguntou Bárbara.

— Eu creio, Bárbara, que o principal é obtermos a certeza de que eles estão vivos, de que a vida continua após a morte do corpo e haverá outra depois desta, para que nós possamos aprender e corrigir as nossas falhas, pois a partir da hora que tomamos consciência disso, mudamos a nossa maneira de pensar e agir. — Rose deu um longo suspiro e prosseguiu: — Se compreendermos e aceitarmos o Espiritismo, vamos entender a desigualdade social e as turbulências do cotidiano. Ele nos permite meditar sobre nossas paixões, exageros, os males que atraímos para nós com diversos vícios físicos ou morais, negligências cometidas e muitas outras coisas. Faz com que deixemos nas mãos do nosso Criador quaisquer injustiças que julgamos sermos vítimas.

Rose sentiu nesse momento uma sensação suave enquanto falava, não entendia o que era. Elas não podiam ver, mas estavam envolvidas por uma energia calma e revigorante transmitida por espíritos benfeitores e amigos, que se fizeram presentes devido ao tipo de assunto sobre o qual falavam.

Como sempre, muito sensata, Bárbara ouvia atentamente. Aquela conversa lhe fazia bem, pois, apesar da pouca idade, era bem madura e quando Rose fez uma pausa ela indagou:

— Onde aprendeu tudo isso, tia?

— Tudo isso?! — Rose exclamou sorrindo. — Eu não aprendi nada. O que aconteceu foi o seguinte: Uma paciente esqueceu um livro no meu consultório, tive que abri-lo para saber a quem pertencia. Achei o livro curioso. Como sempre gostei de uma boa leitura, comecei a ler, sem compromisso, a princípio, pois teria que devolvê-lo na próxima consulta daquela paciente, mas o livro ficou tão interessante que eu o pedi emprestado para terminá-lo. Depois disso, nas próximas consultas ela me contava algumas coisas sobre Espiritismo, sobre Kardec, falamos sobre reencarnação e muitas outras coisas, além de me trazer outros livros. Ela está fazendo um curso espírita e me emprestou um livro que se chama *O Livro dos Espíritos*, de Allan Kardec, uma leitura quase obrigatória entre os espíritas, foi dele que tirei todas as informações que tenho. Sei que há outro livro muito instrutivo que se chama *Iniciação Espírita*, também de Kardec.

— Há cursos no Espiritismo?

— Sim, há cursos, palestras, inúmeras literaturas, diversos romances espíritas, há uma infinidade de coisas importantes. Eu não sei direito como funciona, estou para ir à Federação Espírita, mas não encontrei tempo. Só sei que tudo é muito organizado e instrutivo. É uma fonte de alimento para o nosso espírito.

Nesse momento foram interrompidas por Paula que veio chamar a filha para irem embora, pois acreditava que já era tarde.

— Vamos, Bárbara, quero chegar logo em casa, tenho que deixar algumas coisas arrumadas para amanhã. — Voltando-se para Rose, avisou: — Só falta me despedir de você.

Após trocarem beijos, Paula foi saindo e Rose entrou. No corredor despediu-se de João Vítor e foi procurar as filhas pedindo para que recolhessem suas coisas, pois também iriam embora. Ao despedir-se de Bárbara, Rose surpreendeu-se com o que ela disse:

— Tia, não me lembro de ter uma conversa tão gostosa como a que tivemos hoje.

— Nossa, Bárbara! Foi uma conversa tão simples, aliás, desculpe-me, pois apenas eu falei.

— Falou coisas úteis, proveitosas e fáceis de compreender, sei lá, talvez eu estivesse mesmo necessitando de uma conversa assim. Gostaria de saber mais sobre esse tipo de assunto, promete que me dará mais informações?

— Sim, claro. Vou ver se consigo um livro, talvez um romance espírita, eles são ótimos, principalmente na sua idade.

— É, a minha idade...

Rose notou um descontentamento na ironia de Bárbara, por isso perguntou:

— O que foi? Problemas com a sua idade?

— Talvez tia, eu...

Quando ia falar foi interrompida por sua mãe:

— Bárbara, vamos!

— Deixa para outro dia, tá? Obrigada por tudo.

Bárbara abraçou Rose fortemente, como se naquele abraço quisesse transmitir-lhe muito carinho e gratidão, depois se foi.

Rose percebeu que ela estava com algum problema e acreditou ser devido à adolescência.

Ao ir para a sala, Rose deparou com Ciro que examinava sua mãe.

— Sua pressão está boa mãe, na terça ou quarta eu vou pegar os exames. Continue tomando os remédios receitados até saírem os resultados.

Enquanto Ciro falava, Márcia interrompeu:

— Que exames e resultados são esses? Estão de segredinhos, é?

Ciro voltou-se para Márcia e disse:

— A mãe, ultimamente, vem sentindo algumas dores, por isso eu pedi alguns exames.

— Eu não estava sabendo de nada — reclamou Márcia.

— Tudo aconteceu enquanto você estava no Rio de Janeiro. A mãe começou a ter dores entre outros sintomas. Eu pedi alguns exames, depois solicitei outros que estarão prontos nesta semana. É que com toda aquela confusão de seu acidente, esquecemos de avisá-la.

— Puxa, Ciro! Como é desprezível! — Resmungou Márcia que foi para perto de sua mãe e abraçando-a perguntou:
— Por que não me contou?

— Ah, filha! Não é nada sério, você sabe como seu irmão é, não se pode falar nada e ele já vem com as guias de exame para a gente fazer.

— Mãe — interferiu Ciro —, a senhora tem que ver o seguinte: todas as pessoas em determinada idade, mesmo não sentindo nada, devem passar por uma série de exames de rotina, para não serem pegas de surpresa por quaisquer males que poderiam ser prevenidos com facilidade.

— Falando em prevenção — lembrou Márcia —, preciso ir ao dentista, será que alguém conhece algum, e que seja bom para me indicar?

Ciro sorriu e continuou com a brincadeira:

— Ah! Sei de um muito bom, é um que tem um consultório lá no... Deixe-me ver...

Rose que não quis deixar por menos:

— Não. O que é isso? É melhor você ir a uma universidade onde há curso de Odontologia e se candidatar para que os alunos possam aprender a trabalhar. O tratamento sairá muito mais em conta, isto é, quando é cobrado.

Enquanto todos riam, Márcia falou:

— Agora é sério. Rose estou precisando de um horário, você tem?

— É muito urgente? Você está com dor?

— Não sinto dor, ainda. Mas sei que há algo errado com um dos meus molares.

— Agora de imediato é difícil eu dizer com certeza, mas acho que na terça-feira à tarde devo ter uma desistência. Porém, ligue para a Fátima, minha auxiliar, para agendar com exatidão.

— Está bem, ligo sim.

— Ficarei aguardando — respondeu Rose. Voltando-se ao marido, perguntou: — É hora de irmos, não é, Ciro?

Depois de arrumarem as meninas e pegarem suas coisas foram se despedindo.

Para o senhor Jovino, as netas eram sua maior alegria. Ele as mimava muito, fazia-lhes todos os gostos. Depois de muito beijarem os avós, as meninas resolveram ir.

— Mãe, no meio da semana eu passo aqui para vê-la e trazer os resultados — argumentou Ciro que, beijando a mãe na testa, se foi.

Repentinamente, na casa, fez-se um longo silêncio quebrado por dona Mariana após minutos:

— Ah! Que família a minha! Sinto tanta falta de todos durante a semana.

— Não se queixe, mãe — pediu Márcia. — Semana que vem terá todos aqui novamente.

— Se Deus quiser! — ressaltou o senhor Jovino. — Sentimos muito com a ausência de vocês. Vocês não ligam porque são jovens, têm muita gente para lhes dar atenção. Mas nós, que estamos velhos, não temos quase ninguém para nos fazer companhia.

— Oh, pai! Não reclama, estamos aqui todo fim de semana.

— Não é o suficiente, Márcia! Éramos mais unidos! — respondeu o pai agressivo. — O que é que você está pensando? Sua ingrata!

O senhor Jovino, subitamente, irritou-se com Márcia e zangado foi para o quarto resmungando queixoso.

— O que deu nele? — perguntou Márcia assustada, surpreendendo-se com a aspereza de seu pai, pois não era de seu feitio tratar seus filhos assim. O senhor Jovino era homem de conversar e resolver as coisas com muita passividade.

Roberto, que estava quase alheio à conversa, pois assistia à televisão, observou:

— O pai deu para falar assim agora. Sem mais nem menos, vive agredindo a gente com palavras, irrita-se com facilidade, dá as costas quando estamos falando com ele e nos trata com pouco caso.

— Ele me surpreendeu, nunca falou assim comigo antes — queixou-se Márcia com certa mágoa apertando seu coração.

— O pai de vocês está cansado. Já trabalhou muito, não liguem, isso é temporário — falou dona Mariana com voz suave para abrandar a situação. Por fim concluiu: — Vocês têm que entender que ele gostaria de ter todos os filhos reunidos, perto dele e não vê-los somente nos finais de semana.

— Mãe, nós somos filhos de vocês, mas temos que cuidar das nossas vidas, do nosso futuro, nós pertencemos ao mundo. Vocês não podem ficar nos protegendo por toda a vida. Já somos bem grandinhos — defendeu-se Márcia com uma onda de tristeza na voz.

Contrariado, Roberto desabafou:

— O pior é o que eu vivo, pois passo a maior parte do tempo com ele.

— Filho, seu pai...

Interrompendo-a, Roberto sobressaltou-se resoluto:

— A Márcia tem razão mãe! Temos que cuidar de nossas vidas! É bom lembrar que nunca os abandonamos. Vocês não têm do que reclamar. Não damos nenhuma "dor-de-cabeça" a vocês. Somos independentes financeiramente e ainda ficamos "colados em suas barras" sempre dando satisfações de todos os detalhes de nossas vidas. O que mais o pai quer?!

Dona Mariana olhou assustada, nunca ouvira o filho falar daquela maneira. Roberto sempre foi calmo, ponderado, jamais levantou a voz.

Subitamente o senhor Jovino voltou à sala e gritou:

— A casa é minha e quem fala alto aqui sou eu! Calem a boca, todos vocês! Só eu posso falar aqui, criticando e reclamando do jeito que eu quiser!

Mãe e filha se entreolharam assustadas, enquanto Roberto, demonstrando nervosismo, pegou as chaves do carro e, sem nenhuma palavra, saiu irritado.

Quando passava pela porta, Márcia tentou pará-lo segurando seu braço, mas bruscamente o irmão esquivou-se, dando-lhe as costas.

Incrédula, olhou para sua mãe que se desfigurava, pasmada com aquela situação. Seu pai voltou para o quarto. Esbravejava, ainda entonando com voz austera.

Márcia pegou rapidamente sua bolsa e disse para sua mãe ao beijá-la:

— Não se preocupe, vou alcançá-lo. Ligo depois.

Correndo, saiu pela porta da frente. Vendo Roberto já na rua manobrando o carro, do portão, Márcia gritou:

— Roberto! Por favor, espera.

Ele já havia andado uns quatro metros com o veículo, mas resolveu parar. Márcia caminhou até o carro e frente à porta, solicitou afável para acalmá-lo:

— Lembre-se, estou sem carro e preciso de você, nem se for para me levar até o metrô. Pode ser?

Com a cabeça baixa e as mãos postas ao volante, Roberto nem mesmo olhou para a irmã, mas balançou a cabeça para o lado, indicando a porta do passageiro. Enraivecido, com os dentes cerrados e suspirando fundo, praticamente mandou:

— Entra.

Márcia deu a volta e entrou no carro. Nada foi comentado por longo tempo. Ela percebeu que os olhos do irmão brilhavam, estava enfurecido, segurava o volante com rigidez, sem ao menos olhar para os lados. Instintivamente, fez o caminho para o apartamento de Márcia.

— Que bom! Vai me levar em casa! — comentou a jovem tentando conversar.

Roberto não respondeu, mas ela era capaz de compreender aquela atitude. Conhecia bem o irmão. Eles se entendiam e se davam excepcionalmente bem.

Ao chegarem próximo do prédio onde ela morava, Márcia pediu:

— Dorme aqui hoje. Já está tarde, amanhã cedo você vai. O trânsito é bom para voltar.

Roberto respirou fundo para aliviar a tensão e disse:

— É, acho que vou aceitar mesmo.

Após colocar o carro na garagem, subiram. Já no apartamento, ele desabafou:

— Não entendo o que está acontecendo! De uns tempos para cá o pai está reagindo sempre assim: ignorantão!

— Você já tinha me dito que ele estava assim. Mas não dei importância. Achei que fosse somente uma reação momentânea, impensada ou esporádica. Fiquei assustada com o que vi hoje. O pai nunca foi assim.

— Pois é. Agora é sempre, sempre desse jeito. Ele explode sem mais nem menos. Outro dia, lá na gráfica...

— Senta aí. Quer café?

— Não. Outro dia lá na gráfica ele gritou comigo, na frente dos fornecedores por causa dos tamanhos dos blocos que eu aceitei, sabe qual era a diferença? Três milímetros! Dá pra acreditar?!

— Não sei do que você está falando, mas deve ser algo insignificante.

— Insignificante?! Não teria importância nenhuma naquele caso, mas o velho gritou, me chamou de burro, incompetente e pior, na frente de todo mundo: fornecedor, clientes e funcionários...

— E você?

— Fiquei sem ação. Não disse nada. Depois fiquei vermelho, me subiu uma raiva...!

— Quer comer alguma coisa?

— Você tem algo para beber?

Levantando-se, Márcia foi até o pequeno barzinho de bebidas no canto da sala, abriu-o e indicou com a mão dizendo:

— Tenho essas aqui, serve alguma?

— Qualquer coisa, com gelo. É para relaxar.

Márcia deu-lhe um copo e a garrafa nas mãos e foi buscar o gelo. Roberto serviu-se um pouco acima da dose normal e guardou a garrafa.

Márcia veio correndo com o gelo seguro entre os dedos, dizendo:

— Pega! Pega logo! Meus dedos estão doendo!!!

— Obrigado.

Sentaram-se novamente e Roberto continuou:

— Outro dia foi com a mãe. Desde que eu me conheço por gente, eu nunca vi o pai gritar com ela. O comum era a vermos dando bronca nele e ele nem ligava, até ria e lhe fazia caretas, enquanto ela se irritava dizendo que aquilo era dar mau exemplo para nós. Mas outro dia ele gritou com ela e de um jeito...! Depois não parou de falar, ficou repetindo... repetindo...

— Eu não sabia que as coisas estavam assim. Tem certeza de que não está exagerando?

— Pior é que não, Má — lamentou o irmão enquanto bebericava.

Roberto, enfadado, passou as mãos pelos cabelos, encostou-se no sofá, espreguiçou e ficou olhando o teto. Márcia pulou para o sofá onde ele estava e esfregou-lhe o ombro dizendo:

— Isso é fase. — Rindo para roubar a seriedade dos fatos, completou: — Vai ver que o pai tá ficando caduco.

Roberto riu e balançou a cabaça negativamente, concluindo:

— Tem hora que eu não acredito. Quem viu e quem vê o pai agora, não vai reconhecê-lo. Má, você está um pouco distante e acompanhando tudo de forma superficial, mas lá em casa cada dia que passa fica pior.

— Vou ligar pra mãe e avisar que você vai ficar aqui. Digo que amanhã você vai direto para a gráfica?

— É, pode ser. — Ajeitando-se no sofá, afofou-o com as mãos dizendo: — Aqui não me parece tão ruim, fico com esse.

— Não. Dorme lá dentro. Eu estou acostumada a dormir aqui. Por várias vezes cheguei tão cansada que fiquei por aqui mesmo, sabia?

— Não. Eu fico aqui. Vou lá dentro roubar suas cobertas e um bom travesseiro.

Roberto foi pegar as roupas enquanto Márcia telefonava para a mãe. Quando voltou pediu:

— Má, me acorda amanhã na mesma hora que você?

— Pode deixar! — confirmou sorrindo.

Ficaram ali conversando por um longo tempo, sem perceberem o avanço das horas. Só muito mais tarde é que foram dormir.

5

A visão de Márcia

Ao despertar do relógio, Márcia acordou confusa, um pouco tonta devido às poucas horas dormidas. Sentou-se na cama, esfregou o rosto e só depois de alguns minutos é que se recordou de todo o ocorrido na noite anterior. Foi então que se lembrou de acordar Roberto, que dormia na sala.
— Roberto, são quinze para as sete — murmurou sonolenta e com voz rouca. — Roberto remexeu-se e continuou dormindo. Ela o balançou suavemente e novamente o chamou: — Roberto, são quinze para as sete. — Roberto murmurou alguma coisa que Márcia não conseguiu entender. Foi então que ela insistiu bem firme: — Acorda, Roberto! Tá na hora!
— Você não presta, Márcia! Vou te pegar, sua desgraçada! Márcia sobressaltou-se, chocada, gritou veemente:
— Roberto, acorda!!!
Ele abriu os olhos como quem estivesse hipnotizado, sem fixar ponto algum e repetiu, desta vez com mais nitidez na voz, apesar de rouca, soando com ferocidade, dentes trincados e respirando pela boca, fortemente, afirmou:

— Você não presta! Vou acabar com você! — Olhando-a friamente, exigiu: — Tira as mãos de mim!

Márcia, finalmente deu-lhe um forte empurrão, batendo-o contra as costas do sofá gritou:

— Roberto! Pára com isso!!!

Assustado, o irmão sentou-se rapidamente no sofá e perguntou:

— O que foi?! O que aconteceu?!

Márcia ficou incrédula, com os olhos estatelados, não conseguia se quer piscar. Por alguns segundos, Roberto lhe parecera outra pessoa, perverso e vingativo. Ela estava de joelhos ao lado do sofá. Tremia, mas forçou-se a dizer com a voz embargada:

— Não faça mais isso! Você me assustou. Levanta logo!

— Assustou com o quê?! Sou eu quem digo: Isso são modos de acordar alguém?!

— Não se faça de bobo! — Ela levantou-se e foi para o banheiro resmungando.

Roberto ficou sem entender o que acontecera. Esfregou o rosto e sacudiu a cabeça.

Quando ela saiu do banho, foi para a cozinha e enquanto arrumava o café, sozinha, ficou pensando:

"O Roberto está esquisito! Não bebia e ontem me pediu bebida. Tudo bem que o pai nos irritou, mas o Beto não ficou atrás, ele também se alterou. Agora de manhã vem me falando aquilo e sua aparência..."

— Bom dia! — exclamou surpreendendo-a.

— Oi!

— Má, o que foi que aconteceu?

— Tá brincando! Não se lembra?

— Talvez se você me contasse, refrescaria minha memória.
— Senta aí. Quer leite?
— Quero.
— Eu estava meio dormindo — contou a irmã. — Fui acordá-lo devagar, falando baixo e você falou enfurecido: que ia acabar comigo, que eu não prestava, mandou tirar as mãos de você...

Roberto olhava-a fixamente e depois deu um leve sorriso.

— Ora, eu acho que estava sonhando — desculpou-se o rapaz.

— Beto, foi muito esquisito! E outra, sonhar às sete horas da manhã?!

— É proibido sonhar às sete horas da manhã?! — perguntou rindo, querendo ser engraçado, pois Márcia parecia assustada mesmo.

— Não parecia você. É certo que eu estava assonorentada, dormi pouco, mas...

Ela calou-se e Roberto agora bem sério perguntou:

— Mas...?

— Sabe, parecia que não era você, não era sua voz, Beto. Em seu olhar e jeito de falar havia uma perversidade, algo muito ruim. Fiquei arrepiada, com medo. Tenho certeza de que...

— Quê...?

— Pode me chamar de materialista. Acredito no que vejo. Sou atenciosa, me importo com as pessoas, pois acho que as impressões, as ações e as palavras são os maiores registros da personalidade. Isso é fundamental.

Roberto balançou a cabeça negativamente.

— Espere aí. Do que você está falando?

— Eu o conheço, Beto. Conheço sua personalidade. Sou até capaz de saber o que você está sentindo ao observar sua fisionomia. Acredito muito no que vejo. Naquela hora, eu estava com sono sim, mas não estava dormindo! Quando você começou falar daquele jeito estranho, eu...

— Você o quê? Fala de uma vez! — exigiu quase irritado.

— Eu vi um outro rosto sobre o seu! — Márcia falou rapidamente, como um desabafo. — Não era você, era um outro rosto.

— Como assim?

— Era como se uma foto estivesse, de alguma forma, reproduzida numa folha transparente, entende? E essa transparência em cima do seu rosto.

Roberto acenou a cabeça positivamente, mas sem palavras. Ela levantou-se com modos exibindo nervosismo e voltando-se para ele continuou:

— Quando você falava, aquele rosto transparente também falava junto. A voz não era sua, Roberto. Aí eu o empurrei! Tudo sumiu e você acordou.

Roberto levantou-se e foi na direção de sua irmã abraçando-a.

— Eu não estou ficando louca. Eu vi! — insistiu, pensando que seu irmão não estava acreditando.

— Eu sei. Eu acredito em você. Não precisa ficar assim. — Recostando a cabeça de Márcia em seu peito e afagando-a com carinho, aconselhou: — Vamos lá, toma o seu café. — Depois de um breve silêncio, continuou: — Você me fez lembrar de algo que já havia esquecido. Aquelas visões que eu tinha.

— Eu me lembro bem disso — afirmou. — Você ficava com medo do que via e chorava. Então a mãe o colocava pra dormir comigo porque o Ciro e a Paula riam de você.

— Pensei que não se recordava disso! — ele admirou. — Lembra-se das novenas que a mãe fazia lá em casa dizendo que eram para me livrar daqueles demônios?

— Claro que sim! Ela levou o padre várias vezes lá para benzer a casa e você. Diga-me uma coisa, depois disso você parou de ter aquelas visões?

— Não! Que nada! As visões não sumiram. Eu acabei me acostumando com elas. Depois, com o passar do tempo, eu pude até reconhecer alguns parentes nossos que já haviam morrido os quais só conhecia por fotos — confessou Roberto pensativo.

— Mas eu lembro quando você falou que tudo havia sumido, não foi?

— Não era verdade. Eu estava cansado de ficar indo às novenas e missas. Além de ter que aturar aquele monte de gente lá em casa rezando. Daí resolvi dizer pra mãe que eu não via mais nada. Além do que, aquelas pessoas mortas que eu via não me faziam nada de mal. Com o tempo, aos poucos, tudo foi sumindo até desaparecer completamente e cair no esquecimento.

Roberto estava calmo e Márcia ainda assustada, apesar de disfarçar bem. Ele a sacudiu brincando e dizendo:

— Vamos, vamos lá! Temos um dia cheio pela frente.

Márcia sorriu, porém não se sentia alegre nem tranqüila. Algo oprimia seu coração.

* * *

As horas pareciam escoar. Aquele dia havia sido de muito trabalho e reuniões, Márcia sentia-se cansada, totalmente exausta.

No final do expediente, lembrou-se de ligar para a cunhada e confirmar o horário para seu atendimento no consultório odontológico. Após agendar para o dia seguinte, relaxou o corpo na cadeira jogando-se para trás provocando um leve balanço. Fechou os olhos por alguns segundos e respirou vagarosamente, experimentando a impressão de que suas preocupações e cansaço iam se esvaindo com o ar que exalava. Seu corpo parecia não existir, ela não sentia mais a força da gravidade e teve a sensação de flutuar. Subitamente, uma colega aproximou-se interrompendo seu relaxamento:

— Lugar de dormir é em casa!

— Nossa! — sobressaltou-se. — Dei uma "apagada" por alguns minutos que pareceu valer por horas de sono.

— Estava dormindo mesmo?! — admirou-se a amiga.

— Não, fechei os olhos só para quebrar a tensão e me esqueci da hora — respondeu Márcia vagarosamente, como se tivesse acabado de acordar depois de horas de sono.

— Má, você sabia que a Ana vai deixar a nossa seção? — quase sussurrou a moça, como quem fofocasse.

— Ela me falou alguma coisa um tempo atrás, mas eu pensei que não havia dado certo, pois não tocou mais no assunto.

— Pois é! Ela será mesmo transferida para o departamento de Recursos Humanos. Acho que será bom para ela e para você, não é?

— Não entendi — confessou Márcia. — Que será bom para ela, tudo bem, mas para mim, por quê? Isso não faz sentido.

— Não se faça de besta! É claro que você é a mais indicada para substituí-la. Você é a mais antiga aqui na seção. Entende de tudo, não há nada que você não saiba fazer. Apresenta-se bem, sabe como tratar qualquer assunto...

— Acho mais provável que venha alguém de fora ou de outro departamento — interrompeu Márcia, tentando não animar o assunto.

— Que nada, a Ana a admira e confia em você. Ela não fala, mas dá para perceber. Já deve tê-la indicado para substituí-la. Até nas reuniões mais importantes você está indo! Além de tudo, o diretor gosta muito de você, ele a admira demais! Não acha?

A moça falava com certa inveja e gracejo, dando a entender outras intenções. Fábio, que estava perto e não pôde deixar de ouvir, corrigiu-lhe a tempo:

— Você está indo longe com essas insinuações. Será que você não deveria dizer que o diretor gosta do trabalho da Márcia, ou que ele admira o trabalho dela?

— Sim, claro. Foi isso o que eu quis dizer — respondeu a colega sem graça e envergonhada. Levantando-se, continuou: — Bem, deixe-me ir, está na hora.

— Essa moça tem muito que aprender — comentou Fábio sem pretensões. — Tudo bem Márcia? E o fim de semana, como foi?

— Tudo bem — comentou desolada. Mas depois, curiosa, perguntou: — O que você acha da Ana deixar a seção?

Pegando uma cadeira, Fábio sentou-se frente à Márcia e tornou bem tranqüilo:

— O que tiver de ser, já é. Não importa quantos queiram ou não. Não sofra ou se alegre por antecipação.

— Fiquei preocupada, só isso.

— Está ansiosa; não é?! — Sem aguardar por uma resposta, afirmou convicto: — Você sabe que é, sem dúvida, a pessoa mais competente para esta chefia. Márcia, é normal que esteja ansiosa, preocupada, com medo, com orgulho, com isso ou aquilo. Fora o frio na barriga — riu com gosto, olhando-a com satisfação.

Márcia acompanhou-o no riso e admirou-se, ele sabia mesmo adivinhar seus sentimentos.

— Fábio, você tem toda razão! Não vou sofrer por antecipação, o que tiver de ser, já é! — afirmou sorrindo largamente.

O amigo levantou-se, e olhando-a firme nos olhos, incentivou bem contente:

— É isso aí garota! Vai firme! Não perca a oportunidade.

Quando se virou para sair, Márcia o impediu, chamando com certa timidez:

— Fábio...

— Diga — respondeu voltando.

— Tem cinco minutos? — perguntou acanhada.

— Até dez — afirmou ele sorrindo amável.

Puxando a cadeira novamente sentou-se frente à Márcia, aguardando-a começar.

Ela estava um pouco sem jeito e quase se arrependeu de tê-lo chamado, pois há pouco tempo desdenhou daquele assunto que agora queria retomar. Cabisbaixa, perguntou encabulada:

— Sabe o que é... bem... eu queria saber, que religião é a sua?

— Eu sou Espírita — respondeu de imediato, sem titubear.

— Daqueles espíritas que andam de roupas brancas e raspam a cabeça...?

— Não. Nada disso — sorriu ao afirmar. — A falta de conhecimento faz com que muitos pensem que o espírita se veste de branco todas as sextas, reúne-se com batuques e danças africanas, afro-brasileiras, faz rituais, despachos e outras coisas. Não tenho absolutamente nada contra essas religiões. Respeito-as sobretudo, pois isso é amar ao próximo e eu acredito que todos os caminhos levarão a Deus. Muitos precisam dessa fase. Mas devo esclarecer que essas religiões são espiritualistas e não espíritas. Quanto à cor branca de roupa a ser usada, particularmente, eu adoro branco. Em princípio é a cor que demonstra higiene, paz, harmonia e combina com tudo. Mas, para mim, não é nada religioso ou obrigatório.

— Você acredita que a cor interfira na vida das pessoas? — questionou a amiga sem pretensões.

— No estado psicológico sim, sem dúvida! Assim sendo, indiretamente, a cor interfere na vida dos indivíduos, nas suas reações. Imagine-se usando uma blusa de uma cor que não a agrade, não goste de jeito nenhum. Você não se sentirá à vontade, ficará irritada até. Os tons claros, normalmente acalmam ambientes e pessoas. Isso que falo agora é comprovadamente científico, não há nada de espiritual ou místico. Experiências mostraram que o vermelho, preto, marrom e alguns matizes fortes deixavam uns inquietos, outros irritados ou até nervosos. Veja, essas gangues que querem agredir aos demais sempre se vestem com cores e desenhos fortes, escuros. Elas alteram o psiquismo humano, o animal e inclusive os vegetais. Experiências nos Estados Unidos, na NASA, confirmam que as plantas não crescem sem luz, mesmo artificial, que não se assemelhasse à luz do sol.

— Você acha que o azul-claro é calmante? — questionou intencionalmente para testá-lo.

— Sim, acho. Gosto de roupas da cor azul-claro, de casas pintadas de azul...

— Se o azul for calmante mesmo, Deus errou! — Márcia, astuta, afirmou imediata. — Pois a frase: "A Terra é azul!" foi dita por um astronauta a caminho da lua. Esse planeta azul é um planeta agressivo, tem vulcões, furacões, tornados, maremotos, terremotos e incríveis intempéries naturais que não são nada calmas. Sem mencionar a violência, a agressividade e até a crueldade humana. O que você me diz disso?

— Que Deus acertou em cheio ao fazer deste um planeta azul! Quanto às intempéries naturais, isso é necessário em um planeta de expiações. Se, para as criaturas que vivem aqui, essa abóbada celeste, lindamente azulada, ainda não traz, aparentemente, um efeito calmante, imagine se o céu fosse marrom, cinza ou preto? E as intempéries, então, como seriam?

A sensibilidade faz parte da evolução espiritual — afirmou após deixá-la pensar um pouco. — Alguém que admira o que é belo, sutil, tranqüilo é capaz de sentir a interferência de tudo a sua volta, a começar pela natureza, pelo canto de um pássaro, a beleza de uma flor, o aroma, a música e muito mais. As pessoas com espíritos abrutalhados são insensíveis a tudo. Por exemplo: a cor branca é a que simboliza a paz. Estudos científicos, principalmente da Medicina Alternativa Milenar, que começou na antiga Grécia e Egito, afirmam que o branco absorve a energia das outras cores, no caso da cromoterapia, isto é, terapia através das cores. A Medicina Alopata e os céticos não acreditam nisso. Eu acredito que eles, os céticos, nunca estudaram a respeito, mas provavelmente não gostam de ver os filhos com aquelas camisetas de cor preta, com desenhos horripilantes etc, e não entendem o motivo. E o motivo é simples: é a interferência da cor nele mesmo.

Aí vem aquele que diz que ela não interfere em nossa saúde — sorrindo, questionou: — Então eu pergunto: Se não interfere na saúde, por que, quando se tem uma contusão muscular, o médico manda fazer, em seções de fisioterapia, algumas aplicações com lâmpadas de infravermelho? A lâmpada não poderia ser branca ou azul? Então a cor da lâmpada interfere na saúde física, sim. Isso nada tem de místico ou religioso. É puramente científico, e gosto de lembrar que não se pode aceitar um espírita com fé cega, pois o Espiritismo se ampara na ciência, tira o véu do mistério, da ignorância amparado na ciência. Além disso, se eu me sinto bem de azul, branco, verde, vermelho, amarelo, eu devo usar o que me faz sentir assim, devo usar o que me agrada, mas sem agredir ninguém. Isso independe de algo místico, espírita ou espiritualista.

— Desculpe-me, eu não sabia a diferença. E para dizer a verdade, continuo sem saber o que é espírita ou espiritualista.

— É simples. O espiritualismo ou espiritualista é o oposto do materialismo. Quem acreditar que há nele, e nos outros, algo além da matéria do corpo, ou melhor, quem crê que os outros são espíritos e que ele é um espírito, é espiritualista.

— Então os católicos são espiritualistas?

— Sim! Sem dúvida. Eles acreditam que uma pessoa não acaba ao morrer. Os espíritas, os muçulmanos, os protestantes – mais conhecidos como evangélicos – os budistas, os umbandistas, os indianos e tantos outros são espiritualistas, pois cada um, à sua forma, acredita que a vida não termina com a morte do corpo físico. Acreditam que há um Deus criador e mantenedor de tudo o que existe.

Agora o espírita — tornou Fábio em poucos segundos de trégua — é aquele que crê em Deus, na existência da vida após a morte, na existência e na manifestação dos espíritos, acredita na lei da reencarnação desses espíritos; pelas quais todas as criaturas retornam à vida terrena sucessivamente, evoluindo no plano intelectual e moral. Os espíritas são convictos que, somente pelo processo da reencarnação, as criaturas harmonizam ou expiam, sofrendo as conseqüências de tudo o que fizeram e provocaram de bom ou mau, não acreditando, assim, que vamos para o céu ou inferno após esta existência. O espírita crê que só pode evoluir através da reencarnação, a fim de ir para "outras moradas na Casa do Pai". E para se chegar a essas "moradas melhores", tem de experimentar a "lei de causa e efeito", chamada também de "lei de ação e reação", de harmonização do que desarmonizou, o que alguns até denominam carma. Mas a palavra carma pertence à filosofia indiana e não a espírita, ou lei da causalidade, que pela qual se interligam as sucessivas vidas dos espíritos, dando-lhes destinos harmoniosos com os atos praticados. Nós, espíritas, acreditamos também na comunicação desses espíritos desencarnados com os encarnados. Mas, para isso, é necessário o estudo da Doutrina Espírita, o entendimento e verificar "se os espíritos são de Deus", se não são brincalhões ou enganadores.

Márcia ouvia atentamente, estava curiosa para conseguir uma explicação sobre a visão que teve naquela manhã. E Fábio prosseguiu:

— A Doutrina Espírita não tem altares nem necessita de templos ou qualquer tipo de vestes ritualísticas, não faz ritual, não tem sacerdotes ou cultos. O Espiritismo nunca combate as outras religiões e as respeita, pois entende a necessidade do espírito, encarnado ou desencarnado, para a evolução. O Espiritismo acredita em Deus como Onipotente, Onisciente e Onipresente. Prega-se o amor ao próximo como Jesus nos ensinou. Nós, espíritas, cremos que todos somos irmãos, pois temos um único Deus como Pai. Aprendemos que a caridade é o caminho para o progresso contínuo e individual do espírito humano.

Márcia ficou admirada com a explicação. Tudo começava a fazer sentido agora.

— Eu entendo o que você está dizendo, Fábio. Mas algo ainda me intriga. — Ajeitando-se na cadeira, fixou o olhar nele e perguntou: — Como podem, vocês espíritas, ter tanta certeza da vida após a morte e também na reencarnação? O que pode nos garantir que voltaremos a viver aqui novamente ligados aos fatos do passado?

Fábio, muito paciente, explicou após um suspiro suave e leve sorriso:

— Eu já te disse isso, mas acho que não se lembra muito bem da pergunta que fiz. Porém, vamos lá. Temos como apoio a crença na justiça de Deus. Você crê em um Deus bom e justo, certo?

Márcia balançou a cabeça positivamente e ele prosseguiu:

— Se temos um Deus bom e justo, por que tantas diferenças sociais? Por que tantas desigualdades físicas, morais e mentais? Por que somos todos diferentes uns dos outros? — Sem a manifestação de qualquer resposta, continuou. — Não estamos aqui por brincadeira de Deus. Você acredita que a nossa vida é uma ilustração, uma história em quadrinhos que se lê e joga fora? Somos seres vivos, Márcia! Temos tristezas, alegrias, dores, paixões, ódio, temos sentimentos inexplicáveis e independentes, somos capazes de amar. E aí você acha que, um dia, acordamos, morremos e acabou? Pensa que é só isso, Márcia? Que quando se morre simplesmente acaba? Ou crê que se vai para o céu ou para o inferno ficando confinada lá por toda a eternidade sem fazer algo produtivo? Que objetivo ou produtividade se teria, fazendo nada, lá no céu? Que tédio, hein! E qual Pai, Criador amoroso, bom e justo, deixaria um filho sofrendo eternamente no inferno, sem lhe dar uma outra chance?

Márcia ficou olhando sem definir o que sentia, por isso ele continuou:

— Veja bem, Márcia, vou exemplificar para explicar melhor. Digamos que um homem nasceu e se criou em um lugar distante, longe das grandes e pequenas cidades. Um lugar isolado e que ele não teve instrução escolar, religiosa ou moral. Durante sua existência cometeu vários erros, foi sempre estúpido, grosseiro, sem cautela ou paciência. Digamos que ele agredia a mulher e os filhos, maltratava animais e depois de muito tempo morreu. Você acha que Deus permitiria o inferno eterno a esse homem? E se assim fosse feito, ele iria para o inferno e pronto? O coitado não teve nenhuma oportunidade de aprender o que era correto e bom, não teve nenhuma chance de se defender. Isso seria justo?

Márcia só o olhava e o amigo prosseguia com brandura:

— Suponhamos que por sua ignorância total, por esse homem não ter estudado, e só porque não teve qualquer oportunidade de conhecer alguma religião que lhe falasse de Deus, seria permitida, a ele, a estadia gratuita e eterna no céu? Isso seria justo?

Márcia sentiu vontade de pressionar Fábio, tentando obter uma resposta ou explicação que o contradissesse, então indagou rapidamente:

— E se esse homem conhecesse alguma religião que o fizesse aceitar Deus antes de morrer e pedisse perdão por suas faltas pouco antes de sua morte?

Fábio sem pensar, como se já esperasse pela pergunta, respondeu:

— Imaginemos que incontáveis pessoas se esforcem, a vida inteira, na prática da caridade, em fazer o bem, serem boas, pacientes, educadas para poderem evoluir e, digamos, irem para o céu quando morressem. Seria justo esse homem, que viveu abrutalhado, pedir perdão por suas faltas antes de morrer e ser perdoado? Ir para o céu junto com aqueles tarefeiros que viveram o bem e a caridade a vida toda? E as pessoas prejudicadas, lesadas por esse homem, vão ficar no prejuízo? — Fábio lembrou-se rapidamente de uma passagem do livro *Iniciação Espírita*, de Allan Kardec, e a repetiu: "Aquele que pede a Deus o perdão de suas faltas só o obtém se modificar a sua conduta. As boas ações são as melhores preces, pois os atos valem mais do que palavras". — Fez-se um breve silêncio de reflexão. Depois prosseguiu: — Crendo na eternidade e na evolução do espírito, eu diria que esse homem iria para o plano espiritual. Lá receberia instruções, tomaria ciência de tudo o que fez de errado e reencarnaria quantas vezes fossem necessárias para resgatar seus erros, corrigir suas falhas, aí sim, ele iria evoluir.

Diante da falta de argumentação e de longa pausa, o amigo questionou:

— Márcia, entende agora por que eu acredito na reencarnação? Se a criatura humana não reencarnar, como poderá reconhecer seus erros e repará-los para evoluir e ter direito de ir a um lugar melhor? Como?

Márcia ficou pensativa. Começava a entender o que Fábio queria ensinar. Então perguntou:

— Deixe-me simular uma situação para ver o que o seu espiritismo me diz.

Fábio sorriu, teve a intenção de dizer que a Doutrina Espírita não lhe pertencia, mas calou-se e ela simulou um fato:

— Façamos de conta que uma pessoa nasceu rica, como diríamos... alguém que "nasceu em berço-de-ouro", cresceu e viveu sem nenhum problema grave para enfrentar, criou seus filhos, viu seus netos e depois morreu. Não se importou com religião, mas também não fez nada de errado. Essa pessoa iria para o céu ou para o inferno?

Fábio, pacientemente, explicou:

— Céu ou inferno não existem. Existem os agrupamentos de espíritos afins, mais conhecidos como colônias espirituais. Cada uma com um nível diferente, pois o espírito desencarnado irá para a colônia ou agrupamento de espíritos, respectivo ao seu nível espiritual, moral. Nesse lugar haverá instrução e aprendizados diversos. Se quiser, poderá auxiliar os outros e ao mesmo tempo receberá auxílio. Poderá, de acordo com seu nível, visitar os parentes e amigos encarnados e os que já desencarnaram também. E usamos o termo umbral, para designar uma espécie de portal entre o plano dos encarnados e desencarnados, região intermediária para os que ficam em um estado de perturbação muito grande pelos erros graves, apego material, falhas cometidas ou tem o coração endurecido, não se arrependendo do que fizeram, julgando-se com razão, sempre. Esses espíritos ficarão nesse lugar até o tempo em que pesarem suas faltas ou erros e mudarem seus procedimentos, modo de pensar, sua maneira de agir, principalmente. Se acreditarem em Deus e ficarem verdadeiramente arrependidos, aí sim serão resgatados mais rapidamente. Entretanto, poderá haver uma reencarnação compulsória, isto é, sem que ele seja consultado, caso continue com o coração endurecido, e essas costumam ser experiências reencarnatórias bem difíceis.

Mas vejamos esse seu exemplo. Se a pessoa rica que você simulou, não praticou o mal nem o bem, e devido suas condições financeiras poderia tê-lo feito, mas não o fez. Então ao desencarnar, se não estiver apegada ao corpo físico ou aos seus bens materiais, ótimo.

— Por quê? — perguntou Márcia.

— Porque as pessoas que são excessivamente apegadas ao corpo, à beleza, à forma física, como por exemplo as pessoas que só pensam em sua beleza, e em primeiro plano sempre está o cuidado e a preocupação com sua aparência, ao desencarnarem podem ficar próximas ao corpo ou presas nele lamentando sua morte. Existem casos em que o apego era tão intenso que o espírito não saia de perto do corpo, ficando ligado a ele tentando reanimá-lo à vida novamente.

— E daí?! — indagou Márcia, assustada.

— Daí que o espírito passa a sentir todo o processo de putrefação pelo qual o corpo passa, como se estivesse vivo. Ele sente as dores da necrose, da decomposição, parte por parte.

Márcia, levou a mão à boca, franzindo a face com gesto enojado, dizendo:

— Que horror!

— É sim. Existem vários e vários casos desse tipo e o espírito ainda fica nessas condições por anos e anos. Precisamos cuidar do corpo, protegê-lo e ter em mente ele é um invólucro, uma embalagem do espírito. Por esta razão, devemos dar mais atenção ao espírito, pois o corpo vai acabar um dia. Quanto aos bens materiais, há espírito que fica rodeando-os, não querendo que ninguém se apposse do que foi dele, irrita-se e quer brigar com aqueles que mexem em suas coisas, não tem sossego nem paz, não procura ou aceita ajuda dos socorristas espirituais que aparecem, por isso não evolui. Ele tortura-se por anos e anos, lamentando sua morte e não aceita a nova condição.

Voltando à pessoa que você simulou, ela será orientada no plano espiritual, sobretudo do que poderia ter feito e sobre as oportunidades que perdeu quando encarnada. Receberá instruções, poderá trabalhar se estiver pronta para tal, auxiliará outras pessoas e aguardará a sua próxima reencarnação na qual terá a oportunidade de agir melhor.

Repentinamente, Márcia começou a sentir-se inquieta, quase arrependida de ter começado o assunto. Mesmo assim ela insistiu:

— O que o Espiritismo explica sobre vidência?

— No Espiritismo, vidência é uma das manifestações mediúnicas que alguém pode ter. A mediunidade é um fenômeno bem importante e que necessita de muito estudo. Alguns médiuns são pessoas dotadas de elevada capacidade de percepção extra-sensorial, ou seja, elas são sensíveis para receberem ou perceberem sensações sem o uso de qualquer um dos cinco sentidos humanos, que são dependentes dos órgãos destes. A mediunidade é uma faculdade que, através dela, o médium manifesta seus mais diversos dotes como a clarividência, a vidência, clariaudiência, telecinesia, que é a movimentação de objetos sem tocá-los, a levitação, a psicografia, curas etc.

— Espere aí, eu não entendi, tem vidência e clarividência?

— Sim. Porém é difícil saber quando é uma e outra, mas isso pouco importa quando a integridade do médium é fiel. Podemos dizer que a vidência é a percepção das coisas que já ocorreram ou que vão ocorrer. O vidente pode ver através de uma cena mental, sentir ou pressentir, de modo superficial ou total, algumas coisas que acontecem e até as que acontecerão com você sem conhecê-la, e sequer saber seu nome. Isso ocorre com o auxílio da espiritualidade presente que pode ser de espíritos elevados ou mesmo levianos. Podendo ser interrompida quando agredidas as Leis Naturais. Já, a clarividência é a percepção que a pessoa tem para ver, tal qual o vidente, sem o auxílio dos olhos, ou até sem que a espiritualidade interfira. É um atributo pessoal que ela conquistou como espírito e não uma faculdade que lhe foi atribuída para a atual experiência de vida. Por isso essa pessoa pode ter essa percepção sem o auxílio da espiritualidade, e também pode usar tal atributo para o bem ou para o mal, porém arcará com a responsabilidade de tudo o que fizer. Suas percepções podem ser algo, como que imagens embaralhadas ou nítidas, mas não acontecem quando se quer, sendo interrompidas a qualquer momento por espíritos superiores, conforme o caso. Entende?

Márcia demorou um pouco para responder. Por fim manifestou-se:

— Entendo sim. E... todo clarividente é médium?

— Sim. O médium é a pessoa dotada de uma faculdade a mais além dos cinco sentidos humanos que, como você sabe, são: o olfato, o paladar, a audição, a visão e o tato. A capacidade, o dom mediúnico é inato, ou seja, nasce com o indivíduo; essa disposição mediúnica pode ser uma ou mais. Há casos de médiuns bem perceptivos e sensíveis que dispõem de duas ou mais faculdades mediúnicas.

Podemos dizer que no âmbito, no espaço da atividade mediúnica, o mais comum são os médiuns capacitados para a comunicação, que são a fala e a escrita, ou seja, médiuns de psicofonia e psicografia. Esses dons são simples, rápidos, cômodos e permitem mais esclarecimentos e registros, inclusive para se avaliar o espírito que atua na comunicação. Entretanto, independente do tipo de mediunidade, a pessoa com tal faculdade deve sempre estudar a Codificação Espírita só e também em grupo, em um bom centro Espírita, a fim de que tire dúvidas, não ostente orgulho, vaidade, desequilibrando-se. E também para que seu trabalho seja analisado e ela orientada com a finalidade de não se deixar enganar por um espírito sem instrução induzindo-a a grandes enganos, e, o que é pior, que tais mensagens ou orientações não iludam pessoas leigas, trazendo irremediáveis problemas para esse médium.

O médium sempre é testado em sua vaidade e orgulho pela espiritualidade mais elevada. No caso da psicografia, por exemplo, existem médiuns que só escrevem usando o nome de espíritos famosos que anteriormente, por intermédio de outro médium, tais espíritos já alcançaram créditos valorosos; ou então só usam nomes de pessoas que, quando encarnadas, foram grandes personalidades. Que absurdo! Será que outros espíritos não são capacitados de oferecerem bons ensinamentos? Será que o médium não desconfia de que ele só recebe psicografias de "espíritos famosos" e pode ser enganado por um espírito brincalhão que está se valendo desses nomes? Será que esse médium não desconfia de que ele pode ser uma pessoa orgulhosa e vaidosa a ponto de admitir esses nomes sem questionar? Que falta de humildade. Nos estudos da Codificação Espírita somos alertados, várias vezes, que o nome do espírito pouco importa. Se a mensagem de um livro, por exemplo, agregar entendimento, elevação, consolo para quem a recebe, estarão, médium e espírito, trabalhando com verdadeiro amor, sendo humildes, "ofertando com a mão direita sem que a esquerda saiba", não estarão sendo objetos de falsidade, de fingimento, da afetação de virtude que não se tem, e como também Jesus disse: "Não faças tocar trombeta diante de ti, como fazem os hipócritas para serem glorificados pelos homens. Esses já receberam seu galardão", a recompensa e "não tereis mais galardão junto ao Pai, que está nos céus". Tudo tem que ser muito bem analisado, e para isso precisamos de estudo, orientações e de ensinamentos dos companheiros de tarefa com o mesmo ideal, bem experientes e com discernimento.

Fábio silenciou por alguns instantes percebendo que Márcia escondia alguma pergunta, algo mais profundo que não queria detalhar, mas ele era paciente, aguardaria. Observou também a inquietude da amiga, notou que era espiritual, como se alguma entidade não quisesse que aquela conversa fosse adiante.

— Fábio, só mais uma coisa... uma pessoa que nunca foi médium, repentinamente, pode ver "coisas"?

— É comum a mediunidade em crianças, principalmente com idade inferior aos sete anos, pois a criança é muito sensível. Algumas continuam mantendo a sensibilidade após essa faixa de idade e pela vida afora. Agora, existem os que manifestam a mediunidade na idade adulta ou em qualquer fase da vida. Isso pode acontecer sim.

— De repente, qualquer um pode ser clarividente? — insistiu ela.

— Não é bem "qualquer um", os que possuem certo tipo de mediunidade como: clarividente, vidente, clariaudiente, médiuns de efeitos físicos, escreventes ou de psicografia, de fala ou psicofonia, músicos, poetas, poliglotas, sensitivos, desenhistas etc, podem manifestá-la em algum momento da vida ou não. Essa manifestação pode ser passageira como se fosse um chamado para a sua busca de instrução sobre o plano espiritual, um alerta ou para uma tarefa mais longa, depende do caso. Mas seja qual for, a pessoa precisa se instruir e muito. Por que pergunta isso, você teve alguma visão?

— Pode ser que sim... não tenho certeza. Eu estava meio dormindo, às vezes acho que foi um sonho... não acredito muito nisso e... — Márcia deteve as palavras. Sentia vontade de contar o que aconteceu, mas algo a impedia.

Fábio, por sua vez, quase perguntou: qual, então, o motivo de ficarem ali por horas falando sobre um assunto em que ela não acreditava? Mas calou-se. Mesmo se questionasse só por brincadeira, poderia ofendê-la. Ele percebia nitidamente que ali havia alguma influência negativa, pois sentiu que Márcia estava passando por um período difícil, e que futuramente a situação de sua vida poderia piorar. Acreditava na necessidade de orientá-la a fim de evitar experiências funestas.

— Está certo, Fábio, entendi. Obrigada por suas explicações.
— Então vamos.
— Vamos...?!
— O expediente terminou e faz tempo. Quer uma carona? Vou para a casa da Bete e é caminho, aceita?

Márcia não hesitou.

— Sim, claro! Vamos lá.
— Deixe-me só fazer um telefonema para a Bete e dizer que estou a caminho, tá?

* * *

Fábio deixou-a na portaria do prédio.

Ao entrar no apartamento, ela sentiu-se só e desanimada. Pensou em telefonar para sua mãe... mas de que adiantaria?! Não poderia contar o que sentia, sua mãe se preocuparia. Márcia olhou em volta e atirou-se no sofá. Contemplou o apartamento, que agora já não lhe parecia o mesmo, não era tão bonito como antes e não estava sendo tão agradável ficar ali.

Morar sozinha agora não tinha nenhuma graça. Mas se voltasse para a casa de seus pais, não seria a mesma coisa. Além do que, seu pai passava por uma fase agressiva, talvez não a aceitasse mais e lhe diria muitas coisas que não gostaria de ouvir. Sem mencionar as dificuldades que enfrentaria para ir trabalhar e fazer qualquer curso que surgisse.

Márcia não tinha muitas opções. Além de tudo, sentia-se deprimida, triste, sem razão nenhuma para tais sentimentos. Uma angústia indefinida roubava-lhe a tranqüilidade. Mesmo assim lutava, em pensamentos, para descobrir a origem e encontrar alguma solução. Por isso refletia demais.

Apesar dos conceitos espíritas que Fábio havia explicado, serem diferentes do que acreditava, sentiu-se bem ao lado dele, algo a confortava. No seu conceito, Fábio era uma pessoa firme.

"Ele diz o que pensa", admitia Márcia em suas reflexões. "Fala de forma tão categórica sem agredir a opinião alheia. Muito ao contrário, o Fábio é amável e educado. Pena que acredita nessa história de Espiritismo e espíritos. Se bem que não posso reclamar, Fábio não é nenhum fanático, só toca no assunto quando perguntam seu parecer a respeito de filosofia ou religião. Mesmo assim, ele se manifesta sem obrigar que aceitem sua opinião. Que interessante!"

Em meio a tantas dúvidas, achou melhor tomar um banho já que nem seus próprios pensamentos ela conseguia organizar. Comeria alguma coisa e iria dormir. O dia seguinte seria cheio.

6
Márcia é promovida

Na manhã seguinte, Márcia teve que fazer um grande esforço para se levantar.

Após o banho, sentia-se desanimada, não sabia o que vestir. Tudo o que pegava para usar, não lhe caía bem, não combinava, e em meio a tanta roupa que possuía. Isso era estranho. Nunca foi assim antes! Justo ela, dona de tanta praticidade e bom gosto para escolher o que vestir, estava com aquela dificuldade. Lembrou-se, então, de uma roupa que havia colocado e que recebido muitos elogios. Procurou-a e vestiu-se rápido. Era engraçado, não parecia ajustar-se tão bem ao seu corpo agora. Mas decidiu que seria aquela mesma, não havia mais tempo.

Seu cabelo estava difícil de arrumar naquela manhã. Não conseguia achar uma maneira de deixá-lo no mínimo bom. Ele estava rebelde. Márcia começou a ficar nervosa e de repente atirou a escova de cabelos com muita raiva, xingando no ato.

— Que droga! Logo cedo essa porcaria!

Querendo descarregar sua ira, chutou a escova que foi parar na sala. Apanhou uma outra na gaveta da penteadeira. Alinhou os cabelos para trás com um pouco de gel e fez um simples rabo de cavalo.

Estava enfurecida, perdeu muito tempo se arrumando e agora estava em cima da hora.

Como previu, chegou atrasada no serviço. Assim que saiu do elevador, encontrou uma colega que brincou sem pretensões:

— Atrasadinha hoje, querida?!

Márcia não gostou e respondeu mal-humorada:

— O que você acha?! Se desse para eu chegar mais cedo, já estaria aqui. Além do que, só devo satisfação à minha encarregada.

— Credo Márcia, que horror! — surpreendeu-se a outra.

Márcia caminhou para seu departamento sem se importar em se desculpar com a colega, aliás, não devia satisfação mesmo, pensava irritada. Chegando à sua sala, mal cumprimentou os colegas. Estava preocupada em adiantar seu serviço, pois teria que sair mais cedo para ir ao dentista conforme agendou no dia anterior.

Pouco depois, Ana, a encarregada da seção, aproximou-se de Márcia e disse:

— Bom dia, Márcia! Tudo bem?

— Bom dia, Ana! Tudo bem — respondeu, forçando-se parecer tranqüila.

— Quando puder, venha até minha sala, por favor.

— Sim, claro! — tornou Márcia prestativa e preocupada. — Assim que organizar esses relatórios irei lá.

— Ótimo, eu aguardo — afirmou Ana, retirando-se.

As horas passaram ligeiras e Márcia se atrapalhou com o que fazia quase esquecendo a solicitação da encarregada para ir à sua sala. Somente uma hora e meia após lembrou-se.

— Com licença, Ana? — entrou afoita.

— Entre. Você demorou, hein!

— É que eu estava ocupada demais — encabulou-se. — Estou empenhada com aqueles tipos de serviço que não se podem deixar para depois — desculpou-se.

— Tudo bem — aceitou a encarregada, parecendo compreender a situação. — Eu a chamei aqui pelo seguinte, Márcia. Desculpe-me, por favor. Esqueci de pedir que sentasse, esteja à vontade... — embaraçou-se, por não ser gentil, deixando-a em pé. Ana era bem educada e tratava muitíssimo bem seus subordinados. Márcia sorriu, acomodou-se na espaçosa poltrona frente à mesa de Ana, e esta prosseguiu: — Márcia, eu a chamei aqui porque estou para deixar a seção. Serei promovida e transferida para outro departamento. Acredito que será bem melhor para mim e para o meu currículo, diga-se de passagem — sorriu. — Quanto a essa seção, não é segredo para ninguém, principalmente para você, que a pessoa mais capacitada para ocupar o meu lugar é você, certo?

Márcia enrubesceu, sentiu o rosto queimar. Acreditava em sua competência e capacidade, mas às vezes achava que se tratava de pura vaidade. Porém, naquele instante, escutar o reconhecimento de suas qualidades era estranho, então respondeu encabulada:

— O que é isso, Ana? Eu...

— Sem modéstias, não é, Márcia? — interrompeu educada e sorridente. — Inclusive eu já comentei com o diretor

Rodrigo, ou melhor, já a indiquei para ser coordenadora desta seção. Para você, não haverá nenhum mistério no serviço pelo fato de trabalhar aqui há anos e conhecer tudo. Para a empresa não haverá perda de tempo nem de dinheiro com o treinamento de um novo funcionário.

Márcia ficou sem saber o que dizer. De certa forma, aquilo era uma surpresa, pois só havia tomado conhecimento de certas mudanças através de alguns boatos, nada tão concreto como até aquele instante.

— Não vai me decepcionar, não é Márcia? — perguntou Ana sorrindo, pois percebeu que Márcia verdadeiramente havia se surpreendido com a notícia.

— Claro! — Ao perceber a resposta errada, corrigiu a tempo e um pouco atrapalhada: — Não. Quero dizer... não vou decepcioná-la — e sorriu também.

— Márcia, tenho total confiança em sua capacidade e em seu profissionalismo. Particularmente gosto muito de você como pessoa. Aprovo e admiro sua educação, sua postura e seu comportamento. A equipe com a qual trabalhamos hoje é muito boa, você os conhece bem. Merece chefiá-los e tenho certeza de que eles corresponderão à altura e vão cooperar. Percebo que a respeitam e gostam de você.

Márcia só sorria. Pela primeira vez, não conseguia palavras para se expressar.

— Hoje à tarde teremos uma reunião com o diretor — continuou Ana. — Gostaria de que trouxesse os relatórios e os organogramas para demonstrarmos a ele. Eu acredito que o doutor Rodrigo deva falar com você a respeito do seu novo cargo, por isso esteja preparada.

— Hoje à tarde?! — exclamou surpresa, lembrando-se da consulta odontológica.

— Sim. Algum problema? — questionou Ana.

— Não! — respondeu cinicamente. — É que eu preciso imprimir os relatórios.

— Está bem, imprima-os e deixe tudo arrumado, pronto para que na hora certa não nos embaracemos nas explicações. Se puder estudá-los antes para a apresentação ao diretor, será ótimo.

— Sim, certo. Vou providenciar tudo — Márcia levantou-se sorridente. Ao ver a mão estendida, retribuiu o cumprimento que se transformou em troca de beijos e abraços pela emoção, a encarregada a parabenizou. Depois agradeceu:
— Obrigada Ana, muito obrigada por tudo. O que sei aprendi com você que não se recusou a me ensinar. Se mereço esse cargo hoje, devo repartir o mérito com você. Eu tenho certeza de que será muito feliz na sua nova função. Deus a abençoará por você nunca se negar a ensinar e ajudar alguém — argumentou com olhos lacrimejando.

— Você é quem merece o cargo porque não se opôs a aprender. Nunca mediu esforços ou dificuldades para ganhar conhecimento. Lembre-se disso, Márcia. Nunca se negue a aprender, por mais fútil que pareça a lição. Boa sorte! — desejou ao abraçá-la novamente.

— A você também. Sucesso! — retribuiu emocionada.

Márcia não se continha. Retornou à sua mesa com a alma saciada de satisfação, feliz por sua capacidade reconhecida, por sua luta ter valido a pena. Não conseguia tirar o sorriso do rosto.

"Eu, coordenadora de seção em uma empresa tão importante como essa?!", pensava. "Quem diria!"

Mesmo não querendo alarido, não se conteve. Pegou o telefone e ligou para o ramal da mesa de Fábio a qual ficava somente alguns metros da sua.

— Não olhe para mim — pediu Márcia sussurrando ao telefone.

— O quê? — perguntou Fábio sem entender e ameaçando virar-se para vê-la.

— Não olhe para mim! — sussurrou novamente. — Vamos almoçar juntos? Tenho muito para contar, só que quero sigilo, tá?

— Tudo bem. Vamos ficar por último na seção. Depois que todos saírem, nós iremos.

— Não! Não posso perder tempo, tenho uma reunião importante após o almoço. Almoçarei rapidinho para voltar logo. Sabe aquele restaurante que fomos semana passada, aonde quase ninguém daqui vai?

— Sei — afirmou o amigo paciente.

— Iremos lá, ao meio dia em ponto, está bem?

— Certo. Quem chegar primeiro, espera. Tchau.

— Tchau.

Márcia estava feliz, só lamentava não ter se vestido melhor. Afinal, a aparência no ambiente de trabalho é muito importante.

Teria que ligar para sua cunhada e desmarcar a consulta. Não poderia faltar àquela reunião por nada desse mundo.

Durante o almoço, contou a novidade a Fábio que ficou feliz com a notícia. Almoçaram às pressas, pois ela queria se preparar para a reunião, Teria que ler os relatórios a fim de informar-se bem.

Durante a reunião, que aconteceu tranqüilamente, Márcia saiu-se bem. Ana só a observava. Queria que Márcia, sozinha, fizesse toda a apresentação para que a diretoria pudesse confirmar as competências profissionais indicadas por ela.

No final, o diretor a parabenizou pela apresentação e a também Ana por tê-la indicado para substituí-la, mencionando com pompas e excessiva formalidade no tratamento:

— Senhorita Márcia, cremos que no máximo daqui a duas semanas a senhora Ana ocupará sua nova função e a senhorita ficará definitivamente em seu lugar. Esperamos contar ao máximo com o seu apoio e desempenho profissional.

— Sem dúvida, doutor Rodrigo — respondeu Márcia firme.

Ana interrompeu:

— Eu só estava aguardando a aprovação definitiva do senhor, sobre a senhorita Márcia assumir a seção, para informar a todos sobre a nova liderança. Além de providenciar sua transferência imediata para minha sala a fim de passar-lhe todos os detalhes do serviço antes de minha mudança.

— O que a senhora fizer, será aprovado — respondeu o diretor.

Despediram-se e retornaram à seção. No caminho Ana orientou:

— Márcia, tome providências imediatas para que sua mesa, seu microcomputador sejam levados e instalados em minha sala. Após minha transferência, você decide se ficará com meu micro e minha mesa ou com suas coisas. Terei tudo novo na nova gerência.

— Está bem! — exclamou concordando, sorridente.

Ao chegarem à seção, Ana chamou todos para uma pequena reunião, anunciando a nova coordenadora, solicitando que colaborassem com Márcia assim como fizeram com ela.

Apesar de já estarem sabendo, não oficialmente, do novo cargo de Márcia, alguns ficaram contentes, outros a invejaram e não lhe desejaram boa sorte, mesmo reconhecendo sua capacidade profissional. Mas essas opiniões negativas passaram despercebidas diante da grande felicidade de Márcia.

Já à noite, em sua casa, Márcia imediatamente telefonou para sua mãe dando a notícia. Depois ligou para Rose, mas foi Ciro quem atendeu:

— Oi, Má, tudo jóia?

— Tudo bem, Ciro. Dê-me os parabéns, fui promovida! — anunciou eufórica.

— De cargo ou de salário? — brincou Ciro.

— De ambos. Sou a nova coordenadora da minha seção e automaticamente isso aumenta meu salário também.

— Então parabéns! Desejo-lhe muito sucesso.

— Obrigada. Escuta, a Rose está? Quase não consegui falar com ela hoje quando desmarquei a consulta.

— Ela está chegando. Fala com ela. Um beijo e felicidades, hein!

— Outro. Obrigada.

Depois de uma breve pausa, pois Ciro contou rapidamente a sua mulher sobre o novo cargo de Márcia, Rose atendeu:

— Márcia?!

— Oi, Rose, desculpe-me por não ter ido hoje e desmarcado a consulta na última hora.

— O que é isso, Márcia! Não tem motivo para se desculpar. Olha, parabéns! Ciro acabou de me contar.

— Obrigada! Puxa você nem imagina como eu estou contente.

— Imagino sim. Sua mãe já sabe?

— Acabei de ligar para ela.
— Dona Mariana deve ter ficado muito feliz e orgulhosa. Acredito que mais feliz do que você.
— Só falta eu contar para a Paula, ela também vai gostar.
— Falando em Paula... — interrompeu Rose — eu preciso falar com a Bárbara.
— Com a Bárbara?
— É sim. Tenho um livro que quero dar a ela. Vou esperar você ligar para lá, depois telefono para falar com a Bárbara.
— Está bem, Rose. Qualquer dia eu ligo para agendar outro horário, pois nessa semana e na outra não quero me ausentar. Desejo ter tudo em ordem lá no serviço.
— Vamos fazer o seguinte — sugeriu Rose — sei que estará muito ocupada e entendo o quanto é importante um novo cargo, por isso vá no sábado de manhã e cuidaremos do seu dente, já fizemos isso antes. Como não trabalho aos sábados, ficaremos a sós.
— Ah... esse sábado não, deixa pro outro — pediu Márcia com modos dengosos.
— Você é quem sabe, o dente é seu — riu a cunhada.
— Lembre-se de que não atendo de madrugada, nem se for para o Ciro!
Elas riram juntas. Após conversarem mais um pouco, despediram-se.
Rose sentiu um leve mal-estar após conversar com Márcia. Não entendeu bem o que era. Não havia motivo para se sentir perturbada. Após tomar um banho, Rose ligou para Bárbara, avisando sobre o livro.
— Bárbara, tenho certeza de que você vai gostar.
— Sobre o que fala o livro? — perguntou Bárbara.

— É um romance espírita, é uma história linda!
— Já leu? — perguntou Bárbara.
— Já, e adorei. Fala sobre a morte de uma jovem... — Rose calou-se antes que contasse todo o livro — Ah, não! Você é quem terá de ler. Sei que vai adorar.
— Domingo vamos à casa da vó e a senhora me entrega.
— Claro.
— Estou ansiosa para ler esse livro, tia.
— Pode ficar, valerá a pena. A propósito, sente-se melhor, Bárbara?
— Melhor?! — perguntou Bárbara.
— Fiquei preocupada quando conversamos da última vez. Você parecia um tanto triste e me disse que o problema era a sua idade.
— Não, tia. O problema não é só a minha idade, é que com a idade que tenho não consigo resolver o que está acontecendo aqui em casa. De uns tempos para cá, o ambiente aqui está cada dia pior.
— Como assim, Bárbara?
— Se eu parar de contar ou desviar o assunto, tia, é porque minha mãe chegou, está bem? — pediu Bárbara.
— Sim, claro. O que é?
— Aqui em casa cada dia está pior. Meus pais têm brigado, coisa que nunca fizeram antes, e, quando eu tento apaziguar a situação, eles se viram contra mim e passam a brigar comigo.
— Que estranho, Bárbara! — admirou-se Rose. — Eu não sabia disso. Eles sempre viveram tão bem.
— Pois é tia. Mesmo quando a Melissa era viva e arrumava todos aqueles problemas, a nossa família era mais unida, mais calma, tínhamos mais harmonia. — Bárbara calou-se

por um instante. Depois prosseguiu: — Não somos mais felizes como antes. Quando a Melissa morreu, pensei que os problemas tinham se acabado. Eu gostaria de saber se o espírito de alguém pode rondar nossa casa, nossas vidas e perturbar os outros? Acho que a Melissa não foi para o céu e deve estar irritando a todos aqui, infernizando nossas vidas. Sabe tia, às vezes me dá uma tristeza, uma vontade de chorar e quando isso acontece, a lembrança de Melissa fica viva em minha mente! Parece que eu posso senti-la a meu lado!

Rose admirou-se da sensibilidade de Bárbara, tão nova e sem conhecer nada sobre a vida espiritual, sentia que a irmã poderia estar ali em um estado de perturbação.

Rose censurou-se rapidamente, ela não poderia julgar. Quem era ela para saber se Melissa estava provocando toda aquela situação, aquelas brigas? De repente o espírito Melissa estaria em um bom lugar, instruindo-se, preparando-se para a reparação. Ela não poderia julgá-la. Então, tentando amenizar os sentimentos da sobrinha, Rose aconselhou:

— Calma, Bárbara. Na vida nós sempre enfrentamos algumas fases ruins, são períodos e acabam passando. Isso é uma fase, meu bem. Não faz muito tempo que Melissa morreu.

— Já faz sim, tia. Já tem dois anos.

— Mas para os pais, isso são dois dias. Eles estão sentidos com a morte dela e com tudo o que aconteceu. Ela era muito jovem, só tinha dezoito anos... e morreu de forma violenta. É natural que seus pais não aceitem e se revoltem.

— Mas aí, tia, está certo eles descarregarem a raiva em cima de mim?! Não fui eu quem matou Melissa. Ela fez muita besteira para quem viveu tão pouco aqui na Terra. Se meus pais querem desabafar, que não seja em cima de mim! Eu não fiz nada, só tento acalmá-los quando a situação está excessiva, daí sobra para mim! — Bárbara falava não como uma adolescente revoltada, mas como uma adulta experiente e com conhecimento de causa. E prosseguiu: — Se a Melissa morreu, Deus que me desculpe por falar assim, mas foi ela mesma quem procurou a própria morte. Se ela foi assassinada pelo namorado, poderíamos até dizer que a culpa foi dela por ter deixado as coisas caminharem daquela maneira.

— Não diga isso, Bárbara! — interrompeu Rose, alterando-se, pois percebeu que Bárbara, apesar de dizer a verdade, estava passando dos limites em seu julgamento.

— Digo sim, tia. A Melissa sempre teve tudo do bom e do melhor. Recebeu muitos conselhos, foi sempre orientada, mimada e deu nisso aí! Por causa da sua rebeldia, por se achar sempre com toda razão, não ouviu ninguém, acabou com a própria vida e agora quer acabar com a nossa.

— Calma, Bárbara, calma. Primeiro não sabemos quais as condições dela como espírito hoje; segundo, nada acontece por acaso e...

De repente, Bárbara interrompeu:

— Minha mãe já saiu do banho, tia, quer falar com ela agora?

Rose atrapalhou-se, não tinha telefonado para falar com a cunhada, mas conversou com Paula por entender que a sobrinha não queria detalhar à sua mãe a conversa que estavam tendo. Então usou como desculpa o assunto da promoção de Márcia e o quanto ela era dedicada.

7

Éramos unidos, felizes

Algumas semanas se passaram e Márcia estava bem atarefada, devido à sua nova função. A expectativa de se destacar no serviço e não cometer falhas era grande, ela não queria decepcionar-se, não iria se permitir nenhum deslize pessoal ou profissional. Até mesmo aos seus familiares estava dando pouca atenção, pois além de não haver tempo, sua empolgação era constante com o novo cargo, que a mantinha concentrada no trabalho a fazer.

Acordava bem mais cedo. Ficava horas na frente do espelho a fim de apresentar-se melhor. Aumentou o número de roupas novas e queria que tudo estivesse impecável.

Só havia um problema: agora quase não tinha tempo para conversar com os colegas de trabalho como antes. Talvez eles a julgassem orgulhosa, mas não era verdade. O problema era a falta de tempo para conversar. Isso a fazia sentir-se mais só.

Naquela noite chegando a seu apartamento, antes de entrar, ouviu o telefone tocando muito. Abriu a porta às pressas e correu para atendê-lo:

— Roberto! Oi!

Pela voz de Roberto, Márcia percebeu que nada estava bem.

— Oi, Má. Eu pensei que não conseguiria mais falar com você! Caramba! Ninguém te encontra! — reclamou zangado.

— O que foi, Beto?

— Nada — respondeu o irmão friamente.

— Nada, não!! Aconteceu alguma coisa? Por que me ligou?

— É o pai, Má. Cada dia o velho está pior.

— Já falei, isso é fase...

— Fase nada, Márcia!!! — quase gritou o irmão ao interrompê-la. — Cada dia o homem tá piorando e você nem liga para isso, não sei por que estou telefonando! Você não dá a mínima importância pra a gente, não sabe o que está acontecendo lá em casa ou o que deixou de acontecer. — Roberto passou a falar enfurecido e descontrolado: — Sei que está morando longe, mas, além disso, você está muito distante sentimentalmente de sua família. Reparou?! Aí, quando a gente te procura para fazê-la participar de alguma coisa, você vem com a mesma frase pronta: "Isso é fase!" "Vai passar". Nem sei pra que estou ligando...

— Desculpe-me, Beto. Você tem razão. Mas estão acontecendo tantas coisas lá no meu serviço agora, depois dessa promoção. Nem pode imaginar. — Percebendo que a voz do irmão não estava normal, ela perguntou: — Beto, você bebeu?

— Vai pro inferno, Márcia!!! — gritou desligando imediatamente.

— Alô?! Roberto!...

Márcia, na mesma hora, ligou para a casa de seus pais.
— Mãe? Sou eu.
— Oi, filha!
— Chama o Roberto para mim!
— Ele não está filha, ele ainda não chegou. Liga pro celular.

Márcia sentiu uma amargura na voz de sua mãe que parecia querer disfarçar.

— Eu falei com ele agora, mãe. Não me pareceu que estivesse usando o celular, pensei que estivesse aí.

— Devia estar falando de outro lugar, Márcia. O Roberto não vem para casa desde ontem.

— O que está acontecendo, mãe?

— O Roberto e seu pai se desentenderam, não é nada demais, não se preocupe, filha.

— Como não é nada demais, mãe? O Roberto e o pai não vêm se entendendo já há algum tempo e a senhora sempre colocando "pano quente" para acalmar; sendo que a realidade não é essa. — Márcia foi grosseira com sua mãe, mas não se desculpou, acreditando ter toda razão. — A senhora não sabe onde Roberto está, mesmo?

— Não, Márcia. Eu não sei, filha.

— Tá bom. Ligo para a senhora mais tarde. Vou tentar encontrá-lo em outro lugar.

Márcia ligou imediatamente para o celular, que era atendido pela caixa postal.

Desligou o telefone e ligou para a gráfica, apesar de estar fora do horário de expediente, pensou em encontrá-lo lá. Mas o vigia que atendeu, negou a presença de Roberto na firma.

Em seguida telefonou para a casa de sua irmã Paula, acreditando que Roberto pudesse estar lá. O telefone tocou várias vezes sem que ninguém atendesse. Por fim quando ia desistindo:

— Alô...
— Bárbara! É a tia Márcia.
— Oi, tia...

Márcia percebeu que Bárbara estava com voz de quem havia chorado. A menina falava entre soluços e respirava descompassadamente. Podia também ouvir, ao fundo, os gritos de Paula com João Vítor e vice-versa. De repente, escutou uma forte batida de porta se fechando e alguns palavrões ditos por sua irmã.

— Bárbara?! — perguntou Márcia assustada. — O que está acontecendo aí?!
— Nada, tia... é... que... não é nada...
— O que é isso?! Como nada?! Eu estou ouvindo seus pais gritando e xingando! — diante do silêncio, Márcia perguntou agora de modo mais brando e amoroso, induzindo a sobrinha: — Bárbara, meu bem, me responda, o que está acontecendo? A tia precisa saber. Estou preocupada, querida.
— São meus pais, tia — respondeu chorosa. — Quase todos os dias... é isso, acontece isso o que a senhora está ouvindo. Eles estão a ponto de se pegarem aos tapas. Eu não agüento mais... — chorou.
— Chama sua mãe pra mim, meu bem. E vê se fica tranqüila, isso não faz bem a você. Eu vou falar com a Paula para ver em que posso ajudar. Toma uma água com açúcar e tente se acalmar. Está bem? — foi gentil, escondendo sua inquietude e nervosismo.

— É fácil dizer para alguém ficar calmo, tia Márcia. Principalmente quando não se está no meio de um problema ou de uma briga.

Márcia não tinha argumentos para responder. Mas não houve tempo para pensar em algumas palavras a fim de consolar a sobrinha, porque Paula aproximou-se da filha e pegou o telefone para atender sua irmã, pois ouvira o nome pronunciado por Bárbara.

— Paula! O que está acontecendo?!

Paula, completamente descontrolada, respondeu áspera:

— É isso aí, Márcia! O seu cunhado todo dia dá motivo pra gente brigar. Hoje é porque não foi trabalhar. É o segundo dia nesta semana que ele falta ao serviço sem motivo, sem justificativa. E por quê?! Sabe por quê?! Para ficar no bar!

— No bar?! — surpreendeu-se Márcia, quase não acreditando no que ouvia. João Vítor não fumava nem bebia. "Como ele pode agir assim de um momento para o outro?", questionava-se em rápido pensamento.

— Depois de mais de vinte anos de casados — concluía Paula, ainda alterada —, descobri que seu cunhado deu pra jogar, beber e ficar no bar até tarde. No dia seguinte falta ao serviço por que está cansado, de ressaca, ou até por que jogou com o dinheiro da condução, e perdeu tudo. Ele fica sem nada! Não tem dinheiro nem para pagar um ônibus.

— Eu não acredito, Paula... — murmurou Márcia que estava assombrada com o que ouvia de sua irmã. Sabia que seu cunhado sempre foi esforçado, trabalhador, excelente pai, marido exemplar. Não conseguia entender a mudança.

— Pois acredite, minha irmã. Cada dia está ficando pior. Sem contar quando ele chega bêbado em casa, isto é, quando chega. Algumas vezes a idiota da Bárbara sai para buscá-lo caído e totalmente embriagado na rua, na sarjeta.

— Por que não me contou? Domingo passado conversamos tanto. Vocês não pareciam ter problema algum.

— É que ele só resolve ser cafajeste durante a semana, aos sábados e domingos o João Vítor vira santo. Além disso, eu não quero levar mais preocupações lá pra casa de nossos pais. Eles já têm problemas demais.

"Problemas demais?!", questionou-se Márcia em pensamento. "Que problemas são esses? Será que está acontecendo algo mais que eu não sei?"

Procurando mostrar-se tranqüila, Márcia foi conversando com Paula que, no decorrer do tempo, acalmou-se e passou a se expressar de modo equilibrado. Passados minutos, Márcia perguntou:

— As preocupações as quais você se refere, lá na casa de nossos pais, são com o pai e o Roberto, não é?

— Não é só isso, não, Má — respondeu Paula convicta. — O pai deu pra brigar com a mãe e quebrar as coisas que acha pela frente, principalmente na hora das refeições. Você não está sabendo?! — admirou-se. — O pai resolve jogar as louças e a comida no chão, mais ou menos como o João Vítor faz aqui em casa quando está sem dinheiro para beber e jogar. O Roberto interfere sempre a favor da mãe, claro! E por causa disso, essa semana o pai bateu nele.

— Bateu nele?! O pai bateu no Beto?!!! — exclamou Márcia horrorizada, seu pai nunca bateu em nenhum de seus filhos.

— O pai deu um soco no rosto do Beto! — afirmou Paula também escandalizada.

— E o Beto?!!!

— Empurrou o pai e saiu. Voltou pra casa no dia seguinte, saiu novamente e não voltou mais nem ligou. Assim me disse a mãe.

— A mãe não me contou nada, Paula! Falei com ela agora mesmo. O que será que está acontecendo com a nossa família?!

— A mãe quer poupá-la, Má! Vê se desperta para o que está acontecendo à sua volta! A mãe acha que se te contar tudo isso, você pode se afastar ainda mais para não ter tantos problemas, além dos que tem em seu "magnífico serviço!" — desfechou com certa ironia na voz. Em seguida, continuou: — Quanto a nossa família, pelo que estou vendo, somos um bando de hipócritas, que se reúnem, obrigatoriamente, todos os finais de semana para dizer que tudo está bem. Na verdade, somos piores do que muitos por aí, que brigam e se apresentam com autenticidade, mostrando-se realmente como são.

— Mas antes nunca foi assim, Paula. Éramos unidos, felizes!

— Felizes?! — riu, exprimindo-se depreciativa. — Eu sempre tive problemas, Márcia. Minha vida nunca foi fácil, venturosa e repleta de satisfação como a sua. Primeiro foram as dificuldades no começo de casada com a faculdade que quase abandonei; depois para criar as meninas e trabalhar, isso foi um sufoco; o João Vítor, por umas duas vezes, ficou sem emprego e eu tive que "segurar as pontas", sozinha. Como se não bastasse, na adolescência de Melissa tivemos todas aquelas preocupações, problemas e mais problemas, além daquela tragédia que envolveu a família toda. Agora é o João Vítor de novo... Eu sou uma infeliz mesmo, minha irmã! — desatou a chorar.

— Calma Paula, não diga isso — aconselhou, mesmo sentindo que Paula a ofendia de certa forma.

— Infeliz! É isso o que eu sou, uma infeliz! Mas eu peço todos os dias para minha filha Melissa me ajudar, me dar forças e consertar o pai dela.

— Você deve manter a calma, para tudo há um jeito e...

— Tenho que desligar, aquele canalha chegou! — disse Paula interrompendo-a repentinamente. — Vou falar com ele e vai ser agora!!! — irritada, desligou sem se despedir da irmã.

Márcia estava incrédula, pasmada com a velocidade dos acontecimentos. Apesar de terem passado por sérios problemas, a família de Paula era bem equilibrada, até então. João Vítor, sempre foi responsável, Paula nunca falou mal de seu marido, ao contrário, sempre elogiava sua firmeza, sua personalidade, seus esforços. Márcia ouviu a irmã dizer que não viveria sem ele. O que estaria acontecendo? Por que tanta mudança? Sem respostas, decidiu telefonar para Ciro e ver se Roberto estava lá ou se sabia onde poderia encontrá-lo. Rose atendeu.

— Oi, Rose! Tudo bem?

— Tudo, Márcia, e você? E o novo cargo?

— Estou indo. Não é fácil se adaptar em algo novo, mesmo conhecendo os procedimentos. A teoria é diferente da prática. Mas em breve vou dominar tudo — riu. Depois perguntou: — Escuta, Rose, você têm visto o Roberto?

— Não, Márcia. Só fiquei sabendo o que aconteceu com ele e seu pai... puxa... — entristeceu a voz e não soube o que dizer.

— Eu só soube agora, quando liguei para a Paula e ela me contou. Ela também não está passando por bons momentos com o João Vítor.

— É, estou sabendo — afirmou Rose.

— Quem te contou? — perguntou Márcia.

— A Bárbara. Estive conversando com ela ontem, foi quando me falou sobre a briga entre o Roberto e seu pai. Semanas atrás, a Bárbara desabafou um pouco, detalhando os problemas que Paula e João Vítor vêm enfrentando há algum tempo.

— Eu não sabia! Só descobri essa história porque liguei para lá no meio de uma briga e a Bárbara atendeu ao telefone com voz de quem estava chorando.

— Infelizmente, há alguns meses isso vem ocorrendo e se agravando a cada dia — lamentou Rose.

— Eu não podia imaginar... — entristeceu-se Márcia ainda descrente da situação. — Por favor, Rose, se souber de mais alguma coisa, me avisa sim?

— Pode deixar, Má. Eu ligo pra você.

— Vou desligar, pois de repente o Roberto pode me telefonar e estará ocupado. Nós discutimos e... Ai, que droga! Não consigo falar com ele agora e nem sei onde encontrá-lo.

— Márcia?

— Fala, Rose.

— Não quero parecer fofoqueira, é que eu acredito que você também não saiba.

— Do quê?

— O Roberto arrumou uma garota, uma namorada.

— Que bom! Eu não sabia mesmo — respondeu ingênua.

— Que bom, nada! Faça de contas que você não está sabendo. Foi o Ciro quem me contou.

— O que está acontecendo? — perguntou Márcia muito curiosa. — Fala logo! Quem é?!

— É a Júlia.

Márcia emudeceu, não acreditou no que ouviu. Pediu para Rose repetir, mas não queria aceitar. Então Rose confirmou:

— A Júlia sim. A irmã do Jonas.

Márcia empalideceu, largou o corpo no sofá e até sentiu-se mal.

— Márcia? Márcia?! — insistiu Rose quando não ouviu resposta alguma. — Você está bem?

— Não!!! Eu não acredito!!! — enfureceu-se gritando. — O Roberto poderia arrumar qualquer mulher do mundo, menos essa aí! Ele poderia casar-se amanhã com uma mulher "da vida", mas que, no mínimo, o respeitasse, eu daria o maior apoio! Mas essa daí, não! Ela não gosta de nós, é uma sem-vergonha e nos odeia! Além disso, essa safada não presta! É interesseira, anda com um e com outro. Eu não acredito! O Roberto não poderia fazer isso! Ele enlouqueceu?!

Márcia perdeu completamente o controle e Rose tentou acalmá-la.

— Não fique assim, Márcia. Eu achei por bem contar porque sei que você e o Roberto são muito amigos. Ele costuma ouvir os seus conselhos e sempre pede a sua opinião em tudo. Acredito que, já ciente, você não vai perder a estabilidade emocional, e, assim, poderá ajudá-lo e orientá-lo para sair desse envolvimento.

— Eu vou matar essa Júlia!!! — gritava Márcia revoltada.

— Calma, Márcia, não é assim. De cabeça quente não se consegue nada. Faça o seguinte: não diga nada ao Roberto que já sabe. Deixe que ele conte e não reaja. Nós duas precisamos conversar primeiro, mas não por telefone. Como você está mesmo precisando daquela consulta dentária que vive adiando, neste sábado, às nove horas, eu a vejo no meu consultório. Preciso muito falar com você sobre outro assunto e aproveitaremos para conversarmos sobre o Roberto também.

Márcia concordou sem questionar. Depois de se despedir desligou o telefone, porém continuou com os pensamentos fervilhando. Não acreditava no que estava vivenciando. Tanta coisa acontecendo com sua família e ela ali, em contato com todos, mas sem saber de nada. As aparências de harmonia, humor e bem-estar que apresentavam eram superficiais. Muitas situações lhe passaram despercebidas. Como foi acontecer tudo isso?!

Enquanto Márcia pensava em como agir com Roberto, o espírito Jonas estava em sua sala, bem próximo dela e gargalhando, deliciando-se com a reação que ela tivera, encolerizada com as descobertas desagradáveis. Logo, andando de um lado para outro, ele dizia:

— Tá vendo, Márcia, esse mundo dá voltas! Viu o que eu posso fazer? Sua desgraçada! Você me humilhou, me entregou pra polícia, se meteu onde não foi chamada. Agora é a hora da virada, que só começou! Seu sofrimento, sua angústia apenas estão começando. — O espírito Jonas gargalhava em meio ao sentimento de vingança. Maravilhava-se com os sentimentos de impotência e desapontamento da moça, além da situação que provocou em toda a família. Por isso, dizia batendo no peito: — Eu sou forte, Márcia!!! Agora eu sou poderoso, vem me pegar! Manda a polícia vir me prender! Ninguém pode me prender agora!

Farei miséria com você e seus queridinhos!!! Eu odeio todos vocês!!!

Márcia não podia ouvir Jonas, mas captava sentimentos aflitivos e angustiantes. Passou a sentir-se mal, amargurada e deprimida. Não sabia o que era, entretanto acreditou ser conseqüência das últimas notícias sobre sua família.

— Viu, Márcia? — insistiu Jonas, comprazendo-se em fazer o mal com predileção desumana. Com suas vibrações pesarosas e atormentadoras, envolveu-a, como que num abraço sob sua aura sombria, repleta de sofrimento e crueldade afirmava com forte emoção deprimente: — Isso é só o começo, vocês todos vão me pagar. Seus desgraçados! — Afastando-se, porém ainda bem próximo do ombro de Márcia, falando-lhe ao ouvido ele disse: — Eles fazem tudo o que eu mando, jogam, fumam, agridem, brigam muito. Eles são meus escravos, fazem tudo o que eu quero. E você também, aos poucos, vai me obedecer e será minha serva. Sua vadia!

Márcia não estava nada bem, sentia uma forte angústia, um sofrimento indefinível e muita solidão. Estava incrédula, desgostosa com a vida. Não via a hora de falar com Roberto para lembrá-lo de todo o passado. Certamente o irmão não poderia ter esquecido tudo o que aconteceu. Mas ela não conseguia telefonar, provavelmente ele havia desligado o celular.

Durante os dias que se seguiram, Márcia insistiu em falar com Roberto, porém ele não ia ao trabalho, não atendia aos seus telefonemas, nem retornava seus recados, além de não ser visto por ninguém.

* * *

O sábado chegou. No consultório odontológico, Rose esperava por Márcia preparando os equipamentos e instrumentos a serem utilizados. Quando sua cunhada chegou.

Márcia estava abatida, não conseguia dormir direito há dias. Assim que o fazia era um sono perturbado, quase asfixiante. Era o espírito Jonas que, por sua vez, não a deixava em paz, interferindo quase que ininterruptamente em seus pensamentos.

— Bom dia, Márcia! — exclamou Rose sempre bem humorada.

— Bom dia, Rose. Como vai?

— Estou bem.

— E minhas sobrinhas?

— Ah! Muito bem! Como sempre, estão "cheias de arte".

— É bom ter barulho e alegria em casa. Às vezes me sinto muito só no apartamento, principalmente à noite. Aí eu tenho que ligar para minha mãe e pedir um "pouquinho de colo" — riu forçadamente.

Rose sorriu com delicadeza, mas foi ficando séria e não conseguiu disfarçar. Márcia também perdeu o pouco humor que tinha ao ver a preocupação estampada no rosto angelical da cunhada. Sem demora, foi perguntando:

— Rose, o que mais aconteceu? Sim... porque, pelo jeito, eu sempre sou a última a saber das coisas. Por favor, me diz o que foi?

Rose olhou-a firmemente nos olhos, respirou fundo e falou:

— Sabe Márcia, o Ciro me pediu para não contar nada por enquanto, mas... bem, a nossa amizade... — Rose fazia algumas pausas tentando arranjar coragem para prosseguir.

— Diga o que é? Por favor — pediu parecendo implorar.

— Eu confio em você, Márcia. Creio que você é muito forte e...

Rose estremeceu. Não conseguia continuar, sua voz embargou.

Percebendo o seu nervosismo, Márcia, com voz agora firme, perguntou novamente:

— O que aconteceu? Fala logo! Ou eu acabo tendo "uma coisa" de tanto suspense!

— Sabe os exames que sua mãe foi fazer?

— Sim — lembrou-se. Mas exclamou em seguida: — Nossa! Eu tinha até me esquecido que minha mãe iria fazer alguns exames que Ciro pediu e nem perguntei quais foram os resultados. E isso já faz tempo. O que tem esses exames?

— Os resultados saíram — informou Rose bem séria.

Diante de sua fisionomia, Márcia sentiu um frio correr-lhe pelo corpo e um grande aperto no peito. Retorcendo as mãos, que umedeceu pelo suor frio, e com a voz embargada, ela perguntou temerosa, quase sussurrando:

— É muito grave, Rose?

— Ciro acredita que sim — informou Rose com verdadeira piedade. — Só o cancerologista poderá diagnosticar exatamente a gravidade depois de uma biopsia. Ciro não é especialista nessa área, mas... um amigo dele deu uma olhada e... É um resultado bem sério, sim. Existe uma grande região afetada. Há outros exames para serem realizados a pedido do especialista na área...

— ...câncer no intestino?! Pode ser isso?! Minha mãe...?! — Márcia começou a chorar compulsivamente. Amargurada, Rose calou-se, chorando junto. — Ela não sabe, não é? — perguntou Márcia ainda entre os soluços.

Rose balançou a cabeça negativamente enquanto enxugava as lágrimas.

— Não vamos dizer nada a ela, não é? — pediu Márcia com a voz embargada. — De repente é algo simples, coisa boba. Vamos esperar um diagnóstico mais preciso. Pode ser que o Ciro e esse amigo erraram.

Rose percebeu que Márcia desejava se iludir, entendeu que era grave, mas não queria admitir. Foi então que a cunhada concordou, tentando dissimular:

— Sim. Claro, Márcia. Não vamos dizer nada a ninguém. O resultado pode ser outro.

Um grande silêncio se fez durante o tratamento. Rose sabia que os filhos da dona Mariana eram muito apegados à mãe, que era bem carinhosa e os tratava com muito mimo.

Quando terminou, Rose quase se arrependeu por ter contado à Márcia.

— Sinto muito, Márcia, estou muito triste. Dona Mariana é como uma mãe para mim e seu pai como o meu pai. Eu os estimo demais, uma vez que perdi meus pais há muito tempo.

— Eu sempre soube que você os quer bem, Rose. Agradeço por estimá-los tanto. Eu só não sei o que fazer... É minha mãe! É tudo o que tenho de mais importante em minha vida! Nunca pensei em vê-la doente... Ela sempre foi disposta, ativa, nunca se queixou de nada e de repente isso... — deteve-se pelo choro.

— Seremos fortes e daremos muita força para ela, está bem?

— Sim, Rose. Mas acontece que turbilhões de problemas resolveram acontecer de uma única vez. É a Paula brigando com o João Vítor, que deu para beber e jogar; a coitada da Bárbara no meio sem que possamos fazer nada; meu pai deu para ser agressivo... Não há explicações ou motivos para isso tudo. Como se não bastasse, o Roberto com aquela... não dá para acreditar!!!

— Vamos orar — orientou Rose, calma e equilibrada, apesar da tristeza.

— O quê?! — estranhou Márcia.

— É isso mesmo. Quando não podemos interferir ou ajudar, oramos. Deus sabe do que necessitamos e o quanto somos fortes para suportarmos essa ou aquela situação, Ele nunca nos desampara, mas nos deixa passar pelas dificuldades de que precisamos para crescermos e evoluirmos moral e espiritualmente.

Márcia estranhou as palavras de Rose, mas não comentou nada. Estava muito preocupada, nervosa e achou que se tratava de emoções momentâneas, só para acalmá-la.

— Preciso falar com o Roberto — argumentou Márcia.

— Fale com ele com muita calma e paciência. Não tente interferir na decisão que ele tomou. Faça-o entender a situação, que talvez essa afinidade de Júlia para com ele seja um golpe. Vamos tentar entendê-lo e respeitar sua opinião.

Márcia estava atordoada, quase não ouvia o que Rose falava e não conseguia pensar.

* * *

Em alguns sábados, Márcia costumava ir bem cedo para a casa de seus pais e só voltava para seu apartamento no domingo à noite, porém naquele dia não desejava ir até lá.

Ao sair do consultório de Rose, voltou para seu apartamento. Lá tentou alguns telefonemas para encontrar seu irmão Roberto. Por fim o vigia da gráfica informou que encontrou com ele no bar, perto da gráfica, quando ia entrar em serviço. Márcia pediu ao vigia que o chamasse, precisava muito falar com ele. Avisou que se tratava de um assunto muito importante. O vigia assim o fez e foi chamar Roberto.

Márcia ficou ansiosa aguardando o telefonema do irmão, que só ocorreu horas depois.

— Alô! Márcia?!

— Roberto! Estou precisando muito falar com você! Por favor... — implorou melancólica.

— Ora, ora! Você precisa ser ouvida, irmãzinha? — ironizou Roberto, que já havia bebido um pouco e estava sob o forte efeito do álcool.

— Desculpe-me, Beto. Eu não deveria ter falado com você daquele jeito. Eu te entendo. Errei por ter ficado tão ausente dos problemas da família. Preciso conversar com você. Vem até aqui, vem?

Roberto vacilou na resposta, porém concordou:

— Está bem. Já estou indo.

Márcia o aguardou com certa insegurança. Ele parecia diferente no falar. O que será que ela deveria dizer? Por onde começar? Enquanto isso preparou um café e arrumou a mesa. Só mais tarde a campainha tocou. Era seu irmão.

— Oi, Beto! — exclamou Márcia correndo e o abraçando. Mal foi correspondida, porém não se importou. Sentiu cheiro de bebida alcoólica ao envolvê-lo, mas não disse nada.

— O que você quer? — perguntou ele friamente.

— Eu não fui legal com você naquele dia por telefone e queria me desculpar. Você sempre me deu a maior força, sempre foi meu amigo... — falou amável.

— Poderia ter pedido desculpas há pouco, quando conversamos por telefone, por que não o fez?

— Porque eu queria vê-lo — confessou humilde. — Senta aqui. Vamos conversar, vai?

Márcia acomodou-se num sofá e Roberto em outro. Ele parecia realmente diferente, não era mais o mesmo.

— Eu fiquei sabendo, só há pouco tempo, que o pai te deu um soco. Eu não sabia que ele estava tão agressivo assim.

— Não soube só agora, não, Márcia! Faz tempo que eu venho falando e contando que o pai está mudado, agressivo, mal educado. Não é de hoje, não. E você sempre dizia que "Isso é fase, Beto. Vai passar!" — arremedou-a.

— Tudo bem, Roberto, eu errei. Pensei que fosse somente uma fase, que ele iria se reconciliar com você, tratar melhor a mãe, mas eu errei, tá bom! Desculpe-me!

— Você não errou, Márcia. Aliás você nunca erra! — falava com ironia, encarando-a firme. — Você só não quer ouvir. Sabe, Márcia, ouvir as pessoas é muito mais importante do que falar. Deixar uma pessoa falar é consentir que ela jogue para fora tudo aquilo que a sufoca, que machuca, que magoa... Agora se você não a ouve com atenção, e fica dizendo qualquer coisa do tipo "Calma, isso não é nada. Vai passar." Você a está sufocando ainda mais, além do problema que ela tem. É preferível que se cale, porque dizendo "isso não é nada", estará afirmando que a pessoa é tão medíocre que está fazendo uma tempestade com um copo d'água, que ela é tão incapaz que não está vendo que seus problemas são inferiores ou insignificantes. Porém agora pense, se alguém a procurou para contar algo que não seja uma fofoca, é porque, por mais medíocre que pareça, aquele problema é muito sério para ela, muito sério mesmo, e ela confia em você.

Márcia ouvia calada. Mudou-se para o sofá onde estava Roberto e encostou-se nele, colocando a cabeça em seu ombro, abraçou-o. Ele retribuiu o carinho e disse:

— Gosto muito de você, Márcia. Mas você está muito arrogante ultimamente.

— Eu?! — perguntou exclamando, surpresa.

— É sim. Você está arrogante.

— Beto, estou com inúmeras preocupações, no meu trabalho sou cobrada diariamente de muitas tarefas que quase não estou dando conta. Até serviço para casa já tive que trazer, coisa que nunca aprovei. Estou com a cabeça cheia. Às vezes... Não é só isso... ultimamente estou me sentindo só, amargurada, já disse isso antes. Sinto uma agonia... — quase chorou, por isso calou-se.

— Todos nós temos problemas, Márcia — afirmou.

— Eu soube que a Paula e o João Vítor também estão passando por uma situação difícil. Você sabia disso, Beto?

— Claro que sim! — respondeu. E voltando-se para a irmã, perguntou zangado: — Escuta, Márcia, por onde você andou nas últimas semanas ou nos últimos meses? Parece ter vindo ontem do espaço sideral!

— Eu mesma já me perguntei: Como tanta coisa aconteceu sem que eu soubesse ou prestasse atenção? E não sei responder — defendeu-se humilde e constrangida. — Não estou dando conta de tudo o que está acontecendo em minha vida.

— Márcia suspirou, lamentando sua ignorância e, depois de

algum tempo onde o silêncio reinou, propôs gentil: — Vamos tomar um café? Eu fiz agora pouco, antes de você chegar.

— Prefiro um refrigerante, você tem?

— Claro, vamos lá para a cozinha.

Ao sentar-se Roberto observou:

— Faz algum tempo que não sei o que é sentar à mesa lá de casa para fazer uma refeição.

— O pai ainda está brigando muito, não é?

— Cada dia mais. O Ciro tentou falar com ele, mas parece que ficou pior. Eu pensei em sair de casa, sou homem, me arranjo facilmente por aí, mas fico pensando em deixar a mãe sozinha e... por muitas vezes eu cheguei e encontrei o pai brigando com ela. Se eu sair de lá, tenho medo de que as coisas piorem.

— Pensei em voltar lá pra casa — ela confessou. — Mas para mim fica difícil, é longe do meu serviço. Voltarei a enfrentar problemas com a condução, e agora com o novo cargo, repleta de serviço... nem quero pensar! A propósito, e a gráfica?

— O pai não quer nem saber, ele manda e desmanda agora. Eu estou saindo de lá.

— Você está deixando à gráfica?!

— Estou vendo se arrumo outro lugar para trabalhar, no mesmo ramo, claro. Já que lá não tenho paz nem trabalho... — argumentou fazendo um gesto com os ombros demonstrando desdém. — Além do que, o pai fez com que perdêssemos muitos clientes.

— A gráfica é a sua paixão, Beto! O pai tinha orgulho de você pelas mudanças que fez lá, pelo trabalho que vem desenvolvendo! Ele mesmo disse isso para mim!

— Você disse certo: Tinha! Tinha orgulho de mim. Ele não me dá mais sossego nem autonomia agora. Sempre fui honesto, trabalhei direito, dei o melhor de mim para ele me humilhar e fazer o que já fez! Não, chega! Só vou ficar lá por um tempo, para cumprir com alguns compromissos já assumidos, pois quero acompanhar de perto para que eu não fique mal visto pelos clientes.

— Você tem alguma coisa em vista?

— Ainda não. Mas sei que vai aparecer, tenho muitos contatos.

Márcia ficou pensativa, não sabia que a situação estava naquele ponto. Depois de alguns minutos, Roberto perguntou:

— O que você acha do perdão?

— Do perdão?! — perguntou desconfiada.

— É! Perdão... esquecermos os erros de alguém, não levar mais o passado em consideração...

Márcia lembrou-se de Júlia. Tentou ser delicada, fingiu não saber de nada e respondeu:

— Depende de quem. Há pessoas que merecem ter inúmeras chances; outras não merecem uma única sequer.

— Você acha isso mesmo?

— Eu acho.

— E como saber se a pessoa merece ou não uma nova oportunidade?

— Depende do caráter. Quem você quer avaliar?

— Lembra-se daquele dia da greve dos metroviários?

— Acho que lembro.

— A dona Cleide foi lá em casa e pediu, pelo amor de Deus, pra eu dar uma carona para a Júlia, a filha dela. Eu fiquei indeciso, mas dona Cleide disse, quase implorando, que aquele emprego era novo e a Júlia estava precisando dele. A mãe ficou cheia de pena dela, como sempre, e também insistiu para que eu a levasse, afinal, era caminho da gráfica. Acabei concordando e dei uma carona para a Júlia.

Márcia se corroía por dentro. Já sabia de tudo, mas tinha que se controlar e respondeu calmamente:

— Só por isso perguntou sobre o perdão? Dar uma carona, não significa perdoar.

— Nos dias que seguiram também a levei. Daí que, passamos a conversar novamente e a trocar idéias. Sabe ela é uma pessoa legal, está diferente de antes.

Márcia mal podia se conter, a muito custo controlou o que pensava, mas advertiu:

— Roberto, você se lembra do passado? Lembra de tudo o que aconteceu? Nem sei por que a mãe ainda tem amizade com essa dona Cleide, essa gente não presta. A mãe é boba e fica "dando corda" para esse pessoal. Não devíamos nem olhar para eles.

— Puxa, Márcia! Como você é preconceituosa! A Júlia é legal. A mãe se dá bem com a dona Cleide, pois é uma das poucas vizinhas que tem tempo para a mãe; as outras trabalham, são mais novas, não têm tempo a perder. Quanto à Júlia...

Márcia começou deixar sua revolta aflorar, interrompendo-o irritada:

— Que Júlia que nada! Você mesmo, um dia, pegou-a pelo braço e a colocou para fora de nossa casa!

— Isso é passado, Márcia! — atalhou-a, nervoso. — Olha, vamos mudar de assunto, tá? Ou eu vou embora. Não vim aqui para ouvir sermões, nem para me aborrecer. Chega de discussão.

Márcia percebeu que Roberto irritou-se. Não querendo afastá-lo novamente, calou-se. Mudaram de assunto. Conversaram mais sobre serviço, o novo cargo de Márcia e outras coisas.

Roberto dormiu lá naquela noite e, no domingo cedo, eles foram para a casa dos pais num único carro. Ele queria experimentar o carro novo de Márcia.

Aquele domingo estava demasiadamente triste. Uma névoa de angústia pairava sobre todos. Márcia não conseguia parar de pensar na doença de sua mãe e, cada vez que olhava para ela, sentia vontade de chorar. Pouco se falaram. Nem os irmãos estavam tão unidos como antes. Cada qual se recolhia a um canto.

À noite, Roberto voltou com Márcia para o apartamento dela, pois seu pai irritou-se outra vez e foi bem grosseiro com o filho. Entrando no apartamento, o irmão escolheu:

— Fico com esse sofá!

— Não quer ir dormir lá dentro?

— Não. Fico aqui mesmo.

Conversaram um pouco e só mais tarde foram dormir. No meio da madrugada. Márcia acordou com os gritos de Roberto:

— Fora! Fora daqui! Deixe-nos em paz! — vociferava ele.

Ela se levantou assustada, correu para vê-lo. No corredor, entre a sala e o quarto, sempre havia uma arandela acesa cuja luz, bem fraca, só servia para clarear durante a noite, iluminando levemente a sala. Ao chegar perto de onde o irmão dormia, ela pôde ver um homem em pé curvando-se e apertando o pescoço de Roberto, enquanto esse dava socos, que passavam pelo homem, sem atingi-lo. Márcia correu até o interruptor e acendeu as luzes do lustre central, que iluminou tudo, neste momento passou a gritar:

— Quem é você?! Saia daqui! Vou chamar a polícia!

De repente Márcia assombrou-se. Segundos após ela acender as luzes, enquanto gritava, como que por encanto, o homem sumiu no ar. Um frio correu-lhe pela espinha e mesmo com o corpo todo arrepiado, correu para o sofá onde estava seu irmão e o abraçou, chorando ao perguntar:

— O que é isso? O que aconteceu, Beto?

Roberto esfregava o pescoço e mal podia falar. Sentou-se no sofá e abraçou a irmã que insistia assustada:

— Quem é ele, Roberto?! O que queria?!

— Você também o viu? — indagou Roberto. — Você também pôde vê-lo?

— Como assim... "pôde vê-lo?"

— Não é a primeira vez que vejo esse cara e tenho pesadelos com ele, só não consigo ver direito o seu rosto.

— Ele queria matar você!

— Ele não pode me matar.

— Ele apertou o seu pescoço. Estava estrangulando você, Beto! Eu vi!

— Na verdade, ele só coloca as mãos no meu pescoço, não é um apertão e eu sinto-me fraco, não consigo reagir. Às vezes grito e acordo assustado. É uma mistura de pesadelo com realidade. Eu o vejo por alguns segundos, depois ele some. Você o viu também, não foi?

Márcia, olhando para Roberto fixamente, sentiu medo de reafirmar o que presenciou. Acreditou que estava ficando desequilibrada. Roberto, então, foi mais firme:

— Você o viu, Márcia! Testemunhou que ele estava me estrangulando, não vai negar. Como poderia saber isso se não o tivesse visto?

Desatando a chorar, entre as lágrimas confirmou:

— Eu vi sim. Não estou ficando louca! Eu vi o cara e depois que acendi a luz ele sumiu.

Após a confissão, ela caiu num choro compulsivo. Depois de confortá-la, Roberto se levantou e fez um chá para a irmã se acalmar. Passaram o restante da noite ali, ambos no mesmo sofá, com a televisão ligada e todas as luzes acesas. Márcia parecia uma criança, estava com medo do escuro ou do que poderia acontecer a qualquer momento. Roberto, mais controlado, adormeceu sem problemas. Ela, porém, ora cochilava ora colocava-se atenta. E assim foi por toda a madrugada.

8

Um amigo para ouvir

Na manhã seguinte, Márcia foi para o trabalho bem cedo. Tinha planos de adiantar bem o serviço. Saiu de casa um pouco desorientada. Fazia tudo automaticamente, sem prestar muita atenção nas coisas. Havia dormido pouco e durante a madrugada ficou muito perturbada com todo o ocorrido. Sentia-se ainda nervosa. Mil coisas passavam velozmente pelos seus pensamentos.

Chegando ao luxuoso edifício onde trabalhava, Márcia entrou pelas portas de vidros escuros e largos que se abriram automaticamente. E, após dar uns dois ou três passos, parou atordoada. Estarrecida, vagarosamente passou os olhos pelo gigantesco e luxuoso saguão, todo em granito, de teto muito alto, suas colunas sustentadoras pareciam majestosas. Observou as plantas lindas e impecáveis que adornavam o ambiente, além do vai e vem dos elegantes executivos que por ali passavam.

Seus sentimentos eram uma mistura de preocupação, ansiedade, angústia e tristeza. Quando começou a questionar em pensamento se a vida valia a pena, foi chamada à realidade pela voz baixa e tranqüila de um segurança que se aproximou calmamente e perguntou:

— A senhora está bem?

Após um suspiro e com os olhos nublados pelas lágrimas que quase rolaram em sua face, ela voltou-se e disse:

— Sim, estou. Eu trabalho no quarto andar, sou coordenadora de sistemas.

— Sim, senhora. Eu a conheço de vista. Só perguntei porque a senhora parou de repente como se estivesse com algum problema. Perdoe-me, mas poderia estar passando mal.

— Obrigada. Estou bem — afirmou com leve sorriso forçado.

Depois disso, ela se dirigiu automaticamente à recepção, pegou o crachá de funcionária e subiu para sua sala.

Seus pensamentos eram avalanches de problemas sem solução. Preocupava-se com sua irmã Paula e o cunhado João Vítor, com a pobre Bárbara, como é que ela estaria no meio de tanta confusão? Seu irmão Roberto e seu pai... eles se davam tão bem e agora passaram a se desentender sem motivo algum; ainda, como se não bastasse, tinha o problema de saúde de sua mãe, que estava com uma doença grave e talvez até com mais complicações do que imaginava. Como se não fosse o suficiente, o Roberto "de caso" com a Júlia. Não, isso tudo era demais. Não podia acreditar. O único que parecia estar bem era Ciro com a esposa e as meninas. Apesar de acreditar que ele poderia ter errado no diagnóstico ou os exames não serem de boa qualidade. Como é que Ciro, tão experiente, deixava-se influenciar por poucos exames? Para pensar em uma doença grave como aquela, deveria ter solicitado mais, consultado outros especialistas. Ela precisava falar com ele, para obter mais informações, só que isso poderia complicar Rose, que pediu segredo.

Márcia não se conformava, como é que tantas coisas aconteceram em sua família e ela só se dava conta agora?

Roberto tinha razão, ela se ausentou, sentimentalmente, de todos eles.

Em meio a tantas dúvidas, Márcia agia maquinalmente: ligou o computador, a impressora, folheava, sem ver alguns documentos e os colocava ora ali ora acolá. Sentia-se perdida, confusa, desorganizada, sem conseguir produzir. Não se concentrava, muito menos colocava em prática qualquer tarefa. Levantava-se, caminhava alguns passos, olhava através da janela, mas não conseguia se tranqüilizar. Seus planos de adiantar o trabalho deram errado. O dia foi passando e ela nem mesmo saiu para almoçar.

No fim do expediente, quando a maioria dos funcionários já havia ido embora, Fábio entrou em sua sala, avisando com ar de brincadeira:

— Hora de ir, moça!

— O quê? Como?... — perguntou Márcia atrapalhada, sem sequer ter ouvido o que o colega disse.

— Já passou das dezoito, faz tempo. Não acha que trabalhou muito por hoje? Nem mesmo foi almoçar — observou sorridente.

— Puxa! Já é essa hora! Nem vi o tempo passar.

Márcia parecia exausta. Fábio, bem observador, notou as preocupações estampadas na face pálida da amiga e em suas atitudes. Aproximando-se da poltrona, que ficava frente à mesa, sentou-se, olhou-a bem nos olhos e comentou brandamente:

— Não estou querendo cuidar da vida de ninguém, porém sou bom observador. Desde que cheguei pela manhã, e pelo fato da porta de sua sala ficar aberta o dia inteiro, eu só a vi sentando e levantando, fazendo tudo sem fazer nada. Você não é assim, aconteceu alguma coisa? Caso queira contar "sou todo ouvidos", mas se quiser calar, tem todo o direito e eu respeito. Só acredito que ficando horas a mais aqui, só pode piorar a situação, seja ela qual for.

Márcia, estática, olhou para Fábio e não disse nada, mas estava prestes a chorar. Então ele comentou:

— Sei que sou seu subordinado agora — sorriu brincando — e talvez não devesse falar com você dessa maneira, mas a respeito muito e a considero demais. Por isso me acho no direito de aconselhá-la como amigo e não como funcionário. Vá para casa, Márcia — recomendou com meiguice no tom de voz. — Tome um banho quente e demorado, ouça músicas e relaxe. Amanhã é outro dia e...

Subitamente ela o interrompeu, educada:

— Amanhã pode ser outro dia, meu amigo, mas os meus problemas e preocupações serão os mesmos ou até piores.

— Ficando mais exausta do que já está, não conseguirá pensar em soluções para os problemas. Aqui não há condições de descansar e relaxar para que as idéias surjam.

Márcia deu um leve sorriso, admirou a observação afável de Fábio e sua disposição para ouvi-la. Agora entendeu o que seu irmão Roberto quis dizer com: "saber ouvir é melhor do que falar bem".

De repente Márcia passou a fazer algo que nunca havia feito antes com alguém. Apesar do coração apertado, começou a desabafar com Fábio. Contou-lhe, em breve relato, todos os seus vinte e sete anos de vida, enfatizando e destacando seus últimos dias, repletos de dúvidas, inseguranças e lamentações. Ela que nunca se queixava de nada que a vida lhe oferecia e sempre procurou condições melhores em meio a qualquer situação difícil. Agora, entretanto, sentia-se sem alternativas perante tanta insegurança, preocupações e tantos problemas.

Fábio mantinha-se tranqüilo, com a fisionomia inalterável. Ouvia toda a história sem preocupar-se com horário. Trazia o semblante sereno e olhar atento. Observava todo o sentimentalismo e despreparo espiritual de Márcia para com os acontecimentos.

Em alguns momentos, ela chorou compulsivamente. Agora com os olhos transbordando de lágrimas, perguntou com voz embargada:

— O que é que eu posso fazer, Fábio?

Ele respirou profundamente. Ergueu o tronco ajeitando-se na poltrona e olhando firme para Márcia, com a fisionomia séria, argumentou:

— Vamos dividir a situação em partes. Referente à doença de sua mãe, se o seu irmão é médico e após a opinião de um colega acredita que ela está com um câncer no intestino, como ele não é especialista dessa área, o melhor é aguardar o parecer de um oncologista depois dos demais exames. Você só poderá se preparar, emocionalmente e fisicamente, para prestar toda ajuda à sua mãe, pois ela vai precisar. Descontrolar-se, Márcia, é o pior a fazer nesse momento. O desespero, a ansiedade, o descontrole e a depressão nunca trouxeram soluções, somente desgaste e mais problemas.

Márcia ouvia atentamente. As palavras de Fábio pareciam penetrar em sua mente de alguma forma. Agora o entendia, conseguia controlar as emoções. E ele continuou:

— Quanto ao caso de sua irmã brigar com seu cunhado, seu pai com seu irmão e você não aceitar a nova namorada dele, isso me parece ter ligação.

— Como assim?! Não entendi.

— Você me contou, de forma muito superficial e rápida, sobre a sua sobrinha que morreu, há cerca de dois anos, junto com o namorado. Você estava emocionada quando relatou e eu não quis interrompê-la. Mas, pelo que entendi, o namorado de sua sobrinha era irmão dessa nova namorada do seu irmão, a Júlia, certo?

— É isso mesmo.

— Se não se incomoda, por favor, conte-me novamente essa parte da história, com mais particularidades, caso não seja inconveniente para você.

Márcia então detalhou com mais informações e menos emoção:

— Minha irmã mais velha, a Paula, teve duas filhas, a Melissa, que morreu aos dezoito anos, e a Bárbara, que hoje tem dezesseis. A vida da Paula sempre foi difícil, porém ela nunca se queixou, ao contrário, sentia-se feliz e realizada quando vencia qualquer obstáculo.

O tempo foi passando e Melissa, que sempre foi uma menina rebelde, começou a apresentar um comportamento que não condizia com a educação que Paula e João Vítor deram a ela. Nós sempre a orientávamos, dávamos conselhos e Melissa atendia aos nossos apelos por algum tempo, depois voltava a ser rebelde e mal educada.

Nós sempre nos reunimos, em todos os finais de semana, na casa de meus pais. Acontece que na segunda casa ao lado, para ser mais precisa, mora uma vizinha, amiga de minha mãe há muitos anos; ela se chama dona Cleide e seu marido, senhor Osvaldo. Eles sempre foram daqueles vizinhos dos tempos antigos, bem prestativos, isto é, quando um de nós ficava doente, a dona Cleide ia lá em casa e cuidava das coisas, ajudava no banho e nas tarefas da casa. Às vezes até fazia uma sopa na casa dela e trazia para nós, para ajudar minha mãe, pois o tempo era curto para cuidar de quatro filhos porque, quando um ficava doente, se fosse doença contagiosa, os outros acabavam se contagiando também.

Certa vez, numa epidemia de sarampo, eu e meus três irmãos nos contagiamos e ficamos de cama. A dona Cleide não se importou e foi lá em casa ajudar minha mãe. Assim que nós saramos, seus dois filhos, a Júlia e o Jonas, acabaram pegando a doença, e minha mãe foi lá na casa dela para ajudá-la também. Sempre houve uma troca de favores entre as duas.

A dona Cleide e o senhor Osvaldo, como eu falei, tinham só dois filhos, a Júlia e o Jonas. Os dois nunca foram grande coisa, não sei qual deles era o pior.

O Jonas sempre foi revoltado com Deus e o mundo. A dona Cleide o mimou, sempre lhe perdoou, compreendeu seus erros, dava-lhe de tudo nas mãos. Para ela, o filho era o garoto prodígio, mesmo com tudo de errado que ele fazia.

Com o passar dos anos, Jonas acabou por se envolver em pequenas confusões, brigas de rua, gangues, pichações; até o muro da nossa casa ele pichou! Não parava em emprego algum por mais de um mês. E a dona Cleide, sabendo que meu pai tinha a gráfica, pediu um emprego para Jonas. Foi aí que tudo começou...

O Roberto tinha que chamar o Jonas todos os dias para ir trabalhar, do contrário ele não dava as caras no serviço, e ainda por cima, tinha que dar carona. Durante o horário de serviço, o Jonas saía da firma sem avisar ninguém. Muitas vezes nem voltava e nunca fazia o que lhe era pedido. Um dia o Roberto achou que Jonas estava usando drogas e ficou "de olho nele".

Diante disso tudo, meu pai e minha irmã Paula acharam por bem que a Melissa arrumasse alguma ocupação para não ser tão rebelde, para dar valor ao dinheiro e respeitar mais as pessoas. Então meu pai colocou-a para trabalhar na gráfica, só para atender aos telefonemas na recepção. Junto com a Melissa, na recepção, trabalhavam duas outras moças, uma espécie de secretárias para cuidarem de outros serviços. A Melissa tinha salário e todos os direitos dos demais funcionários e ainda algumas regalias, pois meu pai, no final do expediente, levava-a de carro até a porta do colégio onde ela estudava.

Depois que Jonas foi trabalhar na gráfica, a Melissa passou a ser pior do que antes, seu gênio era insuportável. O que nós não poderíamos imaginar era que minha sobrinha Melissa, nessa época com uns dezesseis anos, mais ou menos, começou a namorar o Jonas às escondidas.

Minha irmã Paula era diretora de escola, estava acostumada a lidar com adolescentes. A Paula era paciente e tinha muito jeito para lidar com crianças e jovens. Mas um dia ela não agüentou, a Melissa quebrou tudo o que havia dentro do seu quarto e até a televisão da sala jogou no chão; minha irmã perdeu a cabeça e deu dois tapas no rosto da filha para ver se ela tomava consciência do que estava fazendo.

Paula não é alta como eu. É franzina, de estatura pequena, ao contrário de Melissa que tinha mais ou menos minha altura e o corpo bem mais avantajado do que o meu. Em outras palavras, bem mais forte do que a Paula. Melissa aproveitou-se de seu porte e de sua menor idade e começou a bater na mãe. A Bárbara era pequena nessa época, ela entrou no meio da briga para defender a mãe. Melissa estava enlouquecida, atirou a irmã contra a escada e Bárbara bateu com a cabeça no degrau, sofreu um corte levando cinco pontos e ficou internada dois dias em observação.

Melissa saiu de casa pela primeira vez e foi procurar Jonas. Só então soubemos do namoro deles.

A situação foi difícil. Meu irmão, o Roberto, não chamou mais o Jonas para ir trabalhar e ele não apareceu na gráfica. Melissa voltou para casa, mas durante o dia ficava com Jonas, chegava a passar algumas noites na rua com ele, bebendo e fumando.

Meu cunhado, João Vítor, pagou psicólogos, levou Melissa à igreja, fez um monte de coisas para tirá-la da companhia de Jonas, porém nada adiantou.

Nesse meio tempo, até furtar a Melissa furtou. O Roberto deixou um valor em dinheiro e alguns cheques para a secretária depositar em sua conta, o office-boy não foi trabalhar naquele dia, as moças estavam com muito serviço, então Melissa se ofereceu para ir ao banco. Quando ela voltou, disse para as secretárias que já havia entregado o comprovante do depósito bancário ao Roberto e as moças confiaram em sua palavra. Mas que nada, Melissa deu todo o dinheiro e os cheques para o Jonas.

Roberto, quando descobriu, contou tudo para a dona Cleide, mãe do Jonas, que foi direto falar tudo para sua filha, Júlia.

A Júlia foi lá em casa, invadiu a nossa sala e aos berros começou a defender seu irmão. Dizia que ele era um pobre coitado, ninguém lhe dava uma oportunidade e só porque Roberto e meu pai tinham aquela porcaria de gráfica é que o estavam difamando e prejudicando o rapaz.

Minha mãe começou a passar mal, e Roberto não pensou duas vezes, pegou a Júlia, deu-lhe um chacoalhão, apertou-a pelo braço e a colocou na rua. Ela ainda ficou lá na calçada, fazendo o maior escândalo. Xingou o Roberto e toda nossa família dos piores palavrões possíveis.

Melissa já tinha de dezessete para dezoito anos e começou a se envolver com Jonas em pequenos furtos e até roubos. Voltava para casa cheirando bebida alcoólica, quebrava tudo... seu linguajar era chulo e seu palavreado pobre. Largou os estudos e começou a furtar coisas de dentro da própria casa para vender e sustentar seus vícios e os de Jonas.

Fábio, como bom ouvinte, estava atento. Pela primeira vez interrompeu, perguntando:

— Seu cunhado, o João Vítor, não conseguia tirar Melissa da rua ou da companhia de Jonas? Não tinha uma autoridade paterna sobre ela?

— Foi o que muitos nos perguntaram. Mas me diga: como é que se prende dentro de casa, e por muitos dias, uma garota com seus dezessete anos? Se você bate nela, ela o agride. Acaba virando briga de tapas, socos e mordidas como chegou a acontecer por duas ou três vezes entre Melissa e Paula.

Meu cunhado e minha irmã tinham que trabalhar para sustentar a casa. Eles moram de aluguel, não podiam ficar o dia inteiro em casa vigiando-a.

Em uma das brigas entre minha irmã e a filha, os vizinhos chamaram a polícia. Todos foram parar na delegacia. Minha sobrinha apresentava alguns hematomas e arranhões de brigas que teve na rua com sua turma e outra gangue em dias anteriores a esse acontecimento, e acabou dizendo que foi a mãe que havia feito aquilo nela. Resultado: minha irmã foi indiciada por agressão a menor e quase perdeu o emprego.

Algumas vezes depois disso, minha irmã e meu cunhado compareceram a delegacias para se responsabilizarem por ela, pois havia sido presa por roubos ou uso drogas e era menor de idade. Acabou parando em reformatórios, FEBEM, mas conseguia sair com facilidade desses lugares.

Soubemos que Jonas passou não só a fazer uso, mas também tráfico de entorpecentes e levava a Melissa para ajudá-lo. Afinal, eles precisavam pagar os traficantes. Até prostituição, para arrumar dinheiro, praticou.

A situação estava crítica. Melissa sumia de casa por longos períodos, até por alguns meses, e depois retornava. Ficávamos com pena. Nós a recebíamos com carinho, pois parecia querer sair daquela vida. Cuidávamos dela, dávamos roupas, remédios, tratamento odontológico, mas ela não se agüentava. Dois ou três meses depois desaparecia outra vez de casa e voltava para aquela vida infeliz ao lado de Jonas e outras más companhias.

Soubemos que ficou grávida. Tínhamos a esperança de que isso mudasse o seu jeito de pensar e de agir, talvez amadurecesse e se corrigisse.

Mais uma vez voltou. Ficou na casa dos meus pais porque minha irmã e meu cunhado trabalhavam o dia inteiro e a Melissa estava tão fraca, tão doente que precisaria de muitos cuidados e de alguém que tomasse conta dela, então, minha mãe se ofereceu. Para o meu pai essa gravidez foi um escândalo! Você nem imagina. Ele é daqueles homens "antigos", mas acabou aceitando a neta grávida, porém era rigoroso com ela.

Meu irmão Ciro, que é médico, mais uma vez começou a cuidar da sobrinha. A Rose, sua esposa, é dentista e fez o tratamento de seus dentes. Todos oferecemos atenção, carinho e orientação à Melissa. Comprávamos coisas para ela e para o bebê, tudo o que se pode imaginar de roupas a enfeites infantis. Nós a tratávamos com muito amor.

Contou-nos que Jonas havia sido preso por tráfico de drogas numa cidade do interior de São Paulo, e ela conseguiu escapar antes de ser presa também. Agora tinha dezoito anos e não seria tão fácil sair da cadeia como acontece nos reformatórios para os menores infratores.

Jonas fugiu da cadeia e foi direto para a casa dos seus pais. Ele soube, por sua irmã Júlia, que Melissa estava grávida e que estava na casa dos avós. Júlia inventou que nós não queríamos admitir que o filho fosse dele e pretendíamos separá-los.

Na verdade, nem Melissa podia afirmar quem era o pai do bebê que esperava. Para nós era indiferente. Somente meu pai repudiava aquela situação. Mas nós não, gostávamos da Melissa, do bebê e desejávamos ver Jonas longe deles.

Jonas, entretanto, esperou um dia em que minha mãe e Melissa ficaram sozinhas, então entrou lá em casa, bateu em minha mãe que caiu desacordada. Agrediu Melissa a socos e pontapés arrastando-a para fora. Todos os vizinhos puderam ver, pois o "espetáculo" foi na rua. Jonas deveria estar drogado, era dono de uma força inacreditável. Segundo as testemunhas, ele trocou socos com os que tentaram impedi-lo, e, por fim, conseguiu colocar Melissa dentro de um carro e sumiu com ela.

Minha mãe, durante a confusão, despertou e desesperada telefonou para mim. Eu liguei imediatamente para Paula; depois para o Roberto. Enquanto eu conversava com o Roberto, ele me disse que o Jonas estava chegando lá na gráfica. Desliguei o telefone e na mesma hora fui para lá. Assim que cheguei, observei Jonas, Roberto e Melissa dentro do escritório.

Meu pai ficou nervoso. Disseram que ele havia discutido muito com Jonas. Contaram também que Jonas o maltratou demais. Meu pai não deixou por menos e começou a agredi-lo. Foi quando Roberto, que sempre foi calmo, interferiu e conseguiu com que entrassem no escritório deixando meu pai do lado de fora. Os funcionários tiveram que levar meu pai ao hospital, ele tem problemas de pressão alta.

Jonas berrava, gritava, queria dinheiro para fugir.

O escritório da gráfica tem a porta e as divisórias com a metade da parte de cima fechada com vidros foscos, dá para ver e reconhecer o vulto das pessoas que estiverem lá dentro, mas não com nitidez. De fora eu pude ver que Jonas estava impaciente, andava de um lado para outro igual a uma fera enjaulada.

Melissa estava sentada em uma cadeira e chorava muito.

Jonas tinha uma arma e exibia-a constantemente. Em dado momento, bateu em Melissa porque ela chorava, e Roberto investiu contra ele. Jonas sacou o revólver e ameaçou minha sobrinha caso Roberto tentasse algo. Exigia dinheiro para fugir e queria levar Melissa junto.

Eu telefonei para a polícia e enquanto não chegavam, o Roberto tentava ganhar tempo conversando com ele.

Quando a polícia chegou, Jonas se viu desesperado. Verdadeiramente insano, começou a atirar dentro do escritório. Um dos tiros atravessou Roberto de lado a lado na altura do ombro. Meu irmão teve sorte, não acertou nenhum órgão nem comprometeu sua saúde, mas na hora ele caiu, ficou inerte e Jonas pensou que estivesse morto. Jonas pegou Melissa como refém, segurando-a brutalmente pelos cabelos. A cena era horrível! Jonas gritava, urrava, quase não entendíamos o que falava.

Não soubemos na hora, só tomamos conhecimento depois. Que ele estava com algumas cápsulas ou cartuchos, sei lá como chamam, talvez alguns pacotinhos pequenos de cocaína que ele iria traficar; não sabemos também se foi ali, ou antes de armar toda aquela confusão que ele engoliu essas cápsulas. Só que em meio a toda essa agitação, Jonas começou a passar mal, um dos invólucros da droga rompeu e estourou em seu estômago ou intestino. Parecia ter percebido o que aconteceu e começou a gritar: "Eu vou morrer! Eu vou morrer! Mas jamais darei sossego pra vocês! Vocês não me ajudaram a fugir! Eu só queria ir embora!"

Eu pude ver, por um dos buracos do vidro quebrado pelos tiros, quando Jonas encostou o revólver na cabeça de Melissa e disse: "Você vai comigo". Antes que eu gritasse, ele atirou... — Márcia calou-se por alguns segundos quando a emoção aflorou-se em lágrimas. Secando-as com as mãos, confessou em meio ao choro e a voz trêmula: — Foi uma cena horrível. Ele não precisava fazer aquilo... que crueldade... jamais esquecerei. Acordo com pesadelos por causa disso... parece que vejo tudo de novo... — Depois de alguns segundos se recompondo, continuou: — Fiquei desesperada na hora. Eu estava escondida com a secretária atrás de um balcão, um dos policiais me agarrou e levou-me para fora.

Os policiais invadiram o escritório, lutaram com Jonas que acabou sendo socorrido e morrendo no hospital. Melissa morreu grávida de cinco meses, não puderam fazer nada nem pelo bebê. O Roberto se recuperou rapidamente e meu pai também.

Tudo isso foi uma grande tragédia em nossas vidas.

Meu pai e o Roberto, semanas depois, mudaram a gráfica para um novo lugar, no mesmo bairro, pois ninguém conseguia trabalhar direito ali devido às lembranças amargas e inesquecíveis.

A Júlia, julgando-nos culpados pela morte de seu irmão, xingou-nos, fez escândalos e até tentou me agredir. Depois de algum tempo, ela sossegou. A dona Cleide e minha mãe ficaram sem conversar por alguns dias, depois voltaram a ser amigas novamente como se nada houvesse acontecido e assim estão até hoje. Nenhuma delas toca no assunto.

Agora me diga, Fábio, depois disso tudo, não é insano o Roberto arrumar um "caso" com aquela mulherzinha?

Fábio, espírita experiente, entendeu o que estava acontecendo, porém não seria fácil fazer Márcia aceitar que aquelas brigas e desentendimentos poderiam ser provocados por Jonas e até mesmo por Melissa.

— Márcia, eu gostaria que você acreditasse em mim — pediu Fábio firme e convicto. — E, principalmente, gostaria que você confiasse em Deus.

— Por quê? — perguntou ela.

— Eu já conversei com você sobre os meus conceitos espíritas.

Márcia ficou atenta, pois estava sem alternativas e precisava de sugestões.

— Sim, Fábio, você já me falou que os espíritas acreditam na vida após a morte e outras coisas mais. O que isso tem a ver com as brigas e intrigas de minha família? Se há vida após a morte, então Melissa e Jonas estão vivendo em outro mundo. Eles já morreram e depois que tudo isso aconteceu, nossas vidas se acalmaram, não tivemos mais problemas. As dificuldades agora são outras, diferentes de antes, não envolvem mais o Jonas ou a Melissa.

Fábio balançou a cabeça negativamente e questionou:

— Será?!

— Como, será?! — intrigou-se Márcia.

— Eu sei que você não crê piamente no Espiritismo, Márcia. Entretanto, percebi que durante nossas conversas aceitou as opiniões espíritas, tendo em vista que seriam as únicas explicações plausíveis e cabíveis para as questões tão antigas quanto o próprio homem, que são: "De onde viemos? Para onde vamos? Por que estamos aqui?" Na verdade, os conceitos espíritas foram os únicos que você admitiu como respostas para muitas de suas dúvidas, e compatíveis com a realidade, certo?

— Você está certo. Eu não posso dizer que acredito piamente no Espiritismo, mas você me contou algumas coisas, digamos, convincentes, nas quais eu acredito serem possíveis e compatíveis, pois nunca ouvi explicações tão de acordo com a realidade.

Jogando-se para trás na poltrona, Fábio levantou os braços e apertou as mãos agitando-as erguidas, e sorrindo enfatizou:

— Isso é uma vitória! Eu não esperava tanto sucesso em tão pouco tempo assim, pessoal!

Para Márcia, passou despercebido esse "pessoal" que Fábio pronunciou, mas ele se referiu ao "pessoal do plano espiritual", espíritos de luz que sabia estarem ali, auxiliando-o e amparando Márcia.

— O que é isso, Fábio? — perguntou sem entender.

— É que quando eu comecei a falar com você sobre Espiritismo, você pareceu tão apática e insensível ao assunto que eu cheguei a acreditar que seria difícil o Espiritismo receber de você um único voto de confiança, pelo menos nesta encarnação — sorriu com gosto.

Márcia sorriu também, e instintivamente olhou no relógio.

— Nossa! Já passam das vinte e trinta!

— Vamos embora. Eu pago o jantar e nós conversaremos melhor, no serviço não é lugar para resolver problemas pessoais ou comentar sobre eles.

— Não, obrigada. É que estou cansada... — decidiu Márcia.

— Você precisa comer algo e precisamos continuar nosso assunto.

— Se importa de irmos para meu apartamento? Só que não tenho nada pronto em casa. Vamos comprar uns lanches para comermos lá? — Rindo avisou: — Só não posso esquecer de levar dois a mais pro Roberto, ele come bem e acho que já está chegando por lá. Ele não está dormindo na casa dos meus pais, por enquanto está na minha casa. Seria bom que ele contasse sobre as visões e os pesadelos que anda tendo.

— Então, vamos.

9

Aprendendo a caminhar

Durante todo o trajeto, até seu apartamento, Márcia confiou a Fábio relatos sobre as visões que teve. Primeiro do rosto que viu sobreposto ao de seu irmão e a voz de Roberto alterada falando grosseira e rudemente. Contou-lhe também sobre o acontecido na noite anterior, quando Roberto acordou gritando e ela, na penumbra, viu um homem perto de seu irmão como que querendo estrangulá-lo, detalhou tudo exatamente como aconteceu.

Fábio ouviu atento. Só desejava que quando fosse esclarecer Márcia sobre o estado de Jonas e Melissa, ela aceitasse.

Já no apartamento, viram que Roberto não havia chegado. Márcia guardou os lanches que trouxe para seu irmão e foi arrumando a mesa para ela e Fábio comerem, pois agora já não se agüentava mais de fome, havia ficado sem almoço e se sustentou somente com café e alguns biscoitos.

— Eu pensei que estivesse brincando, quando disse que iria trazer dois lanches desse tamanho para o Roberto.

— Não! Eu não brinquei — riu. — Era verdade, ele come muito bem. Venha, sente-se aqui, Fábio.

Durante o lanche, Márcia relatou ao amigo mais detalhes sobre as visões que Roberto tinha quando criança e, voltando aos dias atuais, lembrou-se e perguntou:

— Eu disse a você que as brigas e os problemas de hoje nada tinham a ver com Jonas e Melissa, e você respondeu: "Será?". Por que duvida?

— Quando eu expliquei o que é Espiritismo, comentei sobre as colônias espirituais e o umbral, ou estado intermediário de perturbação e algo mais. Apesar de ter falado muito, fiz somente um breve relato, curto e grosso das condições em que um desencarnado pode permanecer. Há espíritos que após o desencarne ficam ligados, pela própria vontade, ao plano terreno. Eles sabem que estão desencarnados, mas às vezes não aceitam a nova condição, não querem ir para as colônias nem receber tratamentos, podendo ficar vagando por anos e anos entre os encarnados. Sentem-se tão vivos, pois é isso realmente o que se experimenta, não admitem o desencarne e não querem sair daqui deste plano. Eles acabam ficando e acompanhando os seus parentes encarnados, amigos e desafetos também.

Sabe, Márcia, existem também os espíritos vingativos que passam a perseguir e perturbar todos com quem não se deram bem quando encarnados. Eles se acham injustiçados e querem se vingar daqueles que crêem tê-los prejudicado de alguma forma. Então, agora desencarnados, não podem ser vistos e ouvidos, normalmente, como antes. — Diante do silêncio atencioso da amiga, Fábio prosseguiu após breve pausa: — Para esses espíritos não há muito limites, eles entram e saem de qualquer ambiente que lhes sejam propícios, ou de lugares e lares compatíveis com a índole, a moral e o grau de evolução espiritual que têm.

Veja bem, Márcia, será de acordo com as suas práticas, com o seu nível moral que poderão acompanhá-la em todos os lugares e com o tempo se familiarizarem com você, dizer-lhe coisas que não pode ouvir normalmente, mas acaba registrando como um sutil desejo ou pensamento acreditando que são seus. A princípio você pode não aceitar uma idéia absurda e afastá-la. Entretanto, com o passar dos dias, de acordo com a sua firmeza e fé, acabará ou não, se deixando levar por uma ou outra sugestão, sempre acreditando que aquele pensamento é seu. Tudo é tão sutil, tão suave que nem perceberá e, quando se der conta da situação, terá adquirido uma quantidade de problemas, que por si mesmo, normalmente não os teriam provocado.

— Eu entendi, Fábio, mas não compreendi. Como eu posso aceitar um pensamento que não é meu? Jamais eu faria isso ciente de que seria prejudicada.

— Primeiro, Márcia, nunca saberá que os pensamentos não são seus, eles vêm como idéias, sugestões. Vou dar um exemplo: Beber demasiadamente é prejudicial e vicia mesmo quando não se é alcoólatra. Sabendo disso, hoje decide não beber, mas talvez aceite um aperitivo em uma festa ou finais de semana. Você está consciente de seu limite, haverá um momento em que dirá: chega! E chega mesmo. E não beberá mais. Daí aproxima-se um espírito que não gosta de você, que vamos denominar "obsessor" e lhe diz: "Márcia, esta cerveja está uma delícia. Toma só mais um copo. Amanhã é segunda-feira e você não vai beber pelo resto da semana. Vai, toma só mais um pouco". Você não ouviu as palavras dele, mais sente um leve desejo de beber mais um copo. Por ser de personalidade firme não bebe. Isso acontece um dia, outro e outro dia, só que você não cede. Chegando ao seu limite de bebida, pára mesmo e não aceita mais nada.

Mas sabe, Márcia, nem sempre somos tão firmes, principalmente quando não temos orientação. O obsessor tem todo o tempo do mundo, pois não tem nada para fazer a não ser planejar meios de vingança. Ele ficará, dias e dias, tentando-a, não perderá uma única oportunidade até que, por um motivo qualquer, principalmente quando se está chateado, angustiado, sem disposição e o obsessor já está bem familiarizado, será nesse dia que você aceitará mais um pouquinho de bebida. Num outro dia qualquer, resolverá só tomar um vinho, sozinha e sem motivo nenhum, acreditando que o desejo é seu, pois as frases do obsessor ficam tão familiares que parecerão com as suas ao soarem em seus pensamentos como uma vontade. Quando se der conta, já se tornou uma alcoólatra e pior, não vai admitir isso e dirá que bebe por que tem vontade e poderá parar na hora que quiser. Só que você não vai parar. Não sem a ajuda de alguém ou de uma instituição, de um centro espírita e de muita força de vontade, pois o obsessor não vai deixá-la, ele já tomou conta de você, de seus desejos e já terá feito de você, digamos, uma escrava.

Márcia ouvia tudo atentamente, mal piscava. Lembrou-se de que tempos atrás, observou que Roberto passou a beber mais e João Vítor, que não bebia nem jogava, começou a fazê-lo. Ela agora entendia o que Fábio queria lhe dizer. Então perguntou:

— No Espiritismo há cura para isso?

— A cura está em cada um de nós. O Espiritismo orienta. Deus nos criou igualmente com as mesmas virtudes e força de vontade. O Espiritismo somente tira o véu de muitos mistérios e mitos como o de que ninguém é escravo de alguém ou de alguma coisa se não quiser. Sempre haverá pessoas dispostas a ajudar aqueles que desejam se libertar. E é lógico que, quando se quer, os nossos amigos espirituais, nosso anjo guardião, protege-nos, sustenta-nos e ampara. Assim como os espíritos ainda sem entendimento podem nos influenciar de acordo com o que queremos, os espíritos superiores também o fazem conforme nossos desejos e força de vontade.

Fábio sentiu-se feliz, pois Márcia passou a aceitar o que explicava sem aquele ar arrogante e irônico de quem duvida de tudo. Ela estava mais calma e absorvia palavra por palavra do que o amigo dizia e vagarosamente sentia-se cada vez melhor.

Eles não podiam ver, mas um amigo espiritual de Fábio passou a envolver a moça com energias calmantes e revigorantes, pois, no início da conversa, enquanto Márcia falava, Fábio fez, em pensamento, uma oração solicitando auxílio espiritual para que ela se acalmasse e ele também fosse guiado a falar com lucidez e sabedoria.

Márcia respirou aliviada e comentando:

— Outro dia eu vi minha cunhada Rose conversando com minha sobrinha Bárbara sobre Espiritismo, eu não prestei muita atenção no que falavam, mas ouvi a Rose dizer que visitou um centro espírita. Para ir a um centro espírita, é necessário algum convite? Quanto se paga pelo atendimento?

Fábio não esperava por aquilo e caiu na gargalhada antes de explicar:

— Desculpe-me, Márcia — pediu ainda rindo —, eu não contava com essa dúvida. Bem se vê que você nunca ouviu falar de Espiritismo. O atendimento no centro espírita que segue os preceitos da Doutrina Espírita, que foi codificada por Allan Kardec, motivo pelo qual alguns chegam a falar: "espírita Kardecista", é total e completamente gratuito, não se paga nada.

— Nada?! Que interessante! O que fazemos então? Levamos velas, flores ou comidas?

— Não, não! — disse Fábio ainda sobre o efeito de um riso gostoso. — Não se usa nada disso.

— E como são feitos os trabalhos? Há trabalhos, não há?

— Nos trabalhos usamos o Evangelho, os ensinamentos do Cristo, orientação através da palavra, muita fé e orações a Deus e ao Mestre Jesus. Acreditamos que Eles sabem do que precisamos e enviarão seus emissários a fim de nos sustentar de acordo com a nossa fé.

Márcia surpreendeu-se, nunca soube de alguém receber benefícios gratuitamente.

— Você está interessada em conhecer um centro espírita, Márcia?

— O que vou encontrar lá e como é que funciona? Nem sei onde existe um!

— Posso levá-la. Chegando lá, iremos para uma sala grande, cheia de cadeiras como uma sala de aula com o corredor no meio. Na frente há uma mesa ou uma espécie de tribuna somente para servir de apoio aos papéis do palestrante, ao Evangelho e a água, caso o orador necessite. Normalmente, uma pessoa, provavelmente um dirigente, nos cumprimentará de uma forma geral, em seguida haverá uma oração inicial, a leitura ou citação do Evangelho, as explicações do palestrante sobre o que for lido sob uma visão puramente Cristã, breves vibrações desejando paz ao mundo e auxílio aos necessitados e outra oração para terminar. Não encontrará nada de extraordinário. Somente para que as pessoas possam se tranqüilizar do dia agitado que tiveram e se harmonizarem com as vibrações e energias salutares, é comum colocar uma música suave antes do início da palestra. Ou então, quando existe no centro voluntários que formam um coral de vozes angelicais, somos recebidos com a alegria de lindos cantos. O centro espírita é um lugar muito calmo, equilibrado e bem tranqüilo. Existem os passes que são apenas a imposição de mãos a fim de lhe passar energias, vibrações boas, salutares e de recomposição. Ninguém vai tocá-la.

— Indo lá, eu vou conseguir resolver os meus problemas?

— Márcia, não vá ao centro querendo um milagre! — ressaltou ele. — Você não pode acreditar que indo lá, no dia seguinte ou na próxima semana a sua vida estará um "mar de rosas". Freqüentando o centro espírita, estudando a Doutrina Espírita, receberá orientações do que é Espiritismo, pois o que eu contei, é apenas uma pequena parte do que pode e vai aprender ao longo do tempo. Não pense, como algumas pessoas, que lendo um ou dois livros espíritas, conhecerá tudo sobre o Espiritismo, acreditando ser suficiente para sair por aí divulgando como se fosse um catedrático no assunto. Não existe catedrático no Espiritismo, pois sabemos que cada dia é uma lição e acabamos enxergando nossas milhares de fraquezas. Além das orientações, receberá uma assistência espiritual, o que alguns denominam "tratamento espiritual". Os mentores e amigos de luz vão envolvê-la em energias restauradoras através dos passes magnéticos. Manter tais energias ou fluidos em você a fim de trazer-lhe regeneração, força para as dificuldades, saúde e outros benefícios, dependerá somente de sua conduta, de seus pensamentos o que chamamos de "reforma íntima".

— Vou conseguir expulsar Jonas, suas ações e tudo o que ele está causando?

— A princípio não julgue. Não sabemos se é o Jonas o causador de tudo, ou melhor, não sabemos se é ele quem está incentivando essas pessoas, seus parentes ao erro, ou se são elas próprias que querem ficar como estão por que gostam do que fazem. Por exemplo, o seu cunhado está bebendo demais, Jonas pode tê-lo incentivado a beber, mas quem encheu o copo e colocou-o na própria boca embriagando-se foi o seu cunhado. Ele foi fraco o suficiente para aceitar incentivos de quem quer que seja para embriagar-se. Ao perceber que a embriaguez e o jogo o prejudicaram, em todos os sentidos, principalmente na vida familiar, ele teve o poder de decidir afastar-se disso tudo, só que não o fez. Então ele gosta do que faz.

— Eu acho que vou conhecer um centro espírita. Você me leva?

— Sim, é claro! — animou-se disposto.

Fábio sentiu-se bem, Márcia começaria a caminhar sozinha, com seus próprios passos.

— Você tem tanto conhecimento e paciência, Fábio, suas palavras são tão nítidas.

— Calmo, paciente e nítido é o Espiritismo. Não há nada no Espiritismo que você não possa saber, que fique trancado ou escondido a "sete chaves". Todas as informações estão lá, à sua disposição, basta querer aprender e até fazer parte de grupos de estudo no próprio centro. E a propósito, o conhecimento que eu tenho é bem pouco, almejo mais para que possa transmiti-lo às pessoas que não tiveram ainda a oportunidade de conhecê-lo. Por isso interesso-me profundamente em fazer os cursos espíritas.

— Os cursos espíritas são pagos, não são?

— Não! São totalmente gratuitos.

— Como não são pagos?! E os instrutores?

— Eles são todos voluntários. São pessoas que receberam de graça e agora, por livre e espontânea vontade, estão lá, passando o que aprenderam gratuitamente.

— Você já fez muitos cursos?

— Não todos os que pretendo fazer e, às vezes, refazer.

— Fábio, como você conheceu o Espiritismo?

— Eu tive a grande "sorte" ou benção de nascer em uma família que já era espírita. Meus pais sempre foram tarefeiros nos centros espíritas que freqüentaram.

— Tarefeiros?

— Tarefeiro é aquele que auxilia de alguma forma no centro. É o que tira o pó das cadeiras e varre o chão, que é uma tarefa tão importante quanto à do dirigente, diga-se de passagem. É aquele que aplica passes, que se oferece para fazer uma leitura e muitas outras coisas. Essas pessoas doam o seu trabalho para outras receberem. Se eu levá-la a um centro espírita, não vai querer se sentar em um lugar sujo, não é? Alguém tem que limpar aquela cadeira e o chão. É curioso, sempre há voluntários, sempre há pessoas que querem ajudar as outras.

— Sua noiva, a Bete, é espírita?

— Sim, é. Aliás, nós nos conhecemos no centro espírita há muito tempo. Nossos pais eram e são amigos, só depois de muitos anos, como colegas, é que começamos a namorar.

— Vocês trabalham no centro?

— Sim. Eu e a Bete auxiliamos com as leituras e às vezes nos passes. Eu também sou voluntário para outras tarefas, que depois eu explico direito o que é.

— Que legal! — admirou-se Márcia. — Você é médium, Fábio?

— Todos nós somos médiuns, com maior ou menor intensidade.

— Como assim?

— Todas as pessoas são médiuns, umas têm pouca sensibilidade; já outras, são bem mais sensíveis e perceptivas, são os médiuns de tarefas. Esses precisam de muito estudo num centro espírita sério além de humildade e disciplina. Algumas pessoas conseguem ver ou ouvir com facilidade, outras "acham" que viram um vulto ou que ouviram algo, umas tiveram um pressentimento ou um sonho que acabou acontecendo posteriormente, isso é mediunidade. Existem aqueles, como é o meu caso, que são sensitivos e recebem facilmente as vibrações de um ambiente, podendo registrar as impressões de uma situação ou de uma pessoa e até ter premonições de algo que vai acontecer e que muitas vezes nem se sabe o que é.

Vou contar uma coisa: tudo o que se passa comigo eu comento com a Bete. Além de noivos, nós somos muito amigos. Teve um dia que eu cheguei para ela e falei: "Bete, eu soube que a Márcia vai ficar alguns dias no Rio de Janeiro, é coisa da rotina do serviço. Ela foi convocada para instalar alguns sistemas, coisa simples, mas quando eu soube, não gostei nada. Senti uma apreensão, uma angústia. Não quero que a Márcia vá".

— Eu me lembro!!! — interrompeu Márcia eufórica. — Nas vésperas de eu ir viajar, você ficou me rodeando, perguntava sobre a viagem, onde eu ia ficar. Eu cheguei a pensar que você queria ir em meu lugar. Que quisesse viajar para o Rio.

— Eu estava sentindo que alguma coisa poderia acontecer com você. Não conseguia identificar o que seria e cheguei a pensar em roubo, pois a onda de criminalidade é muito grande. Lembra-se de como eu me despedi de você?

— Claro! Você me disse: "Boa sorte, tome cuidado, tome muito cuidado! Qualquer coisa me liga." Eu pensei que você estava se referindo ao sistema, cuidado na instalação ou coisa assim.

— Não, eu me referia ao cuidado pessoal mesmo. Quando fomos avisados do acidente, a Bete me disse: "Era isso o que você estava prevendo!" Aí, soubemos que você estava passando bem e ficamos mais calmos.

— Por isso que, quando você e a Bete foram me visitar, lá na casa dos meus pais, ela perguntou se você havia me contado? E você respondeu que depois conversariam. Eu fiquei tão curiosa!

— Isso, foi por isso mesmo — sorriu agora. — Eu não contei porque você não acreditaria. Outro fato curioso que aconteceu, foi aquele dia aqui no seu apartamento, quando eu fui trocar a lâmpada e passei mal, lembra-se?

— Você me disse que era problema com a queda da pressão.

— Mas não foi. Eu senti alguém, ou melhor, um desencarnado aqui no apartamento, e esse espírito tentou me atingir.

Não era do interesse dele que tivéssemos amizade, eu começaria a instruí-la sobre Espiritismo, você ganharia conhecimento e, consequentemente, não iria se deixar influenciar por ele nem iria lhe dar atenção. A coisa mais importante para um obsessor é a ignorância de sua vítima referente aos assuntos espirituais, junto com o despreparo emocional e espiritual.

Agora tudo fazia mais sentido para Márcia. Provavelmente, Jonas teria armado, provocado e induzido todos para aquelas confusões que a cada dia se agravavam, as pequenas tragédias diárias estavam tomando vulto e poderiam seguir por um caminho sem retorno.

Enquanto Fábio e Márcia conversavam, dois mentores do plano espiritual estavam ali presentes e Jonas também. Jonas não podia vê-los, estava inquieto e impaciente demais, ficava muito atento na conversa que se estendia.

Jonas andava de um lado para outro, desesperava-se em alguns momentos, atacando Fábio para que parasse com aquelas instruções. Fábio, porém podia percebê-lo, mas não era atingido, não sentia nada. Das vezes em que atacou Márcia, ela estava sob energias protetoras e nada pôde perceber devido ao grande bem estar daquela conversa.

Cansado, Jonas foi para um canto se corroendo de ódio por não poder fazer nada para impedir Fábio com os seus esclarecimentos. Começou a praguejar, foi aí que um dos amigos espirituais de Fábio aproximou-se do espírito Jonas e se fez perceber. A luz daquele espírito esclarecido ofuscou Jonas, pois este colocou as mãos nos olhos e virava o rosto, ora para um lado ora para o outro, aquele brilho o incomodava intensamente. Por fim, baixando a luminescência, o mentor disse amável e serenamente:

— Filho, por favor, ouça-me.

— Eu não sou seu filho!!! — berrou Jonas. — Deixe-me em paz! Some daqui!

— Se eu o deixar, acha que terá paz? — questionou o mentor afável. —Você chama de paz esta situação em que se encontra? Só está piorando as coisas ainda mais.

Jonas, revoltado, falou cuspinhando enquanto respondia:

— Quando eu morri, eu fui parar naquele lugar nojento, lá fede, é sujo, tem lama, lodo, detritos, coisa podre. Só tem gente apodrecendo, cheirando mal, carniça. É um vale onde um monte de gente geme, grita, se arrasta. Os barulhos e as lamentações eram insuportáveis. Não foi fácil, mas eu fugi. Veja só como sou poderoso! — Jonas gritava e esbravejava produzindo uma sensação aflitiva — Eu saí de lá! E agora, nunca mais vão me fazer voltar. Quanto a essa aí — apontou para Márcia —, tudo o que ela e sua família fizeram, vão pagar, vão sofrer, um por um será punido por mim! Por mim, entendeu?!

— Venha comigo, Jonas. Poderá receber orientação e amenizar seu sofrimento. Veja seu estado.

— Um monte de gente como você, assim todo limpinho, perfumado, falando manso, já veio me procurar, veio falar comigo, mas nenhum deles prometeu me livrar daquele lugar nojento. Acho que nem devem saber que aquele lugar existe! Nunca devem ter ido lá nem pra saber como é, pois então eu digo: é um lugar sujo! Sabe o que tem lá? Pessoas apodrecendo, necrosando, podem encontrar pedaços de gente no chão por onde você pisa e cheios de pus. E mais, quando esses caras se encostam na gente aqueles pedaços grudam, sujam e deixam a gente nojento e fedendo. Todos que estão lá gemem, gritam, urram, só há sofrimento, só há dor. Além disso, ainda encontramos com aqueles que brigamos. Sabe, eles nos chicoteiam e dão gargalhadas do nosso sofrimento, além de nos queimarem, de nos fazerem comer porcaria, sujeira mesmo, entende? Eles podem nos fazer comer detritos humanos! Você come fezes mesmo, cara! Além de te esfregarem nelas. O tempo todo, só se sente cheiro de podre. Aquele lodo grudando em você, aquela nojeira. Senti muita dor, frio, fome, calor, medo. Se é queimado vivo. Você sangra e ninguém ajuda, ninguém socorre. Sabe, as feridas não cicatrizam e se sente dor o tempo todo. Ninguém tem dó. E agora vem você com esse papo furado! Na verdade, só quer jogar na minha cara algumas coisinhas que eu fiz de errado e depois me levar pra lá! [2]

— Coisinhas erradas, Jonas? — interveio o mentor educadamente, porém firme. — Chama tudo o que fez, durante toda sua vida, terrena de coisinhas erradas?! Você agrediu, furtou, roubou, torturou, estuprou, feriu, maltratou pessoas inocentes e principalmente indefesas. Você matou por isso é um homicida, um assassino, e não foi só, você é um suicida. Maltratou seu próprio corpo que era perfeito, a começar por sua pele, invicta na saúde e na aparência, a deformou com tatuagens, alterando assim, a criação da Divina Natureza. In-

---

[2] (*N.A.E. Como já dissemos, só a fim de relembrarmos, em *O Livro dos Médiuns*, Capítulo VII, entendemos que todas as propriedades manifestas, apresentadas, no invólucro semimaterial do espírito, ou seja, no perispírito, dependem de suas práticas e pensamentos quando encarnado. Em *O Livro dos Espíritos*, Capítulo VI, questões de 254 a 256, explica-nos que a inferioridade de um espírito o faz sentir frio calor, fadiga, dores. Quanto maior a inferioridade do espírito, maior a impressão, as angústias e dores "tão penosa quanto a própria realidade". Por essa razão eles se vêem, após o desencarne, experimentando o mesmo que sofreram durante a vida.)

geriu, excessivamente, bebidas alcoólicas, provocando, em si mesmo, doenças em órgãos perfeitos. Consumiu drogas, alterando, deformando, deturpando e anormalizando sua mente, seu corpo e seu comportamento. Sob o efeito desses deformáveis psíquicos, maltratou a muitos, desde sua própria família até àqueles que quiseram ajudá-lo. E como se não bastasse ter feito tudo isso com consigo mesmo, por livre arbítrio, isto é, por livre e espontânea vontade, você foi cruel, Jonas, fornecendo a outros a oportunidade de cometer todas as anormalidades físicas, mentais e espirituais que você já havia cometido consigo mesmo, fornecendo-lhes elementos químicos, drogas e equipamentos com que eles pudessem se alterar, se deformar, se anormalizar, tanto quanto você. Além de tudo, maltratou algumas moças e até aquela que realmente chegou a gostar de você, fez com que se vendesse, se prostituísse para pagar suas dívidas, para arrumar dinheiro e sustentá-lo em seus vícios. Lembra-se de tudo isso que eu acabei de falar, Jonas? Por acaso não é capaz de ter remorso, por um só instante, por seus atos inconseqüentes? Você não é capaz de arrepender-se de uma única coisa que tenha feito, praticado ou obrigado que outros o fizessem? E ainda quer fugir das conseqüências e das punições de tudo o que praticou?

Jonas, você quer exigir o perdão dos seus atos, quer respeito, não quer voltar para aquele vale e passar por aquelas humilhações. Agora está exigindo algo como o perdão e o respeito, sendo que nunca teve tais sentimentos para com ninguém.

Jonas manifestou-se furioso:

— E Deus, onde está esse "cara"?! Todo mundo vive dizendo que Ele perdoa, não é?!

— Jonas, Deus não perdoa. Quero deixar bem claro que Deus não poderia perdoar as faltas de ninguém. Deus é pai e seria injusto Ele perdoar um filho em meio a tantos que agem corretamente. Através do seu arrependimento verdadeiro, Jonas, do amor fraterno para com os seus irmãos, através da sua vontade de melhorar, de evoluir e corrigir todos os seus erros cometidos na Terra, você terá a oportunidade de saldar suas dívidas para com aqueles a quem deve. Somente com esses desejos, com essa vontade verdadeira, poderá livrar-se daquelas condições do vale, pois, enquanto não se arrepender realmente, lá é o único lugar cabível a você. Esse desejo de vingança e esse ódio no seu coração só irão retardar a sua melhora e a sua evolução.

Jonas exaltou-se, levantou do chão onde estava encolhido e gritou:

— Eu não sou suicida como você disse! Eu não me matei! Pro inferno você e esse seu papo!

— O inferno é o que você viveu e está vivendo, Jonas. Eu só gostaria de pedir uma coisa, deixe a Melissa livre.

— Não! Ela fica comigo! Quero ver quem vai tirá-la de mim?!

Jonas saiu correndo do apartamento, atravessou a parede e não pôde ouvir o mentor dizer:

— Não ficará por muito tempo, Jonas.

O assunto sobre Espiritismo estava animado entre Fábio e Márcia, mas, de repente, a porta da sala se abriu, era Roberto que entrou comentando:

— A porta está aberta outra vez, hein, Márcia!

— Oi, Beto! Nossa eu nem reparei que havia fechado a porta sem passar a chave. — Voltando-se para Fábio, ela apresentou: — Esse é o Fábio, lembra-se dele, não é?

— Sim, claro que sim! Como vai, Fábio?! — cumprimentou animado.
— Tudo na santa paz! E você?
— Estou levando. E a sua noiva, a...
— Bete! — avisou livrando-o do embaraço.
— Sim, a Bete! Ela está bem? Já se casaram?
— Não. Ainda não. Estamos comprando alguns móveis e utensílios, pretendemos nos casar depois que comprarmos uma casa ou apartamento. Estamos também juntando algum dinheiro, não queremos morar de aluguel. Além disso, a Bete tem que terminar a faculdade.
— Isso é ótimo! — concordou Roberto. — É bom se ter o mínimo de dívidas quando se casa. Com a oportunidade de uma casa própria, é melhor ainda. É importante pensar assim.

Márcia, ouvindo agora aquela conversa, começou a sentir ciúmes de Fábio e certa inveja de Bete. Por alguns segundos, gostaria de estar no lugar de Bete, a noiva de Fábio.

"Como a Bete deve se sentir orgulhosa por ter a seu lado alguém como Fábio! Ele é seguro em tudo o que faz. Calmo, paciente, compreensivo", pensava enquanto o admirava, silenciosamente, contemplando-o com os olhos. "Além de bonito e educado, Fábio tem inúmeras qualidades que nem eu saberia dizer..." Subitamente corrigiu-se assim que percebeu o caminhar de suas idéias, afastando-as. De imediato interrompeu a conversa desviando o assunto:

— Beto, eu estava contando ao Fábio todos os problemas que tivemos ultimamente, as visões e os pesadelos. Ele é espírita e conforme foi-me explicando sobre o que é Espiritismo e como funciona o plano espiritual, eu acreditei que nossas inúmeras dificuldades familiares sejam de origem espiritual.

— Você é espírita, Fábio? — perguntou Roberto surpreso.

— Sim. Eu sou.

— Isso é muito bom, as pessoas espíritas, que realmente entendem, seguem e praticam o Espiritismo, são pessoas calmas, não são impulsivas, são de temperamento e personalidade maleável, não é?

— Roberto, eu creio que não se pode generalizar. As pessoas já nascem com suas personalidades.

— Mas a maioria das pessoas espíritas se encaixa no que descrevi — insistiu Roberto.

— Eu creio que essas pessoas — continuou Fábio —, nas quais está se baseando para tal afirmação, já possuíam um temperamento tranqüilo ou entenderam muito bem os ensinamentos Cristãos da Doutrina Espírita; assim se reeducaram ao falar e ao agir em qualquer situação, mantendo um bom comportamento e o equilíbrio de suas emoções. O Espiritismo, não muda a personalidade de ninguém. Quem faz a mudança das atitudes é a própria pessoa.

— Você conhece algo sobre Espiritismo, Beto? — perguntou Márcia curiosa.

— Lá na gráfica, há vários funcionários espíritas, incluindo as duas secretárias. Esses funcionários são os mais calmos, compreensivos, são os que mais colaboram. Tem um senhor lá, que me disse ser espírita há mais de trinta anos, ele tem mais tempo de espiritismo do que eu de vida e, particularmente, eu adoro ouvir as histórias, os exemplos, os contos e os romances espíritas que ele nos conta.

— E você nunca teve vontade de conhecer pessoalmente o que é Espiritismo, nunca quis ir a um centro? — perguntou Fábio.

— Primeiro é que o tempo é curto, segundo é a preguiça mesmo. Esse senhor, do qual falei, já me convidou algumas vezes e até me deu livros espíritas. Eu cheguei a comentar sobre as minhas visões e ele disse para eu ir assistir a algumas palestras, que seria bom fazer cursos para entender melhor, mas eu não senti necessidade.

Fábio lamentou, mas não disse nada. Só lembrou-se de uma frase que escutou no centro: "Quem não vai por amor, acaba indo pela dor".

Márcia comentou imediata:

— Eu não sabia que você conhecia algo sobre Espiritismo, Beto, nunca me disse nada. Só o que eu conheci até hoje que falasse sobre espíritos, foi o que algumas colegas me disserem, mas não era sobre Espiritismo. Elas iam a centros onde se fumavam charutos e bebiam pinga e champanhe, levavam oferendas e tinham que fazer despachos em encruzilhadas e no mar. Eu nunca quis ir ou me aprofundar em detalhes com elas. Sabe, Fábio, nós fomos criados no catolicismo e qualquer coisa que se afastasse da igreja era considerada "coisa do demônio" para meus pais — riu debochando —, por isso sempre tive medo e nunca quis ir nesses lugares ou procurar por essas coisas como minhas colegas.

— Talvez esse medo a tenha protegido muito — esclareceu Fábio. — Às vezes num centro espírita, não haverá atrativos, a princípio, para os jovens e adolescentes, porque lá, não encontrarão danças, exibicionismo de "coisas extraordinárias", oferendas ou qualquer outra coisa. Existem trabalhos de auxílio ao próximo como confecção de cestas básicas, roupas aos necessitados, enxovais para gestantes carentes. Mas ajuda quem pode e quem quer. Ninguém em um centro espírita, dirá que você vai comprar um carro novo ou que vai ter uma promoção se lhes der dinheiro ou outros agrados. No centro espírita conseguirá orientação e com essa orientação entenderá por que você está passando por determinado problema ou ansiedade. Daí você, e somente você, vai crescer espiritualmente, evoluir, solucionar seus problemas e acertar a sua vida com harmonia e amor agindo melhor diante dos fatos, com fé em Deus que sempre estará amparando. Assim sendo, viverá de bem com você mesmo e com os outros à sua volta.

— Agora pouco, você me falou sobre os mentores espirituais, que eles nos ajudam! — exclamou Márcia.

Fábio sorriu e completou:

— Ajudam, é claro que ajudam. Da mesma forma como eu exemplifiquei há pouco que o obsessor "fala" coisas que mesmo você não o ouvindo começa a ter pensamentos e desejos estranhos; que com o tempo, e aos poucos de acordo com a sua aceitação, ele vai se afinando, familiarizando-se com você que acaba por aceitar as idéias dele como se fossem suas; os espíritos mais elevados, amigos, podem sugestioná-la também. Só que com uma grande diferença, eles, os espíritos esclarecidos, vão influenciá-la a ter atitudes positivas, pensamentos bons, nunca, jamais dirão para tomar mais um gole ou fumar mais um cigarro, ao contrário.

— Como assim? — perguntou Roberto interessado.

— *Veja só esse exemplo:* Uma turminha vai sair para dar um passeio e alguém o convida, dizendo que vai ser legal, vão se divertir, tomar uma cerveja ou coisa assim. Nem você nem ninguém está sabendo, mas alguém daquele grupo tem um obsessor que o está atormentando e que pretende colocar essa pessoa em alguma situação difícil. Como eu disse, você não sabe e é só mais um convidado e tem vontade de ir, a princípio, mas, sem razão aparente, perde essa vontade e sem mais nem menos diz que não vai, deixa para outro dia. Nesse caso, você já está tão familiarizado com o seu mentor que ele conseguiu inspirá-lo a não ir, e que ficar em casa seria melhor. Mais tarde, você fica sabendo que no bar houve uma briga ou bateram com o carro, ou qualquer coisa desastrosa aconteceu com a turminha que o convidou. De repente, pode até não ter acontecido nada, mas e se você tivesse ido, quem garante? Será que a briga ou algum problema não teria ocorrido com você? Se você é do tipo que sempre faz orações, pede a proteção Divina, reconhece seus erros e tenta repará-los, certamente estará afinado com o seu mentor ao ponto de se livrar de situações como essa que exemplifiquei.

— O Espiritismo é bem interessante! — observou Roberto.
— Eu gostaria de ter mais interesse por esta filosofia.
— Há tempo para tudo, nunca é tarde — aconselhou Fábio. Olhando o relógio, comentou: — Bem pessoal, o papo está ótimo, mas já é muito tarde, preciso ir.

Ligeira, Márcia voltou-se para ele e pediu novamente:
— Qualquer dia você me leva ao centro espírita, Fábio?
— É claro que sim! — confirmou satisfeito.
— Você vai comigo, Roberto?
Roberto ficou pensativo e por fim disse:
— Vamos ver.
Fábio, sorrindo para Márcia, sugeriu:
— Não insista. Quando ele sentir vontade, fará como você. Não adie. Iremos na próxima quarta, está bem, Márcia?
— Claro, Fábio! — respondeu ela animada.
Despediram-se e Fábio se foi.

Márcia sentia-se bem melhor após conversar com Fábio e receber aquelas orientações. Apesar de não ter resolvido nenhum de seus problemas, sentiu-se mais confiante, mais forte para encará-los. Seu bom humor e felicidade acabaram contagiando seu irmão Roberto que antes, ao chegar, não se sentia espiritualmente bem.

10

Conflito sentimental

A quarta-feira chegou. E conforme o combinado, Fábio levaria Márcia ao centro espírita. Por sua vez ela estava muito ansiosa, não via a hora de deixarem o serviço. Comentou com Fábio que estava animada e até pensava em saírem mais cedo, mas ele avisou que só começaria às oito horas da noite, não tinham necessidade de saírem antes.

Mais tarde, quando faltavam quinze minutos para encerrarem o expediente, o telefone da mesa de Márcia tocou. Ela quase não atendeu, mas por fim decidiu:

— Alô?

— Senhorita Márcia? — perguntou o diretor sempre formal.

— Sim, sou eu — afirmou reconhecendo a voz.

— Queira vir até a minha sala, por gentileza.

Márcia não acreditou! Justo naquele dia, naquela hora! Ela até sentiu vontade de chorar de tanta raiva. Mesmo contrariada, teve que ir.

Controlando-se, bateu à porta entreaberta da diretoria pedindo:

— Com licença?

— Pode entrar! — avisou o diretor de dentro da sala.

O homem conversava com alguém ao telefone, parecia ser algum amigo particular.

Assim que Márcia entrou na grande sala, que era forrada por um carpete vermelho, com belas cortinas e quadros harmoniosos, o diretor fez um gesto para que se sentasse em uma das duas poltronas que ficavam frente à sua mesa. Ela aproximou-se e sentou.

Depois de alguns minutos, a conversa ao telefone foi irritando Márcia que começou a ficar impaciente. O diálogo parecia não ter fim. Às vezes ele gargalhava e se lembrava de alguma outra história para contar ao amigo. O assunto parecia ir longe demais.

O diretor, para ficar um pouco mais à vontade em sua conversa ao telefone, virou a sua cadeira giratória, ficando quase de costas para Márcia que passou a ser insignificante naquele momento.

Márcia não agüentava mais esperar. Estava furiosa.

"Por que será que ele me chamou? Para ficar aqui plantada feito uma flor? Ouvindo esse 'papo furado!' Não posso acreditar!", pensava irritada. "Eu tenho um compromisso, não posso ficar aqui tanto tempo!!! Droga!!!"

Impaciente, ela se levantou e ficou andando pela sala, como quem admirasse a vista pela imensa janela. Observou mais de perto os quadros pendurados e às vezes olhava para o diretor que parecia não vê-la. Por fim, passados mais de quarenta minutos, ele desligou. Deu-lhe ligeira satisfação dizendo ser um colega e que há muito não conversavam.

Márcia, séria e inquieta, devido ao tempo que perdeu, pôs-se elegante a sentar-se novamente a frente do diretor. Foi então que ele começou:

— Senhorita Márcia, eu a chamei aqui para lhe perguntar como está se saindo na sua nova função e como está à aceitação de sua equipe?

Márcia não acreditou e apesar de manter as aparências seus pensamentos correram céleres e ferozes.

"Todo esse tempo esperando, tanta demora, para ele me perguntar isso?! Que desgraçado!", irritava-se ao pensar. "Eu marquei um compromisso importante! Será que esse idiota não percebeu que o expediente já acabou?!"

Mantendo toda classe, apesar da indignação e revolta, ela passou a responder às perguntas de maneira prática e objetiva, sem dar oportunidade para que a conversa se prolongasse. Mas não adiantou, o diretor conseguia alongar o assunto cada vez mais.

O relógio não parava, ao contrário, parecia que os ponteiros corriam mais do que o normal. Por fim o homem concluiu:

— Muito bem, senhorita Márcia. Eu gostaria de informá-la de que estou muito satisfeito com o seu trabalho, seu profissionalismo e seu brilhantismo para contornar e resolver assuntos que pareciam bem complexos. Acreditei ser interessante à senhorita saber que sua atuação foi admirada pela presidência, que ficou muito satisfeita com os resultados. A diretoria se coloca à disposição da senhorita para qualquer problema que possa surgir.

— Obrigada, senhor — respondeu séria e friamente. — Sinto-me lisonjeada. Muito obrigada.

Para finalizar a conversa o diretor levantou-se e estendeu a mão à Márcia, cumprimentando-a. Imediatamente ela se levantou e retribuiu. Despediu-se e foi embora.

Ao sair da sala da diretoria, Márcia olhou o relógio, faltavam dez minutos para as oito horas. Desceu correndo para sua sala e ao chegar à seção, Fábio estava sozinho. Calmo e paciente a esperava enquanto lia um livro. Quando viu Márcia, entrando correndo, afoita, disse sorrindo:

— Calma, calma. Não precisa correr. Não dá mais tempo.

— Que droga! — reclamou enfurecida. — O homem foi me chamar justo hoje, justo naquela hora! — exclamou agora com lágrimas empoçadas nos olhos.

Fábio, sorrindo da situação, admitiu:

— Eu sabia. Eu tinha certeza que aconteceria alguma coisa que nos impediria de chegarmos a tempo no centro.

— Como assim, você sabia? — perguntou ainda zangada.

— Parece que é sempre assim, principalmente nas primeiras vezes. A pessoa que necessita ir ao centro para tratamento de assistência espiritual, orientação e desobsessão, sempre é impedida por algo ou alguém.

— Por que isso tinha de acontecer?

— Acalme-se, Márcia. Não tem importância, iremos na próxima semana e sairemos mais cedo para evitar imprevistos. Está certo?

Fábio não parecia incomodado com o que acontecera, porém Márcia deixava transparecer sua insatisfação visivelmente.

— Enquanto você conversava com o diretor, eu liguei para a Bete e avisei que não iríamos ao centro. Vamos sair daqui agora, pegá-la e nós três comeremos alguma coisa, certo?

— Não estou com fome — respondeu Márcia chateada.

— Vamos — insistiu. — Você não está com fome agora, daqui a pouco ela virá. Vamos, vai! — convidou afável.

Márcia acabou, pela gentileza do convite, concordando. Pegaram Bete e saíram os três juntos.

Mais tarde, Fábio e Bete deixaram Márcia em frente ao prédio onde morava. Bete a presenteou com um livro espírita, acreditando que aquela leitura lhe faria bem. Márcia os convidou para subir, mas o casal desculpou-se, pois era tarde e disse que na manhã seguinte teria que entrar mais cedo no trabalho para adiantar seu serviço.

Márcia subiu. Ao chegar ao apartamento, percebeu que Roberto não estava. Ela sentiu-se muito só e começou a experimentar uma angústia, o coração oprimido e apreensão inexplicável. Pensou em telefonar para sua mãe, mas era bem tarde. Lembrou-se de Fábio e Bete:

"Como eles devem ser felizes! Talvez minha mãe esteja certa, eu preciso de uma companhia, preciso de alguém. Talvez se me casasse...? Bete deve se sentir realizada! Um homem como Fábio... tão amoroso, atencioso... não fuma, não bebe, não é do tipo de ficar dando cantadas em outras mulheres só para se auto-afirmar como homem. Nunca vi o Fábio falando gracejos para ninguém. Além de tudo ele é muito bonito, simpático... Quantas vezes eu vi outras mulheres o assediando? Nossa! Já perdi as contas. Mas ele é do tipo que respeita as pessoas e, principalmente, respeita o compromisso que tem com a Bete. Um homem fiel, que raridade!"

Márcia sentiu que poderia estar gostando de Fábio.

"Não!", repreendeu a idéia. "Isso não pode acontecer! O Fábio ama e respeita sua noiva que parece corresponder. Ele vive falando nela".

Márcia percebeu que não poderia ficar pensando naquilo, afinal, considerava o amigo e gostava muito de Bete que, como ele, estava tentando ajudá-la naquele momento tão difícil.

Viu-se confusa e perturbada. Não conseguia mudar os pensamentos e desejava Fábio perto dela, só para si naquele instante.

Em meio a tanto conflito de idéias, preparou-se para dormir, tomou um banho e quando ia se deitar, Roberto chegou. Ele havia bebido. Jogou as chaves do carro sobre um móvel e deixou-se cair no sofá como estava, largado de qualquer jeito. Márcia foi vê-lo.

— Roberto? Roberto! Não dorme, não. Vai tomar um banho.

— Deixa, Má! — falava grogue. — Deixe-me aqui, assim mesmo está bom — respondeu com voz mole e tropeçando em suas próprias palavras devido ao efeito da bebida.

— Levante-se Roberto. Vai logo tomar um banho. Dormirá melhor. Você está suado, sua roupa está suja, levante-se!

— Marcinha, ô ô ô, Marcinha, me deixa aqui, tá?

Márcia percebeu que ele havia bebido demais, nem sabe como é que dirigiu daquele jeito. Então foi mais severa:

— Se você não for, eu mesma vou acabar te dando um banho, Beto! Levante-se agora daí, e vai pro banheiro! — Puxando-o pelo braço levou-o até o banheiro enquanto o irmão resmungava. Deixando-o com o chuveiro ligado, avisou veemente: — Se não tirar essas roupas e tomar um banho, voltarei aqui e eu mesma vou fazer isso. Entendeu?! — gritou.

— Não duvide que eu seja capaz disso!!! Vou arrumar o sofá para você dormir, fazer um café, mas já volto!

Rapidamente ela fez um café bem forte depois de ajeitar o sofá, viu Roberto saindo do banho. Um pouco mais lúcido, porém sentindo tudo girar. Seu estômago estava péssimo e sua cabeça parecia explodir.

— Venha Roberto, toma esse café amargo. Vai sentir-se melhor.

— Não. Nem me mostre esse café. Quero um sal de frutas e um analgésico, pelo amor de Deus. Minha cabeça vai estourar! — sussurrou agora.

Márcia foi até o seu quarto, pegou o medicamento e voltou dizendo:

— Você vai tomar sal de frutas com tônica, não vou dar analgésico nenhum. Dizem que não é bom tomar remédios com bebidas alcoólicas. Tome isso e vai deitar — ordenou com rispidez.

Roberto não questionou. Não tinha argumentos nem condições para isso.

* * *

Na manhã seguinte e na semana que se passou, Márcia sentia-se desanimada, toda aquela força e aquela vontade que tivera anteriormente, esvaíra-se.

Quando estava no serviço não podia olhar para Fábio, pois rapidamente seus sentimentos começavam a brotar parecendo queimar-lhe o peito, queria-o perto, desejava abraçá-lo. Mas ele não poderia saber de seus pensamentos, desejos e de sua paixão. Aquilo apertava seu coração.

Por outro lado, havia os problemas de sua família. Seu pai estava com o temperamento cada vez pior, a irmã e o cunhado estavam a ponto de se separarem, a sobrinha Bárbara depressiva, seu irmão Roberto compromissado com Júlia, sua mãe havia marcado uma internação para exames mais rigorosos. Somente seu irmão Ciro, Rose e as meninas pareciam estar bem.

Tudo estava péssimo, pois até ela sentia-se sem rumo, sem propósito e sem objetivo na vida.

A única coisa que, por enquanto, parecia estar bem para ela, era o seu trabalho. Mas de que adiantava somente trabalhar, guardar algum dinheiro, sustentar-se, decorar sua casa como queria, pagar por seu luxo, caprichos pessoais e pelo carro que escolheu se ela se sentia tão só, tão abandonada?

Por que será que isso estava acontecendo? Nenhum rapaz se aproximava para um compromisso sério? Jovem, bonita, elegante, sabia conversar, era inteligente. Por que alguns homens só queriam se exibir em sua companhia e não queriam nada mais sério?

Ela parecia não passar de um "cartão de visitas". Depois só queriam levá-la para uma noite de diversões íntimas, nada mais. Isso ela não aceitaria. Jamais. Não teria a companhia de um homem só para alguns programas e se deixar usar como um objeto. Por que será que homens respeitáveis estavam em extinção? Sim, pois o único homem que a respeitou sem qualquer interesse físico ou profissional foi Fábio.

Mas Fábio já era comprometido e bem comprometido. Não poderia pensar daquele jeito. Algo estava errado. Quem sabe, se depois que fosse ao centro espírita, tudo aquilo desapareceria?

Na semana seguinte, devido ao excesso de serviço e às reuniões, Márcia e Fábio não conseguiram sair no horário para irem ao centro espírita. Ela já estava desistindo de lutar.

Fábio e Bete tentavam reanimá-la com incentivos, mas parecia não adiantar. Márcia se entregava cada vez mais àqueles pensamentos desanimadores, depressivos e fracos. Agora, devido seus sentimentos por Fábio, pouco conversava e não queria mais a companhia dele nem de sua noiva evitando-os sempre que possível.

* * *

Certo dia, ao chegar em seu apartamento, encontrou Roberto e Júlia sentados no sofá assistindo à televisão. Foi uma grande e desagradável surpresa.

— O que fazem aqui?! — perguntou Márcia demonstrando nítido desagrado.

— Calma, maninha, eu trouxe a Júlia aqui para conhecer nosso apartamento.

Roberto falava com certo deboche, menosprezando a ira de Márcia e não levando em consideração sua opinião a respeito de Júlia.

— Oi, Marcinha, como vai? — perguntou Júlia cinicamente estendendo a mão para cumprimentá-la.

Márcia não retribuiu. Sisuda, jogou sua bolsa no outro sofá avisando nervosa:

— Nosso apartamento "vírgula". Meu apartamento!

O irmão surpreendeu-se e exibiu desagrado, porém Márcia não se deixou intimidar, continuando, com veemência na voz firme:

— O que você pensa que é aqui, seu Roberto? A casa da sogra?! Está muito enganado, viu? Eu não dei liberdade para você trazer quem quer que seja à minha casa sem antes me comunicar. Muito menos essa daí!

— "Essa daí", quem?! — perguntou Júlia agressivamente, dando um passo a frente e levantando o queixo como quem fosse enfrentar Márcia.

— Cale a boca! Pois ainda não estou falando com você! — replicou Márcia, nervosa. — Você está na minha casa, sem ser convidada e aqui quem manda e fala o que quer sou eu!!!

— Qual é, Márcia?! — disse Roberto tentando acalmar a situação — Se vocês se conhecerem melhor, tenho certeza de que serão amigas.

— Roberto, por favor, eu gosto muito de você, mas não abuse disso. É meu irmão e eu não quero brigar com você por isso. Por favor, leve essa moça embora daqui! Agora!!!

Júlia não conseguia se conter e piorou a situação, dizendo:

— Qual é, mina?! Tá pensando que tem o "rei na barriga" só por que se sustenta sozinha? Ou será que está acostumada a mandar nos outros e pensa que vai mandar em mim também?! Se é isso que está pensando está muito enganada. Eu fico onde o Beto ficar. Se eu não posso ficar, ele também não fica, falô?!

Márcia, enfurecida, não suportou mais. Foi até a porta abriu-a e sem que Júlia esperasse puxou-a pelo braço e colocou-a porta afora, mesmo com Roberto reclamando:

— Espere, Márcia, isso não se faz!

Júlia, ao se ver fora do apartamento, voltou-se para Márcia e apontando-lhe o dedo indicador, próximo ao rosto, ameaçou-a com a voz em baixo volume e intensa raiva:

— Você não perde por esperar! Não pensa que eu me esqueci de tudo o que fez para o meu irmão. Ainda vai se ver comigo! Lembre-se disso.

Márcia, irritada, não parou para ouvir. Entrou no apartamento e bateu a porta.

Roberto ficou atrapalhado, não sabia o que fazer, por isso pegou Júlia e foram embora.

Márcia descontrolou-se e começou a chorar.

Sentada no sofá, ela pegou algumas almofadas e atirou longe, tentando descarregar a sua raiva.

"O que Júlia está pensando? Desgraçada!", pensava enraivecida. "Além de todas as oportunidades que minha família deu pro Jonas, das mordomias que ele teve enquanto trabalhava na gráfica, ele fez o que fez. O infeliz nunca valorizou o que teve nem se esforçou para nada na vida! Roubou cheques e dinheiro, fugiu com Melissa, que como ele não tinha a cabeça no lugar. E quando minha sobrinha voltou doente, anêmica, grávida e parecia estar recuperando o juízo e respeitando mais a família, ele a matou. Nunca vou me esquecer daquela cena impiedosa, brutal e cruel de vê-lo atirar nela..." — lágrimas rolavam compridas, intermináveis. — "Será que a infeliz dessa Júlia não se lembra disso?! O Jonas há de pagar! Se existe inferno, o Jonas deve estar vivendo nele. E ainda, depois de tudo, o Roberto aceita..."

Márcia assustou-se com o telefone tocando, o barulho a fez voltar à realidade rapidamente.

— Pronto?

— Márcia, é o Ciro.

— Oi, Ciro. Que bom falar com você. Tudo bem? E as meninas?

— Está tudo bem, elas estão ótimas. Sua voz... o que aconteceu, você esteve chorando?

Márcia sentiu-se embaraçada, mas acabou contando a Ciro o que havia acontecido no seu apartamento.

— Márcia, a situação é difícil e lamentável. Vamos ter paciência, se reagirmos de forma arbitrária podemos afastar o Roberto de nós, aí tudo se complicará mais ainda.

— Ciro, falar é fácil. Mas quando as coisas nos pegam de surpresa, como agora há pouco, fica difícil reagir calmamente.

— Eu sei, Má. Só quero que se lembre do seguinte: você e o Roberto sempre foram bem unidos, muito honestos um com o outro. Quando éramos solteiros, eu cheguei a comentar com a Paula, várias vezes, que admirava a sinceridade e a cumplicidade dos dois. Vocês sempre disseram a verdade nua e crua, um na cara do outro. Quando discutiam diziam tudo o que pensavam e ao acreditarmos que estavam brigados, víamos os dois de segredinhos e mais unidos do que nunca. Lembrando dos tempos de crianças, o Roberto sempre a defendeu. — Rindo recordou: — Nunca deixava eu ou a Paula bater em você e muitas vezes, por ser a menor, apanhava de nós dois para defender o Beto, até a mãe chegar e nos separar. Vendo dessa forma, Má, você é a única pessoa que pode orientar o Roberto agora e mostrar a ele o caminho tortuoso que está seguindo, pois nós podemos observar nitidamente que essa moça, a Júlia, quer de alguma forma se vingar de nós através dele.

— Ciro, eu não sei como fazer isso! — lamentou quase em desespero. — Não me peça o impossível! Já tentei conversar com o Beto, mas ele não fala muito no assunto. Tenho que respeitar a privacidade dele. Além do que, me parece que ele está gostando mesmo da infeliz dessa Júlia.

— Márcia, não sei o que podemos fazer, mas na hora certa tudo se resolverá, temos de ter fé. A propósito, eu liguei pra dizer que a mãe será internada na próxima semana.

— Ciro, como é o estado dela realmente?

Ele demorou um pouco para responder, mas por fim falou:

— Delicado Márcia. Segundo meus colegas, não parece ser coisa tão simples. É lógico que eu não disse isso para a mãe. Só estou comentando com você. Não posso dizer isso, de forma alguma nem para o Roberto nem para a Paula, ou mesmo para o pai. Eles não têm condições no momento.

— Não é possível, Ciro. Não é possível tanta coisa acontecer de uma só vez — chorou.

— Mantenha-se calma, Má. Desespero só piora as coisas. Após esses exames, teremos um parecer mais preciso, principalmente para uma possível cirurgia e tratamento, você sabe. Eu a manterei informada.

Depois que se despediram, Márcia ficou atordoada, não sabia o que fazer. Precisava tirar aqueles problemas de seus pensamentos, não poderia ficar se torturando com tudo aquilo.

Sentiu vontade de telefonar para Arnaldo, seu ex-namorado, há tempos não o via e nem se falaram mais. Ela ligaria só para bater um papo, jogar conversa fora, distrair-se, afinal, eles não brigaram, ainda eram amigos.

— Arnaldo? Aqui é Márcia!

— Oi, Márcia! Quanto tempo! Que bom falar com você! — animou-se o rapaz.

— Estou ligando para saber como está. Faz tempo que não nos falamos, afinal de contas, somos amigos, não é?

— Marcinha, você sempre morou no meu coração.

Conversaram durante muito tempo e acabaram por marcar um encontro para o próximo sábado. Márcia sentia necessidade de sair, sentia-se envelhecendo mentalmente devido a tantos problemas em sua família.

11

Amor e suicídio

No sábado, Márcia arrumou-se bem, produziu-se toda. Arnaldo a levaria a um piano-bar, um lugar fino e elegante, afinal ele tinha bom gosto, sabia escolher.

Arnaldo foi buscá-la exatamente no horário marcado. Ela sentia-se feliz.

Eles bebericaram, ouviram música e conversaram sobre diversas coisas a noite toda. Márcia sentia-se radiante. Acabou dizendo ao ex-namorado que sentiu sua falta nesse tempo em que estiveram separados, o que deixou o rapaz lisonjeado.

— Sabe Arnaldo, fiquei com medo de telefonar. Achei que estivesse namorando, nunca mais me procurou, nem mesmo quando sofri aquele acidente.

— Marcinha, eu só soube do seu acidente há poucos dias — Arnaldo mentiu para se defender. — Ninguém me contou! Imagine, se eu soubesse que havia se machucado, moveria céus e terras para ir vê-la. Mas quando soube, pensei que fosse você quem não queria que eu soubesse para não receber a minha visita.

— Ora, Arnaldo! Por que eu não iria querer vê-lo?

Conversaram e riram muito. Márcia por algumas horas esqueceu-se de todos os problemas. Talvez fosse disso mesmo que ela estivesse precisando: sair e descontrair.

A noite foi longa. O dia quase amanhecia quando Arnaldo a deixou em frente ao prédio em que morava. Márcia estava maravilhada! Há tempos não se divertia assim. Entrando, mal tomou um banho e caiu em sua cama, adormecendo imediatamente.

Dormira tão bem, que quando acordou com o telefone tocando, já passavam das treze horas. Era sua mãe, preocupada.

— Mãe? — respondeu assonorentada. — Oi, mãe, acordei agora.

— Fiquei preocupada com você filha, não veio nem ligou. Pensei que tivesse acontecido alguma coisa.

— Cheguei tarde ontem. Sai com o Arnaldo.

— Vocês voltaram? — perguntou dona Mariana.

— Ah, mãe! Eu não sei... a gente só conversou, nada mais, mesmo.

— Toma juízo, hein, Márcia!!! — repreendeu-a firme. — Não criei minhas filhas para serem moças fáceis! Entendeu?! Não quero passar vergonha!

— Pode deixar, mãe...

— Você vem pra cá hoje? — perguntou mais branda.

— Não mãe... — respondeu mimosa. — Ficarei por aqui mesmo. Quero descansar.

Márcia esqueceu-se de que na próxima semana sua mãe seria internada, não a veria até o término dos exames e dona Mariana, mesmo percebendo seu esquecimento, nada comentou. Os pensamentos da filha estavam longe, talvez pensando em Arnaldo.

* * *

No começo daquela semana, Márcia estava diferente, mais alegre, não parecia se preocupar tanto como antes com tudo o que acontecia. Vez e outra, ela e Arnaldo se telefonavam e sentia que isso lhe fazia bem.

Na quarta-feira, Arnaldo avisou que iria buscá-la no serviço e Márcia esqueceu-se do compromisso de ir ao centro espírita com Fábio e Bete. No final do expediente, Fábio foi até a sua sala lembrá-la.

— Até que enfim! — exclamou o amigo. — Hoje vamos sair no horário e vai dar tempo de irmos ao centro.

Márcia ficou sem graça, completamente constrangida, não sabia o que dizer nem como se desculpar. Não queria perder a oportunidade de ir ao centro, mas Arnaldo iria buscá-la e isso também era importante, até porque sentia-se bem na companhia do ex-namorado, havia tempos não se distraia tanto.

— Puxa, Fábio! Eu me esqueci — confessou encabulada.

— Esqueceu?! — perguntou Fábio desapontado.

— Sabe o que é? O Arnaldo disse que viria me buscar hoje e eu concordei. Fica chato eu ligar para desfazer o compromisso. Até acho que ele já saiu do trabalho e está a caminho.

— Não tem problema, nós o levamos! — propôs Fábio como última alternativa.

— Temo levá-lo sem antes preveni-lo. Pode ser que não goste. Entende? Por que você e a Bete não vêm conosco?

Podemos sair nós quatro juntos! Iremos jantar! — convidou tentando animá-lo.

Fábio respondeu automaticamente, um tanto decepcionado e sem pensar:

— Não. Obrigado. Tenho um compromisso assumido e somente em extremo caso é que o deixo em segundo plano. Não posso deixar esse pessoal sem ajuda, pois eles nunca me desampararam.

— Eu sinto muito, Fábio — respondeu verdadeiramente triste e amargurada.

— Tudo bem, Márcia. Façamos o seguinte: você sabe que toda quarta-feira tem as palestras evangélicas e eu vou ao centro, quando quiser, nem precisa avisar é só vir comigo. Não vamos mais agendar nada. Certo? — explicou firme e bem direto.

— Está certo. Obrigada — tornou a amiga agora desanimada.

Fábio despediu-se e foi embora.

No horário combinado Arnaldo estava à espera de Márcia, que agora não estava tão animada quanto antes. Percebendo sua mudança de humor, durante o jantar, perguntou:

— O que foi, Marcinha? Você está com uma carinha triste hoje!

Sem rodeios ela contou tudo o que a afligia, desde seus problemas com a família, até o compromisso que desfez com Fábio de ir ao centro.

— Olha Marcinha, não sei não. Esse negócio de centro espírita, de falar com mortos, isso não é muito bom. Não acha melhor deixar isso quieto?

— Preciso ir atrás de alguma solução, Arnaldo — comentou aflita. — Não posso deixar minha família se debatendo em problemas, preciso ajudá-los! Não encontrei outra saída ou alguém que me ofereça alguma alternativa. Só o Fábio e a Bete me ouvem e se propõem a ajudar.

— Marcinha, você não acha que cada um deve cuidar mais de si mesmo? Sabe, eu acho que as pessoas têm que passar por alguns problemas. Faz parte da vida.

— Mas, Arnaldo, minha família nunca foi assim, você sabe, conhece toda nossa história. Tá certo que um problema ali e outro lá, nós sempre tivemos. Mas, ultimamente, nossas vidas viraram do avesso.

— Quer um conselho? Fique de fora, só observando a situação, não se envolva com os problemas dos outros.

— Não são "os outros", são meus familiares. Se fosse comigo, eles iriam me ajudar.

— Será?! Será que eles iriam se preocupar tanto com você quanto está se preocupando com eles? Além do mais, nenhuma solução está ao seu alcance, pelo que vejo.

— Por não ter solução disponível, é que eu iria ao centro espírita, para ver se consigo, pelo menos, entender o que está se passando, procurar aliviar meu coração. Às vezes acredito que ouvindo alguma palestra consoladora eu possa me sentir melhor, livrar-me dessa angústia, da amargura e solidão que sinto. Sabe, penso que deve ser como a esses congressos e palestras profissionais a que assistimos, onde "um leque" de instruções e alternativas é apresentado a fim de nos auxiliar no serviço. Após esses eventos, nós nos atualizamos e temos uma nova visão quando vamos desenvolver um novo projeto ou procuramos minimizar os problemas existentes na organização. Penso que uma palestra evangélica, num centro Espírita, seja isso, e não como as missas que, ai, que Deus me perdoe! Mas as missas são sempre a mesma coisa, não consigo receber instruções de como mudar minha vida, como aplacar os sentimentos ruins que tenho. Ainda não assisti, mas penso que um palestrante que nos "traduza" e nos faça entender as parábolas de Jesus para aplicarmos esses ensinamentos em nossas vidas, é como o exímio congressista acadêmico. Esses conferencistas que nos cursos e palestras nos mostram como agir de forma diferente com o trabalho que executamos e, sem nos livrarmos da tarefa, conseguimos realizá-la sem tanta dificuldade. Você entende? — insistiu Márcia.

— Viva e deixe viver! Se não pode ajudá-los, leve sua vida numa boa, antes que se meta em confusão, tanto quanto eles.

Márcia não gostou muito das reflexões e opiniões de Arnaldo, mas, a princípio, começou a pensar que ele pudesse ter razão.

No centro espírita, Fábio e Bete, fizeram uma prece especial para a amiga Márcia, solicitando seu crescimento espiritual e pessoal, que através disso pudesse adquirir conhecimento para que seus entendimentos fossem maiores do que os seus sofrimentos.

* * *

A caminho da casa de Bete, Fábio estava sério, quase não deu uma palavra. Observadora e conhecendo bem o noivo, ela perguntou com tranqüilidade:

— O que é, Fábio? O que você tem?

Forçando um sorriso silenciou por alguns segundos refletindo apreensivo, enquanto dirigia com atenção no trânsito, pensava no que responder. Ele não era do tipo que mentia.

Se fosse falar o que sentia, haveria de dizer a verdade. Após longos minutos, resumiu com simplicidade:

— Estou preocupado com a Márcia. Você sabe, eu já te contei tudo.

— Sim, eu sei. Só acho que não é só isso, tem algo mais acontecendo com você — afirmou bem direta.

Fábio calou-se, até sua fisionomia mudou de alguma forma. Sem ter o que dizer, silenciou totalmente.

— Vamos, pode falar, Fábio. Prefiro ouvir de você — tornou a moça.

Bete era calma, bem ponderada, sabia controlar seus sentimentos, suas emoções e suas ações. Além disso, conhecia Fábio há muito tempo. Tinha certeza de que o noivo deixava-se envolver sentimentalmente por Márcia, pois já pressentira isso. O silêncio agora confirmava sua intuição. Chegando frente à casa de Bete, ela pediu educada:

— Vamos conversar. Só que coloque o carro dentro da garagem. Conversaremos lá, é perigoso ficarmos aqui na rua.

Ele simplesmente obedeceu. E, já dentro da garagem, Fábio explicou:

— Eu não sei, Bete. Não sei o que está acontecendo comigo. Aproximei-me da Márcia para ajudá-la, você sabe. — Calou-se por minutos, depois continuou embaraçado: — Nós conversamos muito, tudo o que acontece eu conto para você, nunca te escondi nada, Bete — Olhou-a nos olhos sentindo um nó na garganta ressequida, reafirmou: — Nós só conversamos sobre os problemas que ela enfrenta. Nunca, eu ou ela, tivemos qualquer contato... qualquer outro tipo de aproximação mais íntima... nunca houve uma demonstração de outro sentimento além dessa amizade que você acompanha.

— Eu sei, Fábio. Acredito. Você não consegue mentir.

Fábio sentia-se envergonhado diante da noiva. Nunca pensou em passar por uma situação tão embaraçosa e constrangedora como essa.

— Sabe, Bete, eu sempre procurei ajudar as pessoas que experimentam problemas iguais aos que a Márcia vem enfrentando. Sei que o Espiritismo sempre poderá ajudar gente assim e é por isso que gosto de esclarecer, quando me pedem orientação. — Tentando justificar-se, mas sentindo o coração apertado e a voz vacilante, ele prosseguiu: — Olha, já conheci tantas pessoas a quem eu falei de Espiritismo, levei-as ao centro e depois as deixei caminhando sozinhas. Isso foi com homens e mulheres... sempre tive amizade e respeito para com todos, independente de sexo.

— Só que com a Márcia está sendo diferente, não é, Fábio? Você está se envolvendo demais com ela. Está sentindo, por Márcia, algo que nunca sentiu por ninguém, não é? — perguntou sem rodeios e bem tranqüila.

Fábio não disse nada. Só abaixou a cabeça como quem admitisse.

— Fábio, eu não vou gritar nem espernear, porque sei que não vai adiantar nada. Estou chateada sim. Estou muito triste, porque gosto muito de você. — Sua voz embargou, mas Bete prosseguiu: — Eu entendo, mesmo não aceitando, eu entendo porque te amo. E te amo demais, Fábio. E, quem ama, respeita.

Bete dizia aquilo com os olhos em lágrimas. Tentava ser firme para não desatar a chorar.

— Eu também gosto de você, Bete.

— Mas não ficaria assim tão magoado se hoje eu tivesse saído para jantar com um outro cara, como Márcia fez, não é?

— Não vamos discutir, Bete. Por favor — pediu em voz baixa, triste.

— Desculpe-me, não quis ofendê-lo. Nem quero brigar.

— Eu não sei o que fazer. Estou muito confuso... — confessou passando a mão pelos cabelos e esfregando o rosto. Em seguida, deu um longo suspiro e continuou: — Cheguei a pensar que seria uma perturbação espiritual para que eu me afastasse dela.

— Por quê? — perguntou Bete.

— Veja a nossa situação! Estamos noivos, temos muita coisa comprada! Nossas famílias estão animadas com o nosso compromisso. Apesar de meus pais morarem longe, estão nos dando todo o apoio, como os seus também. Podemos dizer que praticamente o casamento está marcado para quando você terminar a faculdade, que é agora no fim deste ano. Já temos um bom valor em dinheiro guardado e podemos dar uma boa entrada num apartamento ou até comprarmos uma casa. Diante de tudo isso, com esses sentimentos confusos, eu me afastaria dela para não complicar a nossa vida e assim Márcia ficaria sem auxílio nenhum.

— Você e eu sabemos, Fábio, que isso não é obsessão. Quando começamos namorar não foi por um grande amor, foi só porque tínhamos tudo em comum. Isso não significa amor. Eu às vezes até acho que nós nos acostumamos um com o outro, e não se pode comparar isso ao que está sentindo pela Márcia. Você tem vontade de conquistá-la, de tê-la ao seu lado, de senti-la perto. Você quer que ela seja sua, Fábio!

— Pára. Chega, Bete — pediu ponderado ao mesmo tempo em que abaixava a cabeça, percebendo que a noiva adivinhava seus desejos. — Prefiro não falar nisso, por favor. Não vê que está me machucando, que esta situação é muito difícil para mim? — pareceu implorar fugindo-lhe o olhar.

— Façamos assim, eu não quero perdê-lo e também não posso prendê-lo. Vamos deixar o tempo resolver tudo.

— Vamos dar um tempo entre nós? Está bem assim? — propôs Fábio que estava muito chateado.

— Vamos sim — concordou sentindo um nó na garganta.

— Não é necessário comentar nada com ninguém. Deixemos os nossos sentimentos falarem mais alto. Com o passar do tempo tudo tomará seu rumo, seu devido lugar...

Bete dizia aquilo com o coração apertado e um embargo na voz suave. Sentia muita vontade de chorar, porém suportou firme e não deixou que as lágrimas rolassem.

— Fábio, eu só queria pedir uma coisa.

— O que quiser, Bete. Fala — encarou-a agora.

— Continue contando comigo, independente do que você sentir ou desejar... Independente da decisão que tome para a sua vida, eu quero ser sua amiga.

Fábio a abraçou dizendo:

— Mas é claro que sim, Bete. Você sempre foi minha melhor amiga.

— Outra coisa. Obrigada por ser tão honesto comigo, por contar tudo o que está se passando e o que você está sentindo.

— Estou envergonhado com isso. Você não imagina...

— Não vejo motivo, pois seria fácil e simples me enganar e mentir, como muitos outros fazem.

— Eu é que tenho de agradecê-la por me aceitar como sou e entender o que está acontecendo. Só peço um pequeno tempo para eu definir o que estou experimentando, não ficarei torturando-a, enganando-a. Só quero ter certeza dos meus sentimentos e seja o que for que eu decidir, seja o que for que estiver acontecendo realmente, você será a primeira pessoa a saber.

Dizendo isso, Fábio beijou-a na testa, deu-lhe um forte abraço fraterno e depois de se despedirem, foi embora.

Ele sentia-se confuso e perturbado, principalmente por magoar Bete. Não queria isso de forma alguma. Ela sempre foi, acima de tudo, sua melhor amiga e em nome dessa amizade verdadeira não poderia enganá-la, muito menos levar em frente um compromisso sem amor.

* * *

Após o jantar com Arnaldo, já em seu apartamento, Márcia não estava nada bem. Não se sentia feliz como no outro dia quando saíram juntos. Resolveu ligar para a casa de seus pais, pois no dia seguinte sua mãe seria internada.

— Oi, mãe! Tudo bem com a senhora?

— Oi, filha, pensei que não iria se despedir de mim.

— Desculpe-me, mãe, por não ligar mais cedo, é que eu estava ocupada.

— Eu estou bem, o Ciro falou que vai me acompanhar em tudo, por isso estou tranqüila.

— Vai dar tudo certo, mãe... a senhora vai ver!

— Tenho fé em Deus, filha. Vai dar certo sim.

Dona Mariana não sabia que estava com câncer e que aqueles exames seriam para verificar o estado e o avanço da doença, se era possível uma cirurgia segura devido aos riscos pela localização da patologia, por sua idade e a possibilidade de um tratamento mais intensivo.

Após desligar, Márcia sentiu-se amargurada. As palavras de Arnaldo não saíam de sua cabeça. Entrou em conflito em razão de compará-lo a Fábio. Bem que Arnaldo poderia ser igual a ele, ela gostava tanto do Fábio. Márcia começou a entrar em desespero, sentia-se perturbada e com vontade de chorar.

Pensou em ligar para o Fábio, talvez o amigo a acalmasse um pouco, como sempre fazia. Sem titubear pegou o telefone e ligou:

— Fábio?!
— Márcia?! É você?
— Sou eu... Você já estava dormindo?
— Não. Cheguei agora da casa da Bete e estava conversando com meu irmão. — Fábio teve vontade de contar à Márcia tudo o que havia acontecido entre ele e Bete, mas achou melhor esperar mais um pouco. Não saberia como explicar o motivo da separação, pelo fato da amiga estar envolvida em seus sentimentos.

— O que foi Márcia, aconteceu alguma coisa?
— Não. Não aconteceu nada. Estou ligando porque... não tenho com quem conversar... Minha mãe será internada amanhã. Ela não sabe de nada, estou tão triste, eu... — o choro embargou-lhe a voz, ela não conseguia se controlar.

Fábio, por sua vez, desejava envolvê-la, queria estar ao seu lado para consolá-la.

— Márcia, não fique assim — aconselhava com voz terna. — Pára de chorar. Vamos conversar, vai.

— Minha mãe, Fábio, ela... — os soluços não a deixavam terminar.

Fábio, intrigou-se, pensava no motivo de Márcia não telefonar para o Arnaldo. Eles tinham sido namorados, terminaram, mas voltaram recentemente. Agora, naquela situação, ela ligara justo para ele e não para o Arnaldo com quem tinha saído naquele dia para jantar. Isso era estranho, mas de certa forma, lá no fundo, sentiu-se feliz.

— Márcia, você está sozinha?

— E... eu ... es... tou... — o choro passou a ser compulsivo e desesperador, entrecortando suas palavras. — Eu ... estou cansada, Fábio! Cansada de tudo... cansada da vida que levo. O que... é que eu tenho... na vida?! Minha vida é uma droga!

— Não diga isso, Márcia. Você não sabe o que está falando — argumentava com carinho.

— Sei. Eu sei sim... eu sei que... não há quase nenhuma chance para minha mãe se recuperar, talvez esses sejam os últimos dias que ela tenha um pouco mais de saúde, daqui para frente ela só vai definhar até...

— Não fala assim, Márcia. Ninguém sabe a verdade, só Deus. — Márcia nem mesmo o ouvia, ela entrou em pânico aflitivo e Fábio, mais firme, a chamava à realidade: — Márcia? Márcia! — Ela não respondia, ele só podia ouvi-la chorar desesperada. — Márcia, seu irmão vai chegar? — Só silêncio. — Márcia! Responde! Por favor!

— Eu... não... não sei... Faz uns três dias que o Beto não vem...

— Acalme-se. Eu...

— Não dá para ter calma! — interrompeu-o. — Eu estou cansada de tudo isso! — gritou entre o choro. — Sou pressionada o tempo todo no serviço, pelos meus irmãos que exigem o que não posso fazer, eu deveria morrer... sou uma inútil...

— Presta atenção, Márcia.

— Que atenção, que nada, Fábio! Eu nem deveria ter nascido.

— Márcia, me escuta, presta atenção. Eu vou até aí, assim nós poderemos conversar melhor, desse jeito não dá, está bem? Estou indo para aí. Tá?

— Não perca seu tempo comigo... — sussurrava agora enquanto chorava. — Sou um caso perdido, sinto-me só, abandonada... não sirvo pra nada... nem sei pra que estou viva... — murmurou deprimida.

— Márcia, me espera? Eu estou indo aí. Entendeu?

Fábio teve medo de Márcia, em meio a tanto desespero, tentar o suicídio, dias antes ele teve esse pressentimento e naquele momento temeu por ela.

— Márcia me espera, por favor.

— Não venha aqui! Eu não quero — exigia ainda chorando.

— Márcia é sério. Eu estou precisando de você. Preciso conversar, preciso da sua ajuda. Aconteceram algumas coisas bem sérias na minha vida também e tenho de falar com alguém em que eu confie. Preciso de você.

Fábio tentava inverter a situação, fazendo com que Márcia se sentisse útil e aguardasse sua chegada.

— Minha ajuda, para quê? Você é tão auto-suficiente, Fábio! — murmurou chorosa, parecendo irracional. — Eu o invejo, sabia? Por sua segurança... pela fé... esperança que tem... Você é tão forte, inabalável...

— Não sou, não. Preciso falar com você, é verdade. Estou indo aí. Espere-me, pelo amor de Deus! — implorou Fábio com sentimento ressaltado na voz emocionada. Diante do silêncio, perguntou: — Márcia! Você está me ouvindo? Márcia!!! — Um barulho típico se fez e ele teve a certeza de que ela havia desligado.

Sem perder tempo, Fábio saiu como estava e foi, às pressas, para o apartamento da amiga. O caminho parecia ter ficado mais longo, tinha a impressão de que nunca chegaria.

Nesse momento Márcia caminhou até a janela do apartamento, abriu-a, sentou-se no parapeito e ficou a olhar para baixo pensando em pular.

Fábio nunca havia sentido tanto medo, experimentava o coração apertado enquanto um pressentimento terrível o sufocava. Temia que Márcia pudesse cometer alguma loucura, como tentar contra sua própria vida, pois percebeu que ela havia entrado em pânico depressivo.

12

O brilho da verdade

Quando Fábio chegou ao prédio, o porteiro não o deixou subir e passou a acionar o interfone para chamar Márcia, só que ninguém atendia. O rapaz ficou desesperado e insistiu:

— Por favor, me deixa subir, nós somos amigos. O senhor já me viu aqui. Acontece que estávamos conversando ao telefone e ela não se sentiu bem. Por favor, eu preciso subir — implorou humilde, mas exibindo nítido nervosismo.

— Senhor, é tarde. Acho que ela já está dormindo, eu não posso...

Fábio subitamente o interrompeu, agora irritado:

— Se algo acontecer a ela, vou responsabilizá-lo!!! Melhor...! Vou chamar a polícia e será agora, mesmo! É um caso de socorro! O senhor não entendeu?! E se ela morrer?!!!

— Espere — pediu o porteiro, agora preocupado. — Vamos subir nós dois, mas primeiro eu vou chamar o meu colega para ficar em meu lugar. Eu já o vi aqui com ela sim. Mas o senhor tem que entender que eu só estou cumprindo as normas do meu trabalho. Não é correto fazer isso, mas se aconteceu o que o senhor disse... Só que terá de deixar seu documento de identidade aqui na portaria com o meu amigo.

Ao chegarem frente à porta do apartamento, Fábio tocou a campainha por várias vezes e chamou aos gritos:

— Márcia! Márcia! Abra!!! Sou eu, o Fábio.

Só depois de muito chamar e esmurrar a porta, Márcia a abriu. Ela estava com o rosto bem inchado de tanto chorar. Quando viu Fábio a sua frente, abraçou-o com força, praticamente, se atirando em seus braços, passando a chorar com soluços e gemidos de lamentação.

— A senhora está bem?! — perguntou o porteiro assustado ao vê-la.

A moça não conseguia falar, escondendo o rosto no peito do amigo. Porém Fábio respondeu mais calmo enquanto a envolvia e a afagava:

— Obrigado senhor, está tudo bem agora. Graças a Deus o senhor acreditou em mim. Não se preocupe, eu vou cuidar dela. Obrigado por me deixar subir, muito obrigado, mesmo — agradeceu comovido.

— Então eu vou indo, se precisar de ajuda... — avisou o porteiro, ao entrar no elevador, ainda preocupado.

Márcia, abraçada a Fábio chorava desesperadamente e afirmava ao entrarem:

— Nem pra morrer eu presto!

Exibia os olhos excessivamente vermelhos e inchados, o nariz rubro, congestionado e a voz rouca de tanto chorar.

— Venha, Márcia, vamos, sente-se aqui — pediu carinhoso olhando-a com piedade.

Fábio levou-a para o sofá, ao se sentar viu, na mesinha central da sala, diversos medicamentos incluindo calmantes cujas caixas traziam tarjas pretas e, ao lado de tudo isso, uma garrafa de uísque.

— Márcia, o que é isso?!!!

Ela chorava compulsivamente e mal conseguiu responder:

— Viu... nem pra morrer eu presto... ainda estou aqui...

Fábio apavorou-se, um frio correu-lhe pelo corpo ao imaginar que ela já teria ingerido alguns daqueles comprimidos junto com a bebida alcoólica, por isso dizia que nem para morrer prestava, porque ainda estava ali!

Fábio perdeu o controle e sobressaltou-se, segurou Márcia pelos dois braços, sacudiu-a com força perguntando veemente:

— Você tomou isso?!

Ele olhou e viu que havia um copo ao lado da garrafa e que nele tinha um pouco da bebida. Voltou-se novamente e insistiu:

— Pelo amor de Deus, responde, Márcia. Você tomou isso?!

— Você está me machucando — avisou chorando.

De joelhos à sua frente, segurou seu rosto com carinho, afagando-a implorou com tom humilde na voz:

— Márcia, por favor, você tem que me dizer se bebeu ou não esses remédios, ou eu vou levá-la ao hospital agora. Você tomou isso?

— Não — gaguejou pelos soluços. — Eu ia beber assim que o interfone tocou. Eu ia tomar quando você bateu na porta. Eu não presto nem para me matar, sou covarde até para isso.

Deslizando do sofá para o chão, ao lado dele, ela caiu descontroladamente em nova crise de choro compulsivo e Fábio a abraçou, fechou os olhos e respirou aliviado, dizendo:

— Graças a Deus. Obrigado Senhor por me ajudar chegar a tempo.

Márcia chorava tanto que não ouviu suas palavras. Fábio apertou-a contra seu peito, encostou seu rosto no dela e afagou-lhe os cabelos tentando acalmá-la. Ficaram assim, abraçados, por longos minutos. Depois sentaram no sofá um ao lado do outro onde ele tornou a envolvê-la com meiguice. Um sentimento forte o dominou. Não queria se separar daquele abraço.

Fábio nunca havia ficado tão perto de sua amiga. Como era bom tê-la em seus braços, poder acariciá-la, tocá-la, sentir seu perfume e a maciez de sua pele.

Agora tinha certeza, amava Márcia. Queria estar perto dela. Ele a queria para si. Se algo acontecesse, jamais se perdoaria. Fez, então, uma prece silenciosa a fim de que ela se acalmasse e pudessem conversar para que não tentasse novamente aquilo. E ainda, aninhando-a nos braços, pediu carinhoso, com voz terna:

— Pode chorar, Márcia. Chore mesmo, minha querida. Você está precisando. — Márcia chorou, chorou muito. Quando começou a se acalmar, ele explicou: — Sabe por que pedi para que chorasse mais? — Ela balançou a cabeça negativamente e ele comentou: — Pedi que chorasse, para que descarregasse todas as energias negativas que estavam concentradas em você.

Agora Márcia começava a se acalmar. Estava de cabeça baixa, não conseguia encarar o amigo, envergonhou-se. Ficou calada por algum tempo e nem mesmo arriscou erguer o olhar.

Fábio foi até a cozinha, procurou o açúcar que não foi difícil de encontrar, preparou uma água adoçada e levou para a sala. Ela apanhou o copo, tomou um gole e ficou girando-o vagarosamente observando a coloração da luz que refletia dele enquanto pensava no que estaria acontecendo se consumasse o que pretendia. O que seria dela agora? Como estaria?

Fábio, tirando-a daqueles pensamentos, perguntou:

— Sente-se melhor?

Ela não chorava mais, perdia-se em algumas questões, mas respondeu:

— Estou. Estou melhor, sim — afirmou com voz fraca.

Fábio sentou ao seu lado e com olhar meigo e afetuoso contemplava-a. Pegou-lhe a mão suavemente, acariciou, colocando-a entre as suas e confessou com a voz do coração:

— Você me assustou, sabia? Fiquei desesperado. Não pode imaginar como me senti.

— Por quê?

— Nossa Márcia, que pergunta!

— Minha vida não tem mais importância. Não tem mais sentido nenhum, sou incapaz, fraca...

Antes que ela continuasse, ele a interrompeu, educado:

— É importante para mim. Sua vida faz sentido para a minha vida.

Márcia achou que Fábio dizia aquilo por causa do momento crítico pelo qual passava. Ele queria dar sentido à sua vida. Se pelo menos isso fosse verdade. Mas ela pensava ser impossível.

— Fábio, você não imagina o que eu estava sentindo para pensar em fazer isso. Não me critique, por favor.

— Não estou criticando. Nem pensei em fazê-lo.

— Assim que conversamos ao telefone e disse que estava vindo para cá, pensei em fazer algo rápido, prático — ela revelou, agora mais calma, porém com algumas lágrimas a correr pela face. — Fui até a janela da sala, abri e cheguei a me sentar no parapeito. O vento soprava forte, frio... fiquei muito tempo ali. Olhei para baixo e disse a mim mesma: "Vamos lá, Márcia, pule, acabe de uma vez com essa agonia, com esse terror." Mas cadê a coragem? Muitas coisas passavam rapidamente pela minha cabeça. Eu não conseguia pular. Depois que meus chinelos caíram, eu resolvi entrar... Fui covarde... não pude...

Fábio olhou para a janela que ainda estava aberta, reparando que o vento soprava as cortinas leves fazendo-as levitar suavemente.

— Eu entrei pro meu quarto — prosseguiu —, e o desejo de por um fim em tudo isso não parou. Eu estava sofrendo muito! Foi uma tortura! Peguei a caixa de remédios no meu armário, procurei os mais fortes... ia tomá-los quando me lembrei da bebida, pois o efeito deveria ser mais poderoso e talvez mais rápido. Vim para a sala, peguei a garrafa e o interfone começou a tocar, pensei que seria você...

Ela começou a chorar novamente só que agora de forma mais branda, o choro era de vergonha e arrependimento por ter chegado àquele ponto.

— Pensei que você deveria estar aqui e que iria fazer tudo para me socorrer. Tentaria me salvar. Você é tão prestativo e cuidadoso, eu só lhe daria mais trabalho.

Fábio ouvia tudo pacientemente, sem tirar os olhos de Márcia, sofria com ela.

Segurando-lhe a delicada mão, vez e outra, fazia-lhe um leve carinho na face, afastava o cabelo de seu delicado rosto com meiguice e mantinha-se atento e afável, aparando uma e outra lágrima que teimava em cair.

— Quando o interfone parou de tocar — continuou ela —, achei que tivesse ido embora, desistido de mim. Acreditei que se desanimou, eu não era mais importante para você.

Fábio balançou a cabeça negativamente. Gostaria de dizer tudo o que estava pensando e tudo que sentia por ela, mas resolveu aguardar. Aquele desabafo era importante.

— Como fui idiota! — dizia chorando novamente. — Voltei aqui pro sofá, coloquei uísque no copo... quando criei coragem e peguei os comprimidos na mão, a campainha tocou e você começou me chamar.

Márcia caiu num pranto mais suave. Fábio acalentou-a recostando-a em seu ombro, dizendo-lhe baixinho e beijando-lhe na cabeça.

— Acalme-se, por favor, acalme-se. Já passou.

Ela enxugou o rosto com o penhoar que usava. Havia perdido completamente a classe, a compostura que sempre apresentava, mostrava-se bem natural, sem aquela pose executiva e superior que antes ostentava.

— Sabe, Fábio, naquele momento em que você bateu na porta e me chamou... senti, pela primeira vez, que alguém se importava comigo. Que minha vida, que minha porcaria de vida, era importante para alguém.

Fábio fez com que ela olhasse em seus olhos, segurando seu rosto com carinho e disse:

— Não seja tola. Você é muito importante para muitas pessoas, muitos já dependeram, dependem e ainda vão depender de você, mesmo que não tenha percebido isso. Você, Márcia, tem muito valor, principalmente para mim — revelou firme, com algo de especial no tom de voz.

Confusa, não entendia por que o amigo insistia em dizer aquilo daquela maneira. Não deveria saber que isso a torturava ainda mais. Ela o amava.

— Vamos esquecer tudo isso — pediu afetuoso. — Você precisa descansar. Agitou-se muito por hoje — falou ao sorrir com simplicidade.

Ela deu um longo suspiro. Ficou feliz por Fábio estar ali. Lamentava não poder revelar seus verdadeiros sentimentos por ele.

— Seu irmão não vem pra cá hoje? — quis saber.

— Não. Desde quando eu discuti com a Júlia aqui, o Beto não apareceu nem ligou mais. Eu só piorei as coisas.

— Não piorou, não. Você fez o que acreditou estar certo. Diga-me uma coisa, e o Arnaldo, por que ele a deixou nessas condições, aqui sozinha?

— Ele não me viu assim em pânico. Só me viu triste, me deixou lá na portaria e eu subi. Quando me senti péssima, liguei para você.

Fábio irritou-se, mas viu a oportunidade de saber qual era a situação entre Márcia e Arnaldo, se estavam seriamente ligados, namorando ou se eram só amigos. Então, perguntou:

— Que namorado é esse que a deixa sozinha, vendo que está passando por uma crise emocional? Que, ao vê-la triste, não procura saber o que é? Deixando-a na porta do prédio, vai embora! Desculpe-me falar assim, mas que namorado, hein?!

Fábio pensou estar extrapolando. Agora era tudo ou nada. Precisava ouvir, da própria Márcia, qual era a relação entre ela e Arnaldo. Isso o envolvia de certa forma, mexia com seus sentimentos.

— Eu e o Arnaldo não estamos namorando, Fábio. Só saímos juntos para nos distrairmos. Não temos nada um com o outro, não há qualquer tipo de compromisso e... nem sei se posso dizer se ele é meu amigo... depois de saber suas opiniões sobre a ligação que devo ter com minha família.

Ouvir aquilo foi um grande alívio para o rapaz que se sentiu tão bem a ponto de não conseguiu tirar um leve sorriso de seu rosto, pois o caminho estaria livre para ele, bastaria Márcia aceitá-lo, lógico. Se ela ao menos gostasse um pouco dele...

— Tudo bem que vocês não estão namorando, mas como amigo, ele deveria ajudá-la.

— Desculpe se o incomodei tanto — lamentou, sentindo-se um estorvo.

Fábio não se conteve, curvando-se ao segurar delicadamente seu rosto, respondeu num tom carinhoso ao fitar seus olhos meigos:

— Não diga isso. Você nunca me incomodou, Márcia. Ao contrário, eu... — deteve as palavras enquanto seus olhos se fixaram trocando sentimentos silenciosos. Seu coração batia forte. Quase disse que era um prazer estar ali a sós com ela, que foi maravilhoso tê-la em seus braços envolvendo-a com carinho, apertá-la contra si, acariciá-la. Só que o momento não era oportuno, precisava observá-la mais. Não queria perder sua confiança. Se por acaso os seus sentimentos pudessem interferir em sua amizade com Márcia ou se isso, de algum modo, pudesse separá-los, ele nunca se declararia.

— Onde posso encontrar algo para fazer um chá? — levantando-se, perguntou para mudar o assunto e dissimular.

— Não precisa.

Fábio se voltou, pegou os comprimidos que estavam sobre a mesinha e levou-os para o banheiro, destacou algumas cápsulas que ainda restavam nas cartelas, jogou tudo no vaso sanitário e apertou a descarga.

— Márcia, onde arranjou remédios tão fortes?
— Meu irmão é médico, isso é fácil.
— Seu irmão é um irresponsável — criticou duramente.
Márcia não gostou da resposta, porém não disse nada.
Ele voltou até a sala e perguntou.
— Você tem mais medicamentos desse tipo em casa?
— Não. Isso era tudo.
— Não mesmo?
— Claro que não. Se eu pretendia me matar é lógico que peguei todos.
Fábio contentou-se.
— Mas... onde acho um chá?
— Não precisa. Não quero beber nada.
— Como você é mal educada! — brincou agora para quebrar a tensão e fazê-la sorrir. — Eu venho aqui e nem sou convidado para tomar um chá?!
— Desculpe-me. Deixa que eu faço — sorriu sem jeito.
— Não, não. Eu faço questão — pediu o amigo.
Fábio fez o chá e enquanto bebiam, acomodados à mesa da cozinha, conversavam de assuntos fúteis para distraí-la. Depois ele avisou:
— Vou ficar por aqui, se não se importar. Ligarei para meu irmão avisando, está bem?
Márcia ficou embaraçada. Nunca, ninguém, além de seus irmãos e sobrinhas, dormiu em seu apartamento. Sentindo seu rosto enrubescer ainda disse:

— Não se importe, Fábio. Pode deixar, estou bem.

— Não estou gostando da idéia de deixá-la sozinha.

— Alguns segundos, pensativo, talvez consultando sua intuição, decidiu: — Não vou deixá-la sozinha. Só assim ficarei tranqüilo.

Fábio estava decidido. Diante de sua determinação e depois de tudo o que fez por ela, Márcia não poderia simplesmente pô-lo para fora. Ele levantou-se e foi até a sala perguntando:

— Posso telefonar?

— É claro.

Márcia foi para seu quarto pegar uma coberta e um travesseiro. Sem qualquer intenção, escutava a conversa descontraída de Fábio ao telefone até ouvi-lo dizer a seu irmão:

— Ela ligou?! — surpreendeu-se. Após a resposta, perguntou: — O quê você disse, Ney? — Longos segundos se fizeram até Fábio lamentar. — Não devia ter dito que eu vim pra cá. Isso deve tê-la deixado ainda mais triste, magoada comigo. Se a Bete ligar novamente, diga que já estou dormindo, por favor, Ney, mas não precisa dizer que estou dormindo aqui, tá?! Eu não quero magoá-la ainda mais, como eu te contei, não foi fácil... Puxa, vida!

Márcia deteve-se no quarto um pouco mais para ouvir o resto da conversa que lhe interessava, e Fábio continuou:

— Eu sei, Ney. Nós demos um tempo sim, mas isso foi hoje, quase agora! Se você disse que eu estou no apartamento da Márcia, a essa hora da noite, o que a Bete vai pensar? No mínimo que eu já estava com tudo planejado. Sinto como se a estivesse esfaqueando! Não escondi nada dela, mas a Bete não sabe por que estou aqui e nem imagina o que está acontecendo. — Após segundos, recomendou: — Olha, Ney, vá dormir que amanhã a gente conversa.

Márcia, em seu quarto, corroía-se de curiosidade. Será que ele falava de seu noivado com Bete? Será que eles haviam dado um tempo?

Fábio continuava:

— Quem, a mãe? Puxa, faz tempo que eu não falo com eles! Toda vez que ligam não estou em casa. Tá bem, amanhã conversamos, tchau.

Fábio ficou com os olhos brilhando, parecia ter sentido uma doce saudade quando falou de sua mãe.

— Minha mãe ligou lá para minha casa — avisou ao ver Márcia já na sala com as cobertas.

— E eu com meus chiliques o impedi de falar com ela.

— O que é isso! Estou acostumado, toda vez que eles ligam eu não estou, isso já virou rotina.

— Onde eles moram?

— Em Minas Gerais. A terra do Chico.

— Quem?

— Francisco Cândido Xavier. O maior médium que já se teve notícias no Brasil e no mundo. Um dia falo sobre ele.

— Seus pais não gostam de São Paulo?

— Eles são de Minas Gerais. Vieram para São Paulo antes de nascermos, acreditando ser mais fácil a vida. Porém meu pai não se acostumou mesmo com o passar dos anos, mas minha mãe o convenceu que aqui era o melhor lugar para criarem os filhos. Quando nós crescemos, eu atingi a maioridade e pude me virar sozinho, meu pai não agüentou mais ficar. Como não havia se desfeito de suas terras lá em Minas, pois tem um funcionário que é mais que um irmão e esse foi quem cuidou de tudo durante todos esses anos, até que meus pais decidiram voltar. Mas eu e o Ney ficamos.

— Quando disse que eles eram de Minas, pensei que você fosse mineiro.
— Não sô não, uai. Sô daqui memo, mas amo lá — brincou com sotaque.

Márcia sorriu com gosto, agora estava mais descontraída.

— Fábio, tem roupa de meu irmão aqui, estão limpas, pode usar se quiser.

Fábio colocou seu braço sobre o ombro de Márcia e começou conduzi-la para seu quarto, dizendo sorrindo:

— Eu me viro, quero colocá-la para dormir hoje.

Márcia sorriu avisando:

— A única pessoa que fez isso foi minha mãe.

— Ela não será mais a única, terá que dividir isso comigo.

Márcia deitou-se e Fábio pegou uma coberta no armário e a cobriu com cuidadoso carinho. Depois disso, sentou-se na beirada da cama avisando:

— Agora sei que você está um pouco passada devido ao que aconteceu, porém amanhã ou depois, você não me escapa. Temos muito que conversar.

Ela pendeu a cabeça positivamente encarando-o. Nos olhos de ambos havia um brilho indefinido. Seus corações batiam descompassados. Não ousavam comentar sobre o secreto sentimento de paixão, carinho e amor que experimentavam, mesmo assim podiam trocar aquelas emoções, mesmo que de forma insegura por um não saber o que o outro pensava.

— Vê se dorme — pediu generoso. — Reze e qualquer coisa me chama, tenho o sono muito leve — disse Fábio dando-lhe um beijo na testa, levantando-se em seguida.

Márcia somente murmurou:

— Obrigada.

Ela deu um longo suspiro de satisfação quando ele apagou a luz e saiu do quarto. Aquilo era um sonho que se realizava. Queria abraçá-lo novamente, mas não podia. Tinha de saber o que havia acontecido entre ele e Bete. Além do que, não sabia se Fábio gostava dela, de repente ela poderia parecer vulgar, oferecida.

Fábio, na sala, não deitou. Sentou-se no sofá e começou a fazer uma prece sentida. Ele se concentrou, elevou tanto seu pensamento e sentimento que conseguiu uma linda e indescritível comunhão com o plano superior. Quem pudesse ver, teria delirado com a contemplação de cores vivas, belas e cintilantes que passavam pela sala e sobre ele, circulando suavemente em harmonia como um belo arco-íris em movimentos leves e suaves. Fábio sentiu que seu corpo não existia, ele era só mente. Sentia-se o Universo, não tinha fim, não pensava em nada exatamente. É difícil descrever tal imensidão, serenidade e beleza.

Fábio não teve tempo de se deitar, nem mesmo viu quando se encostou ao sofá e adormeceu sentado mesmo. Seu corpo não reclamou com dores, pois seu espírito estava saciado com recompensas.

Pela manhã, Márcia acordou no horário de sempre. Ao chegar à sala, lembrou-se de toda a confusão que arrumou na noite anterior. Quando viu Fábio dormindo, ali sentado em seu sofá exclamou em voz baixa, quase sussurrando:

— Fábio! Pobre Fábio... eu o esgotei tanto que nem se deitou direito.

Ela se esqueceu que Fábio disse ter o sono muito leve. Acordando, quando a amiga começou a murmurar, não abriu os olhos, preferiu acreditar que estava sonhando ao ouvir sua voz suave como uma melodia.

Márcia, pensando que o amigo estivesse dormindo, aproximou, ajoelhando-se a seu lado, acariciou-lhe a face com suavidade, beijando-o de leve no rosto e murmurou com ternura ao recostar a sua face na dele:

— Como eu te quero, Fábio.

Sem mover um único músculo ele assustou-se, surpreendeu-se com o que ela disse. Jamais esperava por aquilo, estava paralisado e incrédulo. Tentando disfarçar, pois não conseguia conter a forte emoção, Fábio remexeu-se vagarosamente e ela se afastou rápido. Virando-se um pouco mais, abriu os olhos e a amiga disse baixinho:

— Desculpe-me por acordá-lo, mas está na hora de irmos trabalhar. Desculpe-me também por tê-lo deixado aí nessas condições, dormindo sentado no sofá.

Olhando-a, sorriu, sem saber o que dizer. Ainda não acreditava no que tinha ouvido. Observou-a melhor e viu que Márcia era linda ao natural, sem maquiagem. Seus cabelos compridos e desalinhados eram mais bonitos com aquelas ondas que lhe caíam muito bem, seus olhos ainda estavam inchados, mas não comprometiam sua beleza. Suspirando e sorrindo ele a cumprimentou:

— Bom dia!

— Bom dia, Fábio! Vou fazer um café.

Ajeitando-se no sofá, espreguiçou-se. Apesar da posição desconfortável, aquela tinha sido a melhor noite de sua vida.

Márcia arrumava a mesa enquanto conversava com ele que dobrava uma coberta.

— Fábio — pediu encabulada e um tanto temerosa —, por favor, não diga nada no serviço sobre você ter dormido aqui em casa, tá?

Fábio não respondeu nada e entrou no banheiro. Márcia achou estranho. Ela pôde ver que ele trazia no rosto um leve sorriso irônico.

"O que aconteceu?", imaginava. "O que será que Fábio está pensando?"

— O cheiro está bom — disse ele ao retornar. — Eu só tinha um café da manhã preparado por uma mulher, quando minha mãe morava aqui ou quando eu vou para Minas.

— Sente-se aqui. Vai se servindo, vou tomar um banho rápido e já volto.

— Mulher tomando um banho rápido! Isso eu quero ver! — brincou.

— Pois verá. Pela manhã sou muito esperta, sabia?! — correspondeu animada, mas aguardava inquieta pela resposta à pergunta que ficou sem resposta e o desvendar daquele sorriso enigmático. Mesmo assim, para exibir-se, Márcia apressou-se ao máximo e saiu pronta do banho, só faltava arrumar os cabelos e se maquiar.

— Parabéns! — disse ele.

Márcia sorriu. Sentou-se frente a ele e tomou seu café. Conversaram um pouco sobre o serviço até que ela se levantou e foi para o quarto. Arrumou os cabelos, maquiou-se rapidamente e voltou para a sala com a bolsa na mão.

— Minha roupa está muito ruim? — perguntou Fábio olhando-se.

— Até que não. Ninguém vai perceber que dormiu com ela.

— Não brinca, estou horrível, não é? — reclamou ele.

— Você está vaidoso demais para um homem — reparou sorridente.

— Ainda bem que deixei o paletó no carro, senão teria que ir até em casa para pegar um, chegaria atrasado e ainda levaria a maior bronca da minha chefe. Você nem imagina como ela é exigente.

— E a gravata? — Márcia sorriu ao perguntar.

— Viu como ela é exigente?! — gargalhou com gosto ao brincar. — Mas, quanto à gravata, não se preocupe chefe, ela está no bolso do paletó, sempre a deixo lá. Não posso esquecer, minha encarregada é tão exigente, difícil de contentar. Ela é tão impertinente com a nossa aparência. Exige até de si mesma! Tem que ver como é vaidosa!

— Pára, seu bobo! — Ao abrir a porta para saírem, voltou-se para ele mais séria e falou: — Não vai dizer a ninguém que dormiu aqui na minha casa, não é?

Fábio olhou-a nos olhos e sorriu levemente. Fez-se um breve e misterioso silêncio. Achou graça naquela preocupação. Ele não era nenhum mau caráter. Como poderia pensar que ele sairia contando aquilo para todo mundo?

Fábio repentinamente segurou o rosto de Márcia, olhou-a nos olhos e a beijou nos lábios, apertando-a contra si, envolvendo-a num abraço carinhoso com todo seu amor. Depois disse com ternura, quase murmurando:

— Tenho vontade de contar para todo mundo que adoro você. Sabia? Mas ainda não é hora e eu sei esperar.

Márcia ficou paralisada, absolutamente estática e sem palavras. As chaves do carro que estavam em sua mão caíram ao chão. Não acreditou no que acabara de acontecer. Fábio estaria brincando com ela?

Sorrindo o tempo todo, ele se abaixou, apanhou as chaves, enquanto ela permanecia séria, sem palavras e agora abalada, nitidamente confusa.

— Vamos! — propôs todo sorridente e brincalhão. — Não enrola! Ou vamos perder a hora.

Márcia tremia dos pés à cabeça. Mal conseguiu fechar a porta do apartamento.

Vendo-a sem palavras, parada, quase imóvel, perplexa por não saber de seus sentimentos, por ignorar o que aconteceu entre ele e Bete, decidiu avisar. Colocando-se a sua frente, falou mais sério apesar do sorriso que sustentava:

— Temos muito que conversar sobre nós dois, Márcia. Creio que te devo muitas explicações.

— Fábio eu...

— Não diga nada, espera — interrompeu generoso, afagando-lhe o rosto e os cabelos. — Não precipite qualquer julgamento. Eu não estou traindo ninguém! Acredite! Muito menos enganando ou enrolando você. Essas atitudes não fazem parte do meu caráter. — Ela não disse nada, permanecia séria e ele continuou, sempre sorrindo: — Nós conversaremos depois e eu vou explicar tudo. Não crie "monstros" em seus pensamentos, não estrague esse momento e confie em mim. — Após breves segundos, com um tom generoso na voz, avisou: — Não queria dizer isso assim, aqui na porta enquanto aguardamos o elevador. Não é muito romântico e... ...e eu sou romântico, mas do jeito que você está, não tenho alternativa. — Segurando agora delicadamente seu rosto, disse com ternura: — Eu adoro você, Márcia. Você é muito importante para mim. Eu te adoro, entendeu?

Vendo que Márcia ainda não tinha palavras ele a beijou com todo seu amor.

O elevador chegou. Ela ainda estava confusa. Tudo fora muito rápido, parecia um sonho. Mas estava feliz. Aquilo era tudo o que queria!

No elevador, Fábio, bem animado começou a falar.

— Sabe o que me deu força para fazer isso, tão de repente? Para me declarar e não dominar o desejo de tê-la novamente em meus braços, de beijá-la como sempre eu quis...?

— Não — sussurrou ela.

— Aquilo que você fez e disse perto de mim, assim que acordou e se ajoelhou perto do sofá. Lembra? Primeiro afagou meu rosto com a mão, beijou-o e acariciou-me com sua face na minha dizendo — repetiu, murmurando —, "Como eu te quero, Fábio".

— Mas você estava...

— Tenho o sono leve — interrompeu-a sorrindo. — Eu avisei.

Envolvendo-a, saíram do prédio abraçados até chegarem ao carro. Márcia estava muito feliz, não sabia o que dizer.

No serviço Fábio conseguiu manter a compostura. Márcia, muito discreta exibia uma alegria e contentamento imensurável. Tanta satisfação refletia em seu trabalho, que desempenhou maravilhosamente bem.

Todos podiam perceber que algo muito bom havia acontecido com ela e até chegaram a comentar.

13

Encarcerados e libertos

Na casa dos pais de Jonas, sua mãe e sua irmã conversavam. Júlia fazia planos de vingança.

— Eu vou fazê-los pagar. Um por um vai se arrepender de tudo o que fizeram ao Jonas.

— Júlia, eu só tenho dó da Mariana, eu gosto dela. Ela sempre foi muito boa pra gente — dizia dona Cleide.

— Que Mariana, que nada, mãe! Ela é outra desalmada, permitiu que fizessem tudo aquilo com o pobre do meu irmão. Nem interferiu para que não perseguissem o coitado.

— Pobre do meu filho — lamentava dona Cleide. — Ele era tão jovem, tão bonito. Nem acredito que ele morreu. Têm momentos em que parece que está aqui em casa, parece que eu o sinto.

— Mãe, eu não falei nada, mas fui num terreiro.

— Um terreiro?! — admirou-se dona Cleide.

— É mãe, um centro. Fui na casa do Roberto e consegui arrumar uma peça de roupa dele e da nojenta da Márcia.

— Você fez isso filha?!

— É claro! Já deixei lá no centro para trabalharem e despacharem. Aquela sem vergonha da Márcia vai ver o que é bom. O que fez comigo lá no apartamento, não se faz nem com um cachorro. Vou acabar com ela. Vai pagar caro pelo que causou ao meu irmão. Jonas não merecia tudo aquilo. Eles o prenderam vivo e ela deve ter dado grana nas mãos deles para acabarem com o Jonas. Bando de covardes. Meu irmão estava sozinho, não teve chance de se defender. E ainda tiveram a coragem de dizer que foi ele quem matou a vadia da Melissa. Ele nunca faria aquilo.

— Eu também acho, Júlia — concordou dona Cleide. — Ele gostava dela.

— É isso mesmo, mãe. O Jonas gostava tanto daquela safada que voltou se arriscando só para ficar com ela, mesmo sabendo que ela não prestava.

— Depois que o meu Jonas se empanou com essa Melissa, foi que começou a fazer o que não devia — acreditou dona Cleide.

— É claro! Ele tinha que sustentar o luxo daquela vadia. Tomara que ela apodreça no inferno.

Júlia falava com muito ódio e um rancor feroz dominava sua alma. Seu desejo era de pura e cruel vingança.

— Prometo uma coisa, mãe, eu vou acabar com essa família. Enquanto isso não acontecer, eu não fico tranqüila.

— Você deve saber o que está fazendo, não é, Júlia?

— Sei sim, mãe. Vou acabar com um por um, não tenho nada a perder. Nada! A velha Mariana já está com o pé na cova, o Roberto me contou que ela está com câncer e eu espero que nem volte do hospital, pra verem como é duro se perder alguém da família.

— Eu gosto da Mariana...

— Deixe de ser idiota, mãe!

Dona Cleide calou-se. Ela não se conformava com a morte do filho. Apesar de gostar de dona Mariana, achava que o único jeito de Jonas descansar em paz era com a vingança de sua morte.

— Quer saber de mais? — insistiu Júlia. — A senhora estava certa. Lá no centro me falaram que o Jonas só terá sossego quando se sentir vingado de toda a injustiça que fizeram com ele.

— Você conversou com ele?

— Não. Disseram que ele não tem, ainda, condições de se comunicar. Mas me avisaram que o Jonas está tentando fazer todos pagarem pela sua morte injusta e covarde.

— Eu não acredito que o Jonas engoliu drogas.

— Claro que não, né mãe! Aquilo tudo foi arranjado pela polícia, atiraram nele e o tiro pegou na Melissa. Viram que ele não morreu e fizeram ele engolir aquilo, por isso é que bateram tanto nele. Eu não me conformo! Como ele estava machucado depois de morto!

— Não me lembre disso, Júlia. Por favor — implorou chorando.

— Amanhã eu tenho que levar no terreiro uma lista de coisas que me pediram, olha só, está aqui: pinga, farofa, essas fitas, velas...

Júlia começou a relatar tudo o que pediram a ela para realizarem o tal trabalho a fim de atrapalhar Márcia e Roberto, e ajudar seu irmão Jonas no que ele já estava fazendo contra todos.

Dona Cleide não contestou. Participou junto com Júlia, encarregando-se de providenciar alguns dos materiais.

O objetivo de Júlia era atrapalhar e destruir toda a família. Iria começar por Márcia e Roberto, pois eles estiveram com Jonas nos seus últimos momentos.

Júlia começava a sentir-se satisfeita. Ela também sabia, através de Roberto que Paula e João Vítor passavam por dificuldades e tinham brigando muito. Roberto contou também sobre seu pai, que estava muito alterado e agressivo.

Quanto a Roberto, este já controlava, induzia-o a beber o que ele aceitava com facilidade. Por algumas vezes colocou drogas em sua bebida, pois queria destruí-lo rapidamente.

Somente Ciro e sua família pareciam não ter problemas. Se bem que ele não havia se envolvido com Jonas. Mas desejava que Paula e seu marido pagassem muito caro.

* * *

Já na casa de Paula e João Vítor, havia uma pequena trégua nas discussões. Paula sentou-se à mesa em frente a João Vítor e começou a conversar:

— João, o Ciro me ligou hoje dando notícias de minha mãe.

— Como ela está? — perguntou ele preocupado.

— Ciro disse que ela tem que fazer outros exames, ainda, e terá de ficar internada para passar por uma dieta rigorosa no hospital. Parece que não poderá comer quase nada até a próxima segunda, o dia em que realizará esses exames.

— Dona Mariana está sofrendo muito. Sua mãe não merecia passar por isso.

João Vítor gostava muito da sua sogra. Ela sempre foi muito boa para ele e o apoiou nos momentos mais difíceis.

Bárbara chegou à cozinha e quando viu seus pais conversando, sentiu-se feliz. Como seria bom se tudo voltasse a ser como antes. Sua casa era tão tranqüila. Havia tanta paz.

— Sente-se aqui, filha — pediu Paula. — Eu estou falando de sua avó.

— Eu estava conversando com a tia Rose, mãe. Ela me disse que a vó tem de fazer outros exames. E provavelmente uma cirurgia.

— É sim. Vamos rezar pra vó ficar boa — disse Paula — Faremos uma novena e pediremos para a Melissa também ajudar.

— Mãe, deixe a Melissa em paz. Talvez ela nem tenha condições de ajudar e até esteja necessitando de ajuda.

— Não diga isso, Bárbara! — zangou-se a mãe imediatamente. — A Melissa está bem. Ela está em um bom lugar. E pode nos ajudar sim!

— Paula, eu acho que a Bárbara tem razão. Melissa precisa descansar. Ela morreu, tudo acabou. Somos nós que precisamos cuidar dos nossos problemas, das nossas vidas e das nossas obrigações. Não adianta você fazer a ela um monte de pedidos, isso pode perturbar a menina.

— Minha filha está em um lugar bom. Ela tem condições de me ajudar e de ajudar muita gente. — Voltando-se para Bárbara, Paula continuou: — Olha aqui, Bárbara, se são essas conversas com a Rose que estão fazendo você pensar assim e trazer essas idéias para dentro de casa, eu vou acabar proibindo-a de conversar com ela e ficar lendo esses livros. Não quero saber de alguém de fora dar palpites dentro da minha casa. Aqui quem manda sou eu. Se a Rose quer dar lições de moral, ela que o faça para as filhas dela, na casa dela! Na minha não!

Melissa estava assistindo em pé num canto da cozinha. Atenta a tudo o que sua mãe dizia.

Como queria poder se expressar a eles e dizer que estava ali, que não estava em nenhum outro lugar, que podia ouvir, sentir cada tristeza, cada dor...

Melissa se arrependeu muito por não ter ouvido todos os conselhos que lhe deram. Arrependeu-se de ter brigado com sua mãe, gritado com ela e até tê-la agredido. Seus familiares estavam certos em tudo que lhe aconselharam. Suas amizades não prestavam, suas atitudes eram infelizes. Como é que não se deu conta disso antes?

Quando encarnada, tudo isso parecia ser tão bom... ficar até tarde na rua, fazer bagunça e conversar escandalosamente com seus amigos, até os vizinhos tinham reclamação dela e de seus atos.

Porém na época não lhe parecia ruim, não acreditava que seus atos poderiam levá-la à conseqüências tão tristes e lamentáveis.

Se pelo menos tivesse ouvido sua mãe, sua vida teria sido melhor. Mas era curioso, tudo o que ela falava parecia irritá-la, tudo o que dizia a contrariava, seus conselhos, suas broncas eram sempre ignoradas.

Melissa não sabia e nunca imaginou que sentiria falta das broncas que levou de sua mãe. Agora lamentava por não ter dado ouvidos aos sermões e conselhos dela.

Sua mãe sabia o que era bom para ela. Paula, de certa forma, sabia que se não mudasse suas atitudes, suas companhias, seu jeito de falar, de agir e até de se vestir, sua filha se daria muito mal na vida. O destino é sempre trágico e cruel para com aqueles que não têm uma boa índole, uma boa conduta. É imutável para os inflexíveis. E não foi por falta de aviso, muitos foram os que lhe deram conselhos, alertaram e contaram exemplos, mas ela não quis ouvir, não quis dar atenção. Quando tentava mudar suas atitudes, sempre era por pouco tempo. Logo aparecia alguém igual a ela, irresponsável e inconseqüente que a induzia a cometer falhas e a levava novamente àquela vida que julgava ser a melhor, sempre descontraída e sem problemas.

Como agiu mal. Por que não ouviu sua mãe uma única vez?

E mesmo depois de tanta coisa errada que cometeu, sua mãe a aceitou de volta e só a deixou na casa da avó, porque queria alguém cuidando dela o dia inteiro. Cuidando de sua saúde, de seus ferimentos, de sua doença. Aceitaram-na, trataram-na com carinho na gravidez. Agradavam o nenê como se ele já estivesse fora de seu ventre. Depois de tudo o que havia feito a todos, eles a receberam com verdadeiro amor.

Como foi cega. Por que não despertou para a vida e percebeu o que realmente era melhor? Como estava arrependida, mas não podia mudar a situação.

Sua mãe lhe fazia pedidos e ela era impotente demais, não conseguia ajudá-la. Estava ali, para não deixar Jonas maltratar mais sua família, se bem que de nada adiantava.

Repentinamente Jonas chegou, estúpido e violento.

— O que é? O que está acontecendo? Por que está aí chorando?!

Gritando, Jonas foi na direção de Melissa empurrando-a.

— Nada. Não foi nada — respondeu o espírito Melissa timidamente.

— Se eu te pegar assim novamente, toda arrependida, você vai se ver comigo.

Melissa amedrontou-se, abaixou a cabeça e ficou em um canto.

O espírito Jonas aproximou-se de João Vítor e falou-lhe ao ouvido.

— Como é, vai deixar sua mulherzinha mandar em você? Vai ficar aí feito um trouxa, ouvindo tudo? Vamos! Vê se reage, imbecil! Ou você é um covarde?

João Vítor não pode ouvi-lo, mas pode captar seus desejos e os aceitou como se fossem seus.

Levantando-se bateu com a palma da mão sobre a mesa, vociferando:

— Já basta! Chega, Paula. Eu não quero ouvir mais nada! Você fala, fala, fala e pensa que é a única a ter razão, que só você entende e sabe das coisas. Chega dessa conversa!

— Pai, por favor, deixa pra lá.

— Deixa pra lá o quê? Eu já estou cansado, toda vez que tudo está quieto, calmo, vem sua mãe com essa conversa sem fundamento.

— Eu falo o que penso! — desabafou Paula.

— Pense e guarde pra você! Eu não estou interessado em saber tudo o que você pensa. Essa casa tá um inferno por sua causa, Paula.

— Então sai. Vá embora pro bar!

— Eu vou! Prefiro ver os bêbados no bar a você reclamando e brigando!

O espírito Melissa só chorava. Ela percebia que Jonas estava cada vez mais influente com sua família. Raramente seus pais conversavam de modo civilizado nos últimos dias.

Nas vezes em que Melissa tentou emitir aos pais pensamentos tranqüilos para acalmá-los, Jonas a agrediu. Era violento, não havia o que pudesse dizer ou fazer sem que ele não soubesse. Se acaso ela o desagradasse de alguma forma, ele a espancava. Agora Melissa não tinha quem cuidasse dela e ficava ali doente e sangrando, sentindo muita dor e angústia.

Estava naquelas condições desde quando morrera.

Mas foi só no último ano que o espírito Jonas começou a se afinar e se familiarizar com seus parentes, daí as condições dela pioraram.

Quando Jonas queria algo e não conseguia, descontava nela, batia, xingava. E quando ele conseguia o que queria, ela ficava amargurada com a situação. De um jeito ou de outro, não tinha paz.

Certa vez Melissa foi embora. Saiu vagando e sem rumo. Foi então que deparou com alguns espíritos arruaceiros dos quais tentou ficar perto, pois não tinha aonde ir nem com quem ficar. No começo, eles a aceitaram, mas depois a fizeram de escrava, colocaram-na em confusões e brigas e ela sempre saía com a pior.

Não sabe como, mas Jonas a encontrou e foi batendo nela até chegarem à sua casa. Chutou e esmurrou Melissa muitas vezes. Sua boca e seu nariz sangraram muito. Ficou com hematomas e feridas. Acabou deitada por três dias, pois não tinha forças para se levantar depois da surra.

Não imaginava que a morte seria aquilo. Ela sentia fome, frio, calor, dor, podia sentir seu corpo exatamente como ele era.

Quando apanhava, as dores, as marcas, os sangramentos eram como em seu corpo físico. Aliás, não via muita diferença, seu corpo parecia ser de carne e osso. Sentia-se normal, a única diferença era que os encarnados não conseguiam vê-la nem ouvi-la. Passava por entre os móveis e paredes sem nenhum obstáculo, como se não estivessem ali. Podia vê-los normalmente e quando ia tocá-los ou passar por eles, sentia algo estranho, como um frio dentro dela. Uma sensação esquisita, indescritível.

Jonas queria ficar com ela, não queria que saísse da casa de seus pais, pois acreditava que ela o colocou naquela confusão. Se Melissa não o tivesse abandonado por ocasião de sua prisão, no interior de São Paulo, ele teria fugido e se encontrado com ela. Mas correu para os parentes e quis mordomias, por isso voltou para buscá-la e também precisava de dinheiro para ir embora. Teria que levar uma quantidade de entorpecente para traficar. Para não perder a droga nem ser roubado por outros colegas traficantes, engoliu as cápsulas para depois evacuá-las e vender. Já tinha feito isso antes e por várias vezes, sempre havia dado certo. Só que naquele dia não estava com sorte, precisava ir ao banheiro para eliminar o material com urgência. Roberto ficou enrolando e fazendo-o perder tempo. Os invólucros não resistiram e se romperam. Jonas julgava que por culpa deles tudo aquilo aconteceu.

Na espiritualidade, Jonas havia descoberto um meio mais rápido de locomoção. Não sabia como funcionava, era só pensar e estava no lugar imaginado. Mas tinha de pensar com muita força, muito desejo. Também descobriu, através de experiências, que bastava pensar em uma pessoa para saber como ela estava e também conseguia transmitir-lhe seus desejos, conforme o caso e a afinidade que conquistava.

No plano físico, João Vítor retirou-se, não suportava mais ficar em casa. A filha, sem saber bem o que fazer, foi consolar sua mãe. Toda vez que seu pai saía para a rua à noite, elas sabiam que ele voltaria embriagado. Bárbara ao ver sua mãe um pouco mais calma, deixou-a no quanto e foi telefonar para Rose.

— Tia, sou eu, Bárbara. Sei que é tarde tia, mas aqui em casa acabou de ter uma confusão. Tudo fica pior a cada dia.

— Acalme-se, Bárbara, entendo que é difícil, mas procure não se envolver.

— Sabe o que é tia, quando meus pais estavam brigando, tive a impressão de escutar uma gargalhada de homem e às vezes um choro de mulher. Sabe, era algo estranho! Aguçando os ouvidos para ouvir melhor, tudo sumia, mas quando eu ficava atenta para ouvir meus pais, ouvia melhor o choro e o riso.

— Tem certeza, Bárbara?

— Tenho, tia. Era curioso, o som parecia vir de dentro da minha cabeça, não parece que eu usava os ouvidos para ouvi-lo.

— Eu entendo.

— Tia, será que estou tendo algum problema mental ou psicológico? Será por que estou no meio de tanta confusão é que estou ouvindo coisas?

— Não, Bárbara, não pense assim, não é nada disso. Eu sei o que é, mas por telefone não dá para eu explicar. Confie em mim, está bem? Fique calma. Depois conversamos sobre o que é isso.

— Eu confio, tia, não sei por que, mas eu confio.

— No próximo sábado vou aí conversar com sua mãe.

— Não, tia! Hoje mesmo ela já brigou comigo por causa dos livros e das conversas espíritas que estamos tendo ultimamente. Não tente falar com ela sobre Espiritismo.

— Como sabe? Eu não disse que iria falar com ela sobre Espiritismo?

— Eu não sei tia, me veio na cabeça.

— Não se preocupe, sábado nós conversaremos. Agora faça um chá para sua mãe, tome um pouco e reze com muita fé.

— Obrigada, tia, foi muito bom falar com a senhora.

Melissa ouvia tudo.

Como Bárbara era adulta, esperta, haveria de ser muito feliz, bem mais feliz do que ela. Bárbara conseguia distinguir o bom caminho do mau. Com pouca orientação ela sempre fazia o que era certo. Melissa chegou a sentir inveja da irmã.

14

A mediunidade de Fábio

Na manhã seguinte, Rose estava preocupara com Bárbara, que parecia confusa e desorientada em meio a tanta confusão, pois agora passou a perceber sua sensível mediunidade. Rose temia que Bárbara se deixasse levar, como os pais, pela obsessão e começasse a agir como sua irmã. Sem titubear pegou o telefone e ligou para o serviço da cunhada.

— Márcia?
— Oi, Rose! Tudo bem?
— Tudo e você?
— Estou ótima!

Há tempos que Rose não a via tão otimista. Algo novo e importante deveria ter acontecido, pois Márcia ultimamente estava excessivamente desanimada.

— Rose, você tem notícias de minha mãe? É porque a visita é justamente no horário de serviço e eu não posso sair, estou como encarregada há pouco tempo, entende? É doloroso para mim ter que tomar essa decisão, mas...

Márcia tentava justificar sua ausência. Há dias não ia à casa de seus pais nem se despediu pessoalmente de sua mãe antes dela se internar.

— Sua mãe está bem. Segundo o Ciro, ela tem de ficar lá somente até os exames terminarem. Querem saber a exata localização para tomarem a decisão do melhor a fazer.

— Vou visitá-la no sábado e no domingo, mal nos despedimos antes da internação.

— Vá sim, Márcia. Isso vai animá-la. Mas a propósito, eu liguei porque estou preocupada com a Bárbara.

— Com a Bárbara?! — estranhou Márcia.

— Ontem ela me ligou. A situação na casa de sua irmã está difícil e a menina fica ali em meio a tudo, tenho medo por ela.

— Como assim?

— Veja bem, Márcia, eu não sei direito em que você acredita ou não.

— Do que você está falando? — perguntou Márcia.

— Eu acredito que nossa família, isto é, seu pai, a Paula, o João Vítor, o Roberto e talvez você estejam passando por um problema espiritual muito sério, a isso se dá o nome de obsessão. A família sempre foi unida, sempre tiveram problemas, mas nunca do tipo que separassem as pessoas como agora. Vocês não estão se entendendo, estão se agredindo moralmente...

— Não estamos brigando, Rose — defendeu-se Márcia.

— Vocês não brigam, Márcia. A agressão moral não significa briga. A partir da hora em que não quer ouvir seu irmão, não oferece apoio, ou orientação, você o está agredindo, moralmente. Quando ele não diz onde está, deixa todos preocupados, não dando nenhum telefonema, o Roberto os está agredindo moralmente, está desrespeitando a família que sempre o apoiou em todos os momentos. Veja sua irmã e seu cunhado, eles estão com muitos problemas.

— Eu não posso me meter, Rose. Paula só me contou o que se passa, não pediu a minha opinião nem a minha ajuda. Você sabe como ela é...

— Não estou dizendo para você ir lá e se meter. Pelo contrário, não devemos resolver os problemas que são da Paula, é nossa obrigação apoiá-la, orientá-la ou, pelo menos, tentar. Às vezes quando estamos de fora conseguimos observar melhor as soluções.

— Você crê que isso seja obsessão, Rose?

— Acredito que sim.

Era curioso, apesar de tudo, Márcia ainda sentia dúvidas a respeito do Espiritismo.

"Será que é verdade tudo aquilo que ouvi do Fábio?", pensava Márcia duvidando. "Apesar que muito do que ele disse faz sentido. E, por fim, a Rose chegou à mesma conclusão que Fábio. Rose é uma pessoa instruída, racional. Será que eles têm razão?"

— O que podemos fazer para ajudá-los, Rose? — quis saber após breves segundos.

— Quero ir à casa da Paula no sábado, depois de visitar sua mãe no hospital.

— Você acha que minha mãe está doente por problemas espirituais também?

— Não. Eu creio que não. Ela está passando pelo que tem de passar. Mas a ajuda espiritual, dará a ela forças para que cumpra melhor sua missão.

— Indo à casa da Paula, o que fará para ajudar?
— Penso em conversar com ela, tentar explicar a situação e gostaria de contar com sua ajuda, posso?
— Sim, pode. Mas creio que a Paula não vai aceitar, ela não gosta nem de falar de espíritos. Para ela quem morre ou vai para o céu ou para o inferno.
— Vamos tentar, Márcia, precisamos tentar. Podemos começar a fazer orações para acalmar a situação e pedirmos a Deus que oriente para o bem o espírito que estiver perturbando aquele lar.
— Por mim está bem, Rose. Eu irei e levarei o Fábio.
— Fábio?
— Ele é espírita e já há algum tempo é ele quem vem me dando explicações e orientações sobre Espiritismo.
— Ele é espírita Kardecista, espero?
— Sim, ele é — respondeu Márcia rindo.
— Por que achou graça, Márcia? Existem muitos por aí que dizem somente serem espíritas, mas não explicam direito e na verdade vão a outro tipo de lugar e querem se camuflar, disfarçarem-se, denominando-se espíritas. A Doutrina Espírita não tem ramificações, mas às vezes usamos o termo "espírita Kardecista" para termos a certeza de que se trata de Espiritismo, da Codificação feita por Allan Kardec. Sabe, parece que algumas pessoas não querem assumir a religião que escolheram e têm vergonha disso.
— Eu achei graça porque o Fábio faz questão, assim como você, de dizer que a palavra Kardecista não existe, mas é utilizada devido ao nome, ou melhor, ao pseudônimo do Codificador da Doutrina dos Espíritos: Allan Kardec. Porque muitas linhas espiritualistas acabam se denominando espíritas, mas

não estudam a tal Codificação e possuem práticas diferentes da Doutrina Espírita.

— Ele está correto, tudo bem. Eu não tenho preconceito de qualquer religião ou filosofia, só quis garantir, pois, de repente, você leva à casa de sua irmã, uma pessoa que pode atrapalhar tudo o que tenho em mente.

— Nada disso, eu garanto. Confie no Fábio mesmo sem conhecê-lo. Creio que vai gostar dele, isto é, se ele puder ir. Ah! O Ciro vai?

— Não sei, se a dona Clara não puder ficar com as meninas para mim, ele terá de ficar com elas. Não posso levá-las comigo.

— Claro que não, Rose. Mas vai dar tudo certo.

— Tomara, Márcia. Deus há de nos ajudar.

Rose já tinha ouvido falar em Fábio, mas não se lembrava de quem se tratava. Só desejava que fosse alguém ponderado e com mais conhecimento espírita do que ela. Chegou a questionar, consigo mesma, se seria boa idéia Márcia levá-lo, afinal, era um assunto de família e elas nem sabiam qual seria a reação de Paula.

Naquele mesmo dia à noite, Fábio tinha a intenção de procurar por Bete, afinal, prometera que ela seria a primeira a saber de sua decisão.

No fim do expediente, Fábio entrou na sala de Márcia de modo a não levantar suspeitas. Mas os olhos dela brilharam e um largo sorriso se fez radiante.

— Com licença, chefe? — pediu com ironia ao brincar.

— Não fale assim — sussurrou dengosa.

— Sim, senhorita Márcia! Como queira.

— Fábio! — murmurou rindo.

— Então conte para todo mundo a verdade! Agora! Diga que eu te adoro e que você me adora. Estamos apaixonados! Senão vou tratá-la de chefe ou de senhorita, como nos orienta o senhor diretor com sua rima: "Tratamento formal. Educação é primordial!" — riram juntos.

— É muito cedo, Fábio. Você ficou louco?!

— Estou brincando, isso não me importa — confessou descontraído. — Fale quando você quiser, se quiser e estiver disposta, pois as brincadeiras virão, prepare-se! Porém, o mais importante, é termos a certeza do que queremos e dos nossos sentimentos. Não devemos satisfações a mais ninguém. — Dizendo isso Fábio ficou mais sério e avisou: — Márcia, hoje eu bem que gostaria de levá-la para casa ou para sair, dar uma volta... mas eu tenho um assunto muito importante para resolver o quanto antes.

— O quê? — perguntou apreensiva, com o coração apertado.

— Isso! — disse estendendo a mão aberta e, na palma, sua aliança de noivado.

— Preciso ir falar com a Bete.

— O que houve entre vocês? Brigaram?

— Não. É incrível, mas nós não brigamos. A Bete percebeu que eu não estava satisfeito com o noivado. Nós vivíamos numa rotina e... faltava algo, um sentimento mais intenso, era tudo automático, digamos assim. Além disso, a Bete notou que eu parecia interessando... — silenciou alguns segundos e abaixou o olhar. Segundos se fizeram, respirou e prosseguiu: — Era nítida minha paixão por você... que aumentava a cada dia, e, sem que eu esperasse, ela me "encostou na parede".

— Como assim? Ela brigou?

— A Bete não é do tipo que briga com alguém. Jamais faria isso. Gosto muito dela e é só. Ela foi franca, disse que havia percebido meu interesse por você... bem... resumindo... já sabe de tudo.

— Soube de tudo antes de mim?

— Sim. Quando nós conversamos, confirmei sua suspeita e pedi um tempo para que eu pudesse analisar meus sentimentos, definir realmente o que sentia. Mas, na verdade, independente da sua reação, Márcia, de você aceitar ou não ficar comigo, meu noivado com a Bete já havia chegado ao fim. Não voltaria para ela, não teria cabimento. Se eu me apaixonei por outra pessoa é sinal de que já não havia mais nada entre nós, somente uma grande e sincera amizade que se firmou ao longo do tempo. Se eu ficasse com a Bete, por causa disso, seria traição, concorda?

— Você pediu um tempo só para não magoá-la de uma vez, não foi?

— Foi. A verdade é essa. Há dias eu planejava terminar tudo, mas não tinha coragem. De repente, sem que eu esperasse, ela provocou a situação. Sempre calma, quis que eu admitisse os meus sentimentos por você. Confuso, pedi um tempo.

— Como é que eu nunca percebi que você gostava de mim, Fábio? — murmurou incrédula.

— Porque você é cega! — exclamou, caindo numa gostosa risada. Mas, por fim, voltou à seriedade: — Só que agora preciso ir falar com ela o quanto antes. Tudo bem? O Ney disse que eu estava em sua casa pouco depois que pedi um tempo. Imagino o que deve pensar de mim. A Bete não sabe o que aconteceu realmente para eu estar com você. Fora isso, vou esclarecer tudo e acabar com essa expectativa de uma vez. Não posso trair a confiança de uma amiga e ela é minha amiga. Sempre foi.

— Tudo bem! Vai, sim. Nem sei o que dizer. A Bete é uma pessoa muito bacana não queria que sofresse, mas ao mesmo tempo não posso lamentar... É tão difícil pra mim, entende?

— Entendo sim. Claro que sim, Márcia.

— Vai lá e conversa com ela.

— Estou indo agora. Ligo para o seu apartamento assim que eu chegar em casa, tá?

— Fico aguardando — disse Márcia.

Sem se aproximar dela, Fábio falou:

— Um beijo.

— Outro.

Eles se despediram à distância. Não queriam que os outros soubessem. Ainda era cedo.

* * *

Fábio foi até a casa de Bete que, ao vê-lo, recebeu-o apreensiva:

— Fábio!

— Tudo bem, Bete?

Ele estava sem jeito e atrapalhado, mas Bete logo percebeu do que se tratava. Desta vez ela não conseguiu se controlar. Seus olhos se encheram de lágrimas quando disse:

— Tudo bem, Fábio. Eu já entendi, não precisa dizer nada. Pode ir embora se quiser.

— Bete, eu...

— Você já me deu satisfação só pelo fato de ter vindo até aqui. Eu percebi que não está usando nossa aliança.

— Ela está aqui — mostrou tirando a aliança do bolso.

— Pode ficar, eu não a quero — recusou a jovem com voz embargada. As lágrimas rolavam incessantes no rosto de Bete. Aquele momento era muito doloroso para ambos.

— Fábio, eu só peço um tempo para dividirmos as coisas que compramos porque não tenho cabeça agora para fazermos isso juntos.

— Eu não quero nada, Bete.

— Não posso ficar com tudo. Não seja mais cruel, por favor. — Fábio não sabia o que dizer, então ela continuou: — Eu tenho todos os comprovantes dos depósitos bancários que fizemos. Neles consta o seu nome e o meu conforme depositamos — disse Bete. — Vou separá-los dos meus, ver quanto você depositou e para ficar mais fácil, dividiremos os juros, certo?

Ele acenou positivamente com a cabeça e disse:

— Eu só quero que você seja feliz. Eu gosto muito de você, Bete.

— Sim, eu sei. Eu também quero a sua felicidade. Quero ser sua amiga e amiga da Márcia também.

— Você já pensou no que está falando, Bete?

— Estou sendo sincera. Quero ser amiga da Márcia sim. Agora estou sofrendo... o tempo cura isso, mas não tenho qualquer rancor dela. Quando precisarem, contem comigo, acredite.

— Eu acredito em você, só acho que isso é muito difícil. Sei que tem um espírito muito elevado, mas não será fácil ter amizade com alguém que... — Fábio calou-se, não sabia o que argumentar. Mas depois desfechou: — Se precisar de mim, Bete, pra conversar ou se você tiver algum problema, procure-me, por favor.

— Certo, Fábio. Obrigada. — Abaixando o olhar disse: — Adeus.

Ele ficou sem jeito e depois de uma pausa respondeu:

— Quero que saiba que eu nunca te traí, Bete. Ontem, quando ligou e o Ney avisou que eu estava na casa da Márcia, creio que surgiu uma dúvida muito grande e eu quero esclarecer. Sobre ontem ainda te devo explicações. Não pense que saí daqui e corri para o apartamento dela. Não! Eu já me encontrava em casa e comentava para o meu irmão sobre a decisão de darmos um tempo em nosso noivado, falava sobre minhas dúvidas e, de repente, o telefone tocou. Era a Márcia em desespero. Eu senti algo muito forte... você sabe sobre meus pressentimentos... tentei conversar, mas ela estava totalmente descontrolada. Fui até lá. Bem, resumindo. A Márcia estava tentando se suicidar. Tentou pular da janela, mas graças a Deus não o fez. Depois pegou vários remédios e ia tomar com uma forte bebida quando eu e o porteiro quase derrubamos a porta. Precisei de muito tempo para acalmá-la. Você sabe como é a obsessão. A Márcia encontrava-se transtornada, irreconhecível. — Fez breve pausa depois prosseguiu: — Nunca traí você, Bete. Por isso estou aqui me justificando. Para ser sempre merecedor da sua amizade. Acredite em mim.

— Eu acredito — falou baixo. — E agora, a Márcia está bem?

— Aparentemente, sim. Mas creio que vai precisar de muita orientação. Sinto que ela pode tentar contra a própria vida por qualquer motivo insignificante em qualquer momento inesperado.

— Você saberá orientá-la. Quando eu estiver mais recomposta de tudo, vou conversar com ela. Não pense que desejo o mal a vocês, ao contrário. Estou sofrendo mas... sei que isso passará.

— Passará sim. Encontrará a pessoa que merece. Tenho certeza.

— Então, até outro dia, Fábio — despediu-se sem encará-lo.

— Até outro dia, Bete.

Teve vontade de abraçá-la, entretanto acreditou que seria pior. Bete chorava silenciosamente, evitando encará-lo. Fábio foi embora com o coração apertado. Não queria ter passado por aquela situação, porém era necessário. Não poderia sair da vida de Bete sem dar satisfações. Tinha a intenção de, em outro dia qualquer, procurá-la para saber como estava. Sentia-se agora mais aliviado por ter esclarecido tudo. Sua consciência estava íntegra.

Ao chegar a sua casa, ligou para Márcia, que estava bem, parecia alegre e disposta, o que o tranqüilizou. Falou-lhe de como conversou com Bete e lamentou magoar uma pessoa a quem estimava tanto. Márcia também ficou triste. Depois comentou a respeito de, no sábado, irem falar com a Paula, explicando-lhe toda a situação, e ele concordou.

Conversaram muito. Após desligarem, Fábio tomou um banho e, ao terminar, foi para a cozinha fazer uma oração, como sempre, antes de se deitar.

De repente, ele começou a sentir-se mal. Ficou tonto, sentiu seu corpo esfriar. Levou uma mão ao rosto e com a outra se apoiou na pia da cozinha para não cair. Tentou chamar seu irmão, mas a voz não saía, seus ouvidos ensurdeceram e a visão sumiu.

Conseguindo pegar uma caneca de alumínio que estava sobre a pia, atirou-a ao chão, provocando grande barulho.

Seu irmão se levantou e foi ver o que era. Assustado, Ney gritou:

— Fábio!!!

Fábio era alto e forte, tipo atlético. Correndo para junto dele, Ney tentou ampará-lo, mas não o agüentou, principalmente quando o irmão largou o corpo. Com muita dificuldade, arrastou-o até o sofá. Fábio estava desfigurado.

Ney sentiu um grande arrepio em todo seu corpo, sabia que aquele mal-súbito era de origem espiritual. Friccionou a nuca e os pulsos de Fábio tentando reanimá-lo, mas ele não reagia.

— Fábio, vamos, reage! Fábio!!!

Ele abriu os olhos, sua respiração era diferente e Ney logo percebeu que não era seu irmão quem se manifestava. Imediatamente começou a fazer uma prece, não conseguia se concentrar no que falava e, às vezes, perdia-se com as palavras, um tanto amedrontado.

O que é que fosse que perturbava Fábio, parecia ganhar forças, domínio sobre ele.

Ney correu até o quarto, pegou *O Evangelho Segundo o Espiritismo*. Quando voltou, Fábio o esperava, seus olhos estavam fixos e arregalados nem piscavam. A respiração era forte e até aquele momento não disse nada. Quando Ney abriu o Evangelho nas preces e passou a ler "Prece para afastar maus espíritos", Fábio brutalmente bateu a mão no livro e, ao vê-lo cair, falou com voz rouca, cuspinhando:

— Estou ganhando poderes. Estou tendo ajuda agora, não estou mais sozinho. Ninguém mais pode me deter, tenho forças! Ninguém mais vai me segurar, entendeu?! Diga isso pra ele!

Ney orou com toda sua força:

"Querido Mestre Jesus! Sinto-me impotente, porém acredito em Seu poder, Sua força, ajuda, amparo e misericórdia. Socorre-me, Senhor! Mande seus mensageiros e enviados de luz, de paz e com amor socorrer a este irmão, seja ele quem for! Liberte-nos de todo o mal"

O corpo de Fábio se contorcia e, mesmo sentado, chutou a mesinha da sala a outra poltrona, gritou e grunhindo como um animal, como que lutasse com alguém.

Ney não parava de orar fervorosamente e em silêncio. Sabia que isso era o suficiente, pois seus pais sempre os orientaram sobre a importância e o poder da prece, sobre a fé e ensinamentos à luz da Doutrina. Isso nunca faltou a nenhum dos dois.

Por fim o corpo de Fábio começou a se acalmar. Mais passivo, respirava normalmente. O irmão colocou a mão em sua testa escaldante, gotejada de suor e o chamou, batendo suavemente em seu rosto:

— Fábio... sou eu, o Ney. Fábio? — Ele abriu os olhos lentamente, mas esses teimavam em fechar. — Abre os olhos, Fábio. Reage. — Ney correu e apanhou um copo com água, oferecendo: — Sente-se direito, Fábio. Beba, vai se sentir melhor.

— O que foi? — perguntou Fábio confuso.

— Você não se lembra?!

Fábio falava mole, estava exausto. Mal podia reagir, não era do tipo de se entregar a qualquer indisposição, mas aquilo o abateu.

— Só lembro que me senti tonto e tentei chamá-lo.

— Puxa, cara! Você me deu um susto! — disse Ney jogando-se no sofá, relaxando a tensão.

— O que aconteceu? — perguntou Fábio mais consciente e preocupado.

— Alguém usou seu corpo para se comunicar. Não era nenhum espírito bom, não. Ao contrário. Que terror, meu!

— O que ele disse? — tornou Fábio.

— Primeiro você ficou com os olhos esbugalhados e fungando feito um bicho. Depois disse que estava ganhando poder e recebia ajuda de alguém, que tinha força, que não estava mais sozinho e disse pra dizer isso a ele. Esse "ele", acho que é você.

Fábio, sentado no sofá, curvou-se, segurou a cabeça com as mãos, sentia-se tonto ainda e perguntou calmo:

— Só isso?

— "Só isso"?!!! — exclamou Ney, horrorizado. — Eu rezei e não consegui. Peguei o Evangelho e você, bem estúpido, deu um tapa e o jogou no chão antes que eu terminasse de ler uma prece. Por fim eu orei desesperado! De qualquer jeito. Você falou aquelas coisas, contorceu seus braços e pernas, berrou, grunhiu, chutou tudo o que estava a seu alcance e só depois parou. Agora me pergunta se foi só isso?!!! Fiquei com o maior medo, né cara! O que é isso?! E se voltar a acontecer o que já aconteceu no passado? Lembra?!

— Aquilo não vai mais acontecer, nunca mais. Aquele era um outro problema — afirmou Fábio convicto.

Anos atrás, durante a adolescência de Fábio, enquanto seus pais ainda moravam em São Paulo, passou por sérios problemas de obsessão. Foi considerado com problemas mentais por especialistas. Mas não se tratava disso. Podia-se dizer que Fábio perdia completamente a consciência e um obsessor agia através de seu corpo. Ele quebrava tudo o que havia em seu alcance, sua força era imensa. Na adolescência, não tinha tanto porte físico, era alto e magrelo. No entanto, vários homens tentavam segurá-lo e detê-lo, porém em vão.

Seus pais, espíritas, fizeram-no passar por assistência espiritual e desobsessão; porém, cada vez que iam levá-lo ao centro espírita, no caminho ou na porta do centro, Fábio ficava como que possuído: gritava, falava muitas coisas, agredia quem tentasse detê-lo e por fim fugia.

As sessões de preces passaram a ser feitas na casa onde moravam com a ajuda de amigos do centro que seus pais freqüentavam. Pessoas realmente preparadas e equilibradas para tal, estudiosos da Doutrina Espírita que chegaram a conclusão de que aquela seria a solução para evitar que ele fugisse.

Era horrível. O espírito que usava seu corpo como instrumento se debatia e gritava, blasfemava e maltratava muito o rapaz. Ninguém o segurava ou tocava, só oravam. Fábio passou por diversas crises, pensou em se matar para acabar com o sofrimento. Porém seus pais sempre lhe davam força e amparo, além de constante orientação sob a Luz da Doutrina Espírita.

Depois de muitas e muitas sessões de Evangelho, de estudar e compreender o Espiritismo, aceitá-lo, segui-lo e praticar os ensinamentos de Jesus, Fábio conseguiu livrar-se daquele espírito que acabou aceitando o auxílio e o deixou em paz. Com o tempo, a compreensão sobre a filosofia Espírita, equilibrou-o e sua reforma interior o tornou um homem responsável, digno e respeitável, bem ao contrário de todas as previsões. Fábio transformou-se em um tarefeiro no centro Espírita e assíduo estudante da Doutrina. Só que não comentava com ninguém que era médium de incorporação, somente alguns amigos do centro sabiam disso por acompanhar seus trabalhos nessa tarefa.

— Fábio, você está bem mesmo? — perguntou Ney ainda assustado.

— Estou sim. Não se preocupe. Vai dormir, vai, Ney. Vou fazer uma prece, estou precisando.

— Por que isso aconteceu? Quem é esse espírito?

— Creio que estou indo no caminho certo.

— Como assim? Ficou louco?! Se isso for o caminho certo...

— Estou levando a luz do Espiritismo às pessoas necessitadas e isso incomodou esse irmão sem instrução da espiritualidade. O que é estranho, Ney, é que eu tenho conhecimento e equilíbrio suficiente para não deixar isso acontecer a belprazer de um espírito. Esse tipo de incorporação só ocorre no centro, onde há ambiente preparado na seção de desobsessão, pessoas preparadas para lidar com a entidade necessitada e sob o meu controle.

— Precisa tomar cuidado, Fábio — advertiu o rapaz. — Isso poderá acontecer a qualquer momento.

— Não. Não vai acontecer mais! — afirmou convicto.

Fábio falava firme, possuía muita fé e acreditava no amparo do plano espiritual.

— Vai Ney. Fica tranqüilo. Pode ir dormir, estou bem.

15

A persistência de um obsessor

Já no sábado, bem cedo, o telefone tocou no apartamento de Márcia. Ela levantou correndo para atender, pensou que fosse Fábio, pois haviam combinado de ir visitar sua mãe e depois iriam à casa de Paula.

— Alô, Fá...
— Oi, Marcinha!

Márcia se decepcionou, era Arnaldo.

— Oi, tudo bem? — perguntou sem ânimo.
— Tudo, Marcinha. Tudo ótimo. Quero fazer um convite!

Márcia havia se esquecido de Arnaldo.

— Um convite? Que convite? — perguntou ela.
— Surpresa! Vamos sair hoje à noite e...

Antes que Arnaldo terminasse de revelar seus planos, ela o interrompeu:

— Não posso. Tenho que visitar minha mãe e depois vou sair.
— Sair! Com quem?

Márcia ficou indecisa, não sabia se deveria falar sobre ela e Fábio.

— Vou à casa da minha irmã Paula, precisamos resolver alguns problemas de família.

— Ah! Deixa para outro dia. Vamos sair, você vai gostar.

— Não. Não posso. Nem adianta insistir, não posso mesmo.

Márcia queria livrar-se de Arnaldo, porém não o queria tratar mal.

— Arnaldo, quero que me desculpe, mas estou esperando uma ligação importante e preciso deixar o telefone desocupado.

— Então ligo outro dia, está bem? Ou espero você me ligar!

— Tá.

— Um beijo querida!

— Tchau.

"Querida? Quem ele é para me chamar de querida? Isso poderia me colocar numa situação difícil, caso o Fábio ouvisse", reclamava com os próprios pensamentos. Rápida, questionou-se: "Será que é cedo para eu ligar para o Fábio agora? Ah, acho que não". Pegou o telefone e ligou, mas estava ocupado. Quando colocou o fone no gancho, o aparelho tocou.

— Pronto!

— Márcia?

— Oi, Fábio! — respondeu muito feliz.

— Liguei agora mesmo e estava ocupado — disse ele.

— E eu liguei nesse exato momento para você e também estava ocupado — respondeu rindo.

— Isso acontece.

— Antes um pouco, o Arnaldo me ligou também. Mas foi bem rápido — Ela decidiu contar a Fábio, antes que pudesse surgir alguma situação embaraçosa.

— O que ele queria? — perguntou secamente, parecendo enciumado.

— Depois eu conto. Não é nada importante.

— Eu liguei porque precisamos conversar.

— O que aconteceu?

— Nada. Tudo está exatamente como antes, eu só quero conversar com você, para algumas orientações.

— Orientações?

— Pessoalmente eu explico. Olha, vou passar aí daqui a pouco. Nós conversaremos, depois iremos almoçar e de lá vamos ao hospital, está bem?

— Ótimo! Eu aguardo. — Não agüentando o suspense, perguntou: — Pode adiantar alguma coisa? É sobre nós dois...? — quase gaguejou.

— É sim — falou firme, mas rindo em seu íntimo pela curiosidade aguçada de Márcia, que silenciou imediatamente parecendo nem respirar. — Preciso dizer uma coisa e orientá-la sobre outra.

— Fala o que é... — quase implorou embargando a voz para chorar.

— Já que insiste em saber — tornou mais sério e com voz grave —, falarei por telefone mesmo.

— Pode falar. Não me deixe nesse suspense — pediu com fala trêmula.

Rindo em seu íntimo, Fábio anunciou:

— Eu te amo! Amo muito — disse em tom romântico. — E quero avisar que sou um pouquinho ciumento.

Era a primeira vez que Márcia ouvia aquilo de Fábio, ela ficou em silêncio por alguns segundos e depois respondeu emocionada, com lágrimas que ele não viu:

— Eu também amo você, Fábio! Tenho certeza disso.

— Eu também. Agora me aguarde, estou indo aí. Um beijo, meu amor. Tchau.

— Outro. Até mais e venha logo.

Fábio ficou entusiasmado, não via a hora de chegar à casa de Márcia. Pelo caminho, enquanto dirigia, ele fazia muitos planos.

Ela, porém, foi se arrumar. Tomou um banho, escolheu a melhor roupa, ajeitou os cabelos, usou uma colônia suave e ficou aguardando Fábio que chegaria logo.

Depois de alguns minutos, Márcia começou a ficar inquieta, a espera era grande. Afinal, ele não morava longe. Caminhava de forma impaciente de um lado para outro no apartamento.

Jonas a observava. Há alguns dias, Márcia fazia tudo exatamente como ele queria, chegou até ao ponto de querer praticar suicídio, se não fosse Fábio tê-la impedido, ele conseguiria seu objetivo. Porém agora, com Fábio mais próximo, estava sendo difícil ela captar seus desejos. Jonas estava com algum progresso, mas o envolvimento afetivo o atrapalhou.

No dia anterior, Jonas recebeu a visita de outros dois espíritos em condições semelhantes às dele.

Eram dois espíritos com aparência de jovens rapazes que se apresentaram dizendo que estavam ali a pedido de sua irmã. A princípio, Jonas ficou receoso, mas depois concordou.

Os dois espíritos prometeram cuidar de Fábio, porque ele era um grande estorvo para Jonas além de um intrometido, pois não fazia parte daquela família e estava se envolvendo onde não era chamado. Os rapazes afirmavam que dariam um "jeito" em Fábio para afastá-lo de Márcia.

Jonas sentiu-se satisfeito. Seu maior obstáculo era o rapaz, se ele estivesse fora do caminho, poderia fazer tudo o que queria com aquela família.

Haviam se passado duas horas desde que Fábio ligou e até aquele momento não tinha chegado.

Márcia entrou em desespero. Jonas aproveitando de seu desequilíbrio, causado pelo nervosismo e ansiedade, aproximando-se dela disse:

— Ele já deve estar morto! Bateu o carro e BUUMM!!! — seu riso era sarcástico, ele zombava da aflição de Márcia.

Perturbada e inquieta, ligou para a casa de Fábio. Ninguém atendeu. Em desespero, interfonou para a portaria do prédio onde morava, queria verificar se o interfone estava funcionando e perguntou ao porteiro se Fábio havia chegado. Diante da negativa, ela pediu ao funcionário que, quando ele chegasse, permitisse subir direto, nem precisava anunciá-lo. Ao desligar, depois de alguns minutos, desatou a chorar. Jonas a atormentava incessantemente cruel e feroz.

— Você não acredita, mas ele já era! Já deve estar desse lado — gargalhava.

Márcia não podia ouvi-lo, mas registrava seus desejos e sentimentos. Mais de duas horas e meia se passaram depois que Fábio telefonou e, por fim, a campainha tocou.

Márcia correu para a porta e abriu. Finalmente era ele.

— Fábio!!! — gritou chorando, atirando-se em seus braços.

— Calma, Márcia, o que é isso? Não se desespere, estou aqui — avisou carinhoso, abraçando-a e beijando a face em lágrimas. Depois alertou sorrindo: — Cuidado, estou um pouco sujo, preciso lavar as mãos.

Sem se importar continuou abraçada a ele perguntando ao chorar:

— Fábio, você me mata de susto! Por que demorou tanto?!

— Eu estava vindo pra cá, de repente meu carro rodou na pista, sem mais nem menos.

— Onde você estava?

— Na Marginal Pinheiros.

A Marginal Pinheiros é uma avenida expressa com quatro faixas de rolamento, seu trânsito geralmente é muito rápido em determinados horários do dia e possui muita movimentação no fluxo de veículos.

— E daí, o que houve?

— Meu carro rodou, não tem explicação. Não bati em ninguém, só bati a roda da frente na guia da calçada onde o carro parou depois de ter rodopiado uma ou duas vezes. Entortou a roda ou alguma outra coisa, e o pneu furou. Tive que trocá-lo e os parafusos ficaram emperrados, não queriam sair. Depois de algum tempo ali, um caminhoneiro parou e me ajudou trocar o pneu. Vim para cá meio receoso, com medo de que quebrasse porque a roda ficou toda torta e fazendo um barulho estranho. Olha só minhas mãos como estão sujas, até a roupa sujou um pouco também.

— Não deu para telefonar?

— Como? Estou sem celular desde o dia da chuva, quando o aparelho molhou. Preciso providenciar outro, mas nunca tenho tempo. Se eu fosse te ligar, demoraria mais procurando um telefone público, você sabe...

— Eu me assustei, Fábio — afirmou olhando-o com carinho.

— Eu sei. Eu sei — falou generoso apertando-a contra si.

Os dois ajudantes de Jonas chegaram junto com Fábio.

O espírito Jonas estava enfurecido de raiva por ver Fábio novamente ali. Quando olhou seus ajudantes, gritou com ferocidade:

— Onde estavam, seus incompetentes?!!! Perderam essa oportunidade!!!

— Calma aí, Jonas. Não é assim não. O cara é durão. Não deu pra derrubá-lo.

— É sim — confirmou o outro. — Você sabia que tem "gente grande" com ele? — disse referindo-se a espíritos superiores. — Protegendo-o o tempo todo! E não é igual à gente, não, meu. É um espírito "dos grandes"!

— Não tem ninguém com ele! — respondeu Jonas. — Eu não vejo ninguém!

— É sim, Jonas, ele tem razão. Tem "gente grande" com o Fábio e que pertence a esse lado da vida e que o ajuda, oh meu! Eu vi! Quando o carro girou na pista, nós estávamos lá ele ia quase capotando e de repente...

— De repente, o quê?! — gritava Jonas.

— Apareceu um "cara" que só olhou e o carro parou. O "cara" era só luz.

— Não vem com essa conversa mole! Isso é desculpa — reclamava Jonas.

— Não é, não. Eu também vi — confirmou o outro — Depois que o carro parou, ele ainda olhou pra gente, balançou a cabeça dizendo não. Foi até perto do Fábio, que ficou atordoado e deu-lhe energias.

— Isso mesmo, Jonas. Eu estava lá e também vi, foi exatamente isso!

— O cara é protegido, você tem que acreditar e tomar cuidado.

— Eu só acredito vendo! Fora daqui! Dêem o fora!!!

Jonas estava enlouquecido, furioso. Queria, de qualquer jeito, livrar-se de Fábio.

Quando viu que Márcia e Fábio estavam bem, não quis assistir devido ao incômodo que sentia, foi então que resolveu sair do apartamento.

— Márcia, eu preciso te contar algumas coisas a meu respeito que você não sabe — disse Fábio mais sério. Sentando-a do seu lado no sofá, tomou-lhe as mãos, acariciou-as e relatou: — Tempos atrás, eu deveria ter uns quinze anos, mais ou menos, comecei a me sentir estranho. Passei a ter dores de cabeça muito fortes, seguida de dores musculares. Não havia medicamento que resolvesse ou que amenizasse o que eu sentia. Diante disso, minha mãe logo percebeu que era problema espiritual. Meus pais começaram a me levar ao centro espírita com mais freqüência, mesmo assim não adiantou. Passei a ter crises e quebrar tudo à minha volta.

— Até dentro do centro? — perguntou Márcia, surpresa.

— Sim. Mesmo dentro do centro chegou a acontecer. Era difícil me fazer entrar na câmara de passes. Eu reagia, ou melhor, a entidade reagia, xingava, gritava e lutava com quem quer que fosse. Eu me contorcia todo e quando tomava consciência, era como acordar de um sono profundo. Não me lembrava de nada, só sabia que havia ocorrido algo devido às pessoas que estavam à minha volta e também pelas fortes dores que sentia em todo o corpo.

Em meu corpo apareciam muitos hematomas, mesmo sem usarem qualquer força contra mim, sem qualquer razão.

Por orientação recebida do mentor do centro que freqüentávamos, após meu caso analisado por um grupo de estudiosos, coisa rara, acreditaram que tarefeiros bem preparados, esclarecidos e equilibrados poderiam passar a realizar os trabalhos de assistência espiritual, que foi Evangelho no Lar para minha assistência, em minha casa, para que eu não fugisse mais. Meus pais nem me avisavam o dia. Eu deveria ser pego de surpresa, mesmo assim eu passava a ter crises um pouco antes dos amigos chegarem. A entidade me "possuía", era um transtorno.

— E passou? — perguntou assustada.

— Foram anos de assistência espiritual, mas graças a Deus, tudo acabou.

— Anos?! — admirou-se ela.

— Sim. Foram três longos anos de trabalho. Os amigos de meus pais que ajudavam, também eram trabalhadores no centro espírita, nunca desistiram ou se cansaram. Muito menos meus pais, eles me davam orientação, força, amparavam-me em tudo e me instruíram muito. Minha mãe ficava lendo o Evangelho e muitas literaturas espíritas durante a noite. Ela se sentava na beira da cama e continuava lendo, mesmo depois que eu dormia.

Houve uma época em que as crises passaram a ser mais freqüentes, duas ou três vezes ao dia — narrava sem emoção alguma. Sendo bem objetivo. — Eu perdi o ano escolar e nem podia ir à escola, pois a entidade não escolhia hora nem lugar, começou a acontecer dentro da sala de aula. Eu estava no último ano do colégio. Especialistas disseram que eu tinha problemas mentais, pois os exames não acusavam uma causa específica para o que eu apresentava. Muitos vizinhos e outras pessoas que se diziam amigas, aconselhavam meus pais para que me internassem em algum sanatório. Acreditavam que era problema mental sério e seria um risco para os outros. Fiquei desesperado, quase louco mesmo. Com quase dezessete anos eu queria morrer. Pensei em me matar para acabar logo com tudo aquilo. Mas meus pais sempre me orientaram, nunca perderam as esperanças, estavam sempre do meu lado, eu nunca ficava sozinho. Depois de algum tempo, as preces de meus pais e amigos foram ouvidas. Passei a me instruir mais, comecei a entender e praticar realmente o Espiritismo. Foi então que comecei a me sentir bem melhor. As crises de obsessão já eram mais espaçadas. Eu iniciei uma freqüência assídua ao centro, estudava a Doutrina e, com o tempo, participar das sessões de evangelização e dominar o que ainda sentia, pois me dediquei à educação mediúnica através dos cursos oferecidos no centro.

Aprendi a controlar os meus pensamentos e sentimentos e, assim, emitia vibrações mentais juntamente com emoções para aquela entidade necessitada que queria me dominar. Praticamente a situação se inverteu.

Comecei a conversar com ele, explicar que aquilo não valeria a pena. O que quer que eu tivesse feito a ele no passado, não me lembrava e não sabia o que era. O que eu poderia fazer agora era tentar ajudá-lo, eu gostaria de tirá-lo daquele sofrimento. No momento, era o único meio que eu tinha para auxiliá-lo, pois sabia que só um sofredor sem instrução pode desejar ferir alguém.

Um dia, numa sessão de desobsessão no centro espírita, sob meu controle, essa entidade se manifestou mais calma. Chorou muito, contou seus problemas e disse que eu o teria matado, porque ele tentou invadir minha casa para saquear. Disse que ocorreu na Europa, não me lembro agora o nome do lugar, e que depois de prendê-lo, chamei alguns amigos e o torturamos com zombarias, batemos muito nele, por fim eu o obriguei a beber um veneno e ele morreu.

Desencarnado ele me perseguiu, disse que sofreu muito e era acusado de suicida.

O mais incrível foi quando revelou já ter me perseguido para se vingar há duas reencarnações depois daquela que o matei e sempre a partir dos quinze anos. Idade que ele tinha quando o agredi e o torturei. Por isso eu pensei em suicídio e passei por todos aqueles problemas.

Ele disse também que meus pais e alguns dos companheiros de desobsessão, que estavam nos auxiliando, também me ajudaram a torturá-lo naquela época.

— O que aconteceu com ele? — interessou-se Márcia.

— Foi ajudado, instruído e levado para uma colônia para ser tratado. Também, pobre criatura, depois de tanto sofrimento. Eu só posso dizer que lamentei muito e farei qualquer coisa para reparar meu erro do passado.

A partir daí, Márcia, eu abracei o Espiritismo com todas as minhas forças. Não há um dia, um único dia em minha vida que não agradeço ao Mestre Jesus pela orientação e oportunidade conseguida, pela ajuda e amparo espiritual que sempre tenho recebido, pelo amor que tenho em Deus e em todas as Suas criações, graças às instruções recebidas. Hoje, entretanto, posso perder tudo, tudo mesmo, menos a minha fé. Isso ninguém nunca vai tirar de mim. É uma conquista, uma herança minha que ficará para mim mesmo.

Márcia se comoveu com a história, Fábio era um homem firme e consciente, ninguém diria que já havia enfrentado problemas assim.

— Por isso, moça — tornou agora orientando —, eu quero falar o seguinte: a obsessão é uma coisa muito perigosa. Ela nos leva à loucura. Quantos indivíduos existem hoje que são considerados loucos, mas o motivo real é a obsessão? Quantos jovens de famílias privilegiadas se suicidam e ninguém entende a razão, nem os pais, inconformados, descobrem o motivo. Veja só você, chegou ao ponto de sentar-se a janela para pular, pegou remédios perigosos para beber e, pelo jeito, naquele momento você os beberia, não é?

— Beberia, sim — abaixando a cabeça envergonhada depois de confirmar.

— Agora me diga uma coisa: acredita que hoje, exatamente agora, você seria capaz de fazer aquilo? Seria capaz de cometer suicídio?

— Deus me livre!!! — exclamou com olhos lacrimejando.

— Ninguém pode tirar sua própria vida, pois sempre existiu, existe e existirá quem precise de você. Aqueles pensamentos de tentar contra sua própria vida, não eram seus. Eles pertencem a quem quer prejudicá-la, pois o suicídio e o aborto são os piores crimes que uma criatura pode cometer. O aborto é porque você está matando um ser indefeso, um filho de Deus que depende de seu corpo, de seus cuidados. Quando não se oferece uma única oportunidade de reação, de defesa a alguém tão dependente, tão sensível que nenhum mal te fez, você não passará de uma homicida cruel, impiedosa. O embrião, o feto são criaturas de Deus, indefesos, são colocados aos seus cuidados como filho e abortá-lo é matar seu filho. O suicídio também é um dos piores atos do ser humano porque você está tirando sua própria oportunidade de vida; está matando um corpo físico que foi confiado aos seus cuidados, uma oportunidade concedida por Deus para harmonizar suas falhas no passado e evoluir para mundos melhores. — Fábio abriu uma pasta que trazia consigo e tirou um livro dizendo: — Márcia, este livro é muito importante, é *O Livro dos Espíritos*, de Allan Kardec. Deixei esta página com o marcador, veja aqui, livro quarto, Capítulo I, "Penas e gozos terrenos"— n.° 943 "Desgosto pela vida. Suicídio". Aqui fala sobre o suicídio, esse livro inteiro é importantíssimo. Todo espírita que se preze já deve tê-lo lido pelo menos uma vez. Ele responderá dúvidas interessantes e necessárias que a fará pensar em fatos dos quais nunca prestou atenção antes. Neste livro você encontrará perguntas e respostas, veja: — "De onde vem o desgosto pela vida, que se apoderam de alguns indivíduos sem motivos plausíveis? Resposta: Efeito da ociosidade, falta de fé e geralmente a saciedade" — tem mais — "O homem tem o direito de dispor da sua própria vida? Resposta: Não. Somente Deus tem esse direito. O suicídio voluntário é uma transgressão à Lei." — Aqui tem muito mais e eu quero que você o leia.

Então, Márcia, veja bem. Se está passando por um período de obsessão, o objetivo da entidade que quer perturbá-la é atrapalhar, prejudicar, acabar com o seu sossego e com a sua felicidade. Se ela sabe, e é lógico que sabe, que a vida não termina depois da morte física e que você é responsável por todos os seus atos, o melhor, para essa entidade é que você sofra por algo que você mesma cometeu. Atrapalhá-la com coisas bobas do cotidiano é muito comum, o objetivo do espírito perturbador é fazer com que perca a fé e se entregue ao desespero, é induzi-la a um ato bárbaro como suicídio, o aborto ou homicídio, por exemplo. Depois vê-la penar, sofrer e agoniar com as conseqüências do que provocou por sua vontade.

— Mas é suicídio, caso tenha sido um espírito que o induziu a se matar?

— Sem dúvida. O espírito pode induzi-la, mas quem consumou foi você. Por isso a culpa será sua, sim. — Pensativa, ela parecia aceitar toda a explicação e ele continuou: — Márcia, esse livro é para você. Leia-o e o que não entender pergunte para mim, certo?

— Está bem — sorriu mais calma.

— Veja só, se não quiser ler inteiro, abra-o ao acaso, leia duas ou três perguntas. Em pouco tempo você vai entender muita coisa.

— Por que não me contou antes sobre esse problema de obsessão que você enfrentou?

— Não houve oportunidade e às vezes não gosto de me lembrar disso. Essa época foi muito difícil para mim. Outra coisa, ontem aconteceu algo estranho comigo.

Fábio contou à Márcia o que seu irmão lhe relatou sobre a entidade que se manifestou através dele.

— Nossa, Fábio! Isso ocorre assim, sem mais nem menos?

— Eu vejo duas coisas com essa manifestação: uma é que estamos indo no caminho certo, as orientações, as preces e a fé, resolverão os problemas, pois nem bem começamos e isso incomodou muito esse espírito sofredor ao ponto dele se manifestar. A outra coisa é que temos de tomar muito cuidado, isso não é brincadeira — reforçou firme —, temos de reforçar nossa fé, paciência e perseverança. Quem quer que esteja perturbando vocês, não está brincado. Márcia, eu não disse, mas desde meus vinte anos, eu trabalho no centro espírita as quintas-feiras na sessão de desobsessão. Tenho muita instrução, preciso sempre estudar e me recolher em prece sincera, assim sou bem amparado. Desde quando foi solucionado aquele problema obsessivo que contei há pouco, nunca mais eu havia incorporado nenhum espírito sem estar em ambiente preparado e propício, ou seja, um centro espírita; sem antes me preparar e estar perto de pessoas equilibradas para orientar e encaminhar o espírito desorientado. De repente, inesperadamente, isso aconteceu na minha casa sem que eu esperasse ou permitisse. Não sou iniciante, tenho conhecimento, isso não deveria acontecer. Seja quem for não está brincando. Por isso eu peço que não descuide de seus pensamentos e sentimentos, não se deixe levar pelo desânimo ou pela euforia acalorada de uma situação. Tenha muita fé em Deus e ore, aconteça o que acontecer.

— Você poderá incorporar novamente esse espírito?

— Isso não vai acontecer novamente, a não ser que eu queira e esteja em local e com pessoas equilibradas e preparadas para lidar com o espírito.

— Como sabe? Como pode ter tanta certeza?

— Eu confio em Deus. Estou orando e confio muito no plano espiritual que sempre me amparou. Não acontecerá novamente.

— Você então pode receber guias? — perguntou Márcia.

— O correto é dizer que sou médium de incorporação também — explicou Fábio —, ou seja, minha mediunidade permite a comunicação de espíritos através da fala ou da escrita, ou melhor, da psicofonia e psicografia. Além de ter algumas premonições. Porém é preciso muito conhecimento, por isso gosto de estudar a Doutrina Espírita para me manter harmonizado e equilibrado, vigio-me constantemente. Mas o médium não é adivinho como muitos imaginam. Só sabemos o que os nossos mentores, ou anjos guardiões permitem. Como dizem: "O telefone toca de lá para cá". Além de pequenas tarefas com a mediunidade, eu me proponho a dar algumas aulas nos cursos e, quando precisam, também sou dirigente de algumas reuniões mediúnicas. Isso exige muito. — Vendo-a pensativa, não quis preocupá-la ainda mais e, com modos mais tranqüilos, convidou: — Bom, vamos deixar isso pra outra hora, estou com fome, e você?

— Queria saber exatamente como foi ontem com a Bete?

— Vamos, no caminho eu conto. Só que temos de usar o seu carro, pois o meu não tem condições de ficar rodando, nem sei como consegui chegar. — Levantando-se ele pediu: — Desculpe-me, eu não deveria ter falado aquilo por telefone.

— Falado o quê por telefone?

— Que eu te amo.

Para brincar, ela fingiu entristecer e disse dengosa:

— Achou que estava sendo precipitado?

— Não. Acho que para quem diz isso pela primeira vez, teria de ser pessoalmente, só que me escapou, não consigo me controlar quando me pede algo... O que eu sinto por você é muito forte, Márcia. — Segurando-lhe com afeto o lindo rosto, encontrou seus olhos e falou com emoção: — Eu te amo.

— Eu também te amo — ela confessou no mesmo tom.

Seus lábios se encontraram e Fábio a envolveu com ternura, tomando-a em seus braços e beijando-lhe com todo amor.

16

Esclarecimentos oportunos

Já no restaurante, Márcia dizia:
— Estou com pena da Bete, não queria que sofresse. Acho que ela quer me matar.
— A Bete? Não. Jamais, jamais ela pensaria isso.
— Defendendo a Bete, Fábio? — enciumou-se, mas sem aspereza.
— Sim. Claro que sim. Eu a conheço bem, Márcia. Apesar dessa situação ser delicada e da Bete ter "saído com a pior", tenho certeza de que ela não lhe deseja nenhum mal. Talvez só quisesse que tudo fosse diferente. Acho que ela gosta mesmo de mim, mas não é uma pessoa vingativa, odiosa. E estou certo de outra coisa: se você precisar de ajuda... pode contar com ela, acredite.
Márcia sentiu-se envergonhada por ter julgado Bete. Fábio deveria conhecê-la bem para afirmar aquilo com tanta convicção.
— Diga uma coisa — Fábio quis saber —, o que o Arnaldo queria?

Márcia ficou sem jeito, mas não poderia fugir do assunto, se o fizesse, talvez um dia, pudesse ficar em uma situação difícil.

— Ele ligou e me convidou para sair.

— Você não falou nada sobre nós dois?

— Não — respondeu constrangida, em baixo volume de voz.

— Por quê? — questionou a "queima roupa".

— Não sei dizer, Fábio. Fiquei sem jeito. — Após um instante, pensativo, perguntou bem direto: — Vocês estavam começando a se entender, não é?

— Não. Eu não sei. Nós só saímos duas vezes — atrapalhou-se.

Fábio se mantinha calmo, sem tirar os olhos dela, observando suas reações, quando novamente questionou:

— Como não sabe, Márcia? Você estava lá. Como não sabe dizer se ficou algo pendente entre vocês? Se ele tem ou não motivos para alimentar uma esperança?

— Nós só saímos. Não houve nada entre nós.

— Nem um beijinho? É difícil não acontecer.

Márcia começou a se irritar:

— Houve sim, Fábio! Nós nos beijamos sim — afirmou um pouco exaltada, não gostou de ser pressionada a falar sobre aquilo. — Só que você não pode me criticar. Eu e você não tínhamos qualquer compromisso. Nem sabia que você gostava de mim. E se quer saber mesmo, eu não estava mais agüentando ficar ao lado dele, pois só conseguia pensar em você, imaginá-lo ao meu lado... — revelou quase chorando.

— Calma — disse Fábio com voz branda e baixa. — Não vamos brigar. Eu não estou criticando, nem poderia fazê-lo. Só se isso voltasse a acontecer hoje, com a gente namorando.

Só estou perguntando, Márcia, porque quero saber o que se passa pela cabeça do Arnaldo. De repente a gente se encontra, e ele, acreditando que você esteja livre, poderá tratá-la com certa liberdade e eu não vou gostar nem admitir. Por isso, assim que surgir oportunidade, diga que estamos namorando, só isso. Não precisa se irritar.

— Namorando? Você não me pediu em namoro — falou, agora com radioso sorriso.

— Pode deixar, eu vou pedir na primeira oportunidade. E será algo bem formal, como antigamente. Pode me aguardar! — sorriu de modo maroto.

Fábio era alegre e bem-humorado. Nunca se mostrava zangado ou alterado. Era firme em seus propósitos, procurando resolver tudo pacientemente.

Terminado o almoço, saíram do restaurante e foram direto visitar a mãe de Márcia.

No hospital, eles entraram abraçados. Os irmãos dela estavam todos ali, incluindo Roberto que sumiu por alguns dias.

— Este é o Fábio — apresentou Márcia aos seus irmãos. — Acho que vocês já o conhecem, ele foi lá, na casa do pai, quando eu me acidentei.

— Prazer, sou o Fábio e namorado da Márcia! Já que ela não me apresenta direito, deixe-me fazê-lo — Fábio disse isso sorrindo e brincando, enquanto cumprimentava a todos lhes estendendo a mão.

Márcia de branca passou a vermelha em questão de segundos. Sentiu seu rosto corar a ponto de aquecer. Não imaginava que Fábio fosse tão cara-de-pau assim.

Seus irmãos sorriram e cumprimentaram-no com prazer. Adoravam ver sua irmãzinha envergonhada. Aliás, era sempre um prazer vê-la em situações embaraçosas. Para quem gostava de ser tão perfeita, passar por constrangimentos como aquele... era divertido.

— Vamos entrar, pessoal — propôs Ciro. — Está na hora.

Dona Mariana ficou muito contente, principalmente quando viu Márcia.

— Filha! Você veio!
— Mãe, perdoe-me, eu nem sei o que dizer.
— Não precisa, filha, você está aqui e isso é o que importa.
— Mãe, esse é o Fábio, lembra-se?
— Sim, Fábio. Como vai, filho?

Dona Mariana estranhou quando viu Fábio com a mão no ombro de Márcia. Ela não estava saindo com o Arnaldo?

— Como vai, dona Mariana? — cumprimentou Fábio.
— Vou indo, filho. Estão me judiando muito. Só faltam me virar do avesso.

Fábio sorriu dando-lhe toda a atenção. Enquanto que Márcia procurou Roberto que se afastou e foi para um canto de onde olhava pela janela.

— Beto? — Ao vê-lo virar, frente a ela, perguntou serena: — Onde você estava? Não dormiu em casa nem na casa do pai, não telefonou...

— Teve umas noites que dormi na gráfica.
— Na gráfica?!
— Outras dormi na casa da Júlia. — Deduzindo que Márcia falaria algo ele revidou: — Olha aqui! Não me critica, tá? Não pode falar nada de mim, você não é tão diferente. Olha só, o cara é noivo e está se apresentando como seu namorado.

— Ele não é mais noivo. Eles terminaram — explicou com fala mansa.

— E você nem deu um tempo, né, Má? Vai ver que até insistiu e incentivou para ele acabar logo com o noivado.

— O noivado já não estava indo bem. Eles já haviam desmanchado. Não tive nada a ver com isso — explicou humilde, entendendo que o irmão queria que ela reagisse.

— No dia em que conversamos, lá no seu apartamento, não me pareceu. Ele estava até bem animado, falando em comprar casa própria, que casariam quando ela terminasse a universidade...

— Pergunte para ele, então, Beto. E outra, vocês dois mal se conheciam... o que você queria? Que ele já confessasse que o noivado não estava indo bem? Que estava pensando em dar um tempo? Não julgue antes de saber.

Roberto falava em voz baixa para sua mãe não ouvir, e agora olhava pela janela o tempo todo. Márcia pegou-o pelo braço e fez com que se virasse novamente. Olhou-o nos olhos e disse:

— Oh, Beto! Não vamos nos agredir assim não. Eu gosto muito de você.

Ela o abraçou e ele correspondeu dizendo:

— Eu também, Má. Gosto muito de você. Sua tola!

Dona Mariana estava distraída, não percebeu o que estava acontecendo entre Márcia e Roberto. Ciro aproximou-se dos dois e abraçou-os por cima, dizendo:

— Fico feliz com isso.

— Beto — disse Márcia, bem baixinho —, saindo daqui, nós iremos à casa da Paula, vamos?

— Fazer o quê?

— Vamos conversar, ver o que está se passando lá. Ela precisa de ajuda. Eu e a Rose tentaremos alertá-la sobre obsessão.

— É loucura! — disse Roberto. — A Paula nunca vai aceitar.

— Vamos tentar, Beto. Nunca saberemos se não tentarmos. Vem com a gente?

— Vai sim, Roberto — incentivou Ciro. — Não vou poder ir, tenho que olhar minhas filhas, vá com eles.

— Quem vai?

— Eu, a Rose e o Fábio.

— Tenho certeza de que ela nem sabe, não é? — diante do silêncio que confirmou suas suspeitas, Roberto decidiu: — Está bem, eu vou, mas isso não vai dar certo. Vocês conhecem muito bem a Paula.

Satisfeita, depois de beijar seus irmãos, Márcia voltou para junto de sua mãe e conversaram um pouco. O horário de visitas já estava se esgotando. Paula e Roberto já haviam se despedido e saído do quarto. Na vez de Fábio se despedir, dona Mariana disse a ele:

— Gostei de você, filho, me parece um bom rapaz.

— Muito obrigado, dona Mariana — agradeceu Fábio, sorridente — Mas a propósito, eu gostaria de lhe fazer um pedido.

Rose, Ciro e Márcia ficaram atentos, com grande expectativa. Um pedido? O que haveria de ser?

— Pode pedir, meu filho. Se estiver a meu alcance, farei tudo por você.

— Gostaria de pedir à senhora para me deixar namorar a Márcia, posso?

Márcia se sobressaltou, enquanto Ciro e Rose caíram na gargalhada.

— Fábio! — exclamou Márcia.

Ele, como sempre brincando, respondeu com semblante cínico ao encará-la:

— Estou pedindo à sua mãe para nos deixar namorar. Hoje mesmo você reclamou por eu não tê-la pedido em namoro! Pois bem, estou pedindo agora.

Márcia enrubesceu, ficou toda envergonhada. Olhou para Ciro e Rose que não paravam de rir, ela não sabia como se justificar.

Ciro aproximou-se de Fábio e batendo-lhe no ombro ironizou ainda mais a situação ao afirmar:

— É isso aí, cara! Gostei de ver, você mostrou que tem coragem!

Dona Mariana falou:

— Claro, meu filho, deixo sim. Quem sabe um rapaz feito você coloca a Márcia na linha.

— Mãe!!! — exclamou Márcia.

— Quantos anos você tem, filho? — prosseguiu dona Mariana sem se importar com Márcia.

— Trinta — respondeu Fábio.

— Ótimo, meu filho, você também tá bom pra casar, igual à Márcia.

Márcia não sabia o que fazer, via-se desesperada de vergonha.

— Casar?! Mãe, por favor! Pára com isso! Ninguém aqui falou em casamento! — ressaltou desesperada. Voltando-se para Fábio que caia na risada, falou: — Fábio, por favor, não leve a sério, devem ser os remédios que ela está tomando.

— Depois dessa, estou indo — avisou Ciro que beijou dona Mariana e saiu gargalhando junto com Rose.

Márcia foi dizendo:

— Mãe, a senhora nunca me fez passar tanta vergonha assim!

— É verdade, Márcia! Está na hora de se casar. Não acha, Fábio? — insistiu dona Mariana.

— Acho sim, dona Mariana! A senhora tem toda razão! A Márcia está precisando se casar mesmo! — concordou divertindo-se.

Por mais que parecesse brincadeira, Márcia se envergonhava cada vez mais.

— Isso, meu filho — disse dona Mariana —, estou vendo que a gente vai se dar muito bem.

— Claro que sim! Estou decidido a seguir o conselho da senhora e pensar seriamente nesse casamento — Fábio afirmou sorrindo ao abraçá-la, beijá-la com carinho, ao despedir-se da senhora acariciou-lhe os cabelos grisalhos que, por um instante, pareceram com os de sua mãe.

— A benção, mãe. Fica com Deus — disse Márcia para acabar com aquela conversa.

Despediram-se e, quando saíram do quarto, depararam-se com Ciro e Rose contando à Paula e Roberto o que havia acontecido.

— Vocês precisavam ver a cara da Márcia!!! — comentava Ciro sob efeito de riso.

Fábio que se aproximava confirmou:

— Foi verdade. Eu nunca a vi tão vermelha. Ah! Que vontade de contar isso lá no serviço!

— Fábio, pára com isso! — pedia agora quase zangada. — Não sei o que minha mãe está pensando. E você também! Onde já se viu?!

Os irmãos de Márcia adoravam vê-la em situações difíceis e vexatórias, para que perdesse a pose que sempre ostentava.

Eles caminhavam pelo corredor quando Fábio segurou Márcia pelo braço afastando-a de seus irmãos, ficando um pouco mais atrás.

— Eu adorei a sugestão de sua mãe, ela quer que você se case e eu também.

— Pára com isso, Fábio. É muito cedo para pensar em casamento. Começamos namorar agora, nem fez uma semana — murmurou.

— Está com medo de encarar um casamento? — perguntou baixinho.

— Não. Eu só acho que temos de nos conhecer...

Fábio sorriu, queria ver Márcia embaraçada novamente.

— Mas... e se eu quiser casar com você? O que me diz? — sussurrou quase a beijando.

Ela emudeceu, foi salva pela cunhada que os aguardava, tirando o prazer de Fábio ouvir qualquer resposta. Logo Rose alertou:

— Paula! — chamou Rose. — Podemos ir até sua casa?

— Sim, claro que sim — concordou de pronto mesmo sem entender o motivo da visita. — Quem vai? — quis saber.

— Eu, a Márcia e o Fábio.

— Eu também vou! — disse Roberto.

— Nossa! Quanta honra — exclamou Paula satisfeita. — Vamos lá, pessoal. Vamos sim.

Roberto voltou-se para Márcia e Fábio perguntando:

— Posso ir com vocês, estou sem carro.

— Sem carro? — admirou-se Márcia.

— É. Emprestei.

Márcia não quis se dar ao trabalho de perguntar para quem. Deduziu que só poderia ter sido para Júlia.

Fábio vendo que a feição de Márcia modificou, tentou mudar o assunto:

— Vamos, Roberto, venha conosco. Eu também estou sem carro, bati a roda do meu na guia da calçada e entortou alguma coisa. Estamos com o carro da Márcia.

— Bateu onde? — perguntou Roberto.

Fábio foi contando o que aconteceu. Os outros foram na frente, eles se atrasaram um pouco devido à conversa.

Chegando à casa de Paula, Bárbara correu para recebê-los.

— Oi, tia! Que bom ver vocês aqui! — exclamou ao ver os demais.

Abraçaram-se e beijaram-se.

— Bárbara, esse é o Fábio, meu namorado.

— Olá, Fábio, tudo bem?

— Tudo e você?

— Tudo. Eu já não o vi antes?

— Sim, já. Quando eu fui até a casa de sua avó para visitar a Márcia que se recuperava do acidente, eu estava chegando e você saindo com sua mãe.

— Ah! Foi isso mesmo.

— Venha, pessoal! Venham para a sala, vamos nos sentar — convidou Paula.

Todos se acomodaram. Paula sentia grande expectativa pairar no ar.

Rose trocou olhares com Márcia que se sentia apreensiva, mas foi dizendo sem rodeios:

— Paula, primeiro eu quero pedir desculpas por me intrometer, sem ser chamada, em sua vida.

— Se intrometendo?! Não entendi, Rose — exclamou Paula.

— Não é segredo para ninguém — continuou Rose —, que você e o João Vítor estão passando por problemas muito difíceis.

— Olha, Rose, eu não sei por que... — tentou dizer Paula, quando Márcia a interrompeu.

— Espere aí, Paula, nós sempre fomos unidos para tudo, em qualquer situação, sempre pudemos contar uns com os outros. O que temos para dizer é o seguinte: Viemos aqui para ajudar, ou melhor, tentar ajudar, se você permitir. Todos nós chegamos, separadamente, a uma única conclusão, para todos esses problemas que estão acontecendo com a nossa família e para o que está acontecendo com você e o João Vítor, também.

Paula ouvia atentamente e não questionou nada. Márcia prosseguiu:

— Olha o pai! Você se lembra de uma única vez que o pai bateu em um de nós?

Paula sacudiu a cabeça negando.

— Nem mesmo quando eu coloquei fogo no colchão dele. Eu tentei fazer um fantasma com uma vela e um lençol engomado que moldei como uma cabana, só que o lençol caiu sobre a vela acesa; enquanto eu fui chamá-los para ver uma assombração no quarto do pai — lembrou-se Roberto que acabou rindo. — A mãe sim, me deu uns tapas, mas o pai só ficou bravo, pois eu poderia ter me machucado muito.

— Daí que o pai mudou muito — continuou Márcia. — Tudo isso que está acontecendo é de um tempo para cá. Ele briga com o Roberto e chegou até a agredi-lo. O Roberto quis sair de casa, e tudo mais, até a mãe o pai maltratou.

— É você tem razão — concordou Paula. — Eu nunca vi o pai zangar-se com a mãe.

— Veja só você e o João Vítor — argumentou Rose. — Passaram a discutir quase na mesma época em que o senhor Jovino começou a se alterar com todos.

— Desculpe-me — pediu Fábio —, sei que estou de fora e não faço parte da família, mas se me permitirem... — Todos o olharam esperando que continuasse e ele o fez: — Eu trabalho com a Márcia há algum tempo e sempre fomos amigos. Através dela, eu tomei conhecimento de alguns fatos que vêm acontecendo na família de vocês e pude observar o seguinte: pelo que percebi, desde o acidente que a Márcia sofreu, tudo na família de vocês tem se transformado. O bem-estar, a harmonia, a paz de espírito. A cada dia, esses sentimentos estão mais escassos entre vocês. Até a Márcia tem sentido o reflexo disso tudo.

— É verdade — confirmou Márcia. — Tenho até vergonha de dizer... mas passei por uma série de perturbações, sentimentos horríveis, depressão, ansiedades e muitas outras coisas difíceis... Cheguei ao ponto de querer morrer, de querer tentar contra minha própria vida.

Todos a olharam preocupados.

— É sim! — continuou ela sem se intimidar. — Eu quis me matar. Tentei pular da janela do meu apartamento, mas não consegui, faltou coragem. Quando ia beber vários comprimidos fortíssimos junto com uísque, o Fábio chegou a tempo e me impediu. É difícil admitir, gente, mas eu cheguei a esse ponto. Se não fosse ele, hoje eu não estaria aqui com vocês.

Eles ficaram pasmados. Márcia sempre foi firme e tão segura de si. Era sensível, sentimental, mas sempre ponderada, se erguia em todas as situações difíceis.

— Então — continuou Fábio —, eu gostaria de fazer uma pergunta. Será que vocês têm, entre si, motivos suficientes para agirem assim? Será que são casualidades todos estarem com problemas sérios, mas sem explicação ou motivo?
— Voltando-se para Paula, ele prosseguiu: — Você, Paula, agita-se e discute excessivamente com seu marido, sendo que isso nunca ocorreu antes. Não tem tempo para você nem para sua filha, que nessa idade necessita muito de sua atenção. Seu marido fica desgostoso e sai para a rua, entrega-se à bebida para esquecer e ao jogo para se distrair. Por outro lado, o pai de vocês está agressivo e impaciente, pelo visto, ninguém consegue conversar com ele. Roberto está tentando levar a gráfica pra frente, mas é impedido pelo pai. A Márcia acabou de contar sua pior crise. A mãe de vocês está com um problema sério de saúde e vocês, com tantas coisas para resolver e cuidar, mal podem dar a ela a atenção, o apoio e a força de que precisa.
— Fábio — disse Paula —, eu pouco o conheço, mas pude perceber que é cauteloso e sensato. Quer nos ajudar e por isso observou todos esses fatos, porém, pelo que vi, também você, ou melhor, vocês vieram até aqui já com uma conclusão definitiva sobre esses assuntos. Já existe uma opinião formada a respeito, por isso estão me apresentando todos esses problemas de forma tão... cautelosa, digamos assim.
— Queremos explicar, Paula — argumentou Rose —, que tudo isso está acontecendo com muita freqüência e insistência. Não podemos dizer que todos esses problemas são casualidades, pois normalmente nós não o teríamos ou nós resolveríamos tudo de maneira prática, fácil e lógica. Só que tudo está acontecendo de uma vez e está fora de controle.

— E o que vocês me propõem? — perguntou Paula.

Rose não se agüentou e logo foi dizendo:

— Acreditamos ser um problema espiritual e só solucionaremos tudo isso que está acontecendo hoje quando tratarmos e ajudarmos quem estiver provocando essas situações.

Ao contrário do que todos temiam, Paula só ouviu. Ela não se exaltou nem se manifestou.

Márcia e Roberto ficaram incrédulos com sua reação. Paula não era assim.

O espírito Jonas estava ali, junto com Melissa. Ele se agitava, gritava, urrava e dizia coisas à Paula para que ela se alterasse, mas nada adiantou.

Jonas não pode ver, mas um mentor, que estava ali presente, próximo à Paula, não deixava que as energias e os sentimentos dele a atingissem.

Junto a Fábio também estava presente seu guardião; ele o protegia, pois Jonas também tentava afetá-lo.

Fábio podia sentir a presença do espírito Jonas e desde quando chegou à casa de Paula, fazia suas preces silenciosas pedindo a proteção ao plano espiritual para aquela reunião e para aquela família.

Jonas se desesperou, entrou em pânico excessivo e começou a bater em Melissa que chorava muito. Queria acabar com aquilo, eles não poderiam ter esclarecimento, tinham que pagar pelo que fizeram. Questionava, aos berros, onde é que estavam seus dois ajudantes? Teriam que estar ali, com ele, pois assim conseguiriam acabar com aquela reunião.

Jonas, não vendo oportunidade em Fábio, que era médium, mas estava vigilante e equilibrado, olhou para Roberto sentado na beirada do sofá, com as costas curvadas, cabeça baixa e as mãos cruzadas entre as pernas, bem distraído. Jonas aproximou-se dele, fitou-o por algum tempo e falou irritado, depois de afinar-se com o rapaz:

— É você mesmo, desgraçado!

Jonas atirou-se sobre Roberto que subitamente se jogou para trás no sofá. Roberto levou as mãos ao rosto e começou a se contorcer todo. Fábio, que estava ao seu lado, ajeitou-o para que não caísse e começou a fazer uma prece em silêncio.

Todos se assustaram, somente Fábio permanecia calmo. Ele levou a mão à cabeça de Roberto e começou a chamá-lo pelo nome.

— Roberto, Roberto...

Não adiantava, Roberto se debatia, gritava e grunhia. Repentinamente ajeitou-se e empurrou Fábio tentando socá-lo. Fábio esquivou-se, sentindo uma forte proteção do plano espiritual, valeu-se dela. Colocou-se frente a Roberto que babava e grunhia. Enquanto ele, tomando postura serena, mas com voz firme perguntou:

— Quem é você e o que quer?

— Quero você!!!

Roberto falava com os dentes cerrados produzindo um som aflitivo, só que não conseguia mais agredir Fábio, algo o impedia, ele tentou se levantar e Fábio falou calmo:

— Fique onde está. Sente-se aí. Esse corpo não é seu. Você não vai maltratá-lo. Já que está aí é por que permitiram sua manifestação, mas só poderá usá-lo como instrumento para se comunicar, nada mais.

— Quero você desgraçado! Você está me atrapalhando. Sai do meu caminho ou eu vou te matar.

A voz que vinha de Roberto era diferente, rouca e aflitiva. Roberto estava desfigurado. Fábio continuava firme e paciente:

— Você não pode me matar — disse com convicção. — Precisa de ajuda e tratamento para acalentar esse sofrimento que experimenta.

— Vou acabar com todos vocês. Quero ver vocês sofrerem como fizeram comigo.

Paula se viu desorientada e não sabia o que fazer, nunca tinha visto algo assim. Reconhecia que aquele não era o seu irmão. Mesmo assim, Paula correu até a cozinha, pegou um copo com água e chegou perto de Roberto dizendo:

— Toma, Roberto, beba.

Ele caiu numa gargalhada sarcástica, deu um tapa no copo que foi parar longe, dizendo:

— Eu não sou Roberto! Sua idiota.

— Afaste-se, Paula — pediu Fábio. — Você pode se machucar. — Voltando-se para Roberto falou veemente: — Não faça mais isso. Quem quer que você seja, aqui não é hora nem lugar para se manifestar. Se não tem nada para dizer, vá embora. Deixe o instrumento.

— Vai pro inferno! Seu infeliz! Você está se metendo onde não é chamado. Vou te pegar! Vou acabar com você!

O corpo de Roberto levantou e tentou pegar no pescoço de Fábio que fechou os olhos e colocou as palmas de suas mãos sobre a cabeça de Roberto, sem tocá-lo. O corpo de Roberto fraquejou e caiu sentado no sofá.

Mesmo assim ele criou forças para gritar e blasfemar.

— Seu infeliz, vadio, desgraçado. Eu vou te pegar!!! Vou acabar com a tua raça e quando você estiver morrendo e com muito sofrimento vai se lembrar de mim. Vocês todos vão pagar muito caro, ninguém vai me deter! Agora a minha irmã Júlia está me ajudando, ela já fez muita coisa! Falta pouco para eu acabar com o resto de vocês.

— Vá embora! — exigiu Fábio, veemente. — Aqui não é o seu lugar.

Ele virou-se para Paula e disse:

— A Melissa está sofrendo, sabia? Ela está comigo, está sofrendo muito, suas preces e novenas de nada adiantaram — gargalhou com zombaria. — Você é ridícula, mulher. Fez aquela promessa de ir andando da sua casa até a igreja do outro lado da cidade pra seu marido parar de beber e que voltaria andando se soubesse que tua filha está bem, não foi?! Pois teu marido não vai parar de beber e saiba que tua filha vai piorar! Ela está no inferno!!!

Paula entrou em pânico. Ninguém sabia da tal promessa que havia feito, nem Bárbara. Rose e Márcia tiveram que segurá-la.

— Já chega! — exigiu Fábio com autoridade moral. E, estendendo os braços com as palmas das mãos voltadas para baixo sobre o corpo de Roberto, passou a orar fervorosamente em silêncio.

Roberto se contorcia, debatendo-se agitado, gritava e urrava como um bicho. Aos poucos se acalmou até relaxar por completo. Depois de alguns minutos, Fábio sentou-se ao seu lado e argumentou tranqüilo:

— Agora eu acho que ele vai querer aquele copo com água.

Bárbara, mesmo apavorada, assistia a tudo de um canto. Ela correu até a cozinha, fez uma água adoçada e entregou na mão de Fábio que perguntava:

— Roberto? Roberto? Tudo bem? Toma. Beba isso e vai se sentir melhor. — Roberto estava esmorecido e mal conseguia se mover. Fábio disse: — É assim mesmo Roberto. Essa sensação horrível já vai passar. Você só ficou impregnado com a energia ruim de quem quer que seja, por isso sente-se assim.

— Quem quer que seja, o quê? — perguntou Roberto atordoado. — O que aconteceu?

Paula, abraçada a Rose, chorava muito e dizia:

— Minha filha! Vocês ouviram? Ele disse que minha filha está no inferno. Meu Deus, ela está sofrendo! Ninguém sabia da minha promessa! Eu a fiz em pensamento, dentro de uma igreja. Ele sabe do que está falando. Ele não estava mentindo!

Roberto não entendia nada. Só sentia um terrível mal-estar. Fábio vendo-o ainda com dúvidas, explicou:

— Um espírito usou seu corpo para se comunicar. Ele se contorceu, gritou, berrou e falou diversas coisas. Você não se lembra?

Roberto ajeitou-se no sofá, esfregou o rosto, respondeu:

— ...de absolutamente nada. Não me lembro de nada. Por que Paula está assim?

— Esse mesmo espírito disse que a Melissa não está em um bom lugar, que ela está sofrendo. Falou também que está recebendo ajuda de sua irmã Júlia para realizar uma vingança. Por isso Paula está descontrolada.

Rose tentava acalmar a cunhada:

— Paula, desespero não vai adiantar. Temos de ser fortes para ajudar a Melissa e não prejudicá-la mais ainda com nossa aflição, pois é isso que o desespero faz: prejudica e maltrata aquele que se foi.

— Não dá para ajudá-la. Você ouviu o que ele disse, que ela está sofrendo, no inferno, não podemos tirá-la de lá!

— Acalme-se, nós podemos ajudá-la sim, Paula — avisou Fábio com voz firme e convincente.

Paula, olhando-o, implorou:

— Por favor, eu dou o que você pedir, mas ajude minha filha! Tire-a de perto dele!!!

— Eu vou pedir sim — confirmou Fábio.

— O que você quiser eu dou, eu faço, por favor...

— Eu vou pedir que tenha inabalável fé em Deus e que ore muito. Quero que concorde com uma assistência espiritual para sua família, seu pai, seu irmão e a Márcia, pois sei que é o mesmo espírito que está perturbando a todos. Essa assistência espiritual não é nada que se deva ter medo ou que necessite de artefatos. Precisaremos do Evangelho de Jesus e de outros livros que eu mesmo trarei. Realizaremos encontros e neles faremos leituras e explicações sobre os ensinamentos Cristãos, nada mais! — enfatizou. — Nós chamamos a isso de Evangelho no Lar, o qual complementaremos com outros livros com a finalidade de esclarecer rapidamente a todos. Eu gostaria que você, sua filha Bárbara e seu marido, se possível, participassem sem faltas.

— Eu participo, sem dúvida, Fábio — prometeu Paula ainda ansiosa. — Será aqui em minha casa?

— Seria bom. Para não encontrarem desculpas em não participarem. Quero também que vocês freqüentem um centro espírita e que passem por um tratamento de assistência espiritual lá, certo? Para assistirem às palestras evangélicas e receberem os passes.

Paula aceitou. Jamais pensou que pudesse concordar com propostas espíritas. Voltando-se novamente para Fábio, perguntou:

— Minha filha tem chances de sair de onde está?
— É claro que sim — respondeu piedoso. — Ninguém fica sob condições submissas e precárias eternamente. Ela sairá dessa condição sim. Confie em Deus Pai todo Poderoso. Qual pai abandonaria um filho?

Depois que Roberto se recuperou, levantou-se, bateu no ombro de Fábio e falou:

— Obrigado, cara. Você é mais legal do que eu pensava. Virá nos dias da tal reunião?

— Sim. Claro que sim! Se Paula não se importar, trarei meu irmão para nos ajudar com as preces também. Essa reunião, o Evangelho no Lar, deveriam estar reunidas só as pessoas que moram na casa. Mas, como não saberiam fazê-la, a princípio, poderei, junto com meu irmão, vir para orientá-los e incentivá-los.

— Sem dúvida, Fábio, pode trazê-lo — tornou Paula parecendo agradecida.

— Você irá ao centro também, não é, Roberto? — perguntou Fábio. — Eu acredito que precise se instruir muito, uma vez que é médium de incorporação.

— Tudo bem. Eu vou sim, claro — confirmou Roberto.

Márcia abraçou Roberto com carinho e ele retribuiu. Rose vendo que tudo estava melhor, decidiu:

— Pessoal, está ficando tarde, tenho minhas filhas para olhar.

— Fica, tia! — pediu Bárbara.

— Não posso, meu amor. Tenho mesmo de ir e você tem que cuidar de sua mãe. Eu gostaria que você a fizesse ler um daqueles livros que eu te dei.

— Pode ser aquele último romance que eu li?! — empolgou-se Bárbara.

— Sim. É um lindo romance espírita que, além de seu belo relato, explica o quanto é importante o apoio dos familiares e amigos quando se desencarna e como devemos agir quando algum ente querido parte desta vida para a outra vida.

Paula, emocionada e agradecida, voltou-se para Rose, afirmando:

— Rose, obrigada. Muito obrigada por tudo — abraçou-a com ternura e emoção.

— O que é isso, Paula! Eu é que agradeço por me dar a oportunidade de ajudá-la. Obrigada por me ouvir.

— Márcia e Fábio, vocês terão que me deixar em casa, é contramão para a Rose me levar — pediu Roberto.

— Mas, pra casa, onde? — quis saber a irmã.

— Vou para a casa do pai — respondeu encabulado. — Faz tempo que eu não o vejo, e ele nem foi hoje lá no hospital.

— Foi sim — afirmou Rose. — O Ciro o levou pela manhã e ele ficou lá com dona Mariana muito tempo. Foi uma exceção ao horário de visitas. Depois Ciro o levou para casa.

— É bom saber, pensei que ele não tivesse ido visitá-la. Mesmo assim vou pra casa dele.

— Não briga com ele, Beto — pediu Márcia.

— Juro que não vou abrir minha boca, tá?

— Beto? — tornou Márcia com a voz terna, afastando-o para um canto. — Só me ouça, depois tire suas conclusões, tá?

— O que é? — perguntou Roberto.

— Dá um tempo com a Júlia, afaste-se um pouco dela, por favor.

Roberto ficou pensativo. Depois de tudo o que aconteceu, agora estava em dúvida quanto à real intenção de Júlia e acabou concordando:

— Hoje eu vou só pegar meu carro que ficou com ela e depois tudo bem, eu darei um tempo sim.
— Outra coisa — insistiu Márcia.
— Fala.
— Não bebe, não, tá?
Roberto sorriu, passou a mão na cabeça de sua irmã e com um gesto de carinho desalinhou seus cabelos afirmando ao abraçá-la contra si:
— Pode deixar. Não vou beber, não. Tola!
Márcia sentiu-se mais tranqüila. Ela gostava muito de seu irmão.

17

O exemplo de Bete

Márcia e Fábio deixaram Roberto na casa de seus pais. Ela achava que tudo melhorava a cada momento e diversas dificuldades na vida de seus familiares se harmonizariam. Sentia-se bem, principalmente agora com Fábio a seu lado, experimentava uma leveza indescritível em seu coração. Sua vida estava ótima. Acreditava que Roberto seria mais cauteloso e sua irmã Paula passaria a ter esperanças para solucionar seus problemas, ser mais tranqüila, afetuosa com o marido e a filha.

Depois que deixaram Roberto em casa, Fábio perguntou à Márcia:

— Hoje é sábado, aonde vamos?

— Fábio, estou um pouco exausta, reflexiva com tudo o que experimentamos, que não tenho vontade nenhuma de ir a lugares movimentados ou agitados. Você se importa?

— Não. Vamos para minha casa. Você ainda não conhece meu irmão.

— Num sábado, será que ele estará em casa? — ela duvidou.

— E como está! Ele está estudando pro vestibular, quer passar de qualquer jeito. Quase não sai de casa. Até a namorada deu o fora nele porque o perdia para os cadernos e livros. Se bem que não parecia ser daqueles namoros sérios. Entende?

— Se formos para lá, vamos atrapalhá-lo?

— Se atrapalhá-lo, ele reclama, tenho certeza. Daí a gente vai embora, está bem?

Chegando à casa de Fábio, Márcia observou que tudo era muito simples, mesmo Fábio tendo um bom salário. A casa era bem grande e espaçosa. Tudo muito arrumado e limpo para dois homens que viviam sozinhos. Tinha algo particular e muito interessante: aquela casa era demasiadamente agradável, aconchegante, apesar da simplicidade. Era um verdadeiro lar.

— Quem conserva a casa assim tão arrumada? — perguntou Márcia, curiosa.

— Eu e o Ney. Temos uma senhora que vem aqui uma vez na semana para limpar e pegar a roupa para lavar e passar. Isso na segunda; na quarta ou na quinta, ela vem e deixa a roupa passada em cima da mesa. O resto nós fazemos.

— E a comida?

— O que é isso?! Sou filho de mineiro, uai! Acha que não sei cozinhar?

Márcia sorriu admirada. Ao chegarem na sala, Ney, que estava no quarto, foi recebê-los.

— Ney, esta é a Márcia, minha namorada — falou sorrindo orgulhoso. — Márcia este é o Sidney, meu irmão — apresentou Fábio.

— Prazer, Márcia. O Fábio fala muito em você. A propósito, pode me chamar de Ney.

— Prazer, Ney — cumprimentou sorridente.

Márcia sentia-se satisfeita. Voltando-se para Fábio, Ney observou:

— Puxa, meu! Ela é bonita mesmo!!!

Fábio, brincando, deu-lhe um tapa na cabeça falando:

— Coloque-se em seu lugar, cara!

Ney repentinamente ficou sério e olhou o irmão com o semblante assustado. Fábio estranhou e perguntou:

— O que foi? O que aconteceu?

Fábio era acostumado a brincar muito com seu irmão, aquilo não poderia tê-lo deixado assim.

— Oh, Fábio! — disse Ney que não sabia como se expressar devido à presença de Márcia.

— Fala. Vamos — insistiu ele.

Ney olhou para Márcia e para Fábio, não sabia como avisar.

— Fala, vamos, Ney! — Fábio ficou preocupado.

— Ih, cara! Sujou! — expressou-se Ney.

— "Sujou" o quê? — tornou Fábio. — Fala de uma vez, por favor.

— A Bete ligou agora a pouco e perguntou se você estava aqui. Avisei que não e ela falou que estava vindo para cá para deixar alguns papéis, não sei o que é, mas... entendi que ela viria até aqui justamente porque você não estava.

Márcia levantou-se na mesma hora, pedindo:

— Vamos, Fábio, antes que ela chegue.

Fábio com o semblante sério, decidiu rápido:

— Não vamos, não. De jeito nenhum. Não menti, não enganei, não fiz nada errado e não planejei nada disso para magoá-la. Vamos ficar. Você não pode se esconder da Bete a vida inteira, até porque não há motivos.

Nesse mesmo momento a campainha tocou. Ney espiou pela janela, avisando:

— É ela. E agora?

— Eu vou lá — afirmou Fábio convicto. Ainda avisou:
— Prepare-se, Márcia, vou fazê-la entrar.

Passando alguns minutos, Fábio entrou com Bete. Márcia sentiu-se constrangida e Bete ficou nitidamente encabulada, mesmo assim cumprimentou Márcia à distância.

— Olá, Márcia.

— Oi, Bete.

— Desculpe-me — pediu Bete —, se eu soubesse que você estaria aqui eu não teria vindo.

— Por quê? — perguntou Fábio calmamente.

— Fábio...! — exclamou Bete sem saber com se expressar.
— Tudo é muito recente. Não tive a intenção de incomodá-los com minha presença.

— Você nunca incomodará, Bete — afirmou Fábio com extrema gentileza. — Nós tínhamos que nos encontrar, mais cedo ou mais tarde. Somos amigos, lembra-se? E para não ser um péssimo anfitrião... Esperem aí, vão conversando que vou fazer um café e já volto.

O clima ficou difícil. Por algum tempo ambas não disseram nada. Somente Ney comentou alguns fatos, coisas do cotidiano e elas ficaram prestando atenção.

Fábio voltou para a sala com uma bandeja cheia de xícaras com café e os serviu.

— Obrigada — agradeceu Bete aceitando o café e depois prosseguiu: — Fábio, conforme combinamos, eu separei todos os depósitos bancários, aqui está uma lista. Veja se você concorda?

Fábio prestando atenção em Bete, mas sem olhar para o papel disse:

— Por mim está ótimo.

— Por favor, Fábio. Olhe! — insistiu ela.

Fábio pegou os papéis e os extratos bancários, passando ligeiramente o olhar e afirmou:

— Está bem. Está tudo certo. Não precisava fazer isso, confio em você.

— Na segunda-feira, vou até o banco e faço a transferência para sua conta individual, certo?

— Estou querendo saber de você, Bete. Como está? — perguntou Fábio.

— Bem. Estou bem.

Ney saiu da sala sorrateiramente, não quis presenciar aquela situação embaraçosa. Márcia criou coragem e acabou falando:

— Bete, eu não sei o que dizer. Eu não planejei nada. Estou sendo sincera.

— Não se preocupe, Márcia, eu entendo — expressou-se mansa e educada. — Há coisas na vida que não podemos evitar. Não se sinta como se tivesse roubado o Fábio de mim, primeiro porque ele não é uma propriedade, segundo porque eu já havia perdido o Fábio antes de você chegar, não é, Fábio? — Perguntou sem a pretensão de ofender. Só que agora foi ele quem se constrangeu. Acenou a cabeça positivamente, mas não disse nada. Bete prosseguiu: — Portanto Márcia, eu continuo estimando vocês dois. Estou magoada sim, não vou mentir, sinto-me ferida, porém sei que nenhum de vocês dois me traiu, tenho certeza que isso passará e assim que passar vou tratá-los melhor. Não sentiremos mais essa aflição quando nos encontrarmos novamente, não acha? Creio que iremos conversar normalmente e seremos amigas.

— Creio que sim — concordou Márcia tímida.

— No momento, eu e Fábio temos que dividir algumas coisas — continuou Bete —, e isso ainda é difícil. — Voltando-se para ele, completou: — Fábio eu pediria que você mandasse retirar, lá da minha casa essas coisas que listei aqui, espero que concorde com a divisão.

Fábio acenou a cabeça aceitando e falou:

— Para não incomodá-la e não prolongar mais isso, retirarei o quanto antes.

— Obrigada. Eu agradeço — disse Bete. — Bem — decidiu — ...preciso ir. — Estendendo a mão para Márcia, disse sustentando um sorriso: — Até outro dia, Márcia. Fique com Deus. Sinceramente, boa sorte.

Márcia retribuiu:

— Você também, fique com Deus. Boa sorte.

— Tchau, Ney! — exclamou Bete aumentando o volume da voz para se fazer ouvir, pois Ney estava no quarto.

— Tchau! — respondeu, ele de onde estava.

— Até mais, Fábio.

— Até Bete. Se precisar de nós, por favor, procure-nos.

— Sim. Vou me lembrar disso — sorriu.

Apertaram as mãos e Bete se foi.

Márcia estava incrédula. Fábio tinha razão. Ela realmente não era de brigas e controlava seus sentimentos de uma forma sem igual. Era firme e segura do que fazia. Márcia nunca ouviu falar de alguém com tanta classe numa situação como aquela. No lugar de Bete, no mínimo, nem teria entrado.

Fábio havia acompanhado Bete até o portão. Quando retornou, jogou-se no sofá e suspirou fundo, depois disse:

— Isso teria de acontecer, mais cedo ou mais tarde. Foi bom ter sido agora.

— Eu não esperava essa reação da Bete — comentou Márcia ainda pasmada. — Pensei que ela, no mínimo, nem fosse olhar para minha cara. Como ela é ponderada. Que classe!

— Ponderada, gentil, educada. A Bete é uma pessoa maravilhosa — completou Fábio.

Márcia sentiu uma ponta de ciúme quando ouviu Fábio elogiá-la daquela forma, porém não disse nada.

— O que vamos comer?! — perguntou Fábio mais animado. — Estou com fome. — Ele levantou-se colocou uma música e gritou: — Ney! Cadê o telefone da pizzaria?! Vamos comer pizza!

— Outra vez?! Esse cara, aos sábados, só sabe comer pizza! Vai se acostumando, Márcia.

— Quer coisa melhor? — perguntou Fábio. — A não ser que você não goste de pizza, Márcia?

— Adoro! Vamos lá. Ligue e peça — sorriu concordando.

Ficaram ali, os três conversando e brincando por longo tempo. Eles se conheceram melhor e lembraram de muitos fatos pitorescos de suas vidas, principalmente da infância.

Márcia estranhou o fato de não ter nenhuma bebida alcoólica, somente refrigerante. Para ela era comum tomar um drinque aos sábados. Mas pôde observar que mesmo sem nenhuma bebida alcoólica, eles riram bastante e se divertiram muito. Mais tarde Márcia avisou:

— Preciso ir, olha só a hora!!!

— Vou com você — afirmou Fábio. — Espere só um pouco, vou tomar um banho bem rápido e já venho.

Quando ele retornou à sala, ela perguntou preocupada:

— E como você volta?

— Com meu carro.

— Ele não está ruim? E se quebrar no caminho de volta a essa hora? Já é tarde!

— Seu carro, quebrou? — perguntou Ney que ainda não sabia do acontecido. — O que houve, cara?

Fábio contou tudo em rápidas palavras, depois insistiu:

— Vou com você, Márcia. Não voltará sozinha, é perigoso.

— Será perigoso para você também, mesmo que deixe seu carro lá e volte com o meu. Já é bem tarde! — reclamou ela.

— Não quero ficar preocupada novamente como hoje.

— Se o problema é voltar, Fábio — propôs Ney —, durma lá! Você já fez isso antes.

O rosto de Márcia corou de vergonha. Naquele outro dia, foi diferente, eles não namoravam e Fábio havia ido lá para ajudá-la. No entanto agora as coisas mudaram e não ficaria bem. Percebendo que Márcia ficou encabulada, Fábio virou-se para o irmão e avisou sério:

— Vou com ela, está bem? Tranque bem as portas e vai dormir. Não me espere, entendeu?

— Tá legal! — concordou Ney com simplicidade.

— Vamos, Márcia? — chamou Fábio.

— Tchau Ney, foi um prazer conhecê-lo! Você é muito legal.

— Você também Márcia, volte sempre. Adorei você.

Saíram e foram para o apartamento de Márcia. Chegando lá, ao abrir a porta, ela teve uma grande problemática surpresa. Roberto estava esparramado em seu sofá. Com tudo o que acontecia Márcia ficou mais atordoada do que já estava. Não sabia o que fazer. Fábio foi logo dizendo:

— Não senhor, esse sofá é meu! Durma lá dentro com a sua irmã.

— Fique quieto, Fábio! Não adianta, o Roberto não acorda de jeito nenhum.

— Se ele não acorda com barulho de jeito nenhum, por que você está me mandando ficar quieto? Por que está sussurrando? — retrucou Fábio, brincando e rindo.

Ela não respondeu, estava confusa. Como poderia se explicar ao seu irmão?

— Você tem um colchão avulso? — perguntou Fábio.

— Não.

— Tem um edredom sobrando para eu usá-lo como colchão?

— Tenho. Vou pegar — afirmou com voz fraca.

Fábio foi se ajeitando, no chão mesmo, sobre o edredom. Para ver Márcia constrangida e vermelha, ele brincou:

— Não tem dó de me ver aqui no chão duro? Convida para eu ir dormir lá dentro, vai?

— Fábio! O que é isso?!

Fábio gargalhou com gosto, deitou-se rapidamente e cobriu a cabeça.

— Não vai me dar um beijo de boa noite? — cobrou ela com romantismo.

— Claro — afirmou levantando-se para atender ao pedido.

Despediram-se e ele falou:

— Se esse cara aqui roncar, eu vou dormir lá dentro do seu quarto, hein. Tenho o sono muito leve.

— Eu também ronco — riu com gosto. — Lá dentro você não vai dormir.

Eles riram, depois Márcia foi para seu quarto.

Depois de alguns minutos, ela percebeu que Fábio sussurrava sozinho. Levantou-se e foi até a sala sem fazer ruídos e o espiou.

Fábio estava sentado, de olhos fechados com as mãos unidas, orando, tão concentrado que não pôde percebê-la. Ela admirou sua fé, voltou para sua cama e orou também.

Pela manhã Márcia acordou tranqüila, remexeu-se na cama e se espreguiçou. Começou a se recordar do que aconteceu no dia anterior e... de repente o susto! Márcia lembrou-se de que Roberto estava dormindo no sofá da sala e Fábio no chão. Eles iriam acordar e o que seu irmão pensaria dela?! Ele daria uma bronca, ficaria chateado, afinal, era seu irmão e costumava lhe dizer verdades friamente.

Márcia levantou-se rapidamente. O que faria?! Deveria acordar Fábio e mandá-lo embora? Não. Isso seria ridículo. Isso mostraria que não assumia seus atos, além do que, não havia feito nada de errado.

Quando Márcia, esbaforida, chegou à sala, Roberto despertou. Fábio também, só que ficou deitado, sem se mover e Roberto, ao vê-lo, pensou que ele ainda dormia.

O irmão de Márcia se sentou e ficou olhando para Fábio sem entender o que acontecia. Ao ver a irmã, notou seu espanto e as palavras ditas às pressas:

— Calma, Beto! Eu posso explicar!

— Explicar o quê? Você não tem nada para me explicar, eu não sou seu marido! O problema é seu — avisou de modo debochado.

Mas em seu íntimo, Roberto não gostou e sentiu ciúme de sua irmã caçula. Porém não disse nada. Ainda não sabia o que havia acontecido, afinal, Fábio e Márcia chegaram depois dele que já estava dormindo, e Fábio poderia ter ido embora sem que ele percebesse. Se Fábio ficou ali, haveria algum motivo. Além disso, precisava levar em consideração que sua irmã já era maior de idade e bem grandinha.

Fábio remexeu-se e se virou dizendo:

— Bom dia, cunhado! Só um detalhe, eu não sou um problema, sou a solução.

— Bom dia, Fábio. Mas você só será a solução quando nos livrarmos dessa daí.

Roberto disse isso apontando para sua irmã, gargalhando em seguida. Márcia apanhou o travesseiro e bateu-lhe com força na cabeça.

— Ai! Espere, Márcia, isso machuca — reclamou Roberto.
— Deve ter pedra aí dentro.

— Pare de falar assim de mim! Eu não gosto. Já basta a mãe ontem, que me fez passar pelo maior vexame. E a propósito, o que aconteceu? Você não ficou na casa do pai?

— Ele me expulsou, me colocou para fora. Como eu prometi, não abri a boca e resolvi vir pra cá. Tudo bem?

— Tudo bem. Só fiquei curiosa.

Fábio se levantou com a roupa toda amarrotada, virou-se para Márcia e disse:

— Vou indo, Márcia, tenho que levar meu carro e prefiro que ele acabe de quebrar durante o dia.

— Espere, vou preparar um café para nós.

— Não, Fábio. Não espera, não! Cai fora, meu! — sugeriu Roberto. Depois sussurrou: — O café dela é horrível!

— Pára Beto! Pára com isso! — irritada, foi para a cozinha.
— Seu carro está aí? — perguntou Roberto.
— Está lá em baixo. Não voltei para minha casa com ele porque fiquei com medo de que apresentasse algum problema de madrugada na rua. Ele está fazendo uns barulhos estranhos desde a batida.
— Vamos primeiro tomar um café, se sobrevivermos, eu o ajudo com o carro. Podemos guinchá-lo... Conheço um bom mecânico e por amizade ele pode atender hoje, mesmo sendo domingo.
Roberto sugeria a Fábio o que poderia fazer, enquanto tomavam café. Eles trocaram muitas idéias e conhecimentos. Depois Roberto o ajudou com o carro.

18

Mudanças repentinas

O tempo foi passando, dias, semanas e meses...
Dona Mariana estava sob o tratamento de quimioterapia, ia ao hospital muitas vezes. Seu estado não era bom, mas queriam tentar tratá-la, pois enquanto há vida tem que haver luta para preservá-la.

Na casa de Paula, depois de alguns meses, as coisas se acalmaram. João Vítor, Paula, Bárbara e Roberto passaram a freqüentar assiduamente o centro espírita e começaram a fazer os cursos disponíveis. Isso os deixou mais independentes, espiritualmente. Além do que, uma vez na semana, Rose, Márcia, Roberto, Fábio, Ney e, às vezes, Ciro reuniam-se em casa de Paula para orações e o Evangelho no Lar.

Junto com Fábio, Márcia finalmente começou a freqüentar o centro Espírita que era próximo ao local de trabalho deles. Porém ela não conseguia freqüentar com tanta assiduidade devido ao serviço. Para Fábio era mais fácil sair no horário, por isso ele nunca faltava. Quando Márcia ficava presa pelo excesso de trabalho, ele fazia questão de ir ao centro próximo à sua casa onde freqüentava com seu irmão desde pequeno.

O senhor Jovino, ao longo dos meses, havia se acalmado um pouco mais com Roberto que continuou administrando a gráfica sozinho, pois seu pai ficava o tempo todo com dona Mariana, cuidando da esposa, dando-lhe atenção e carinho.

Somente Júlia e sua mãe não se conformavam, e dona Cleide às vezes dizia:

— Cadê, Júlia? Você não disse que eles iriam se acabar? Que iriam pagar por tudo o que fizeram? Estão mais unidos do que nunca. Até o Roberto largou você.

— Preciso ir lá no terreiro cobrar tudo isso que eu pedi, paguei e não fiquei satisfeita. Afinal, gastei muito para não ter resultado nenhum. Quanto ao Roberto, ele já está danado, mais dias menos dias ele tomba de uma vez.

Um dia depois dessa conversa, Júlia foi ao tal terreiro e voltou para casa contando as novidades.

— Mãe, contei a eles tudo o que está acontecendo com esses infelizes. Eles me disseram que a culpa é do tal Fábio.

— O namorado da Márcia?! — exclamou dona Cleide.

— Ele mesmo! Desgraçado! Disseram que ele é o forte e que está fazendo trabalhos espirituais pro pessoal.

— Ele é macumbeiro, Júlia? Não parece!

— Não sei o que ele é. Não disseram. Só sei que ele é dos bons, que tem muita força e também muitos espíritos dos grandes ajudando ele.

— Então não vai ter jeito, filha?

— Ah, vai! Tem que ter um jeito! Ninguém é invencível. Lá no terreiro me disseram que só estão esperando uma única oportunidade para ferrar o cara. Quando o Fábio tombar, vão acabar com ele e todo mundo daquela família vai tombar junto. Já comecei a pagar o trabalho que será feito, preciso levar algumas coisas lá para oferecer e para eles fazerem o que é preciso. Depois eu pago o resto. Isso é, se eu ficar satisfeita.

* * *

Em uma das reuniões de desobsessão, Melissa se manifestou. Ela estava triste e arrependida, parecia já ter sofrido bastante. Chorou muito, mas registrou uma grande mensagem onde falou arrependida e disse à sua mãe o quanto lamentava por tudo.

Melissa salientou que seguiu todos os passos de sua família, desde o dia em que Jonas se comunicou através de Roberto, há meses atrás, quando sua mãe finalmente aceitou o Espiritismo.

Foi comovente o seu relato. Ela havia aprendido tudo o que seus pais e sua irmã se propuseram aprender com a Doutrina Espírita.

Jonas não podia estar todo o tempo ali, por isso ela acompanhava seus familiares, principalmente nas leituras dos livros espíritas e admitiu gostar muito dos romances lidos pela irmã Bárbara. Quando Melissa ouvia aquelas leituras, eram os únicos momentos em que tinha paz, momentos que conseguia se refazer dos maus-tratos de Jonas, recuperando suas forças e até sua aparência melhorava.

Bárbara lia os livros com tanta doçura, com tamanha emoção que Melissa podia vivenciar aqueles fatos, sonhar com aquelas histórias e assim ela ganhava conhecimento e força.

Sua mãe já não lhe fazia mais pedidos nem reclamações. Paula aprendeu que aos desencarnados fazemos preces e orientações.

Disse também, que se refez muito depois que passaram a fazer as preces em sua casa. Ela podia ver os mentores do plano espiritual preparando o ambiente antes que começassem as orações.

As vibrações feitas sempre a envolviam e ela se recuperava cada vez mais.

* * *

Certo dia Melissa se viu diferente. Estava com sua aparência quase normal. Em seu coração havia algo incomum, uma esperança, uma expectativa, não sabia o que era. Sentia-se muito bem.

Naquele dia, porém, o movimento na espiritualidade parecia ser maior do que das outras vezes, ou seria ela que estaria obtendo visão melhor para enxergar a todos? Sim, porque muitas vezes, Melissa não conseguia ver um espírito que estava ali na sessão auxiliando e trabalhando, quando muito ela os sentia.

Em dado momento, aproximou-se de Melissa uma entidade que viu algumas vezes. Adotava a aparência de um senhor baixinho e gordinho, que sempre acompanhava Fábio. Chegando perto dela, ele disse com ternura:

— Filha, venha. Chega de sofrimento. Chegou a sua vez.

Melissa não soube descrever, mas deixaram que se aproximasse de sua irmã Bárbara. Ela não se conteve e começou a chorar de emoção. Bárbara, como instrumento mediúnico, passou a receber suas vibrações e a falar o que Melissa pensava.

— Mãe... perdoe-me, mãe. Tudo o que eu fiz, por favor, perdoa.

Ela começou a chorar compulsivamente. Em meio a soluços e lágrimas, admitiu:

— Eu nunca pensei que pudesse me arrepender tanto, tanto como estou agora. A senhora não imagina como eu sofri... tudo por falta de ouvir os seus conselhos. Toda essa dor é por minha culpa, por não ter seguido os seus ensinamentos. Vejam só agora, aqueles que me amavam de verdade e ainda me amam, hoje estão aqui presentes lutando e trabalhando para me ajudarem. Desculpe-me por não ter lhes ouvido também. Tudo o que vocês disseram estava certo.

Não lucrei nada com as amizades que eu tive, ao contrário, elas só me trouxeram prejuízos. Com meus amigos, pois era assim que eu os chamava, conheci um mundo cheio de aventura e de alegria. Para mim, não havia felicidade maior do que a de estar com eles, na companhia deles. Entretanto, hoje, vejo que aquela alegria era falsa e aquela felicidade traiçoeira.

Eu roubei, furtei, agredi. Agredi até minha própria mãe, com palavras, atos e ações. Eu trafiquei, me droguei, me prostitui e tudo isso só me levou a um vale de sofrimento e de dor, de angústia e desespero do qual eu não consegui sair.

Desde quando desencarnei, se tive alguma paz, algum sossego, foi devido ao auxílio de vocês que nunca se negaram a me ajudar, que não mediram esforços tentando me livrar desse sofrimento.

Não só me prejudiquei como também a muitos de vocês. Por minha causa, vocês sofreram, passaram por dificuldades e provações terríveis, e eu não podia ajudá-los.

Eu só peço desculpas por tudo o que eu fiz. Estou arrependida e sei que só posso aguardar a minha vez de ser socorrida, não posso pedir nada. Todos foram muito bons para mim.

Fábio, que dirigia a sessão naquele dia no centro, voltando-se para Bárbara que servia de instrumento, disse com voz terna:

— Eu creio que sua vez de ser socorrida chegou, Melissa.
— Ela não disse nada, somente as lágrimas rolaram. — Você vê estes que estão a seu lado?
— Sim. Agora eu vejo todos.
— O que eles propõem?
— Quem falou foi o Otávio. O nome dele é Otávio.
— Sim, eu sei. O que o Otávio propõe?
— Que eu o siga. Disse que chega de tanto sofrimento.
— Então, siga-o. Não é essa a sua vontade?
— Sim. Só mais uma coisa.
— Diga.
— Eu amo vocês. Pela primeira vez eu sei o que é amor. Eu amo muito vocês. Fiquem tranqüilos, estou indo para um bom lugar.

Dizendo isso, Melissa se foi. Ela seria levada para uma colônia onde receberia tratamento e orientação. Não houve quem não deixasse rolar suas lágrimas. Seus relatos foram emocionantes. Até Fábio, no final de tudo se emocionou.

Bem depois, ao contar a Márcia às emoções se afloraram novamente e ela surpreendeu-se:

— Você está chorando, Fábio!

Ele sorriu enxugou as lágrimas e falou.

— Quem não chorou? Eu sou muito homem, até para assumir que choro quando tenho vontade. E choro mesmo.

Márcia o abraçou. Cada dia que passava, Fábio a surpreendia, e ela o amava cada vez mais. Às vezes não acreditava ter ao seu lado um homem como ele.

* * *

O tempo foi passando, tudo se harmonizava lentamente.

Somente Jonas ficava mais violento e enlouquecido a cada dia. Principalmente agora por estar sem Melissa para descarregar sua ira.

— Não tem mais jeito! — dizia Jonas. — Tudo o que eu faço é em vão! — reclamava aos seus ajudantes. — Não consigo mais atingi-los, nem mesmo o Roberto que parecia ser o mais fraco.

— Por que você não atinge aqueles que estão em volta deles.

— Cale a boca! Não pedi a sua opinião! — respondeu estupidamente.

Jonas gritava, não se continha. Depois de pensar por alguns segundos, voltou-se para seu ajudante e perguntou:

— Que idéia é essa? Atingir quem?!!

— Atingir aqueles que estão próximos deles. Faça-os tomar raiva deles, balance-os emocionalmente, entende?

— Isso mesmo Jonas, se você influenciar o diretor da Márcia a despedi-la ou a despedir o Fábio eles estarão, em princípio separados o dia inteiro e depois estarão abalados.

— É isso aí! Se quiser abalar um homem de bem, mexa com sua família ou faça-o perder o emprego! — salientou o outro rapaz sarcasticamente.

Jonas aceitou a idéia imediatamente e começou a por em prática seu plano. Passou a acompanhar Márcia no serviço e a ficar perto de seu diretor.

Depois de algumas semanas, Márcia reclamava para Fábio:

— Nossa, Fábio! O homem está insuportável! Exigente e nervoso, sempre.

— Calma. Não comente isso com ninguém. Faça somente a sua parte — ele orientou.

Com o passar dos dias, o telefone tocou em sua mesa e Márcia atendeu, era o diretor.

— Senhorita Márcia, venha à minha sala imediatamente! — exigiu desligando em seguida.

Márcia não gostou, algo estava errado. Sentiu um grande mal-estar. Mesmo assim foi atender a solicitação de seu chefe. Ao sair de sua sala, Fábio olhou-a de forma estranha, sério e com o semblante quase sisudo. Pressentia algo indefinido.

Ela fitou-o e Fábio pendeu a cabeça positivamente, apertou os olhos fechando-os e respirou fundo, depois a olhou e balançou a cabeça novamente, querendo lhe dizer algo como: "Tenha forças! Tenha fé e fique firme", pois ele sentiu que algo desagradável estava prestes a acontecer. Porém, Márcia não entendeu seu gesto e seguiu para a sala da diretoria. Bateu na porta e de dentro ouviu-se a voz autorizando:

— Pode entrar.

— Desculpe-me bater, é que a secretária não estava.

— Sim, eu sei. Ela não veio hoje. — Remexendo em alguns papéis, o senhor pediu: — Sente-se, precisamos conversar.

Márcia sentiu um frio correr-lhe o corpo e alojar-se em seu estômago. Uma agonia invadia sua alma.

— Senhorita Márcia, eu estou sabendo, e sei que não é segredo para ninguém, que a senhorita e o senhor Fábio estão de caso.

Márcia, firme, revidou imediatamente:

— Perdão, doutor Rodrigo. Não é "um caso"! — enfatizou educada, defendendo sua moral. — Fábio e eu estamos namorando sério e já pensamos em ficar noivos.

— Como queira. Só que eu acredito que seu serviço não está sendo bem desempenhado devido às condições de ambos, por trabalharem juntos.

— Gostaria que o senhor me mostrasse, por favor, onde foi que eu falhei?

— Isso não é importante, senhorita.

— Como não é importante, doutor Rodrigo? — questionava quase se impondo. — O senhor me chama aqui, diz que minha vida sentimental influencia e interfere negativamente em meu trabalho, isso significa que eu errei. Quero saber onde está o erro!

— Quem é a senhorita para falar assim comigo?! Eu não tenho que lhe dar satisfações!

O rosto de Márcia ficou vermelho de raiva. Um súbito calor aqueceu-lhe até a alma, mas resolveu ficar quieta. Seria o melhor a fazer.

— Eu já chamei a senhorita aqui com a decisão tomada. Pegue! — estendeu a mão oferecendo a Márcia um envelope.

— O que é isso? — perguntou pasmada, temendo ser o que imaginava.

— Uma carta de demissão.

— Minha?!

— Não — respondeu secamente. — É para a senhorita entregar ao senhor Fábio. É a encarregada dele, não? Essa tarefa é sua.

Márcia havia se levantado da poltrona para receber a carta, mas ao ouvir aquilo se deixou cair sentada novamente. Esmorecida, mas se fazendo firme, perguntou com voz fraca e incrédula:

— Entregar ao Fábio...?

— Entregar ao senhor Fábio sim, senhorita. Ele vai deixar o nosso quadro de funcionários e a senhorita, como sua encarregada, é quem irá avisá-lo. Fui mais claro agora? — perguntou ríspido.

Márcia não quis aceitar a verdade. Fábio despedido?! Isso não podia acontecer. Sentia-se culpada.

— Por enquanto é só, senhorita Márcia. Pode ir — dispensou-a friamente.

Ela ficou sem palavras, não acreditava em tudo o que estava experimentando. Aquilo não poderia ser real. Fábio desempregado?!

Márcia saiu da sala do diretor sem se despedir. Levantou-se e automaticamente, virou-se indo embora. Não esperou o elevador, desceu pelas escadas até seu andar. Chegando à sua seção, abriu a porta, não olhou para ninguém nem para Fábio. Passou apressadamente por todos que a observavam, surpresos com aquela reação, sem entender o que acontecia.

De seus olhos, as lágrimas rolavam incessantemente. Ela entrou em sua sala e encostou a porta, sem fechá-la.

Fábio não se importou com o que os demais poderiam pensar. Levantou-se e foi falar com ela na mesma hora. Sem bater entrou na sala chamando-a:

— Márcia! — Indo ao seu encontro, abraçou-a perguntando: — O que foi? Não fique assim. Conta o que aconteceu?!
Escondendo o rosto em seu peito ela o abraçou com força, mas não conseguia parar de chorar. Não se conformava. Como poderia haver pessoas tão cruéis?! Mandar Fábio embora justo agora! E seria ela quem deveria avisá-lo? Não! Aquilo era demais.
— Márcia — insistiu Fábio, mais carinhoso afagando-lhe o rosto ao secar suas lágrimas —, fique calma e conta. O que aconteceu?
Sem conseguir falar, entregou-lhe o envelope com a carta de demissão.
Fábio calmamente abriu e leu. Abaixou a cabeça e ficou pensativo por alguns segundos. Aquilo lhe doeu muito. Não poderia ficar desempregado, não agora, tinha muitos planos para com Márcia. Ele fechou os olhos, respirou profundamente e disse:
— Tudo bem. Está tudo bem. Não chore mais.
Márcia agindo impulsivamente, afastou-se. Indo para trás de sua mesa, pegou sua bolsa alçando-a no ombro.
— O que você vai fazer, Márcia? — perguntou temendo que ela piorasse a situação.
Sem responder nada, pegou as chaves do carro e foi saindo.
— Márcia, por favor, não piore tudo — pediu tentando acalmá-la.
— Eu vou embora, não consigo ficar mais aqui — respondeu chorando.
Virando-se rapidamente retirou-se às pressas. Fábio correu atrás dela. Ninguém conseguiu entender. Márcia, chorando, caminhou pela seção afora, passou por todos sem olhá-los e

bateu a porta ao sair. Ela parou frente ao elevador esperando-o, foi quando Fábio a alcançou e avisou:

— Eu vou com você. Espere aqui, tá? Tenho que pegar minhas coisas. Fique aqui, por favor. Eu já venho.

Correndo de volta à seção, apanhou seus documentos, sua pasta e o paletó. Voltando-se a um amigo, pediu:

— Zé, desliga o micro e a impressora pra mim, por favor? Ah! Guarde tudo o que for meu com você. Depois eu pego, tá bom?

— Mas o que foi, Fábio? O que está acontecendo?

— Eu fui demitido. É isso — avisou tranqüilo, mas com certo tom amargo na voz. — A Márcia não está bem, ficou inconformada. Vou levá-la embora.

— Demitido?! Você, Fábio?! — praticamente gritou.

Todos o olharam de imediato. Ninguém podia acreditar. Fábio era um excelente analista de sistemas, o melhor funcionário daquela seção, como isso foi acontecer com ele?

— Você faz isso para mim, Zé?! — perguntou apressado.

— Faço. Pode ficar tranqüilo. Ei, Fábio?

— O quê?! — virou-se para ouvi-lo.

— E na sala da Márcia, tá tudo ligado lá?

— Não sei. Veja o que pode fazer. Desligue tudo.

— Se alguém perguntar por ela, o que eu digo?

— Diga que ela passou mal e foi embora. — Quando os colegas tentaram detê-lo com perguntas e mais detalhes, Fábio pediu: — Por favor, pessoal. Tenho que ir. A Márcia não está bem. Depois conversamos.

Márcia estava encostada à parede diante do elevador esperando por Fábio, sem conseguir parar de chorar. Pálida, parecia que poderia desmaiar a qualquer momento.

Bem depois, em seu apartamento, ela desabafava com o namorado:

— Eu não acredito, sabe o que ele teve a petulância de me dizer?

— O quê? — quis saber com serenidade.

— Que eu e você tínhamos "um caso"! — exclamou aborrecida.

— E o que você respondeu a ele?

— Que nós namorávamos sério e que estávamos pensando em ficar noivos!

Fábio a abraçou com carinho. Beijou-a e disse:

— Pensei que nunca iria me pedir em noivado.

— Isso não é hora de brincar, Fábio. Por favor — pedia chorosa.

— Não se preocupe, Márcia. Eu não vou ficar nem um mês sem emprego. Foi muito bom isso ter acontecido.

— Foi bom?! Fábio, você está ficando louco?

— Quero me casar com você! — avisou animado e sorrindo.

Márcia ficou paralisada. Olhou-o incrédula, e ele continuou:

— Não é justo que você ganhe mais do que eu — brincava ao sorrir. — Estou me sentindo inferior. Com o dinheiro que vou receber de todos os meus direitos, podemos comprar muitas coisas, até uma casa ou um apartamento. O que você acha? — tentou animá-la, abraçando-a com carinho e embalando-a nos braços. — Já tenho certo valor guardado no banco e junto com aquele que a Bete me devolveu, não será muito, mas eu sei que dá para uma excelente entrada ou talvez dê para pagar tudo, e, se sobrar alguma dívida, será mínima.

— Você não está falando sério, está? — perguntou tímida, afastando-se para observá-lo.

Fábio a abraçou novamente com toda ternura, beijando-lhe os cabelos e o rosto ao segurá-lo com delicadeza. Márcia estava muito nervosa. Olhando bem em seus olhos, como se invadisse sua alma, falou com sorriso suave em tom generoso:

— Nunca falei tão sério, meu bem. Eu quero me casar com você sim. Pode parecer loucura, dizer isso só agora depois que perdi o emprego, mas... eu te amo, Márcia. Não consigo ficar longe de você. Eu a quero para mim! Pode acreditar. Não vou ficar muito tempo sem trabalho. Tenho capacidade, conheço muita gente e tenho uma profissão na qual sou muito bom. Assim que eu começar a trabalhar novamente, nós nos casaremos. Eu preciso de você.

— Oh, Fábio! Nós vamos conseguir. Sei que vamos, já conseguimos tantas coisas — animou-se um pouco mais.

— Com trabalho, fé e honestidade, consegue-se tudo, Márcia.

Fábio a envolveu com carinho, afagando-lhe com ternura e a beijando com todo amor. Ela, mais calma, deixou-se cativar afetivamente por todo aquele desvelo, correspondendo com delicado desejo e emoção.

19

Abalos, transtornos e desespero

Em uma semana, Fábio arrumou um emprego. Imediatamente à entrevista, ligou para Márcia, ansioso, para avisar sobre a novidade.

— Márcia, não falei?!!!

— Oi, bem, o que foi?!

— Acabei de passar por uma entrevista! Nem mesmo dei baixa na carteira e praticamente estou empregado, e mais! O salário é maior que o seu! Viu só?! Não falei?! — alegrava-se brincando em meio ao sorriso de felicidade.

— Onde é? — quis saber satisfeita.

— Numa grande empresa. Mais perto da minha casa.

— Puxa, Fábio, como estou feliz! Parabéns, meu amor!

— Eu te amo muito, sabia? Mas depois a gente se fala. Tenho de arrumar alguns documentos e tirar fotos. Vou para sua casa à noite, lá eu conto tudo.

— Fico esperando. Parabéns! Quero cumprimentá-lo o quanto antes.

— Não vejo a hora de vê-la. Quero abraçá-la com toda minha força! Com todo meu carinho... eu te amo!
— Eu também. Um beijo.
— Outro.

Márcia sentia-se feliz, agora ninguém mais poderia atrapalhar a sua felicidade. Naquela mesma hora o telefone tocou era seu irmão, Ciro.

— Márcia?
— Fala, Ciro! — reconheceu a voz de seu irmão.
— Márcia — avisou sem rodeios —, não dá pra enganar, vem aqui que a mãe está muito mal. Estamos no hospital e ela quer vê-la.
— Não brinca, Ciro!
— Não. Eu não brincaria com isso. Vem pra cá.
— Estou indo.

Márcia ficou desorientada. Avisou o pessoal de sua seção e a secretária do diretor que sua mãe passava mal e que iria vê-la. Todos já sabiam que dona Mariana estava com câncer.

Correndo para o hospital, ao chegar, encontrou todos reunidos. Paula chorava muito, abraçada à Bárbara, ela pediu à Márcia:

— Vai lá, Má. Ela pediu tanto para vê-la.

Márcia nem conseguia chorar, sentia-se totalmente atordoada.

Entrando no quarto viu sua mãe com alguns aparelhos e sondas. Dona Mariana respirava mal e parecia ter dores, apesar dos medicamentos praticamente a dopava, mas a reconheceu e chamou com voz fraca que quase não se ouvia:

— Filha...

Dona Mariana estava com uma aparência cadavérica, sua voz praticamente não saia.

— Mãe! Oh, mãe...

Márcia começou a chorar compulsivamente. Abraçou-a, ficou ali por algum tempo sem dizer nada. Logo depois um médico entrou e orientou educado:

— Melhor deixá-la descansar. Vem comigo.

— Ela quis me ver! Cadê meu irmão, o doutor Ciro?

— Eu estou cuidando dela a pedido dele.

— Por quê?

— Filha! — disse o médico piedoso, afastando-a da mãe. — O Ciro não tem condições. Veja o estado dela, é mãe dele também. Não é bom para ela ver os filhos assim chorando. Creio que você me entende. Fique lá fora, recomponha-se do choro e depois, quando perceber que não vai deixá-la deprimida pelo seu nítido sofrimento e pelo choro, pode entrar e ficar mais um pouco com ela.

Márcia começou a chorar ainda mais enquanto o médico a conduziu para fora do quarto. Ela juntou-se aos irmãos. Mais tarde, após ver sua mãe novamente, ficou amargurada como nunca.

De volta ao seu apartamento. Abraçada a Fábio, chorando, contou-lhe tudo.

Fábio, bem afetuoso, acalmou-a com palavras doces e exemplos espíritas sobre situações iguais a de sua mãe. De repente o telefone tocou. Márcia temeu atender e Fábio foi ver quem era.

— Alô?

— Fala, Ney! Sou eu.

Fábio ficou ouvindo e Márcia o observava com expectativa temerosa. Durante a conversa, notou que o namorado se abalava com o que ouvia, algo o transtornava. Sem demora, perguntou surpreso:

— A mãe o quê?! — continuou a ouvir, sem nada dizer.

Márcia ficou apreensiva e amargurada, sabia que não era uma notícia boa pela expressão dele, mas precisou esperá-lo terminar para saber do que se tratava. Colocando o telefone no gancho, ele esfregou o rosto com as duas mãos, respirou fundo e avisou melancólico, com voz lastimosa:

— Minha mãe sofreu um derrame.

— O quê?!

Fábio repetiu:

— Isso mesmo. Minha mãe acabou de sofrer um derrame.

— Onde ela está?

— Num hospital em Minas Gerais.

— Liga para o seu pai para saber direito o que aconteceu — propôs ela sem saber o que dizer.

— Não dá. Eles moram numa fazenda. Lá não tem telefone, até o celular fica fora da área de cobertura. Meu pai ligou do hospital lá para casa e avisou. O Ney me disse que nosso pai estava despreparado, ele não sabia o que fazer.

— Não dá para acreditar. Isso tudo não pode estar acontecendo! Meu Deus!!!

— Não podemos fugir da realidade, está acontecendo sim. Márcia, se eu precisar ir para Minas Gerais, você vai ficar bem, não vai?

— Diante disso, eu não posso pedir que fique comigo, nem posso acompanhá-lo. Seus pais precisam de vocês. Assim como os meus de mim, nesse momento.

Ele a abraçou e lamentou num desabafo sufocado:

— Eu queria levá-la comigo. Prometi que iria conhecê-los. Mas agora você não pode ir... eu não gostaria de me separar de você, meu amor.

— Estou com tanto medo, meu bem — admitiu chorosa. — Queria ficar com você... sinto uma coisa...

A situação era difícil para ambos. Eles não queriam se separar, mas diante das circunstâncias eram obrigados.

— O Ney vai com você?

— Sem dúvida que sim.

— Seu pai não tem mais ninguém para ajudá-lo?

— Minha tia mora com eles, mas ela não tem condições de cuidar dessas coisas. Já tem certa idade, nem sai de casa. Além do que, faz um ano que eu não os vejo.

— Não estou pedindo que fique. Você tem que ir ver sua mãe e ajudar seu pai no que for preciso. Mas me dê notícias, por favor. Não me deixe sem saber o que está acontecendo.

— Claro que não. Sabe, Márcia, acho que vou viajar amanhã mesmo.

— Vai de carro?

— Vou. Vou sim.

— É muito longe, não é, Fábio?

— Sim, é. Olha, lá não tem telefone, mas assim que eu chegar ligo para conversarmos por mais tempo. Devo demorar uns dois dias para chegar à cidade, isso porque vou fazer algumas paradas no caminho, a viagem é muito cansativa. Mesmo no caminho eu ligo pra você. Se o celular não pegar, ligarei a cobrar de algum telefone público, tá?

— Claro. É lógico que sim.

— Vou deixar aqui o endereço de onde estarei para qualquer eventualidade. Não é fácil se chegar lá, o melhor é ir perguntando. Amanhã bem cedo, antes de sair de casa eu ligo para você. — Após fazer anotações em um papel, encarou-a comovido e afável avisando com ternura, com imensa dor por aquela inesperada separação: — Márcia, assim que eu voltar de Minas, vou começar a trabalhar e vamos nos casar. Eu prometo. Não consigo mais ficar longe de você.

Márcia deu um leve sorriso e Fábio percebeu que algo estava errado.

— O que foi, Márcia. Você não me parece bem?

— Deve ser o cansaço de hoje, estive muito tensa — falou sem conseguir segurar o choro.

— Não só de hoje, mas das últimas semanas também. A pressão no emprego, minha demissão, tudo isso a estafou. Você está muito abatida. Também quase não come, não é, Márcia? — quase se zangou.

— Não é falta de me alimentar. Estou me sentindo mal, cansada... também com tudo o que está acontecendo... — comentou chorosa. Depois de uma pausa, ela confessou: — Eu não gosto da idéia de ficar sem você num momento desses. — Sussurrando, pediu: — Dorme aqui, me faz companhia hoje; amanhã cedo você vai.

Fábio ficou em dúvida, tinha que arrumar suas coisas, porém aceitou. Percebeu que Márcia não estava bem, pois apresentava um abatimento nítido em sua face.

* * *

Fábio e Sidney viajaram para Minas Gerais. No decorrer da viagem, eles telefonaram várias vezes para Márcia. Fábio estava muito preocupado com ela, algo apertava seu coração, mas nada comentou. Soube pela namorada que dona Mariana não estava nada bem. Todos aguardavam a qualquer momento o seu desencarne.

Em um dos dias em que Márcia estava no hospital, Roberto chegou transtornado, parecia alucinado. Não cumprimentou ninguém, foi direto na direção de Márcia e disse em voz baixa e bem aflito:

— Pelo amor de Deus! Preciso falar com você!
— Vamos ali. Vamos conversar lá — propôs a irmã.
— Não. Não dá. Vamos para sua casa.

Márcia levantou-se e foram para o seu apartamento. Ele parecia desesperado e não falava, às vezes parecia chorar. Ela começou a ficar preocupada, mas teria que aguardar. Chegando ao apartamento, Roberto pediu:

— Preciso de um copo d'água. — falou respirando descompassadamente, estava pálido e tenso.

— Calma, Beto... o que foi?!

Ele bebeu alguns goles de água, procurou acalmar-se, mas não conseguiu. Virou-se para Márcia e subitamente avisou:

— Eu soube que a Júlia está com AIDS.

Márcia não agüentou, sentiu seu rosto esfriar e suas pernas amolecerem tamanho abalo, mas Roberto a amparou e fez com que sentasse no sofá. Depois de alguns minutos, ainda meio tonta, perguntou:

— Pelo amor de Deus, Beto — murmurava ofegante. — Diga que você não teve nada mais sério com ela, você entende, não é?

— Tive — avisou aflito. — Eu tive relações com ela sim.

Márcia perdeu os sentidos temporariamente. Roberto umedeceu seu rosto chamando-a constantemente. Quando voltou a si, ela começou a passar mal. Sua cabeça doía, seu estômago embrulhava e pediu:

— Preciso chegar ao banheiro, estou passando mal, vou vomitar...

Roberto segurou-a levando-a às pressas para o banheiro. Bem depois, quando se recuperou, disse a Roberto:

— Não é possível, Beto. Isso não está acontecendo.

— É sim, Márcia. É possível sim.

— Você já fez o exame de HIV?

— Não. Ainda não tive tempo nem coragem.

— Vamos falar com o Ciro, Beto?

— Não!!! — reagiu enérgico. — Eu não quero!!! Confiei em você. Não vai me trair, Márcia. Não vai dizer nada a ninguém.

— Não se torture, Beto. Há casos em que pessoas que se relacionaram com aidéticos, ou soropositivos, não adquiriram o vírus.

— Eu não sei, não, Márcia.

— Precisa fazer o exame. Antes disso, não vale a pena sofrer.

— Estou desesperado! Não posso acreditar! Você falou, avisou, brigou comigo, mas eu não quis ouvir. Acho que não ouvir os bons conselhos é o mal de nossa família.

— Espere aí! Quem te contou isso? Será que estava falando a verdade ou mentiu só para ver você se torturando?

— Não. Ele não iria mentir. Foi o pai dela quem me contou.

— Como foi que ele disse?

— Ele perguntou como a mãe estava e nós dois começamos a conversar, e ele disse que: "doença é fogo, quando entra não quer sair mais", e depois ainda falou assim: "Veja só a Júlia, andou por aí, pegou AIDS e agora taí sofrendo, não tem mais jeito." Então eu perguntei: "Pegou o quê?" E ele respondeu com todas as letras: "AIDS".

— Pode ser também que ela pegou depois que vocês terminaram, isso já faz tempo, já tem alguns meses.

— Essa é minha única esperança.

— Vamos rezar, Beto. Você não tem nada.

Abraçada ao irmão, Márcia ficou consolando-o por um longo tempo.

Roberto decidiu fazer o exame, procurou um médico e um laboratório particular, pois não queria alaridos em sua família. Márcia foi com ele.

Passaram-se dois dias e Fábio não havia telefonado mais. Márcia estava preocupada, muito aflita. Ele não deu qualquer notícia e ela não tinha a quem recorrer. Na fazenda de seus pais não havia telefone e nem sabia em qual hospital a mãe de Fábio foi internada. Como poderia entrar em contato?

Márcia começou a entrar em pânico. Teria acontecido algo? Não. Notícia ruim voa.

Nesse dia à noite, Roberto a procurou.

— Márcia?

— Entra, Beto, vamos.

— Aqui está — anunciou sem trégua e com modos frios. — Deu soropositivo. Sou portador do vírus HIV, causador da AIDS.

Márcia sentiu-se tonta e desmaiou. Roberto a tomou nos braços e levou-a para o quarto. Quando ela reagiu, eles se abraçaram e choraram muito.

O momento era difícil e desesperador.

— Roberto e agora?

— Não sei. Não sei o que fazer, Márcia. — Roberto parecia estar anestesiado, mais conformado do que ela. — Vou continuar levando a vida. Há tantos que continuam vivendo normalmente. Por enquanto, eu estou só com o vírus, não estou sendo lesado pela falta de imunidade e adquirindo infecções.

Márcia estava sensível, chorou muito e ficou todo o tempo abraçada ao irmão. Roberto a beijou na testa e a consolou. Depois de algum tempo, ela disse:

— Beto, o Fábio não ligou mais... não deu mais notícias... estou desesperada.

— Será que a mãe dele morreu? — perguntou Roberto.

— Eu acredito que ele teria um tempo para me avisar, não acha?

— Teria sim. Não creio que ele iria ignorá-la. Você já foi até a casa onde ele e o irmão moram?

— Fui. Não tinha ninguém e a vizinha, que cuida das coisas deles, também não sabe de nada, ela não teve notícias.

— Ele vai ligar. Calma.

— Não sei. Às vezes me dá um medo. Sinto uma coisa...

— Medo do quê? — perguntou Roberto.

— Eu acho que Fábio me deixou.

— Não diga isso. Não seja tola.

— Ele estava sem emprego, a família dele mora onde eu não sei ir. Para ele seria cômodo. Cansou-se de mim e foi embora. Combinou tudo com seu irmão e se foi.

— Não fique mirabolando coisas, Márcia. Aconteceu algo que o impediu de ligar.

— Será que foi um acidente?

— Com certeza, dariam um jeito de avisá-la. Não deve ter sido isso. O irmão dele ligaria.

Márcia não se conformava. Cada dia, cada hora era uma tortura. Abatia-se a olhos vistos devido a tantas preocupações.

Jonas delirava com o seu sofrimento, aproveitando-se para torturá-la ainda mais. Agora estava do jeito que ele queria, separou-a de Fábio, Roberto doente, dona Mariana nas últimas, sim todos estavam sofrendo.

Márcia não tinha cabeça para trabalhar. Seus problemas se refletiam em seu serviço. Todos acreditavam que seu abatimento fosse somente por causa de sua mãe.

Certo dia Márcia desmaiou no meio de uma reunião. Até o terrível diretor, que tanto a pressionava, ficou penalizado com seu estado e chegou a se arrepender do que tinha feito a Fábio.

Agora, depois da decisão tomada, viu que não seria necessário tudo aquilo. Fábio era um excelente funcionário e estava fazendo falta na seção. Por outro lado, Márcia era capacitada e prestativa, na verdade nunca apresentou problemas no serviço devido a sua vida pessoal. E talvez agora, por culpa dele, ela estivesse sofrendo por mais aquilo.

— Coloque-a aqui — indicou o diretor ao gerente que apanhou Márcia no colo. — Nessa poltrona, por favor.

O gerente começou a afagar os cabelos de Márcia. O diretor, por sua vez chamava-a:

— Senhorita Márcia?! Márcia! Depressa! — disse ele à secretária — Traga um copo com água.

Márcia começou a voltar a si. Estava desfigurada, abatida, nem a maquiagem disfarçava suas olheiras. Ela que era tão exuberante, de aparência tão saudável, abatida daquele jeito era de se estranhar. O diretor, homem sério e sisudo, abaixou-se perto dela e perguntou:

— Márcia... tudo bem?

Márcia, ainda tonta, não se lembrava de nada e não entendeu por que estava ali. Ela não respondeu e ele continuou:

— Beba água, vai ajudar.

Ela se sentia fraca, esmorecida, não conseguia reagir. Mesmo assim falou:

— Desculpe-me, senhor Rodrigo. Eu...

— A senhorita está doente?

— Não. Não estou doente — respondeu murmurando.

— São os problemas com a senhora sua mãe que a deixaram tão abatida assim?

Márcia não se conteve e começou a chorar compulsivamente, o que deu a entender que se tratava da enfermidade de dona Mariana.

Teve vontade de falar que era a doença de sua mãe, a de seu irmão e o Fábio que sumiu. Estava daquele jeito até por tê-lo demitido. Mas não disse nada. Ela se recompôs um pouco e depois pediu:

— Por favor, eu quero ir embora. Não estou bem.

— Senhorita Márcia, por que não tira umas férias? Vá para sua casa e pense. Vou mandar minha secretária providenciar, junto ao departamento de Recursos Humanos, tudo o que precisa. Depois a senhorita vem aqui para assinar. Está com férias vencidas, não está?

— Estou com duas vencidas. No momento preciso dessas férias sim, obrigada.

Márcia foi levantar e ainda sentiu-se tonta e cambaleou. Ele a amparou e depois a deixou seguir para sua sala, pedindo à sua secretária que a acompanhasse.

Márcia pegou suas coisas e foi embora.

Quando chegou a seu apartamento, lembrou-se de que não havia almoçado. Estava sem fome, mesmo assim forçou-se a beber um copo de leite. Em seguida passou mal, sentiu grande enjôo, correu para o banheiro e vomitou. Ela encontrava-se esmorecida, sentia-se doente.

De repente, Márcia começou a pensar no fato de que uma gravidez pudesse ter acontecido. Aquelas tonturas, os enjôos, desmaios, sintomas típicos de gravidez.

Um frio correu-lhe pela coluna. Suas pernas pareciam não a sustentar, então se sentou. Seu olhar ficou perdido. Por seus pensamentos passava uma avalanche de conseqüências.

"E meu pai? Meu serviço e minha independência? O que posso fazer? Fábio, que é o pai, nem mesmo está aqui para me ajudar! Como vou encarar tudo isso sozinha?!", pensava deixando o desespero tomar conta de suas idéias.

Uma gravidez não estava em seus planos. Correu e pegou em sua bolsa um pequeno calendário onde passou a fazer as contas do seu período menstrual. Para sua surpresa, havia um atraso com mais de quinze dias.

"Como isso passou despercebido?!", gritava em pensamento, incrédula. "Que inexperiência! Também em meio a tantas preocupações..."

Ela abaixou o olhar. Levou as mãos ao rosto e pendeu a cabeça negativamente tentando afastar os pensamentos. Nervosa se levantou, andou de um lado para o outro.

"O que direi para o meu pai? Uma pessoa tão antiga, presa a velhos costumes. Ele é tão severo! Sempre que meu pai ouvia falar de qualquer moça solteira que engravidasse ou que já havia tido um filho, ele recriminava e criticava muito. Agora eu, justamente, eu! Não! Não pode ser!"

Márcia não queria acreditar. Nervosa foi para o seu quarto à procura do índice médico de seu convênio de saúde. Quase não conseguia folheá-lo, a custo encontrou um ginecologista obstetra. Pegou o telefone e ligou:

— Por favor, preciso de uma consulta o mais breve possível, pode ser? — perguntou à secretária que atendeu.

— É a primeira vez que nos consulta? — indagou a moça.

— Sim — confirmou Márcia, que desesperada pediu: — Pode ser para amanhã?

— Aguarde um momento, por favor. — Aqueles segundos pareciam eternos para Márcia. — Infelizmente, só tenho vaga para quinta-feira, senhora.

— Esperar três dias! — exclamou Márcia implorando: — É urgente! Por favor!

— Senhora, me desculpe, mas se é urgente, a senhora deveria procurar um hospital para não correr riscos — respondeu a moça educadamente, ignorando do que se tratava.

— É urgente, mas não é caso de hospital — tornou Márcia.

— Então, eu sinto muito. Todos os horários estão preenchidos, só tenho esse de quinta-feira porque foi uma desistência, do contrário só para a próxima semana.

Angustiada e aflita, ela aceitou e marcou a consulta:

— Está bem, pode agendar, mas, por favor, qualquer vaga que surgir antes desse dia, eu peço que me encaixe. Eu pagarei como particular.

— Não será necessário que pague como consulta particular. Se surgir alguma vaga, eu agendarei e ligarei para a senhora confirmando. Por favor, qual é o nome, o número do telefone e o convênio?

Márcia informou os dados e desligou o telefone. Não conseguia se conter, era muita responsabilidade em meio a tudo o que já estava acontecendo. De repente ela pensou que poderia não ser uma gravidez. Devido ao nervosismo que passara, poderia ser somente um atraso no seu período. Mas era um grande atraso.

Vendo-a agitada e tomando ciência de seus pensamentos, Jonas se aproximou e sussurrou-lhe ao ouvido, procurando vivenciar o que falava:

— Poderá ser uma doença séria, muito grave! Um tumor, um câncer. Sua mãe está morrendo com câncer significa que você tem tendência a essa morte tão triste. Futuramente não poderá ter filhos, ficará sob tratamento rigoroso, quimioterapia... ficará sem cabelo, amarela, feia, apodrecendo em uma cama de hospital. Pobrezinha, tão jovem... — zombava gargalhando.

Márcia não podia ouvi-lo, mas captava seus sentimentos e passou a pensar alto.

— Pode não ser gravidez nem um atraso, posso estar muito doente.

Passou a ter pensamentos frenéticos e enlouquecedores. Teve uma amiga que morreu com câncer, tinha somente trinta e cinco anos, ela foi cuidar de uma gravidez e achou um tumor maligno, um câncer galopante que se espalhou e a consumiu em menos de seis meses. Será que estava doente também? Sua mãe também foi dessa forma, um câncer generalizado...

— Se for um câncer, eu darei mais trabalho ainda à minha família! Não. Isso não.

Ela passou as mãos pelos cabelos, levantou-se e andou de um lado para outro, nervosa.

— Não. Não pode ser, se eu estiver doente, eu me mato.

Jonas ouvindo aquilo, aproximou-se dela com olhar sarcástico e mais uma vez aproveitou-se de seu desespero afirmando:

— Isso mesmo, pra que viver doente? O melhor mesmo, quando se está doente, é morrer, pra não ficar aí dando trabalho aos outros e ficar sofrendo.

Márcia voltou a captar o que o espírito Jonas queria.

— Não posso ficar doente e dar trabalho aos outros, geralmente esse tipo de doença não se resolve ou se trata facilmente como se fosse uma gripe. Vou dar um jeito na minha vida e pronto. Tudo acabou, não darei trabalho a ninguém, não sofro, nem nada.

Uma angústia profunda tomava conta de seu coração dolorido. Foi então que começou a se lembrar do que Fábio havia falado sobre o suicídio. Onde é que estaria aquele livro que Fábio lhe deu? Fazia tanto tempo que o guardou agora não sabia onde. Nem mesmo o leu.

Algo a corroía por dentro. Onde estaria Fábio?

Márcia sentia uma grande dor, uma sensação de perda. Se Fábio, pelo menos, estivesse ali, junto com ela, com certeza saberia o que fazer e o que dizer para acalmá-la. Era tão seguro de si. Tinha tanta fé, aceitava as coisas de uma forma tão natural. Ele, realmente, era muito diferente dela.

De repente ela reconsiderou. Podia não ser nada daquilo. Poderia ser somente um atraso.

Um sentimento melhor voltou por alguns segundos, mas logo se foi com a aproximação de Jonas.

— Pode ser gravidez — disse ele zombando de seu desespero. — É gravidez, sua imbecil! Já pensou em seu pai? O velho terá um enfarte ou então um derrame cerebral. Como se já não bastasse tudo o que ele está passando por causa da doença da velhota, você, a queridinha dele, vai dar todo esse desgosto, essa vergonha! Se ele morrer, a culpa será sua, vadia "embuxada".

Jonas rodeava Márcia sem parar de falar para que ela não desse origem a pensamentos próprios e sentimentos bons.

— Já pensou, Márcia. Você sempre foi queridinha dele! A filhinha predileta! Ele vai morrer quando souber. Vai morrer de desgosto! Oh, vadia!

Márcia voltou a pensar:

"Se for gravidez, eu tiro! Até me mato! Sim, isso mesmo eu tiro e está acabado. Ninguém vai saber. Não terá como alguém saber. Hoje em dia há muitos lugares que fazem esse tipo de serviço e que se pode contar com todo o sigilo. Isso mesmo! Vou a um desses lugares e tiro", pensava freneticamente. "Não quero nem saber de nada. Tenho dinheiro e não preciso do palpite de ninguém. O corpo é meu."

Mas as palavras de Fábio pareciam vivas em seus pensamentos. Ele havia explicado que o suicídio e o aborto eram os piores crimes que um ser humano poderia cometer. De repente ela gritou desesperada:

— Fábio!!! Por que não está aqui?! Onde você está?!

Márcia caiu num choro desesperador.

Jonas vendo aquilo se aproximou novamente, influenciando-a:

— O Fábio é um canalha. Vai ver que ele percebeu que você estava grávida e se mandou. Não estava preparado para assumir uma "bomba" dessas. O cara largou você na pior e sozinha. O Fábio é um covarde.

Márcia pensou:

"Será que o Fábio não teve coragem de me dizer que não me queria mais, que não queria ter mais nada comigo e foi embora? Será que não teve dó de mim? Se Fábio não pode me avisar de algo que aconteceu, se acaso ele se machucou ou até morreu, cadê seu irmão? Onde está o Ney que não pode me avisar?"

Jonas vibrava com a angústia de Márcia. Sentia-se Vitorioso, havia conseguido o que mais queria, separar Fábio de tudo e de todos. Jonas sentou-se ao lado de Márcia e disse:

— É, minha cara, o cafajeste do seu namorado sumiu e nunca mais vai aparecer. Você ficará sozinha, abandonada, na rua da amargura. Quem sabe ele não te trocou por outra? Ou vai ver que não tem coragem de aparecer e assumir o filho? Quem sabe ele não morreu?

Márcia entrou em crise de desespero.

"E se estiver doente? Não. O Ney a avisaria. Mas e se Fábio pedisse para ele não me avisar? Será que tinha alguma doença grave? Será que se envolveu com outras mulheres e adquiriu algum vírus e não teve coragem de me dizer? Não. Eu o conhecia há algum tempo quando me relacionei com ele. Mas de repente ele nem sabia, só tomou conhecimento agora e foi por isso que ele sumiu! Veja só o Roberto, não quer que ninguém saiba que está com o vírus da AIDS. O Roberto está forte, é bonito, tem aparência saudável, qualquer moça se envolveria com ele! Será que Fábio..."

Márcia entrou em pânico. Caiu em desespero inconsolável e usou um fio de fé que ainda havia dentro de si e orou. Orou em voz alta e embargada pelo pranto que se fez.

— Mãe de Jesus! Por favor, ajude-me. Não consigo suportar tantos problemas, tantas dúvidas. Não sei o que estou dizendo nem mesmo sei o que devo fazer. Por favor, me ilumine! Diga o que eu tenho de fazer ou pelo menos me acalme.

Márcia passou a chorar muito. Estava de joelhos e debruçou-se no sofá. Entre lágrimas e soluços. Alguns minutos depois, ela acomodou-se sobre suas pernas e ali mesmo adormeceu.

Não pode perceber, mas um mentor se fez presente. Sua energia era tão forte e benéfica que lhe serviu como um calmante salutar.

Jonas não conseguiu vê-lo. Não entendia o motivo, mas sentiu-se intimidado, pois não conseguiu aproximar-se de Márcia. Intrigado, procurou um canto da sala e ficou ali, aguardando.

Por que não teria mais vontade de aproximar-se dela? Algo estava errado, ele sentia um aperto no peito e a mente confusa. Sacudindo a cabeça, levantou-se e forçou sua aproximação. Experimentou algo como um arrepio que lhe percorreu o espírito. Uma sensação de frio na face e passou a sentir dores por todo o corpo. Parado a alguns metros de Márcia, olhou-a fixamente e de onde estava tentou passar-lhe sentimentos e pensamentos que a perturbassem mesmo dormindo.

Subitamente sentiu-se esfriar e seus joelhos dobraram inexplicavelmente, fazendo-o cair ao chão. Amparou-se com as mãos e se levantou novamente.

Jonas percebeu que algo estranho acontecia ali. Olhou ao redor, mas não viu ou ouviu nada. Foi então que sentiu medo. Assustado, procurou sair rapidamente do apartamento.

Márcia permaneceu ali, sentada sobre as pernas e debruçada no sofá. Adormecida, recebia do mentor energias revigorantes e calmantes.

20

Márcia entre o desespero e a determinação

Mais tarde o telefone tocou, Márcia acordou sentindo-se tonta. Por alguns segundos, perdeu a noção do tempo e esqueceu-se da realidade.

Pegou o telefone, falando mole e com a voz rouca pelo choro, atendeu:

— Pronto.
— Márcia?
— Sim. Quem é?
— É a Bete. Tudo bem, Márcia?

Márcia sentiu um gelo no corpo. Respirou fundo, esfregou o rosto, sentou-se no sofá, passou a mão pelos cabelos e timidamente respondeu:

— Tudo. Tudo bem é você?
— Estou ótima. Desculpe-me por ligar assim, sem mais nem menos, é que de repente me deu uma grande vontade de falar com você e se possível de vê-la. Não pude me conter, por isso liguei. Você está legal?
— Estou.

— Mesmo? — insistiu Bete.
— É... estou, sim. Por que, Bete?
— Sabe o que é? Não gosto de teimar com minhas intuições, e às vezes sou acometida de sentimentos inexplicáveis que depois venho saber que tinha algum fundamento, entende?
— É... não. Espere aí, Bete. Eu não entendi nada — explicou educada. — Desculpe-me, é que adormeci aqui no sofá e estou um pouco tonta ainda. Acordei agora com o telefone tocando e não "encaixei as idéias" direito, mas... ...é que receber seu telefonema... assim... Você está magoada comigo, não está?
— Não. Claro que não! — respondeu Bete convicta. — Estou preocupada com você. Liguei para o seu serviço e me disseram que foi trabalhar e não se sentiu bem, por isso voltou para casa e eu fiquei mais preocupada ainda.
— Posso ser sincera, Bete? — perguntou Márcia, cortês, devido não entender o motivo daquele telefonema.
— Sim. É claro — respondeu Bete meigamente.
— O que você quer comigo? É por causa do Fábio que você está me ligando, não é?
— Sei que é difícil de entender e até de acreditar, Márcia. Mas não é por causa disso, estou mesmo preocupada com você.
— Por quê?
— Há alguns dias eu venho sonhando e pensando muito em você e no Fábio. Como se você estivesse precisando de ajuda e eu pudesse ajudar. Sei lá, como se você passasse por uma fase difícil, entende? Parece que, no sonho, alguém pede para eu procurá-la. Às vezes acho que é o Fábio quem me sugere isso.
— Meu Deus! — exclamou Márcia sem perceber que havia falado em voz alta. Colocando a mão na testa, balançou a cabeça negativamente, incrédula ao que acabara de ouvir,

pois Bete seria a última pessoa no mundo com quem ela acreditasse poder contar.

— O que disse, Márcia?

Márcia respirou fortemente e seu suspiro pôde ser ouvido por Bete.

— Márcia? Você está bem?

— Estou. Estou sim.

— Podemos conversar? Eu passo aí e nós sairemos um pouco. Hoje eu não tenho aula. Pode ser assim? — Márcia ficou completamente alheia ao que Bete dizia. E ela insistiu: — Márcia? Podemos fazer isso?

— Como, Bete? Desculpe-me, acho que não ouvi.

— Podemos sair hoje para conversar?

— Sim. Não. Quero dizer, eu não estou muito bem de saúde. Não quero sair de casa assim, devo ter comido algo que não me fez muito bem. Só se você vier aqui para conversarmos, pode ser?

— Se não for incomodo pra você, eu irei sim. Preciso muito vê-la, estou preocupada. Depois explico melhor.

— Estou esperando. Venha, sim, por favor.

— Um beijo. Até mais — despediu-se animada

— Outro. Tchau — correspondeu.

Márcia não pôde acreditar. Bete querendo ajudá-la? Não poderia ser verdade! A não ser que Bete soubesse alguma coisa de Fábio!

"Será que Fábio voltou para Bete e não teve coragem de me dizer? Não, impossível!", pensava preocupada. "Fábio antes de ir até falou em casamento".

Levantando-se, sentiu-se fraca, não havia comido nada o dia inteiro.

Entrou no banheiro, tomou um banho rápido. Ao se olhar no espelho, reparou que sua aparência estava horrível, abatida, com olhos inchados e profundas olheiras.

Vestiu uma roupa bem leve, preparou um chá e o tomou com alguns biscoitos. Sentiu-se melhor. Todo aquele mal-estar poderia ser fome.

O interfone tocou, deveria ser Bete que estava chegando. Diante da confirmação, pediu que subisse. Abriu a porta e aguardou.

Ao surgir do elevador, Bete parecia bem. Estava com uma aparência ótima, não como há alguns meses quando a viu na casa de Fábio. Bete parecia mais feliz agora.

— Oi, Márcia! Nossa, o que foi?! — preocupou-se ao vê-la de perto.

— Oi, Bete, entra — cumprimentou com voz fraca.

Beijaram-se e Bete deu-lhe um leve abraço. Depois perguntou, meiga:

— Você está doente, Márcia?

— Fui trabalhar e não me senti bem, tive que voltar para casa. Estou me sentindo péssima, menina.

— Você me falou que comeu algo que não fez bem.

— Creio que foi isso — disfarçou Márcia. — Eu acho...

— Olhe, eu trouxe aqui um caldo. Bem, é uma sopinha leve. Geralmente quando se passa mal do fígado ou estômago, não se deve comer nada pesado e tem de hidratar bem o organismo. Sei que esse tipo de indisposição que está sentindo não a deixa nem mesmo preparar algo bom para comer. Pelo fato de minha mãe fazer dieta para controlar o colesterol e a diabete, ela faz esta sopinha de legumes sempre. Está fresquinha! Foi por isso que eu tomei a liberdade de trazer.

Bete tirou um recipiente plástico envolto em um guardanapo de dentro de uma sacolinha, colocou-o em cima da mesinha da sala e o abriu.

Márcia achou curiosa aquela atitude. Bete, além de tudo pensou em cuidar dela e reanimá-la.

Quando Márcia sentou-se à beira do sofá e aproximou o rosto do recipiente, que ainda soltava uma suave fumaça de calor, enjoou no mesmo instante. Rapidamente, levou a mão à boca e correu para o banheiro.

— Márcia, o que foi?! — assustou-se a jovem.

Bete foi atrás dela, não se importando em saber se Márcia queria ou não a sua presença.

Todo o chá com biscoito que Márcia acabara de tomar e comer foi posto para fora.

Bete apanhou uma pequena toalha, umedeceu-a e passou pelo rosto de Márcia que se sentia péssima. Depois de lavar o rosto, Márcia pediu desculpas e voltaram para a sala, onde Bete imediatamente fechou o pote e o levou para a cozinha.

— Márcia, desculpe-me eu não pretendia...

— Não foi o alimento que você trouxe, sou eu que não estou nada bem.

— O que está acontecendo, Márcia?

Ela olhou para Bete. Seus olhos se encheram de lágrimas e percebeu que não tinha mais ninguém para ajudá-la ou que pudesse ouvi-la, então respondeu com lágrimas correndo-lhe pela face pálida:

— Tudo, Bete. Está acontecendo tudo. É provável que não possa me ajudar em nada, mas se puder me ouvir... — praticamente implorou com a voz fraca e entrecortada pelos soluços.

Márcia contou a Bete o que se passava. Falou até sobre o câncer fulminante que sua mãe experimentava o qual se espalhou assustadoramente afetando vários órgãos e que eles não podiam fazer nada, a não ser assisti-la sofrer e morrer aos poucos; a infecção de seu irmão com HIV e o sumiço inexplicável de Fábio que a deixava naquele desespero, pois se sentia desamparada, antes dele ir viajar, haviam falado até de noivado e casamento. Como poderia ter mudado de idéia tão de repente? Contou que uma angústia a dominava, pensamentos terríveis invadiam suas idéias e tinha vontade de morrer para fugir de tudo. Mas nada comentou sobre a suspeita de gravidez, envergonhou-se por pensar em aborto, caso estivesse grávida. Bete, séria, ouviu atenta. Depois falou:

— Márcia, tenha calma e vamos por partes. Só que antes eu quero falar uma coisa e peço que me desculpe pela franqueza.

— Diga. Diga tudo o que pensar, eu já estou anestesiada.

Bete continuou sem rodeios no intuito de ajudá-la, começando a dizer tudo o que a outra precisava ouvir:

— Márcia, em minha opinião, você está sendo imatura no momento. Está precipitando os seus pensamentos com o que não aconteceu e sofrendo por algo que não sabe se acontecerá. Você é uma pessoa inteligente, saudável, persistente, de um intelecto excepcional, diga-se de passagem, invejável! Não é uma pessoa radical ou preconceituosa, assume tudo o que faz e o que pensa. Mas no lado sentimental, vejo que está totalmente despreparada para qualquer problema que possa surgir. Talvez por ter vivido uma infância calma e feliz, sempre amparada por aqueles que a amam, é que está desarmada, envenenando-se mentalmente com a primeira dificuldade que surgiu no campo sentimental, que foi a de se ver sozinha, sem a presença de quem você ama, o Fábio.

Em choque, Márcia, a princípio, sentiu-se ofendida, mas foi reconsiderando. Lembrou-se de Melissa que não gostava, não ouvia e não admitia que ninguém lhe desse conselho. Parece que os bons conselhos não são bem-vindos à primeira vista, e as pessoas nunca lhes dão atenção deixando-os passarem despercebidos. Somente mais tarde se arrependem de não terem feito o que era certo, só que, infelizmente, pode ser tarde demais. Márcia lembrou-se também de seu irmão, Roberto. Se ele lhe desse atenção, não estaria agora com um problema tão sério.

As palavras de Bete eram firmes e esclarecedoras, apesar de seu jeito generoso ao falar, e ela prosseguiu convicta:

— Eu acredito, Márcia, que o mesmo processo de perseverança e determinação usado para chegar aonde chegou profissionalmente aos vinte e sete anos de sua vida, você deve usar para evoluir sentimental e espiritualmente. Tudo o que tem de ser, será! Independente do seu desespero ou excesso de preocupação. O que tem a fazer é se fortalecer sentimental, espiritual e por que não dizer fisicamente? Porque sempre devemos estar dispostos para tudo na vida, nunca sabemos o tipo de obstáculo a transpor. Vejamos bem, nós nos preparamos anos e anos para uma boa colocação profissional, como também no dia-a-dia nos alimentamos bem para termos uma boa saúde, um bom físico, corpo perfeito e bonito. Então, também precisamos nos dispor antecipadamente a fim de enfrentar as surpresas desagradáveis pelas quais poderemos passar.

— Mas eu sempre rezo e peço proteção a Deus. Eu acredito Nele — defendeu-se Márcia.

— Observe como reza. Será que não está sendo algo mecânico, sem sentimento ou atenção? Se realmente se voltasse a Deus acreditando que só a Ele pertence às soluções, mesmo aquelas mais difíceis que nós não conseguimos entender, você nunca sentiria revolta ou iria se afligir com os desafios da vida, deixando se abater tanto assim. Olhe como você está!

Márcia, eu sempre ouvi falar que o bom pensamento é uma oração e que o desejo do bem é uma prece. Então, não só ao deitarmos e levantarmos é que devemos orar. Se nós nos vigiarmos bem em cada palavra, atitude ou pensamento, estaremos orando durante o dia inteiro. Enviando aos outros as orações de acordo com o que julgamos deles e podemos tecer lindas preces de acordo com o que imaginarmos, desejarmos ou sonharmos sobre nossa própria vida. Se a oração nos liga a Deus e fortalece o espírito, ficaremos cada vez mais fortalecidos e vigorosos, sentimental e espiritualmente, a cada dia, de acordo com o que pensarmos.

— Você fala do lado sentimental e espiritual como se fossem coisas que tenham ligações. — ressaltou Márcia.

— E é claro que tem, Márcia — continuou Bete amável. — Sendo uma pessoa bem orientada espiritualmente, consciente e preparada, e cada dia fortalecer seu espírito, quando for expor seu lado sentimental, este se mostrará equilibrado, sensato, firme e você não se deixará levar pela primeira impressão ou pelos envenenamentos que teimam em chegar aos pensamentos.

Márcia começou a se sentir aliviada. Era gratificante ouvir os conselhos de Bete. Não imaginava que ela pudesse ser tão paciente e delicada. Fábio tinha razão, Bete era uma pessoa maravilhosa.

— Está se sentindo melhor? — perguntou com jeitinho.

— Muito melhor! — Márcia sorriu docemente e completou: — Essa sua vivência, esse seus conhecimentos me fizeram muito bem. Não pode imaginar.

O telefone tocou. A anfitriã pediu licença, estendeu o braço e o pegou para atender.

— Pronto.

— Senhora Márcia?

— Sim. É ela. Quem é?

— Aqui é do consultório médico. Surgiu uma desistência para amanhã às oito horas da manhã. Interessa para a senhora?

— Sim. É claro que sim!

— Então amanhã a senhora pode vir que será atendia às oito horas da manhã, certo?

— Certo! Ótimo, muito obrigada. Até amanhã. Obrigada, mesmo!

Márcia voltou-se para Bete, que a aguardava desligar e falou:

— Eu marquei uma consulta para ir ao médico só na quinta-feira, então eu pedi que fizesse a gentileza de me agendar o quanto antes caso alguém desistisse, e a moça retornou dizendo que há uma vaga para amanhã.

— Se está tão mal, não espere para ir ao médico só amanhã. Vamos hoje a um pronto socorro do hospital de seu convênio. Eu a levo, vamos?

— Não, Bete. Não é tão urgente.

— Como não, Márcia? Já se olhou no espelho? Você está abatida, fraca...

— Eu acho que estou grávida — interrompeu-a aguardando uma reação.

Bete paralisou. Fitou-a por alguns segundos sem dizer nada enquanto alargava um verdadeiro sorriso e suspirou parecendo realmente feliz. Já havia desconfiado, porém Márcia só confirmou a suspeita, então disse muito contente:

— Um filho! Que lindo, Márcia! — emocionou-se chegando as lágrimas.

Márcia envergonhou-se por ter pensado em suicídio e aborto. Seus olhos se encheram de lágrimas ao confirmar:

— É sim, Bete. Eu acho que vou ter um filho.

— E o Fábio, já sabe?!

— Não. Desconfiei hoje. Com tanta coisa acontecendo eu me atrapalhei...

— Márcia, o Fábio não iria sumir assim, sem mais nem menos. Ele é um homem responsável, íntegro! Eu nunca o vi fugir de nenhuma situação. O Fábio a ama, sem dúvida que sim! — falava animada.

— Por que você diz isso com tanta certeza? Ele não me dá notícias faz dias! — comentou agora chorosa. — Estou desesperada! Não sei o que fazer.

— Eu conheço o Fábio, Márcia — avisou feliz. — Por ele não se preocupar com uma possível gravidez entre vocês, é sinal que ele a quer de verdade. Ele a ama, mesmo.

— Isso não é prova de amor, Bete. Foi um descuido, ingenuidade... me deixei levar...

— Talvez seja desagradável eu falar disso, mas...

— "Mas"? Diga, sem cerimônias. Somos adultas, Bete, nada mais pode parecer desagradável para mim.

— Quando éramos noivos, o Fábio se preocupava excessivamente para que não tivéssemos uma gravidez inesperada. Na verdade, preocupava-se muito mais do que eu. Além de eu usar contraceptivo injetável, ele usava preservativo. Por isso eu afirmo que ele a ama, ou jamais correria o risco de deixar uma gravidez entre vocês. Ele é muito responsável.

Márcia atentou-se somente naquele momento. Nunca fez uso de contraceptivo porque não precisou, não se relacionava com ninguém. Só que Fábio apareceu repentinamente, tudo foi inesperado entre eles. Fábio nunca havia conversado com ela sobre evitarem ter filhos. Nunca se preocupou com o uso de preservativo, e ela também não tocou no assunto, pois namoravam há pouco tempo. Mas sem se conter, deixou-se envolver por seus carinhos e... eles começaram a se relacionar pouco antes de sua viagem e ela achou que não correria o risco de conceber um filho com apenas duas relações. Somente agora é que se deu conta. Como, aos vinte e sete anos, se deixou engravidar? Como foi descuidar? Achava-se tão esperta! Como pôde ser tão irresponsável com isso? E Fábio, tão equilibrado e calculista, envolveu-a e deixou tudo acontecer!

— Márcia — disse Bete tirando-a daqueles pensamentos fervilhantes —, quer saber o que aconteceu com o Fábio? — sorriu aguardando.

— Claro! Lógico! — empolgou-se Márcia.

— Eu já fui lá em Minas Gerais, na casa dos pais dele. Fica bem pra lá de Belo Horizonte, eu acho que sou capaz de acertar o caminho, vamos lá? Posso ir com você!

Márcia estava ansiosa, queria ver Fábio a qualquer custo, nem que fosse pela última vez.

— Iremos sozinhas? — perguntou preocupada.

— Chame seu irmão, o Roberto. Ele poderá nos acompanhar.

— Eu creio que sim. Você faria isso por mim, Bete?

— Por vocês dois — sorriu generosa. — Eu gosto muito de você e do Fábio, mas você ainda não acredita, né? — Bete deu um forte abraço em Márcia e depois avisou: — Amanhã eu vou com você ao médico, isto é, posso?

— E o seu trabalho?

— Esqueci de dizer. Peguei quinze dias de férias.

— Você irá comigo? — pediu Márcia para ganhar confiança.

— Com muito prazer! Estou ansiosa para saber desse resultado.

21

Enquanto há vida, há esperança

No dia seguinte, bem cedo, Márcia passou na casa de Bete e juntas foram ao consultório conforme combinaram. Bete ficou aguardando na sala de espera enquanto a amiga entrou para ser atendida. Na sala do médico, Márcia estava nervosa e demonstrava-se bem ansiosa.

— Dona Márcia — dizia o médico —, pelo que eu pude perceber, através do exame de toque e por seu relato sobre os dias de atraso, creio que a senhora esteja grávida, sim. Mas só podemos confirmar essa suspeita através de um exame...

— Ultra-sonografia! — interrompeu sem deixar o médico terminar.

— Como? — perguntou ele sorrindo.

— A ultra-sonografia é mais eficiente e rápido, pode se saber na mesma hora, não é?

— É sim. Era exatamente o que eu iria sugerir — disse o médico achando graça, pois notou que Márcia estava ansiosa demais.

— Eu preciso de uma confirmação o quanto antes, doutor, por favor. O senhor realiza esse exame aqui mesmo?
— Sim.
— Posso fazê-lo agora?
— Sim. Vou pedir à minha auxiliar que a prepare. Dirija-se àquela sala que logo estarei lá e... a propósito, percebi que está acompanhada, não gostaria de chamar sua irmã para que ela assista também? Apesar de que vamos até gravar essas imagens, caso já tenhamos um bebê em vista!

Márcia titubeou confusa e por fim decidiu sorrindo:
— Se ela quiser entrar... por favor.
— Pedirei para minha auxiliar chamá-la — avisou feliz.

A moça chamou Bete que entrou na sala um pouco encabulada, mas sorriu ao ver Márcia à sua espera. Bete ficou ao seu lado segurando-lhe com ternura a mão gelada, transmitindo-lhe confiança.

A partir da hora em que viram o embrião no monitor, elas começaram a chorar de alegria. Emocionada, Bete curvou-se e beijou Márcia, fazendo-lhe carinhos no rosto.

Saíram do consultório abraçadas. Ainda comovidas com o que assistiram.

— Você viu que lindinho?! — disse Bete com jeitinho mimoso.

Márcia foi mais sincera.

— Eu vi que era lindo, mas não entendi nada do que eu estava vendo — chorou de emoção.

Diante da confirmação da gravidez de Márcia, elas resolveram que iriam atrás de Fábio, em Minas Gerais, para saber o que tinha acontecido.

Bete começou a acreditar que algo grave havia ocorrido com eles, mas não disse nada à Márcia. Fábio não era de má índole, ela o conhecia bem. Ele já teria telefonado se pudesse ou pedido a alguém que o fizesse, caso estivesse impossibilitado. Mas e seu irmão ou seu pai? Por que não telefonavam para dar qualquer notícia? Bete reservou-se, preferia não abalar mais a amiga com tantas indagações.

* * *

Ao chegar da consulta médica, após deixar Bete em casa, Márcia telefonou para Roberto e pediu que fosse até seu apartamento.

— Sente-se aí, Roberto, preciso falar com você — pediu sem rodeios.

Roberto ficou preocupado. O que mais poderia acontecer em sua família?

— Fala, Márcia. Mas por favor, fala logo! Não enrola! Não agüento mais suspense nem pressão.

— Estou grávida.

Roberto ficou paralisado, estático. Pensou não ter ouvido direito, por isso perguntou:

— O quê? Repita mais devagar, por favor.

— Eu... estou... grávida...! — sorriu.

Roberto não sabia como agir. A Márcia, a Marcinha, sua irmãzinha, grávida?!

Ele a considerava não só como sua irmã caçula, porém ainda a via como uma garota pequena que precisava de sua proteção. De repente ela cresceu e ele nem se deu conta. Roberto levantou, abraçou-a e seus olhos se encheram de lágrimas pela emoção.

Márcia não entendeu. Não esperava aquela reação. Pensou que Roberto fosse criticá-la, recriminar a sua conduta, mas não. Ele agiu diferente. Emocionados choraram juntos. Depois ele perguntou:

— Você tem certeza, não é?

— Sim. Fui ao médico hoje. Fiz uma ultra-sonografia que confirmou a gravidez. Tenho até a gravação. Depois te mostro.

— Você viu ele? — quis saber Roberto empolgado.

— Ele quem? — distraiu-se Márcia.

— O bebê! Oras!!!

— Ah! Vi. Não, eu não sei se vi — riu confusa —, era tudo escuro e muito pequeno, eu acho que vi. O médico ficou falando enquanto o mostrava e eu comecei a chorar. Acho que isso atrapalhou.

Roberto começou a rir.

— Eu não acredito. A Márcia grávida!

— Não ria, Beto! Olha...! — ameaçou-o.

— Eu sempre a vi naquela pose de executiva: exuberante, alta, linda, alinhada, esticada e sempre bem arrumada! Nunca consegui imaginá-la inchada e gorda, usando roupas largas.

Márcia sorriu docemente. Depois avisou:

— O médico me pediu uma série de exames. Alguns eu até já fiz; outros eu preciso fazer em jejum.

— HIV também?

— Também. Esse eu também já fiz. Mas não temos o resultado, lógico!

— Você avisou que há um caso de soropositivo em sua família?

— Avisei, mas o médico me disse que não existem contágios por abraços, beijos, toalhas. Pelo que eu descrevi, ele me disse que não há com que me preocupar.

— Mas eu quero que minhas coisas fiquem separadas das suas e das coisas dos outros também, tá?

— Roberto! Você sabe que isso não é necessário. Não é assim que se pega o vírus HIV. Como pode ser tão frio e calculista?

— Veja bem, Marcinha. Se eu gritar e berrar, ficar revoltado com Deus e todo o mundo, não vou resolver o meu problema nem vou achar cura para o que tenho. Se eu me acalmar, talvez possa viver melhor com aqueles que amo. Além disso, quero preservar a sua saúde e a de todos os que estão à minha volta, mesmo que não conheça a pessoa. Não quero que ninguém saiba que sou soropositivo, mas não vou permitir que alguém corra risco de contrair esse vírus através de mim.

Márcia não se conformava com a tranqüilidade que Roberto apresentava. Ele realmente estava sendo muito forte e perseverante.

— Foi pra isso que me chamou, não é, Má? Espero que não haja mais nenhuma surpresa.

— Também.

— Como assim... "também". O que mais você tem de novidade, além do meu sobrinho ou sobrinha? — brincou.

Márcia sorriu encabulada e avisou:

— Quero ir para Minas Gerais para a fazenda dos pais do Fábio. Preciso saber o que aconteceu.

— Você sabe onde é?

— A Bete, ex-noiva do Fábio, já foi lá. Ela disse que é capaz de acertar o caminho e vai comigo.

— Quem? A Bete?! A ex-noiva dele?! Você ficou louca?!

— Não. Nós somos amigas, ela já me ajudou muito e continua ajudando.

— Não acredito que essa moça não tenha nenhuma mágoa, não queira esganá-la ou qualquer coisa assim!

— Acredite, Beto! Ela é uma pessoa formidável. Ajudou-me muito, você nem imagina.

— Ela sabe que você espera um filho do Fábio?

Márcia sorriu, sabia que ninguém acreditaria, nem ela mesma acreditava e por fim contou:

— Ela foi comigo ao médico e até se passou por minha irmã. Entrou na sala e assistiu ao exame de ultra-sonografia junto comigo. Viu o bebê pelo monitor e tudo mais.

Roberto, para exagerar sua surpresa, esparramou-se no sofá e falou:

— Eu não acredito! Você é louca mesmo!!!

— Quando conhecer melhor a Bete, vai me dar razão. Mas agora eu quero saber se você pode ir conosco para Minas. Não podemos ir sozinhas, é longe.

— Vocês não vão de ônibus?

— Não. Nós vamos com o meu carro. Já está tudo combinado. Sairemos daqui amanhã.

— Amanhã?!!! Não se faz uma viagem dessas da noite para o dia, Márcia!

— Eu vou amanhã, Beto! Estou decidida — expressou-se firme. Depois convidou com jeitinho: — Você pode vir comigo?

Refletindo um pouco, vencido pelo apelo de sua irmã, considerou:

— Como eu poderia dizer não a você, Márcia?

— Te amo! Te amo! Te amo! — exagerou eufórica segurando-o pelo rosto, enchendo-o de beijos.

— Preciso ligar para a gráfica e deixar alguém encarregado na minha ausência.

— Eu preciso ir ao meu serviço assinar minhas férias. Tenho duas férias vencidas, tentarei tirar no mínimo quarenta e cinco dias, se eles deixarem.

— E o pai, Márcia. Você já pensou nele?

— Foi na primeira pessoa em quem pensei, Beto. Nem me pergunte, pois não consigo imaginar como ele vai reagir.

— Deixaremos isso para depois que retornarmos de Minas. Quem sabe se Fábio estiver junto com você será mais fácil o pai aceitar esta novidade. O pai gosta muito dele, vive falando bem do Fábio.

— O Fábio vai voltar comigo. Tenho fé — disse Márcia confiante.

Roberto, no entanto, sentiu um aperto no peito, como um mau pressentimento, mas não disse nada.

— Então, vamos lá! O que estamos esperando?! — animou-se o irmão, puxando-a pelo braço.

Márcia foi até o seu serviço justificar a sua falta e assinar suas férias. O diretor não ficou satisfeito com o seu pedido de quarenta e cinto dias de férias. Mas, diante das circunstâncias, vendo que Márcia precisava faltar para resolver seus problemas particulares e reconhecendo o sofrimento que vivia pelo estado grave de sua mãe, achou melhor que ela tirasse suas férias como lhe conviesse.

* * *

Na manhã seguinte, Roberto, Márcia e Bete viajaram bem cedo. A caminho de Minas Gerais, eles fizeram várias paradas porque Márcia sentiu-se mal. Os remédios para enjôo e tonturas que o médico lhe receitou pareciam não surtir qualquer efeito.

Depois da longa viagem, chegaram próximo do lugar. E estavam exaustos por terem passado muito tempo na estrada dentro de um carro e em um hotel de péssimas acomodações.

Bete pediu a Roberto que parasse o carro. Ela desceu, olhou bem e disse:

— Vamos seguir por aquela estrada de terra.

— De terra?!!! — reclamou Márcia esmorecida. — Eu não agüento mais viajar no asfalto e nós vamos andar agora em buracos e poeira?!

— Vamos sim! Não reclama — disse Bete brincando, mas reconhecendo que a amiga não estava bem, parecia muito abatida.

Eles se embrenharam pela estrada poeirenta, virando direitas e esquerdas. Depois de percorrerem muito chão, Bete pediu:

— Espere aí, Roberto. É melhor perguntar, eu acho que me perdi — avisou desolada.

Pararam o carro. Bete perguntou a um homem que passava a cavalo.

— Por favor... O senhor sabe onde fica a fazenda do senhor Aristides?

— Aristides?! Huuum...! — Coçando a barba rala, respondeu com sotaque "carregado" típico da região: — Num cunheço não, dona.

— Espere aí, Bete — pediu Márcia que estava sentada no banco de trás. — O Fábio escreveu aqui que o pai dele é conhecido como senhor Tidinho.

— Ah! É o senhor Tidinho! — repetiu Bete ao senhor.

— Aaah! Então sei sim, sinhora. Segue a diante e a sinhora vai dar diretinho lá. Fica logo ali, ó — orientou indicando com o queixo.

— Obrigada — agradeceu Bete.

— Mais, óia! Eu acho que o sinhô Tidinho num tá lá não. Só deve tá os pião.

— Por quê? — perguntou a jovem antes de entrar no carro.

Márcia sentiu-se gelar, ela colocou a mão no ombro de Roberto, que estava dirigindo e, sem perceber, começou a apertar, com grande expectativa e mau pressentimento.

— A sinhora num sôbe da tragédia, não?!

— Não — respondeu Bete no aguardo de uma péssima notícia.

— A mulhe do sinhô Tidinho passou mar e teve um derrame, tá internada. O sinhô Tidinho ficou desesperado e mandô chamá os únicos dois filho, lá em Sum Paulo, eles são doutor lá.

— E daí? — perguntou Bete que já estava aflita.

— Daí, que os filho veio e dispois que viram a mãe no hospitar, eles saiu e foi telefonar. Veio um carro e atropelô os dois junto!

— Foi grave? — perguntou Bete.

— Foi uma tragédia, dona. Um morreu na horinha mesmo e o outro tá pra morrer. Num sei quar deles foi não, dona. Num cunheço esses moço.

Márcia caiu entre os bancos do carro, desmaiada. Roberto desceu e passou para trás, amparando-a.

— Onde fica o hospital? Por favor! — perguntou Bete aflita.

— Ocês passou por ele lá trás, na cidade. É só vortá.

— Obrigada — agradeceu apressada.

— Nada, dona — cumprimentou tirando o chapéu e tomando as rédeas do cavalo.

— Bete, pegue a direção — disse Roberto. — A Márcia está passando mal.

Durante o trajeto de volta, Márcia foi voltando a si e ao relembrar do que ouviu começou agitar-se. Ela perdeu totalmente o controle, debatia-se nos braços de seu irmão gritando e chorando.

— Não! Não! O Fábio não! Meu Deus! O Fábio não!!!

Chegando ao hospital, Márcia foi atendida, ficando em observação devido ao seu estado. Roberto conseguiu encontrar o senhor Aristides através das enfermeiras.

— Senhor Aristides? — chamou em baixo volume de voz.

O senhor, sentado em um banco, estava abatido, fraco e com o olhar perdido. Quando ouviu chamar, levantou a cabeça e olhou para Roberto.

— Sim. Sou eu.

— Meu nome é Roberto — apresentou-se ao estender a mão para cumprimentá-lo. — Eu sou irmão da Márcia, namorada do Fábio. Nós acabamos de chegar de São Paulo e minha irmã levou um grande susto com a trágica e inesperada notícia. Ela passou mal e está em observação aqui mesmo no hospital. Acho que o Fábio deve ter dito algo sobre a Márcia, não foi?

— E como falou! — exclamou emocionado. — Falou muito dela sim.

O homem era um senhor de cabelos brancos, alto e magro, tinha a pele branca e avermelhada pelo sol. Ele abaixou a cabeça enquanto seus olhos se encheram de lágrimas.

— Senhor Aristides, o senhor está bem? — perguntou Roberto tocando-o no ombro.

O homem começou a chorar e com a voz embargada disse entre os soluços:

— Foi uma tragédia, menino! Num imagina o que estou passando!

— O senhor pode me contar o que aconteceu. Nos contaram superficialmente o que houve, não sabemos nada sobre o Fábio ou se foi ele que... — Roberto não conseguiu dizer, era muito doloroso pensar que Fábio tivesse morrido. Depois continuou: — O homem que nos deu a informação disse que aconteceu um acidente com seus filhos e que havia sido fatal a um deles. Mas ele não sabia dizer qual dos dois estava aqui internado. Minha irmã, quando soube, entrou em desespero, passou mal e está em observação, devido... bem, ela passou muito mal e desmaiou com a notícia.

O senhor Aristides, bem triste, começou a contar o que aconteceu:

— Eu liguei para os meus filhos assim que a mãe passou mal e ficou internada. Fiquei desesperado quando a vi quase sem se mexer. Pedi ao Sidney que dissesse ao Fábio para vir pra cá, pois a mãe, em poucos momentos de lucidez, balbuciava pedindo para vê-los. Liguei de novo e o Ney falou que eles viriam pra cá no dia seguinte e eu aguardei agoniado. Mesmo internada, a mãe teve outro derrame enquanto eles não vinham. Só depois de uma eternidade, meus filhos chegaram. Sabe moço, fazia um ano que eu não via meus filhos.

Eles chegaram bem, mas a primeira coisa que o Fábio me contou é que havia terminado o noivado com a Betinha e que estava namorando uma Márcia. Apesar dele já ter contado isso por telefone e por carta, se explicou de novo. Sabe, no começo eu não gostei, mas o Fábio falou tanto dessa moça que eu comecei a gostar dela sem conhecer. O Fábio até mandou foto dela por carta pra eu e a mãe conhecer. Vimos o quanto ela era bonita!

O Sidney estava todo empolgado com a Márcia. Disse que ela era linda, fina, elegante e fazia um bonito par com o meu Fábio, que também é bonito.

Depois que conversamos lá fora, eles foram ver a mãe. O Ney não agüentou ficar lá dentro. Saiu logo do quarto, chorando. O Fábio ficou lá por mais tempo. Ele e a mãe sempre se deram muito bem, era o mais agarrado nela. Escrevia pra ela toda semana. Ele já tinha contado nas cartas sobre a nova namorada, Márcia, e que queria se casar com ela. Estava muito feliz. E o que deixar meu filho feliz, me deixa feliz também.

O Fábio saiu do quarto da mãe muito triste, abatido. Disse pra mim que precisava telefonar pra Márcia e eu fui com ele. Só que ela não atendeu, acho que não estava em casa.

— Nossa mãe está muito doente também. Creio que estávamos no hospital — avisou Roberto.

— Eu sei, fiquei sabendo, e foi o que o Fábio deduziu, pois disse que a dona Mariana estava desenganada. Depois, mais tarde o Sidney disse que estava com fome e chamou o irmão para comer algo lá no barzinho, uma vendinha lá na esquina. O Fábio não quis ir, mas o Ney insistiu que insistiu e nós três acabamos indo. O Sidney ainda falou que lá perto tinha outro telefone e o Fábio poderia ligar pra Márcia. Nós fomos lá, o Fábio não quis comer, só tomou água.

Quando saímos da vendinha, o Ney falou: "Oh, Fábio! Você não vai telefonar?" e Fábio ainda respondeu: "Agora não, acho que ela não chegou em casa". Mas o Sidney, teimoso que só, insistiu de novo. Disse que não tinha nada a perder e saiu andando na frente rindo e dizendo: "Eu vou ligar por você". O Fábio saiu atrás dele, andando bem devagar, com as mãos no bolso, estava tão triste, que só vendo! Com a cabeça tombada pro lado ficou esperando o Sidney ligar.

O senhor Aristides respirou fundo, olhou para Roberto e chorando continuou:

— Foi aí que aconteceu a tragédia. Um carro pesado desembestou, desceu a rua feito um touro bravo. Quando o Fábio olhou e viu, correu e foi puxar o Ney pela camisa, tentando tirá-lo da frente do carro. Mas aí piorou, o carro atropelou ele também. — Chorando lamentou: — Eu assisti a tudo, moço. Foi horrível ver meus dois filhos atropelados. — Com a voz fraca e trêmula, detalhou: — O Sidney caiu e morreu na hora, não deu pra fazer nada. Trouxemos ele pro hospital, mas o médico falou que ele morreu quando bateu com a cabeça no chão.

Já o Fábio teve uma fratura de crânio, quebrou a perna e duas costelas e está no CTI, em coma. Os médicos disseram que ele não tem muita chance e se escapar com vida ficará bobo. — O senhor Aristides não se conteve, começou a chorar em desespero ao relatar: — Eu quase não acompanhei o enterro do meu filho, moço. Como é duro perder um filho!!! Mesmo quando nos julgamos preparados para a vida e para a morte, que separação difícil!!!

Roberto o abraçou e o confortou:

— Deus sabe o que faz, senhor Aristides.

— O homem que dirigia o carro ficou desesperado. Mesmo assim foi levado pra delegacia, pra verem por que o carro tava sem freio... Ele foi responsabilizado e está preso, mas isso não traz meu filho de volta nem tira o outro do estado de coma... — Breve pausa se fez e sob lágrimas incessantes murmurou sentido: — Por que eu fui chamar meus filhos pra cá? Eu não deveria ter chamado eles!

— A culpa não foi do senhor. O senhor sabe que não foi. O Fábio nos disse que o senhor e sua esposa são espíritas, então sabem que nada é por acaso.

O senhor Aristides chorou e Roberto ficou abraçando-o por algum tempo, até que Bete surgiu e aproximou-se deles.

— Senhor Aristides — chamou-o com meiguice.

— Filha, oh minha filha! E a gente foi se encontrar numa tragédia dessas!

Bete estava com os olhos vermelhos de chorar, conversou com o senhor Aristides um pouco, mas não teve coragem de perguntar quem havia morrido. Na primeira oportunidade, chamou Roberto num canto querendo saber aflita:

— Pelo amor de Deus, me diz quem morreu?

— O Ney.

Bete abraçou Roberto e chorou.

— E a Márcia? — perguntou Roberto.

— Está acordando, precisamos ir lá e contar a ela.

— Eu vou lá — decidiu Roberto. — Fique aqui com o senhor Aristides, ele precisa de companhia.

— Está bem.

Roberto foi até a enfermaria onde Márcia já estava acordada.

— Roberto! — suplicou ela. — E o Fábio? Por favor, me diga algo sobre o Fábio!

Márcia estava aflita e desfigurada.

— O Fábio está em coma, Márcia.

— Ele tem chances, não é? — perguntou ela.

— Ele está em coma há quase uma semana. Enquanto há vida, há esperanças e tem que haver luta. O Fábio é forte, é um lutador. Tenhamos fé em Deus.

— Eu quero vê-lo. Por favor, dá um jeito, eu preciso vê-lo.

— Acalme-se. Descontrolada como está, nenhum médico vai deixar que o veja. Fica calma que vou tentar falar com alguém. Talvez seja difícil, ele está no CTI.

Márcia começou a segurar o choro, respirar fundo e controlar as emoções, permanecendo na enfermaria aguardando qualquer notícia.

Roberto e Bete saíram à procura de um médico a fim de conseguir a aprovação para a visita de Márcia ao CTI.

Márcia, já liberada da observação, saiu da enfermaria e ficou conhecendo o pai de Fábio.

— Você é a Márcia! — exclamou o senhor Aristides reconhecendo-a pela foto que viu.

— Sim. Sou eu.

— Senta aqui, filha, vem cá.

Acomodando-se ao seu lado, após o abraço longo e forte, Márcia quase não conseguia se conter. Afastando-a de si, mas permanecendo ao seu lado, o senhor Aristides ficou olhando-a por muito tempo, sem dizer nada. Depois que as lágrimas começaram a rolar compridas em seu rosto, ele disse:

— O Fábio falou tanto de você. O pouco tempo que ficou comigo só falou de você. Nas últimas cartas que escreveu pra mãe, ele fez um monte de planos pro casamento. Disse que, assim que começasse a trabalhar vocês iriam se casar, e eu e a mãe iríamos para São Paulo.

Márcia não se conteve, abraçou-o novamente e desatou a chorar.

— Não fica assim não, filha.

Márcia começou a se recriminar mentalmente, a se punir pelos pensamentos que teve a respeito de Fábio e Ney. Chegou a duvidar da integridade moral e do caráter de seu namorado para com os compromissos assumidos com ela.

Se Fábio não conseguiu avisar, era porque não tinha condições de fazê-lo, e ela acreditava que tinha sido traída, que ele havia fugido do compromisso, arrumado outra ou estivesse com alguma doença.

"Eu queria até tirar o filho que espero! Que horror!", repreendia-se em pensamento. "Meu Deus! Eu queria matar o filho do Fábio que está vivendo em mim! Uma criaturinha pequena, indefesa, que não pediu para ser concebida, não reclama da situação que experimento, não criticou meu desespero, julgamento errado ou decisões. Ele está aqui, dentro de mim e quietinho, sem dar trabalho, sem pedir nada. Somente se preparando para nascer, porque vivo ele já está".

Márcia se arrependeu de tudo o que pensou a respeito de Fábio e da vida. Como ela havia sido insensata. Poderia ter prestado mais atenção a tudo o que ele lhe ensinou sobre o Espiritismo, sobre o amor a Deus, sobre a fé. Fábio era um homem de muita fé.

Roberto e Bete chegaram e ele disse:

— Márcia, o médico permitiu que você vá até o CTI — voltando-se para o senhor Aristides, continuou: — Perdoe-me, senhor Aristides, mas ele deixou só ela, disse que o senhor já o viu hoje. Só abriu essa exceção devido ao estado... ao desespero de Márcia — atrapalhou-se ao tentar explicar.

— Eu entendo, filho. É verdade, eu já o vi.

Márcia levantou-se rapidamente.

— Só tem o seguinte, Márcia — alertou Roberto —, não vá gritar nem chorar. Você só vai vê-lo. Não se altere, ou não vai poder entrar mais lá.

— Pode deixar, eu vou me controlar — afirmava apreensiva.

Dali, eles foram até o andar onde Fábio estava. E o médico foi recebê-los.

— É ela a namorada? — perguntou o médico apontando para Márcia.

— Sim, doutor. Sou eu.

— Seu nome é...?

— Márcia.

— Venha comigo, Márcia.

Ela entrou no setor enquanto os outros ficaram aguardando.

— Márcia — orientou o médico —, o estado dele é delicado, muito delicado. Vou dar algumas explicações. Primeiro vista isso por cima de sua roupa.

O médico era um senhor de idade, falava baixo e apresentava-se muito calmo. Era observador e refletia sobre o que falava e o que ouvia.

Márcia vestiu um avental, colocou uma touca e sapatilhas.

— Preste atenção, Márcia. Há pacientes em coma e conseguem se reanimar depois que ouvem pessoas queridas. Por isso eu peço que se controle, não chore. Converse com ele, mas não lamente nada. Chame-o para a vida, não demonstre desespero, transmita confiança, amor e fé. Você entendeu?

— Sim, doutor — concordou.

— Eu deixei que você entrasse porque acredito que Fábio quer viver. Parece amar a vida. Reagiu muito bem até agora numa luta em que poucos conseguiram resistir tanto diante de lesões tão graves quanto as que ele tem. Se Fábio não cedeu ou desistiu até agora, é porque tem um bom motivo para viver.

Márcia nem piscava, mas seus olhos encheram-se de lágrimas.

— O pai de Fábio é um homem simples — continuou o médico. — Ele entra lá e chora. Entendemos seu desespero, pois perdeu o outro filho, a esposa está em estado grave e este filho também. Mas o choro não é bom para ele que precisa de forças, não de desespero.

— Ele poderá me ouvir? — perguntou ela.

— Há pessoas que voltaram de um coma e conseguiram dizer, com detalhes, o que se passou à sua volta e até exatamente tudo o que foi dito perto delas. Por isso seja amável quando falar. Eu estarei olhando de longe. Se precisar, chame.

— Posso tocá-lo?

— Lave-se ali e poderá — falou indicando à Márcia onde estava uma pia. — Toque-o com suavidade, movimentos leves, sem movê-lo. Não toque nos aparelhos nem no braço onde está o soro, certo?

— Pode deixar. Obrigada pela orientação.

Ao cruzar o CTI, Márcia parecia levitar. Não sentia seus pés nem seu corpo. Seus olhos só viram Fábio. Ele estava ligado a aparelhos, os olhos fechados e o rosto bem pálido. Parecia até mais magro. Ela se aproximou da cabeceira do leito e disse com voz baixa e meiga:

— Fábio, sou eu, Márcia. Eu vim visitá-lo. — Márcia começou a lutar com sua voz que queria embargar, demonstrando sua tristeza. Ela teimou e continuou: — Fábio, o Roberto veio comigo. Sabe quem veio também? A Bete. Eles estão lá fora. Você tinha razão, a Bete é uma pessoa maravilhosa. Nesses dias em que ficou ausente, ela me procurou, nós conversamos muito e ficamos grandes amigas. Amigas mesmo!

Márcia não sabia o que dizer a Fábio, a situação era difícil. Porém prosseguiu:

— A Bete está diferente, mais alegre, animada, usando roupas novas e bonitas. Acho até que arrumou um namorado — Márcia riu. — É porque ela me parece muito feliz, sinal de amor. — Breves segundos e prosseguiu: — Fábio, eu tenho certeza de que você vai melhorar, sairá daqui logo, não é?

Como Márcia desejava que Fábio respondesse a sua pergunta! Era muito triste ver alguém cheio de vida num dia e, em outro; numa cama feito um vegetal, totalmente dependente.

— Fábio, eu tenho uma novidade para contar.

Ela parou e ficou pensando se deveria. Permaneceu em silêncio por alguns minutos, pegou suavemente na mão de Fábio, que estava gelada, e começou apertar seus dedos com delicado carinho para aquecê-lo. Lentamente levou sua outra mão ao rosto de Fábio, acariciando-o com ternura. Nesse momento suas lágrimas rolaram e caíram sobre o braço dele. Márcia teve a impressão de que ele reagiu naquele momento. Sentiu que havia contraído a mão que segurava. Então ela o chamou:

— Fábio? Você reagiu! Você está voltando! — alegrou-se. Não se contendo, revelou: — Você está voltando! Volte, Fábio! Volte para mim e pro nosso bebê!

Agora tinha certeza! Por alguns segundos ele contraiu os dedos e apertou suavemente a mão de Márcia, depois largou.

— Fábio, é verdade! — Márcia exclamou, sussurrando. — Você está voltando. Reaja, meu amor, e venha para nós, por favor.

Márcia sentiu seu coração disparar e bater descompassadamente, pois Fábio havia reagido mesmo. Depois disso resolveu, contar em detalhes:

— É sim Fábio, eu estou grávida. Nós vamos ter um filho. Não é lindo, meu amor?!

Ela esperou que apertasse sua mão novamente, mas não aconteceu. Encostando-se bem perto do leito, ficou na ponta dos pés e levou as costas da mão de Fábio em seu ventre, dizendo:

— Você pode senti-lo? Eu sei que ele é pequenino, mas sei que você pode senti-lo, não é?

Outra vez Fábio reagiu, só que com mais força. Márcia começou a chorar de alegria.

— Estamos aqui só esperando você voltar pra nós, está bem? Acorde, meu bem!

Agora Fábio respirou mais forte, seu peito parecia ter se enchido sem o auxílio dos aparelhos e Márcia continuou quase eufórica, porém murmurando:

— Sabe, uns dias atrás, antes de eu vir para Minas, eu fui ao médico porque queria ter certeza da gravidez. Fiz o exame de ultra-sonografia. Fábio, foi tão lindo. Eu não consegui entender nada, mas vi algo pulsando. Era o nosso filho! Que lindo! Tão pequenino, tão singelo, doce, eu até chorei. Nossa! Como eu chorei de alegria depois que eu o vi. A primeira coisa que faremos, quando você sair daqui, é irmos ao médico para realizar outra vez este exame só pra você assistir seu filho. Esse foi gravado, só que quando você puder ir, nosso nenê estará bem maior, não é?

Márcia estava emocionada e algumas lágrimas caíram.

— Sabe, eu não fui sozinha não. A Bete foi comigo. Ela chorou como eu de tanta emoção. Você não sabe da maior: A Bete ficou lá na sala de espera e eu entrei no consultório, o médico perguntou se eu não queria deixar minha irmã assistir, eu não desmenti e Bete acabou se passando por minha irmã. O Roberto também está sabendo, ele ficou muito emocionado porque vai ser tio novamente e tá dando a maior força.

O médico aproximou-se, tocou no ombro de Márcia e disse com voz baixa:

— Acabou o tempo.

Márcia não teimou em ficar, virou-se para Fábio e despediu-se:

— Tchau, meu amor — beijando a mão dele, ainda disse:
— Amanhã nós dois voltaremos.

Fábio contraiu a mão com mais firmeza do que antes chegando a segurar a mão de Márcia que já ia largando-o.

O médico, bem próximo, observou atento e fez uma expressão de curiosidade, esticando-se para olhar Fábio mais de perto.

Márcia virou-se para ele e perguntou:

— O senhor viu, doutor?! Ele segurou minha mão!

O médico acenou a cabeça dizendo que sim. Depois, com generosidade, conduziu-a até a porta do CTI onde conversaram:

— Doutor, foi assim o tempo todo. Quando eu contava ao Fábio qualquer novidade, ele apertava minha mão, cada vez mais forte. No final, o senhor mesmo viu, ele praticamente me segurou! Foi como se quisesse que eu ficasse!

O médico, bem ponderado, explicou a ela:

— Vamos com calma, é comum que o paciente em coma reaja com movimentos. O coma não significa ficar totalmente imóvel.

Ele sabia que o estado de Fábio não era nada bom e que suas lesões foram graves. Dificilmente sairia sem seqüelas do estado em que se encontrava, porém vendo as reações de Márcia, achou melhor não dizer isso a ela. Mesmo por que, já tinha ouvido de seus colegas casos de pessoas que se recuperaram totalmente depois de traumatismos semelhantes, mas isso era muito raro.

Márcia não perdia as esperanças, insistia em dizer que Fábio havia melhorado.

— Doutor, não foram reações esporádicas ou sem sentido — defendeu Márcia. — O Fábio reagia cada vez que eu contava coisas que tinham importância para ele, coisas que o deixavam feliz.

— Vamos aguardar. Isso pode ser um bom sinal. Até agora eu vinha acompanhando o caso de Fábio e não havia percebido nenhuma reação ou contração — explicou o médico com leve sorriso.

— Amanhã eu posso vê-lo por mais tempo, não é?

— No horário de visita. Você terá que dividir o tempo com o pai dele.

— Eu sei, mas, se for para a recuperação de Fábio, o senhor não poderá me deixar entrar e ficar por mais tempo?

— É contra os regulamentos e normas do hospital. Aprovei hoje devido a seu estado, mas não posso abrir exceções sempre, filha.

— Mas ele só reagiu com a minha presença!

— Eu sei que pode me entender, Márcia, por favor. Temos normas. Lamento.

Márcia voltou-se para o médico, ficou frente a frente com ele e implorou com os olhos cheios de lágrimas:

— Doutor, por favor? Eu e ele precisamos um do outro.

O médico continuou firme, mas seu coração se comoveu.

— A princípio, somente no horário de visitas do CTI. Hoje eu já abri uma exceção. Depois veremos o que posso fazer, filha. Eu prometo.

Márcia não ficou satisfeita, aquilo era injusto. Fábio reagiu, tinha certeza de que ele iria melhorar rápido se o visitasse com freqüência e por mais tempo.

22

Roberto esconde graves acontecimentos

No saguão de espera Roberto e Bete conversavam.

— Eu estou preocupado com a Márcia — Roberto cochichava. — Acho que ela não está bem. Está tão abatida, parece tão fraca, fiquei arrependido por termos feito essa viagem com ela nesse estado. Se bem que não havia outro jeito, ou ela vinha ou morria! Sabe, Bete, estou com medo de que a Márcia perca esse bebê. Você viu como ela ficou desesperada? Como está abatida?

— Enquanto eu estava com ela na sala de observação — contou Bete —, o médico que a atendeu, me perguntou-me qual era o estado de saúde dela antes de virmos pra cá, de quanto tempo era a gravidez e muitas outras coisas. Ele acabou dizendo o mesmo que você: ela não deveria ter feito essa viagem, nem poderia passar tanto nervoso, tanta emoção. Ela e o bebê correm muito risco. Precisaria descansar.

— Ela pode perder o bebê? — perguntou Roberto apreensivo.

— Foi o que o médico disse. A Márcia está muito fraca, se não estiver anêmica. Não pegamos os resultados dos exames solicitados e feitos pelo obstetra lá em São Paulo. Eu quase não tinha informações para dar ao médico daqui. Mas ele teme que sua saúde e até sua vida se comprometam. Não dá para saber direito quais suas condições e as do bebê sem os exames que não têm como serem feitos aqui por falta de equipamentos. Como se não bastassem, tantas preocupações, tantos problemas lá, o acidente de Fábio, o estado em que ele se encontra e a morte do Ney, foram um golpe duro. O médico me disse que ela precisa de repouso e alimentar-se bem. Caso contrário, pode ter um aborto espontâneo sim, Roberto.

— Não brinca, Bete! Nem me fale uma coisa dessa, pelo amor de Deus. Se a Márcia abortar... se perder esse bebê, filho do Fábio, nessas alturas do campeonato, ela morre junto. Tenho certeza — lamentou preocupado.

— Bebê de quem?!!!

Perguntou subitamente o senhor Aristides que acabou de sair do quarto de sua esposa e chegou perto de Roberto e Bete enquanto conversavam, e, sem que eles percebessem, parou para ouvir o diálogo que lhe pareceu importante e muito lhe interessava. Nervoso, agora, quis saber rápido:

— Desculpe ter chegado assim, moço! Eu não tive a intenção não! Mas ouvi muito bem, só quero que me repita a última frase que você falou: bebê, filho de quem?

O senhor Aristides ficou pálido, tremia e começou passar mal. Roberto pegou-o pelo braço e o fez sentar. Trocou olhares com Bete e por fim falou:

— Por favor, senhor Aristides, eu não sei se a Márcia gostaria que o senhor soubesse. Mas a verdade é que ela está grávida. Espera um filho do Fábio. A Bete tem acompanhado a Márcia em tudo desde a descoberta da gravidez lá em São Paulo até os problemas pelos quais está passando aqui.

O senhor Aristides não conteve as lágrimas e falou emocionado:

— Em meio a tanta tragédia, Deus sempre nos dá um motivo para continuar a vida. O Meu Sidney se foi e o meu Fábio tá brigando pra ficar, e o filho dele está chegando. Oh, meu Deus! O que é que eu posso dizer, o Senhor tirou um, mas está me dando outro.

Roberto e Bete se comoveram e o abraçaram.

— Senhor Aristides — disse Bete —, nós estamos preocupados com o estado da Márcia. Em São Paulo, já estava enfrentando problemas com a mãe que está muito doente e que pode vir a falecer a qualquer momento, isso a deixou muito perturbada. Ficou nervosa com a falta de notícias do Fábio, e, chegando aqui, sofreu um choque muito grande que a abalou terrivelmente, está fraca e abatida... O médico recomendou que repousasse bastante para não por em perigo a sua vida e a do bebê. Ela...

— Vão pra minha casa! — decidiu enérgico antes que Bete pudesse terminar. Ganhando forças, o senhor Aristides quase ordenou: — Vocês vão agora mesmo pra minha fazenda. Precisam comer, se lavarem e pôr essa moça para descansar. Ela precisa de cuidados. Minha irmã está lá, ela tá velha, mas sabe muito bem cuidar de uma parideira.

Márcia, bem pálida, apareceu no fim do corredor. O pai de Fábio levantou-se às pressas e foi em sua direção. Roberto virou-se para Bete e disse sussurrando:

— Pronto! É hoje que a Márcia me mata. Eu e a minha boca grande.

Enquanto isso o senhor Aristides dizia a Márcia:

— Filha! Filha! — Márcia assustou-se, mas ele não se conteve. — Venha cá, filha. Você está fraca e abatida. Olha só a sua cor, menina!

— Estou bem, senhor Aristides — afirmou com sorriso meigo e forçado.

— Não. Não está bem, não. Você precisa de cuidados.

— Estou só um pouco cansada por causa da viagem, mas estou bem.

— Não teime comigo, Márcia — exigiu brando. — Você precisa de cuidados. — Envolvendo-a com a mão em seu ombro e curvando-se ao olhar e quase tocar em sua barriga, avisou: — Você tem aí um filho do meu Fábio. Não pode deixar que nada de ruim aconteça a ele ou a você, menina. Para mim, essa criança, meu neto, vale mais do que ouro!

Márcia estava emocionada e o senhor Aristides a abraçou com os olhos cheios de lágrimas, dizendo:

— Eu sou religioso, tenho fé. Mas depois de tudo o que aconteceu... Minha mulher está indo embora, meu caçula já se foi e o meu primogênito tá desenganado. Oh, meu Deus, faz dias que ele está daquele jeito! Eu estou começando a perder as esperanças.

— Não diga isso! — pediu Márcia educada.

— Estou sim, filha. E você tem aí a herança dele. A continuação da vida do meu Fábio. Não sei se ele volta mais...

— Não diga isso, por favor! — expressou-se Márcia parecendo implorar. Chorando junto, perguntou: — Onde está sua fé? Fábio me disse que era espírita, tinha fé e ele aprendeu com o senhor e com sua esposa tudo o que sabia. Estou me decepcionando agora. Tenho certeza de que Fábio vai se decepcionar quando souber disso. Ele vai ficar bom, eu tenho certeza!

Roberto aproximou-se e disse:

— Acalme-se. Olha o seu estado.

— Deixa, pode deixar. Ela está certa — concordou o senhor Aristides — Ela está muito certa. Mas mesmo assim precisa descansar. Vamos, eu os acompanho até a fazenda, depois eu volto para cá.

Chegando à fazenda, Roberto e Bete, felizes, foram direto para a cozinha. Eles estavam famintos. Não perderam tempo para se fartarem com tantas comidas diversas. Márcia não comeu muito, tudo o que tentava degustar não lhe parecia bom.

— Coma filha, experimente isso aqui! — disse o senhor Aristides à Márcia que enjoava só de olhar para a comida.

— Obrigada. Estou satisfeita — avisou ela envergonhada.

— Márcia, seria bom você tentar se alimentar melhor. Insista um pouco — sugeriu seu irmão.

Márcia forçou-se a comer. Segundos depois, com a mão na boca, perguntou aflita:

— Onde é o banheiro?!

— Aqui! — Mostrou-lhe Bete rapidamente, que de forma prestativa conduziu a amiga.

— O que houve? O que está acontecendo com ela? Pobre moça! — disse o senhor Aristides preocupado.

— É comum isso Tidinho, tem mulher que fica assim o tempo todo. Num é fácil. Só que precisa se cuidar, senão ela e a criança ficam muito fraquinha, miudinha... — comentou dona Lina, irmã do senhor Aristides.

— A Márcia está assim há dias — comentou Roberto. — Nada pára muito tempo em seu estômago. Estou preocupado com ela, pois vem passando por muita tensão ultimamente.

— Ela tá com problema? — perguntou dona Lina.

— Nós estamos com muitos problemas, dona Lina — respondeu Roberto.

— Pensei que ela tivesse tão abatida assim só por causa do Fábio — disse a mulher.

— O acidente com o Fábio e o Ney a abateu ainda mais. Nossa mãe está doente, é um problema de saúde muito sério, grave. Ela está internada já faz algum tempo e não há mais esperanças.

— O que ela tem? — perguntou a senhora gentil.

— Câncer.

— Nossa! Que difícil pra vocês — lamentou dona Lina.

— Nossa família vem passando por uma série de problemas ultimamente. Primeiro nossa sobrinha mais velha faleceu. Foi uma morte trágica, que abalou a todos, principalmente a Marcinha que assistiu a tudo. Depois disso, minha outra irmã e meu cunhado enfrentaram uma série de dificuldades, causando-nos muitas preocupações, foi até preciso que nós nos envolvêssemos para ajudá-los.

— Teve também o desemprego do Fábio — lembrou o senhor Aristides — Ele me contou que ela ficou muito nervosa, pois era a chefe dele e se achou culpada pela demissão.

— Tudo isso abalou muito a moça, não foi? — disse dona Lina.

— Isso mesmo. De repente, como o senhor disse, Fábio perdeu o emprego e nesse meio tempo nossa mãe piorou e isso exigiu muito da Márcia. Daí que o Fábio veio pra cá e ela não teve mais notícias dele. Então ela entrou em pânico, nesse período ela descobriu que estava grávida.

— Meu filho não sabe? — perguntou o senhor Aristides.

— Não. Ela só teve certeza da gravidez depois de uns dias que Fábio veio para Minas. Creio que não deu tempo de avisá-lo. Daí que viemos pra cá saber o que havia acontecido, pois seria a única maneira de Márcia se acalmar. O pior é que o nosso pai não sabe que ela está grávida. Nós não sabemos como ele vai reagir, porque é muito conservador e rigoroso, o senhor nem imagina, e a Márcia sempre foi a filha predileta, ninguém pode negar. Ele tem muito orgulho dela. Acho que ficará bem decepcionado, certamente vai reagir bem bravo. Nem para nossos outros irmãos nós contamos sobre a gravidez.

— O pai de vocês não pode achar ruim, isso tá ficando muito comum — disse dona Lina com simplicidade.

— É, mas não acredito que meu pai pense assim. Está muito nervoso ultimamente — comentou Roberto. — A Márcia está muito preocupada em como vai dizer para ele sobre isso. Essa situação a deixou mais nervosa ainda. Aí, quando chegamos aqui, ficamos sabendo do acidente, só não sabíamos quem estava em coma. A Márcia se desesperou, entrou em choque, desmaiou, teve de ser socorrida e ficar em observação. Fiquei com medo por ela, pois está me parecendo muito fraca.

— Também! — exclamou dona Lina. — Essas moças de hoje em dia só pensam em ser elegantes, magrinhas e toda esguia. Tão pensando que isso é saúde? Não é não, precisa se alimentar e se cuidar, pra numa hora dessa ser forte. Deixa a Márcia na minha mão que você vai ver sua irmã encorpar em uma semana!

Roberto sorriu. Pobre Márcia, sua elegância tinha os dias contados. No meio de tanta fartura e perto de dona Lina, ela estava perdida.

Bete voltou com Márcia para a cozinha onde todos se reuniam em volta de uma mesa grande e repleta de comidas típicas. O senhor Aristides correu para perto dela e disse:

— Tá melhor, filha? Senta aqui.

— Por favor, senhor Aristides — disse Márcia que quase não se agüentava em pé. — Eu gostaria de me deitar um pouco, se não for incômodo.

— Claro! Como eu pude me esquecer?! Tô ficando caduco! — Voltando-se para sua irmã, disse: — Oh, Lina! Pede pras criadas arrumar o quarto do Fábio, a Márcia vai ficar nele.

— Não leva ela pro quarto, não! — disse dona Lina próximo ao fogão a lenha que fumegava. — Tô fazendo uma canjinha. A pobre tem que comer.

— Por favor, dona Lina — suplicou Márcia quase chorando —, não consigo comer nada. Agora não, obrigada.

— Vem filha, vou levar você pro quarto — avisou o senhor Aristides, pegando-a pelo braço.

Cuidadoso ele a levou segurando-a com firmeza. Percorreram um corredor comprido com vários quartos. Pararam em frente ao último onde uma empregada fazia a cama.

O quarto era grande, arejado, tinha duas janelas. A mobília era simples e antiga, porém a conservação era impecável.

A cama era de casal e um mosqueteiro a rodeava como num berço de criança. A moça acabou de arrumar a cama, virou-se para o senhor Aristides e falou:

— Tá pronto. O sinhô precisa de mais coisa?

— Você precisa de alguma coisa, filha? — perguntou ele à Márcia.

— Não. Obrigada.

— Traga água, Zinhá. Deixe água fresca aqui no quarto. Se ela tiver sede, não terá trabalho.

Márcia olhou o quarto com cuidado e admiração.

— Esse quarto é do meu Fábio. Ele só fica aqui. Disse que é o mais sossegado e que gosta da luz do sol que entra de manhãzinha e depois fica esquentando a cama.

Márcia não falou nada. Afastou o mosqueteiro e sentou-se na cama. Nesse momento, Bete chegou.

— Com licença, Márcia, trouxe sua bolsa com as roupas. Não quer tomar um banho para relaxar?

— Não. Ela não pode! — exclamou o senhor Aristides. — Comeu agora, não se toma banho depois de comer!

— Eu acho que não há mais comida nenhuma, ela botou tudo pra fora! — contou Bete com um leve sorriso.

— Vocês quem sabe, mas isso não tá certo. Eu vou lá com o Roberto, pra mostrar o quarto dele.

Bete virou-se para Márcia e falou:

— Toma um banho antes de deitar. Viajamos muito, ficamos num hospital, você está exausta e é melhor que se deite limpinha.

— Vou sim. Só que me sinto tão fraca, Bete. Parece que vou cair a qualquer momento.

— Eu ponho uma cadeira no chuveiro e posso ficar lá, se você não se importar. Ou então, pode usar o outro banheiro, que eles chamam de quarto de banho, onde tem uma banheira daquelas bem antigas. Só que eu acho que vai demorar muito para enchê-la com água quente. O melhor é ser bem rápida para descansar o quanto antes.

— Talvez seja chato eu pedir isso, depois de tanta coisa que já me fez. Mas vou preferir o chuveiro com a cadeira. Você pode me ajudar? Estou com medo de passar mal sozinha e cair, porém preciso de um banho, urgente.

— Claro, Márcia! Vamos, pegue uma roupa.

Ao mostrar a Roberto o quarto onde ele ficaria, o senhor Aristides propôs:

— Roberto, eu vou esperar para ver o estado de minha mulher e do meu filho — com os olhos cheios de lágrimas e a voz embargada, continuou depois de uma breve pausa: — Segundo os médicos, só Deus para ajudá-los. Mas eu já decidi, vou até São Paulo falar com o pai de vocês a respeito do filho que a Márcia está esperando.

— Não é necessário, senhor Aristides, nós cuidaremos disso.

— Não, senhor! Não vou deixar a Márcia resolver tudo isso sozinha não, seu moço! Esse assunto não é só dela. Não é a única responsável. O Fábio também tem obrigações pelas conseqüências de seus atos, e, na impossibilidade dele, eu respondo por meu filho. Fui eu quem o educou! Eu ensinei meus filhos a serem responsáveis, assumirem o que fizerem de certo ou de errado, sustentando todas as conseqüências.

Sabe, Roberto, o Fábio falou muito da Márcia nos últimos meses, muito mesmo. Em suas cartas ele só dizia o nome dela. Afirmou que queria se casar, que adorava essa moça, queria passar o resto da vida com ela, fez muitos planos... Não posso duvidar que esse filho seja dele, de jeito nenhum! As cartas provam. E se o Fábio deixou isso acontecer, é porque queria, e, se não queria, agora tem que assumir o que fez.

Sou do tipo antigo também, menino, igualzinho ao seu pai. Eu me considero responsável pela educação de meus filhos, se eles falharem é porque falhei antes. Além do mais, Roberto, eu também já pensei assim como o seu pai: que moça solteira, grávida, era sem vergonha, não prestava. — Com a voz embargando, revelou: — Mas na hora mais difícil da minha vida, quando minha esposa estava na beira da morte, um médico vem e me diz que um dos meus filhos morreu e o outro estava morrendo. Falou que não podia fazer nada por ele... e eu vi o mundo pesar na minha cabeça, toda a minha vida acabou ali. — Chorava por dentro. — Não tinha mulher, não tinha mais filhos nem mesmo um netinho ou netinha como herdeiros. Nem um único herdeiro me restou. Aí eu percebi, Roberto, que a eternidade de um homem está em seus filhos e filhas, netos e netas e daí por diante. — As lágrimas rolaram compridas. O senhor Aristides tentou disfarçar, mas não conseguiu, mesmo assim continuou falando com a voz rouca: — Daí, Roberto, quando sem querer, surpreendi vocês conversando sobre a recomendação do médico, sobre ela estar fraca e que não sabiam as condições do bebê, fiquei confuso, mas ao ouvir, com todas as letras, você falar: "Se a Márcia abortar... se perder esse bebê, filho do Fábio... ela morre junto", eu senti como se pudesse morrer mais um filho meu se uma tragédia dessas acontecesse com essa menina.

Sabe, todo o meu preconceito, toda a minha formação moral, foi tudo por água abaixo Eu só quis saber de cuidar e de preservar a única coisa que um dos meus filhos poderia ter deixado vivo nesta terra, que era o seu próprio filho, meu neto ou minha neta. Uma luz se acendeu novamente no meu mundo que tava acabado. Por isso, Roberto, não tente me impedir. A Márcia só sai da minha casa, pra voltar a São Paulo, comigo e com o meu filho, se Deus permitir. Ela não vai enfrentar o pai sozinha não! A Márcia não fez o filho sozinha e o responsável tem de ampará-la e ficar ao lado o tempo todo.

Diante de toda aquela confissão, Roberto se calou e abraçou o senhor Aristides.

Márcia já no quarto sentia-se mais leve após o banho.

— Deite-se, Márcia, descansa. Quer alguma coisa?

— Não, Bete, obrigada. Você já fez muito.

— Vou chamar o Roberto para irmos novamente até a cidade, com tudo o que aconteceu, eu me esqueci de ligar pra casa e o Roberto também, precisamos avisar que chegamos bem.

Após algumas batidas à porta, entrou dona Lina segurando uma bandeja que ostentava um prato, dizendo:

— Antes de descansar, ela vai tomar um caldinho, né, filha?

Márcia arregalou os olhos e espantada exclamou:

— Pelo amor de Deus, eu não quero comer nada!

— Vai sim. Só um bocadinho, minha filha.

Bete sorriu e disse:

— Vai devagar, dona Lina, ela pode ficar mais fraca se vomitar novamente.

— Ela vai adorar, é só um caldinho. — Dona Lina sentou-se na cama e enchendo a colher levou na direção de Márcia pedindo: — Toma filha, enquanto tá quentinho.

Diante da insistência e teimosia de dona Lina, Márcia tomou umas quatro colheradas, espalmou a mão frente a sua boca como um sinal de espera e disse rapidamente:

— Não. Chega, por favor. Se eu tomar mais uma colher, eu vomito.

— Já que é assim, eu vou fazer um chá para abrir seu apetite.

Após dona Lina sair do quarto, Márcia implorou à Bete:

— Por favor, Bete, diga pra ela não me dar mais nada para comer. Não estou bem e, se eu vomitar novamente, não sei o que pode acontecer.

— Você está sentindo alguma coisa?

— Sinto uma dor fraca no baixo ventre, mas creio que se eu descansar vou melhorar. Deve ser pela força das contrações do estômago, por eu ter vomitado tanto.

— Quer ir para o hospital, Márcia?

— Não. Não é necessário, só quero descansar.

— Tem certeza?

— Tenho. Só não quero ver mais nenhum tipo de comida! Pelo amor de Deus!

— Pode deixar, eu vou falar com ela. Agora vê se descansa hein! Tchau — despediu-se Bete, beijando-lhe o rosto após cobri-la.

— Vai com Deus, Bete. Obrigada por tudo — agradeceu feliz.

Roberto, Bete e o senhor Aristides voltaram para a cidade. O senhor Aristides foi para o hospital, enquanto Bete e Roberto foram telefonar.

— Ciro? É o Roberto!

— Onde vocês estão que não ligam?! Onde se meteram?! Pensei que tivessem mais responsabilidade, Roberto! — Vociferou Ciro que estava furioso.

— Calma, Ciro, não é assim. Veja como fala. Você nem sabe o que está se passando aqui! Não é assim não!

— Como "não é assim"?! No meio de tudo o que está acontecendo aqui, a Márcia sai correndo atrás do namorado que sumiu e você ainda vai com ela! Eu até pensei que o Fábio fosse mais responsável. E de repente se mostra completamente sem juízo, totalmente irresponsável! E vocês dois, então, ligam pra gente à noite, dizendo que vão viajar no dia seguinte, somem por dois dias e ainda diz para eu ter calma?! Onde está a...

Ciro não dava oportunidade para Roberto que teve de interrompê-lo:

— Ciro, o Ney morreu e o Fábio está em estado grave no hospital! O Fábio entrou em coma e a Márcia não está nada bem. Ela está grávida e corre o risco de perder o bebê e até comprometer a sua saúde...!

Ciro calou-se imediatamente. Depois de alguns segundos, murmurou:

— Não pode ser. Desculpe-me, Beto. Eu... não consigo... fala com a Rose.

Rose pegou o telefone e mais calma perguntou:

— Roberto, o que foi? O que aconteceu?

— Rose, nós soubemos que no dia em que o Fábio e o Ney chegaram aqui em Minas, eles foram atropelados. O Ney morreu na hora e o Fábio está em coma, seu estado é muito grave.

— Meu Deus! — exclamou ela. — E a Márcia?

— Rose, não diga nada pro meu pai, certo? A Márcia está grávida. Entrou em crise quando soube do acidente, pois quem nos avisou não sabia dizer quem havia morrido. Ficou desesperada... passou muito mal. Tenho medo de que perca o bebê, ou até que coisa pior aconteça com ela. Está muito fraca, abatida... você precisa ver, nem dá pra reconhecê-la, a Márcia foi atendida no hospital aqui da cidade porque desmaiou, sofreu um forte descontrole emocional, teve uma hemorragia, tomou soro com medicamentos e o médico receitou-lhe alguns remédios e repouso. Agora está descansando na casa do pai do Fábio.

— Roberto, aqui não está nada bem — Rose não conseguia falar, mas precisava. — Roberto, é sua mãe.

Roberto já havia entendido, mas insistiu:

— Minha mãe?

— Sim, Roberto... — chorava agora — Foi hoje cedo. Ela não resistiu mais. Nós não tínhamos como entrar em contato com vocês. O celular só acusa "fora de área". Por isso o Ciro está desesperado.

Roberto sentiu-se entorpecido, tudo parecia girar à sua volta.

— E agora, Rose? Nós estamos a dois dias de viagem.

— Não se pode fazer nada, Roberto.

— Eu poderia ir até Belo Horizonte e pegar um avião, mas a Márcia não tem condições de viajar. Daqui até Belo Horizonte é longe. Não quero arriscar levá-la, está muito fraca e...

— Pergunte a ela, talvez insista em vir, é sua mãe. Converse com ela. Ciro pediu para atrasar o enterro por causa de vocês, talvez dê tempo.

— Rose, eu nem vou contar à Márcia sobre nossa mãe. Ela já passou muito nervoso. Está mal mesmo, você não imagina como está frágil. É sério! Acredite! Eu não sei o que pode acontecer. O médico daqui se impressionou com seu estado, pediu descanso e tranqüilidade acreditando que corre riscos sérios. Ficou desesperada com o acidente e o estado vegetativo do Fábio. Eu fiquei maluco quase não consegui controlá-la. Se souber da mãe agora, não sei como vai reagir, nem sei o que pode acontecer com ela, eu tenho medo de que... não agüente e... sei lá... está muito fraca, provavelmente anêmica. Se algo acontecer ao Fábio... Os médicos não deram esperança, pois ele sofreu uma fratura de crânio. Está em coma há dias. Acreditam que, mesmo se sobreviver e sair do coma, ficará mental e talvez fisicamente debilitado.

— Meu Deus! Já que é assim... mesmo se ela ligar, nós não contaremos nada, certo?

— Obrigado, Rose. Vou ver o que posso fazer aqui. Amanhã eu ligo. A fazenda onde estamos é longe de qualquer telefone. Está ficando tarde e eu preciso ir pra lá antes que escureça e não dê para enxergar o caminho. Não voltarei mais à cidade hoje, por isso não vou telefonar mais. Nossa! Como estou amargurado... — sua voz embargou. — Não imagina como me sinto...

— Roberto, você está fazendo o que é melhor para sua irmã nesse momento. Eu sei o quanto está sentido e como gostaria de estar aqui. Mas sejamos racionais, a Márcia precisa muito mais de você do que nós. Cuide bem dela, pois precisará ter alguém forte a seu lado caso o Fábio...

— Pode deixar. Farei o possível pela minha irmã, você sabe.

Conversaram mais um pouco e logo se despediram. Roberto entrou no carro atordoado. Olhou para Bete e avisou melancólico:

— Minha mãe... ela se foi...

— Roberto! — exclamou Bete. — E a Márcia?!

— Ela não pode ficar sabendo, tá?

— Claro que não. Antes de sairmos da fazenda, ela me disse que estava sentindo algumas dores.

— E você não me falou nada, Bete?! — Roberto se zangou praticamente gritando, mas imediatamente reconsiderou:
— Desculpe-me, eu estou nervoso. Ela ainda está com hemorragia?

— Não. Eu acho que não. Disse que as dores eram devido ao cansaço e a força que fazia para vomitar. Eu não achei que fosse sério, Roberto. Desculpe-me. Nós viajamos muito, no estado dela e com tudo o que aconteceu, eu pensei que não fosse nada grave.

— Por isso mesmo, Bete. Por tudo o que está acontecendo é que ela está passando mal. Temos que ficar atentos.

— Desculpe-me.

— Sou eu quem deve pedir desculpas, você tem nos ajudado tanto! Você achou que ela ficou bem?

— Antes de sairmos, eu dei uma espiada no quarto e ela estava dormindo. Se ela estivesse com dores fortes, não conseguiria ficar tranqüila, não acha?

— É verdade. Vamos até o hospital, pegaremos o senhor Aristides e voltaremos para a Fazenda.

Roberto contou ao senhor Aristides sobre sua mãe. Ele ficou chocado. Do hospital, eles voltaram para a fazenda, onde Márcia dormia profundamente.

Roberto não deixou que a acordassem nem para jantar, dizendo que o sono a sustentaria, pois ela precisava de descanso.

23

A formosura de uma rosa

Na manhã seguinte, Márcia despertou mais descansada e tranqüila. Sentia-se bem melhor, um pouco mais disposta e até com um pouco de fome. Ela havia perdido a noção do tempo.

Abrindo as duas janelas que ficavam lado a lado, o sol entrou radiante com toda a sua força e esplendor. Fábio tinha razão, o sol banhava todo aquele quarto trazendo energias novas ao iluminar e aquecer o recinto. Serena, tomou um banho, trocou-se e foi até a cozinha onde todos já estavam reunidos.

— Bom dia! — cumprimentou sorrindo.

— Márcia! Senta aqui, filha. Vem tomar café — disse dona Lina preparando uma xícara.

— Espere aí! — alertou Bete. — Vá devagar, o leite daqui é forte. Você não está acostumada. É melhor colocar um pouco de água.

— Água! Que absurdo! — exclamou dona Lina contrariada.

— Espere um pouco, gente — pediu Márcia um tanto acanhada —, se não for incomodo, eu prefiro um chá claro, é mais garantido e alguns biscoitinhos, por favor.

Todos concordaram com o seu pedido e não a forçaram a nada.

Mais tarde, ela, Roberto e o senhor Aristides foram ao hospital. Bete decidiu ficar na fazenda, queria descansar mais.

O horário de visitas no CTI iniciou. Só era permitida a entrada de uma pessoa por vez. Márcia preferiu que o senhor Aristides entrasse primeiro. Não demorou muito ele saiu, e ela entrou. Depois de se vestir, foi até perto de Fábio.

— Fábio, estou aqui novamente, ou melhor, nós estamos.

Márcia pegou a mão dele e ficou observando-o melhor.

O rosto de Fábio estava com vários arranhões e esfolados sobre um volumoso hematoma que ficava na face direita. Haviam raspado parte de seu cabelo, do lado da cabeça até o centro, onde se podiam ver vários pontos, sutura que ia de cima até embaixo.

Ele encontrava-se mais pálido, muito abatido, as olheiras eram mais profundas e os lábios bem ressecados. Como quebrou duas costelas, enfaixaram seu tórax, e engessaram sua perna direita. Sua barba começava a crescer dando-lhe um aspecto mais doentio. Seus braços e cotovelos estavam esfolados, com alguns pontos e suas mãos bem machucadas.

Márcia o observou e não conseguia conter sua tristeza, porém não desanimou.

— Fábio, ontem você apertou minha mão porque eu falei do bebê, não foi?

Ela esperava alguma reação, mas não aconteceu.

Márcia conversou muito com ele, sempre na expectativa de senti-lo ou vê-lo exercer qualquer ação, movimentar a mão dando-lhe um sinal. Mas infelizmente nada aconteceu.

O horário de visitas terminou e Márcia estava chocada, inconformada. Não esperava isso, tinha esperanças de vê-lo melhor. Ela chorava muito ao cruzar a porta do CTI e abraçou Roberto, dizendo em desespero:

— Beto, ele não reagiu. Eu contei, lembra? Ontem ele apertou minha mão. Hoje ele não se mexeu, não fez nada! Ficou como um vegetal! — Márcia não se conteve, entrou em pânico e gritou: — Fábio! Você não pode ficar assim! Fala comigo!!!

Ela tentou correr na direção do CTI, mas Roberto a segurou.

— Márcia! Acalme-se, não grita! — pedia ao segurá-la.

Ela não ouvia e continuava em desespero:

— Fábio! Eu amo você! Não faz isso comigo! Fábio!!! — gritava descontrolada.

Márcia deixou-se cair esmorecendo. O irmão a pegou no colo quando um enfermeiro, atraído pelos gritos, apareceu e ajudou Roberto a levá-la para a enfermaria.

Deitada no leito, enquanto era medicada, Márcia agitava-se girando o corpo de um lado para outro da cama, ela não se controlava. Deixou o desespero tomar conta de si.

Mais tarde, quando se acalmou, Roberto estava ao seu lado. Acariciava seu rosto e afagava seus cabelos sem dizer nada. Somente no início da noite o médico a dispensou.

A caminho da fazenda, Roberto calmamente chamou sua atenção:

— Aquilo que você fez, não se faz, Márcia. Agora precisa e pode se controlar. Quer perder esse bebê? Quer matar o filho do Fábio?! — perguntou frio e cruel.

— Não. É claro que não! — respondeu assustada.

— Então controle-se. Pense que uma vida está dependendo de você. Essa vida ainda é indefesa e você não está lá com toda essa saúde para agitar-se assim como fez. Olha o seu estado! Não consegue se alimentar, está fraca, abatida, com uma aparência horrível! Desse jeito, você vai matar seu filho.

— Não diga isso!

— Estou dizendo a verdade, minha irmã.

Márcia calou-se amargurada e foi assim boa parte do caminho até que Roberto, quebrando o silêncio, perguntou:

— Ainda está com dor?

— Bem pouco — respondeu temerosa.

— Assim que chegarmos à fazenda, você toma um banho, toma os remédios que o médico mandou e deita. Entendeu?! — praticamente ordenou. Em poucos minutos, perguntou mais sereno: — A dor está forte?

— Não.

— Você não teve mais nenhuma hemorragia depois daquela hora?

— Não. Foi só um pouco naquela hora. Depois não tive mais.

— Então já sabe. Descansa e se controla. Se não fizer isso, amanhã não vai vê-lo.

— Onde está o senhor Aristides?

— A Bete preocupada com a demora, pegou o carro do Fábio e veio atrás de nós. Como já era tarde, ela o levou para a fazenda. Ele estava bem sofrido, a esposa parece que não está nada bem.

— Roberto, vamos falar com o médico para remover o Fábio para São Paulo?

— Eu já falei. Ele e toda a equipe que está cuidando do Fábio, acha perigoso, muito arriscado. Talvez daqui a algum tempo, quem sabe. Os primeiros dias após um acidente desses são os que inspiram mais cuidados.

Naquele começo de noite, a mãe de Fábio morreu.

Roberto tomou todas as providências para o senhor Aristides que se abatera ainda mais com a morte da esposa.

O enterro foi no dia seguinte, justamente no horário de visitas ao CTI, Márcia não acompanhou o funeral. Decidiram que seria melhor que ficasse com Fábio.

Enquanto o visitava, conversou com ele durante todo o tempo. Esperou que reagisse, mas nada aconteceu. Estava sento difícil conter a angústia que sofria, desejava chorar, mas lembrou-se da recomendação do médico que aconselhou palavras de incentivo, que o motivasse a sair daquele estado. No final da visita, avisou carinhosa ao afagá-lo:

— Tchau, meu amor. Amanhã voltaremos para vê-lo. Tenho certeza de que você estará melhor — depois de beijar-lhe a mão e o rosto, acariciou-lhe, sorriu e, sem vontade, saiu do CTI. Ninguém a esperava. Todos acompanhavam o enterro da mulher do senhor Aristides.

Sozinha, sentia o coração opresso. Caminhou pelo longo corredor até chegar a um saguão, onde havia alguns bancos voltados para um pequeno altar. Era uma pequena capela, lugar de preces e meditação. Olhando a volta, não pôde deixar de ver uma estátua, imagem que simbolizava Jesus vestido com um manto azul claro e branco cujas mãos estavam espalmadas para frente e os braços meio abertos. Aos pés da imagem, havia um vaso com lindos botões de rosa levemente abertos. Atenta, fixava à imagem, sem perceber, deixou-se atrair até o altar. Diante dele, passou a fitar as lindas rosas.

Márcia paralisou-se sem pensar em nada. Somente contemplando as rosas, uma em especial chamou-lhe a atenção, havia uma gota de água em sua pétala aveludada. Tocando-a com delicado carinho, a pétala gotejou em seus dedos umedecendo-os suavemente. No instante imediato, rolaram duas lágrimas compridas em seu rosto. Ela ergueu a cabeça, olhou para a imagem de Jesus e disse em voz branda como em uma prece e com todo o seu coração:

— Sei que é a Deus que pertence todas as coisas e que nós só devemos aceitar a vontade Dele. — Cerrando os olhos, continuou comovida: — Acredito em Teu poder, Senhor. Sei que nenhuma folha cairá sem a Tua vontade. Observando essa rosa e a beleza que ela traz consigo, sei que nenhum homem é capaz de criar algo que se compare a essa formosura e perfeição. Os homens podem dizer o que quiserem, mas a palavra final será sempre Tua, Pai Celeste. Por isso, não vou dar ouvidos aos pareceres médicos. Aguardarei a Tua resposta final. Mas não posso deixar de Te pedir pela vida e pela saúde do Fábio. — Com voz embargada pelos soluços, suplicou sussurrando: — Eu imploro, Senhor. Porém se mesmo assim, não for de Tua vontade... eu aceitarei. Triste, mas aceitarei. Procurarei viver e seguir tudo o que o Fábio me ensinou sobre o Teu caminho, o Teu amor e a Tua justiça e passarei esses ensinamentos ao nosso filho também.

Márcia silenciou contemplando a imagem com os olhos embaçados pelas lágrimas, mesmo assim pôde ver um leve movimento que chamou sua atenção.

Abaixando o olhar notou que caíra, sobre a pequena toalha rendada que enfeitava o altar, duas pétalas da rosa que mais admirou e tocou com suavidade. Observando bem a rosa, notou que ela estava firme, um jovem botão quase aberto que faltavam as duas pétalas que se uniram ao cair. A rosa era vigorosa, não estava ao ponto de despetalar.

Márcia apanhou as pétalas, beijou-as e segurou-as em sua mão ao acreditar:

— O Senhor me ouviu. Eu sei que me ouviu. Eu aguardarei Seu desejo, seja qual for.

Foi necessário muito sofrimento para que Márcia aprendesse a confiar em Deus e aceitar a Sabedoria Divina. O que significava fé e esperança, pois a vida não termina só com essa experiência. O desespero não traz soluções e não alivia a dor.

Pouco depois Roberto foi até o hospital para levá-la de volta à fazenda. Ela não disse nada sobre o acontecido nem ele perguntou ao observar certa mudança em seu comportamento, agora, bem sereno.

* * *

O sol estava radioso quando a jovem abriu as janelas e pôde contemplá-lo novamente. Márcia parecia mais calma, o que todos notavam. Uma mudança a beneficiou de alguma forma, até sua aparência encontrava-se bem melhor. Alimentou-se um pouco mais sem sentir qualquer mal-estar.

O horário de visita a Fábio era aguardado com ansiedade. O senhor Aristides, arrasado com o falecimento da esposa, pediu à Márcia que entrasse primeiro no CTI. Ele queria recuperar-se das emoções, pois tinha sido alertado pelo médico.

Novamente, acariciando-lhe com ternura, Márcia conversava carinhosamente com Fábio enquanto segurava firme sua mão gélida.

— Fábio, só estou esperando você melhorar para irmos ver o bebê. Sabe, às vezes eu nem acredito que vou ser mãe. É tão estranho pensar assim. Minha mãe é quem vai gostar. Ela sempre deu o primeiro banho em todas as netas e cuidou da Paula, Rose por muito tempo quando elas estavam de dieta. Será que é menino ou menina, hein? Eu não consigo ter nenhum palpite. Será que você tem? — rindo, perguntou: — Devo parecer uma boba, você não acha? Você está rindo de mim agora, não é? — beijou-lhe a mão.

Márcia olhando-o por alguns segundos, desejosa para ver qualquer reação, mas nada aconteceu. Depois, com silenciosa tristeza, reclamou:

— Meu bem, já está na hora de irmos. Os minutos aqui voam! Podiam nos dar mais tempo, não acha? Será que não sabem que eu e nosso filho fazemos bem a você? — Ficando nas pontas dos pés para que a mão de Fábio tocasse em seu ventre, Márcia se ergueu, beijou-o e sussurrou-lhe ao ouvido: — Saiba que eu te amo muito! Nós te amamos! Tenho certeza de que esse bebê já o adora. — Sorriu animada. — Amanhã voltaremos. Queremos que Jesus o abençoe e lhe dê forças para voltar o quanto antes. Precisamos muito de você, Fábio. Agora temos que ir. O seu pai já deve estar pronto para entrar. Tchau, amor.

Como sempre fazia, Márcia beijou-lhe a mão e o rosto. Deu um longo suspiro e virou-se para ir quando, repentinamente,

Fábio, empregando um enorme esforço, moveu a mão tentando levantá-la e falou sussurrando, quase como um sopro:

— Márcia... — espirou e tentou novamente mais alto: — Márcia...

Ela ouviu. Tinha certeza! Virando-se, correu em sua direção e anunciou quase num grito:

— Ele falou! — Já ao seu lado, em lágrimas, avisou tomando-lhe a mão: — Fábio, estou aqui!

Fábio abriu lentamente os olhos. Suas pálpebras estavam pesadas quase não conseguia mantê-las abertas. Mas apertou firme a mão de sua amada, sorriu-lhe de leve e tentou balbuciar:

— Má... eu... ...amo... vo... — era grande seu esforço ao falar. Lágrimas correram em sua face enquanto Márcia prendia o fôlego para ouvi-lo.

Ligeiros, os enfermeiros se aproximaram e, a custo, tiraram Márcia do CTI. O médico imediatamente chegou para mais providências.

Márcia já estava com Roberto, Bete e o senhor Aristides quando não conseguia conter as emoções ao chorar e sorrir ao mesmo tempo. Contou a eles tudo o que aconteceu em altos brados, tamanha era sua alegria. Mesmo com a advertência da enfermeira para que ela abaixasse o volume da sua voz, continuou empolgada. Roberto teve que levá-la para o pátio do hospital, pois a irmã não se continha devido à felicidade que a dominava.

— Roberto! O Fábio falou. Falou Márcia três vezes! Três vezes! Mexeu a mão, abriu os olhos... tentou dizer que me amava! Apertou minha mão...! Sorriu!

— E você já contou isso um milhão de vezes, Márcia. Fica calma. Controle-se — pedia Roberto ponderado. — Não fique agitada, pense no bebê.

O senhor Aristides abraçava Bete. Emocionado, ele agradecia:

— Meu filho! O meu filho voltou. Oh, Deus! Muito obrigado!

* * *

Após dois dias, Fábio saiu do CTI e foi para um quarto. Sentia-se muito fraco. Sua voz estava diferente, não falava normalmente. Precisava de grande esforço para se comunicar. Metade do seu rosto ficou paralisado, juntamente com o seu braço, cujos movimentos eram descordenados, além de não poder fixar o olhar por muito tempo. Porém entendia perfeitamente tudo o que era dito e, apesar da dificuldade, forçava-se para se expressar e fazer-se entender.

No dia em que Fábio foi para o quarto, todos puderam entrar juntos para visitá-lo. Seus olhos brilharam ao ver Márcia que correu para perto do leito e o abraçou com cuidado, dizendo:

— Fábio! Meu amor, eu te amo... — lágrimas de emoção rolaram pelo rosto de Fábio que sorria. Enquanto Márcia, recostada em seu peito, não conseguia mais falar e só chorava.

— Meu filho! — exclamou o senhor Aristides. — Deus foi bom por tê-lo devolvido para nós.

Roberto e Bete também o abraçaram com carinho e Roberto disse brincando:

— Que susto você nos deu, hein, cara?!

Fábio com muita dificuldade argumentou gaguejando, às vezes:

— Amo... ...vo-cês. Es-tou... feliz em... vê-los.

— Como se sente, meu filho? — perguntou seu pai.

— Tudo — ele respondeu com o sorriso torto que deformava seu rosto. — Dói... tudo. Princi-palmente as... cos-telas — entrecortava a fala e dava algumas pausas sem articular corretamente as palavras. Mas todos o entendiam.

— Você vai ficar bom novamente, Fábio — afirmou Bete muito feliz. — O pior já passou. Já está consciente e falando bem, ou melhor, consegue se fazer entender e nos compreende. Isso é o mais importante. Tenho certeza de que vai se recuperar logo, logo.

Fábio sorria o tempo todo, não se continha de felicidade. Foi como ter nascido novamente.

Até aquele momento, todos só comentavam de sua recuperação. De repente ele virou-se para Márcia e, esforçando-se ao máximo para falar, perguntou:

— E... meu... filho?

Todos se espantaram. O silêncio foi absoluto por minutos. Desde que Fábio saiu do coma até aquele momento, ninguém havia falado nada a respeito da gravidez de Márcia. Somente ela, em suas visitas ao CTI, mas ele estava em coma.

Márcia com os olhos cheios de lágrimas respondeu:

— Ele está bem. Está aqui — afirmou emocionada ao levar sua mão ao ventre e recostar a cabeça no ombro de Fábio que retribuiu o carinho.

Bete ficou encantada de emoção e se abraçou a Roberto que sorria.

— Como você sabe, meu filho? — perguntou o senhor Aristides.

Fábio, despendendo grande energia, respondeu:

— Sei tudo... que contaram lá no... CTI. Estava inerte... mas ouvia.

— Tudo mesmo, Fábio? — insistiu Márcia.
— Tudo. Má... — reafirmou. — Você está... aba-tida. Tá sentin-do bem?
— Foi pelo susto que levei, Fábio. Vou me recuperar.
— A saúde do... nosso bebê depen-de de você. Lembre-se... disso.

Fábio não conseguia conversar por muito tempo. Somente aquelas palavras já o cansaram.

Depois de alguns minutos, ele falou novamente:
— O Ney... a mãe... desencarnaram. Eles... estão bem — murmurou.

Desta vez todos se assombraram. Como Fábio poderia saber?
— Fábio, como soube, meu filho?
— Es-tou... cansado. Depois...

Em alguns momentos, Fábio fechava os olhos para se refazer. A exaustão o dominava, mas todos estavam ansiosos, queriam que falasse mais, entretanto não conseguia.

Alguns dias depois, Fábio já se encontrava mais disposto. Era esforçado e se recuperava rapidamente, não esmorecia mesmo com as dolorosas sessões de fisioterapia. Ainda enfrentava grande problema com a paralisia facial, o que prejudicava sua articulação ao falar. Mas diante da gravidade das lesões que sofreu, aquela seqüela era mínima, segundo os médicos que se admiraram ao acompanhar sua recuperação e progresso diário.

Todos agradeciam muito a Deus, pois a memória e a capacidade de raciocínio não foram afetadas como previsto.

Em uma das visitas, Fábio confessava à Márcia com nítida ternura ao olhá-la:

— Você não imagina... como foi que eu me senti... quando você falou seu nome ao meu lado...

— Você conseguia ouvir tudo?

— Cada palavra. Ouvir você... foi o melhor remédio que me deram... falou primeiro que tinha vindo me visitar... que o Roberto veio com você... a Bete era maravilhosa, não foi?

— Você lembra de tudo?! — admirou-se ela.

— Mas quando... falou — prosseguiu com pequenas pausas —, pra eu voltar para você e pro nosso bebê... quase que morri mesmo... só que do coração — riu.

— O que você sentiu, Fábio?

— Fiquei louco! — falava baixinho. — Queria tanto me expressar... Você acabou sentindo meu movimento, com aperto da mão... Eu podia sentir tudo... — fez pequena pausa. — ...dor, muita dor. Senti quando deram... os pontos no meu braço sem me anestesiarem, achando que eu não pudesse sentir porque estava desacordado. Sentia frio, podia perceber os equipamentos ligados em mim e a movimentação de pessoas ao meu lado... Podia me emocionar, mas não conseguia me mover, nem falar. ...isso eu não conseguia de jeito nenhum, meu corpo... não obedecia. Cheguei a pedir a Deus que me levasse... — lágrimas rolavam em seu rosto, mas ele prosseguiu: — Não queria ficar daquele jeito... Estava morto e sentindo o meu corpo, era angustiante tudo aquilo... — Fez uma longa pausa, secou o rosto, depois continuou: — Perdi a noção do tempo e não sabia quando era dia ou noite... só ficava aguardando o horário da visita, quando podia ouvir meu pai... Como queria dizer a ele... que podia ouvi-lo! ...falar com meu pai! Depois você chegou, ouvir você foi muito bom... Quando me falou do bebê fiquei muito emocionado... nem dá pra descrever... — chorou.

— Fábio, como soube de sua mãe e do Ney? — perguntou Bete.

— Fiquei num estado... estranho. Não dormia. Numa noite ou dia, sei lá... um homem entrou, chegou perto de mim e falou que era o Otávio — contava com dificuldade e fala mole. — Eu nunca o vi antes, se eu o vi, não me lembro. De repente me alertei. Eu estava enxergando! Estava sentado e quando me virei para trás pude ver o meu corpo e daí, gritei: Morri! Eu morri! — riu com o rosto torcido devido à parte paralisada. — Otávio começou a rir e disse: "Não. Ainda não. Você tem muitas coisas para fazer. Eu trago notícias de seu irmão Sidney e de sua mãe Eulália. Eles já vivem deste lado da vida e estão muito bem. Seu irmão já está animado e sua mãe se recupera devido à transição, nós cuidaremos deles, não se preocupe. Creio que em breve você terá mais notícias deles". Daí eu perguntei. E a Márcia? E ele disse: "Ficará melhor com sua volta. Agora ela já tem fé e confiança no Criador, sabia?". Depois disso eu não me lembro de mais nada que tenha visto, só ouvi...

Apesar de sua fala vagarosa e difícil, todos estavam atentos ao seu relato. Após minutos, Márcia precisou sair do quarto para ir ao banheiro e Bete a acompanhou.

Aproveitando-se de sua ausência, ele completou murmurando:

— Estou sabendo... ...a dona Mariana se foi desta vida. Otávio me contou. Disse que a Márcia não sabe... ela passou mal e vocês não disseram... esperam que fique mais forte para contar, não é Roberto?

O irmão de Márcia pendeu a cabeça positivamente sem dar uma única palavra. Roberto ficou impressionado com tamanha prova de que a vida continua, pois Fábio relatava situações e acontecimentos que não poderia saber.

— Roberto, você... ainda acha que Márcia não deve saber sobre sua mãe? — perguntou Fábio chamando-o à realidade.

— Não, Fábio. Ainda não. A Márcia não está nada bem, sua saúde está melindrada. Precisou ficar internada em observação por duas vezes desde que chegamos aqui. Teve até hemorragia, que já foi resolvida, mas inspira cuidados. Eu não quero que ela se abale mais ainda, pois sei que, apesar de já esperarmos por isso, a Márcia vai se desesperar, descontrolar-se. Eu a conheço muito bem. Pode parecer insensível de minha parte pensar assim, mas já aconteceu e não podemos mudar nada, portanto estou pensando em preservar a saúde dela e do bebê.

Fábio ficou preocupado. Respirou fundo, depois admitiu emocionado:

— Esse filho é muito importante para mim, Roberto. Você nem imagina como. Foi a Márcia e ele quem me deram, realmente... forças para reagir e lutar para voltar, despertar para a vida, pois antes dela chegar... eu pedia muito a Deus para que me levasse, cansei-me da vida daquele jeito... e diante de tudo o que estava sofrendo queria... morrer.

Dizendo isso, Fábio se emocionou. Seu pai, que ouvia tudo em silêncio, agora afirmou ao ver o filho chorar:

— Ela não pode ir embora pra São Paulo, meu filho. Eu quero que você diga pra Márcia ficar aqui. O pai dela ainda não sabe da gravidez e vai ficar zangado por demais com ela. Não se sabe o que o homem pode fazer depois de saber que a filha solteira engravidou, e pior, não foi ao enterro da mãe. Como é que ela vai se sentir? Pode até correr risco de novo.

Por isso a Marcinha só sai daqui comigo e com você junto. Nós dois vamos falar com o pai dela e arrumar tudinho pro casamento de vocês.

— Por mim, pai — riu —, sairíamos daqui casados. Chame um juiz de paz... já que estou no hospital mesmo, diga que estou morrendo que ele casa a gente agora.

Roberto riu com gosto, mas o senhor Aristides bronqueou:

— Que é isso, menino?! Tá ficando besta?! Primeiro que você não tá morrendo. Depois, tem que falar com o pai dela, é sua obrigação. Afinal de contas, quem é o responsável por ela tá assim, é você! E se ele não ficar bravo e quiser um grande casamento?

— Pai, se o senhor Jovino se zangar, não me importo. Eu só quero a Márcia e o meu filho.

Fábio fechou os olhos franzindo-os juntamente com a testa, como se sentisse uma forte dor.

— O que foi, Fábio? — perguntou Roberto.

— Filho, quer que eu chame um médico?

Fábio respondeu gemendo e sussurrando:

— Vai passar. É minha cabeça. Ai!... Como dói!

— Vou chamar alguém, filho...

— Não... essa dor vai e vem sempre... às vezes dura... Já falei pro médico...

— E ele? — preocupou-se seu pai

— Tenho que fazer alguns exames. Ai! — Gemendo Fábio ainda pediu: — Vão embora, vão, por favor. Vai passar. Não quero que a Márcia me veja assim... vai se preocupar...

Fábio contraía-se levemente devido as dores. Não demorou muito e Márcia chegou quando Roberto, por sua vez, convidou:

— Vamos, Márcia. Fábio quer descansar. Acho que são os remédios que dão esse sono.

— Algum problema, amor? — insistiu.

— Tô cansado... muito cansado... — respondeu com os olhos fechados.

Márcia entendeu o seu cansaço, deixando-se convencer a deixá-lo repousar. Ele esforçou-se muito nos últimos dias.

Aproximando-se de Fábio, falou:

— Descanse meu amor, nós voltaremos depois para vê-lo. Tchau! — falou com carinho, afagando-lhe a testa.

Depois das despedidas, todos saíram.

24

Vidas em perigo

Depois de alguns dias, Fábio recebeu alta do hospital, porém seu estado exigia cuidados.

Voltando para a casa de seu pai, na fazenda, ainda não podia andar, devido ao gesso na perna. Seu tronco estava enfaixado, o braço esquerdo adormecido e com movimentos irregulares. Sua voz começou a melhorar, mas sua face ainda permanecia parcialmente paralisada. Entretanto, nada disso o fazia perder o bom humor.

Acomodado na cadeira de rodas empurrada por Roberto, Fábio virou-se e elegeu:

— É você! Você mesmo!

— Eu o quê?! — estranhou o irmão de Márcia.

— Preciso de uma barba bem-feita e um banho. Não vejo mais ninguém para me ajudar. Meu pai não me agüentaria; eu emagreci, mas olha só meu tamanho! Bem, quanto à Márcia, acho que ela não deve fazer esforço.

— Ei, cara! Você está atrevido e folgado, hein? Não acha que está perdendo a noção de perigo, não? — tornou Roberto brincando. — Ainda sou o irmão dela!

— Então vamos lá! É você mesmo! Pode me levar direto pro banheiro, aquele lá do fundo porque tem banheira onde posso apoiar a perna com o gesso do lado de fora. E, por favor, água bem quente.

— Oh, meu! Você não tem vergonha, não?

— Tenho vergonha de ficar sujo, isso sim!

— Estou perguntando se não tem vergonha de ficar exigindo tanto...

— Filho!!! — interrompeu dona Lina exclamando emocionada. Ela correu e o abraçou enquanto o sobrinho gritou:

— Ai, tia! Não faça isso... minhas costelas... ainda estou quebrado!

Dona Lina pareceu não ter se importado muito com a reclamação. Ela o beijou muito, depois, afastou-se um pouco e reparou espantada:

— Filho! Como você tá magrinho e pálido! Tá precisando é de comer. No hospital não trataram nadinha de você, Fábio?! Pera aí que já vou preparar algo gostosinho pra você — avisou indo em direção à cozinha.

— Roberto — perguntou Fábio —, já conhece minha tia, não é? Responda uma coisa: você conseguiu ficar sem comer por meia hora perto dela?

— Não. Nem por quinze minutos — replicou Roberto rindo e contou: — A Márcia é quem está desesperada com sua tia.

— Por quê? — quis saber Fábio.

— Ela não está nem podendo ver comida que enjoa. Quando consegue comer alguma coisa, saia da frente porque ela vomita tudo. Sua tia achou-a muito fraca e abatida e quer socar comida nela de qualquer jeito.

Fábio riu muito, imaginado a cena, pois conhecia bem sua tia. Enquanto era empurrado em direção ao banheiro, virou-se para Roberto e contou:

— Quando eu soube da gravidez, rezei tanto para fazer parte de tudo isso. Dos enjôos dela, dos desejos... Fiquei imaginando sua sensibilidade por estar neste estado, queria ver a barriga crescer... Como pedi a Deus para eu fazer parte de tudo isso, você não imagina, cara.

Fábio sentia-se muito feliz. Ninguém ouviu qualquer reclamação de sua atual condição. Ele fazia tudo com alegria e sempre procurava fazer uma piada quando precisava da ajuda dos outros. Tudo para Fábio era motivo de brincadeira, de vitória, por isso seu júbilo era contagiante e todos apreciavam sua companhia.

* * *

Mais de um mês já havia se passado. A cada dia Fábio se recuperava com muito esforço. Sua face ainda estava paralisada, mas os movimentos irregulares do seu braço desapareciam aos poucos. Tirou o gesso e não perdeu a oportunidade de pedi-lo para guardar de recordação. Ainda mancava muito ao andar, não havia recobrado todos os movimentos com a perna e precisava apoiar-se em uma muleta ou bengala a fim de se equilibrar.

Márcia também estava melhor. Já com dois meses e meio de gestação e sob os cuidados excessivos de dona Lina, adquiriu alguns quilos necessários e restabelecia-se do abatimento pelo susto e por todas as preocupações pelas quais passou, mas não o suficiente para ser considerada completamente bem e equilibrada na saúde.

Roberto e Bete voltaram para São Paulo assim que Fábio recebeu alta do hospital. Somente Márcia ficou em Minas Gerais. Ela representava um papel importante para a recuperação de Fábio. Certo dia, ao conversarem, ela inquietou-se:

— Fábio, precisamos voltar para São Paulo — propunha com jeito terno. — Agora que tirou o gesso, acho que vai dar para ficarmos bem. Minhas férias acabam na próxima segunda-feira. Preciso retomar minha vida... nossas coisas... preciso ver minha mãe. Quando ligo pro Roberto, ele só diz que está bem. Preciso vê-la. É certo que ela queira me ver também. Sempre pedia isso.

Fábio ficou olhando para ela e não sabia o que fazer. Tinha medo de contar. Pela primeira vez em sua vida sentiu-se covarde. Por fim, refletindo, decidiu que só contaria quando chegassem a São Paulo, devido à presença de seus irmãos que lhe dariam muito apoio e aos recursos existentes, caso ela não se sentisse bem.

— Meu carro — disse Fábio —, está em perfeitas condições para viajar. Mas eu tenho limitações, ainda não posso dirigir. Meu pai não dirige. E quanto a você... nem pensar em fazer essa viagem inteira sozinha ao volante! Você ouviu do próprio Roberto que, mesmo ele e a Bete se revezando durante a viagem, cansaram-se muito quando voltaram com o seu carro. Vamos de ônibus até Belo Horizonte e pegamos um avião, é mais rápido. Depois eu mando buscar meu carro.

— Eu não gosto de avião — avisou insatisfeita e meio dengosa.

— Se voltarmos de ônibus, tenho medo por você, Márcia, que não me parece nada bem.

Márcia abaixou a cabeça. De certa forma, sentia-se culpada por sua fraqueza. Mas o que poderia fazer se, algumas vezes, quase nada lhe parava no estômago.

— Fábio, e o meu pai... como será que vai reagir?

— Isso é outra coisa. Vamos nos preocupar com a viagem. Acredito que voltar de avião é mais rápido e cômodo. Meu pai também vai conosco, você já sabe. O senhor Aristides é muito teimoso e já está decidido, o melhor é deixá-lo ir.

— Por mim tudo bem. Eu acho bom. Até porque, ele precisa sair um pouco daqui, precisa se distrair. Ainda tem muitas recordações tristes.

— Sim, é verdade. Ele precisa sair um pouco daqui. Foi um golpe muito grande... Perdeu um filho, depois a mulher, o outro filho ficou metade lá metade cá, e todo mundo dizendo que se escapasse ficaria deficiente. Sabe que ainda estou indeciso.

— Com o quê? — surpreendeu-se.

— Será que eu não deveria ter ficado todo pra lá, do outro lado de uma vez?

Márcia deu-lhe alguns tapas no ombro e se zangou:

— Com isso não se brinca. Que coisa mais estúpida, Fábio! Não diga isso nunca mais.

Envolvendo-a carinhosamente em seus braços, beijou-lhe com amor e a embalou com toda ternura enquanto a contemplava, sentindo-se apaixonado.

* * *

Fizeram conforme os planos de Fábio. Chegaram a São Paulo na sexta-feira à noite e Roberto foi esperá-los no aeroporto.

Márcia, sempre ansiosa, queria que fossem direto para a casa de seu pai. Mas Roberto prevendo a reação do senhor Jovino, além do choque que Márcia receberia ao saber da morte de sua mãe, tentava convencê-la para irem direto para o seu apartamento. Ciro, que estava avisado, aguardava a chegada de todos junto com Rose.

— Márcia — convencia Roberto —, o Ciro e a Rose estão na sua casa. Eu disse que iríamos para lá.

— Liga pra eles, Beto. Deixa de ser "munheca" e usa esse celular pra alguma coisa! Ele vive desligado, de que adianta tê-lo?

— Não, Márcia — interferiu Fábio já antevendo —, vamos para sua casa mesmo. Será melhor deixá-la lá, já é tarde, meu pai precisa descansar. Amanhã falaremos com o senhor Jovino. Teremos o dia inteiro para isso, certo?

Mesmo contrariada, ela aceitou. Ao chegarem a seu apartamento, Ciro e Rose aguardavam com imensa alegria, saudade e satisfação:

— Oi, Ciro! Rose! — animou-se Márcia ao vê-los.

— Márcia — avisou Rose —, tomei a liberdade de trazer a Clara aqui no início da semana para fazer uma faxina no apartamento. Espero que não se importe.

— Obrigada, Rose. Como posso agradecer?

Ciro, olhando para a irmã de alto a baixo, surpreendeu-a:

— Como está indo o meu sobrinho? — Colocando a mão na barriga de Márcia, ele ainda perguntou: — Está crescendo bem? Você tem se alimentado direito?

Márcia se sobressaltou. Não estava preparada para aquilo, sentia-se ainda envergonhada. Meio nervosa, colocou sua mão sobre a dele e respondeu timidamente:

— Ele, ou ela, está bem.

— Eu também quero acariciá-lo — avisou Rose afagando-lhe também.

Márcia sentiu-se corar, não sabia como reagir. Fábio, que demorou um pouco mais para subir, acabou chegando.

— Fábio! — exclamou Ciro indo apressado em sua direção.

— Ciro, como vai?! — perguntou pausadamente.

— Fábio. Fiquei sabendo... Puxa, eu lamento muito! Pelo que disseram você é muito forte.

— É Ciro, eu tinha e tenho muitas razões para viver, principalmente agora.

Rose o cumprimentou. Depois Fábio apresentou o seu pai. Rose havia preparado um lanche para todos. Enquanto isso, Márcia reclamava ao irmão:

— Este é o meu problema, Ciro. Não consigo comer nada que não volte. Não agüento mais.

— É assim mesmo, Márcia — sorriu Ciro ao explicar. — Nos primeiros meses isso é comum, depois passa.

— Quando?!

— Depende. Geralmente no quarto mês. Quanto tempo de gestação você tem?

— Dois meses e meio.

— Ainda é pouco, mas isso vai passar. Só que quando passar pode ser que tenha um apetite incrível. Vê se não vai engolir tudo o que tiver pela frente, hein? Coma alimentos saudáveis, frutas, legumes, leite, grãos. Depois eu dou mais orientações. Estou achando você muito pálida e abatida demais. E magra também. Seria bom um pré-natal bem acompanhado para evitar uma anemia, hipertensão ou qualquer outro problema...

Márcia subitamente surpreendeu todos perguntando:

— E a mãe? O Beto me falou que estava melhor. Como ela está?

Ciro, encarou Roberto fuzilando-o com os olhos. Roberto e Fábio abaixaram a cabeça. Não tinham o que dizer.

Rose, talvez fosse a única a esperar por aquela pergunta. Paciente, sentou-se perto de Márcia e acariciou seu braço. Foi nesse momento que Márcia sentiu que algo muito grave aconteceu. Ela se levantou e Rose pediu meigamente:

— Senta aqui, Márcia. Nós precisamos conversar.

— Gente, por favor. Vocês não estão me escondendo nada, não é?

Ciro virou-se para Roberto e repreendeu:

— Eu avisei! Por que você não me ouviu?

Roberto esfregou o rosto com as mãos sem dizer nada. Enquanto Fábio levantou-se e foi para perto de Márcia, pedindo:

— Sente-se, Má. Fica calma. Você não está em condições...

Ainda em pé, ela não o deixou terminar e perguntou com voz suplicante:

— Digam algo logo, por favor. O que aconteceu com a minha mãe?! Digam que não houve nada e que ela está bem — pediu enquanto as lágrimas rolaram.

Diante do silêncio de todos, Márcia empalideceu. Sentiu tudo girar, ensurdecia a cada segundo, mas ainda conseguiu sustentar-se em pé e agora exigindo:

— Gente! Por favor!!!

Roberto não agüentou e acabou revelando num golpe derradeiro, sem trégua:

— Márcia, faz mais de um mês. A mãe faleceu um dia antes da mãe do Fábio. Já faz quase um mês e meio. Não falei antes porque você não estava bem... não agüentaria a viagem...

Márcia não suportou. Seu corpo foi caindo lentamente. Fábio tentou segurá-la, mas não conseguiu e gritou para Ciro que estava mais próximo:

— Ciro! Ajuda aqui!!!

Fábio quase caiu com Márcia ao tentar ampará-la nos braços. Ainda não tinha recuperado suas forças. Ciro a segurou e colocou-a no sofá. Depois disse nervoso:

— Eu já esperava por isso! Ela não vai aceitar! Sempre foi a mais agarrada com a mãe.

Vendo que Márcia não voltava a si. Ciro a pegou no colo e levou-a para o quarto. Os demais estavam exaltados e sem sabem o que fazer. Ao tentar ir atrás de Ciro, este pediu quase exigindo:

— Só o Fábio, pessoal. Fiquem aqui, por favor. Preciso examiná-la.

Márcia se contorcia e às vezes murmurava um gemido como se sentisse dor. Ciro a examinou, mediu-lhe a pressão e verificou a pulsação. Levando a mão no bolso, tirou um cartão e orientou Fábio:

— Pegue, liga pro hospital. Peça uma ambulância em meu nome. Diga que é uma emergência!

Fábio, estarrecido, perguntou:

— Ciro, é grave? Como está o bebê?

— Será grave se nós não a socorrermos. Ela está com forte hemorragia e pode perder a criança. Sua pressão não está adequada e ela corre risco também. Vá rápido!

Fábio não perdeu tempo. Ligou para o hospital. A ambulância veio e Márcia foi socorrida já recebendo os primeiros socorros a caminho. No hospital, todos aguardavam aflitos por uma notícia.

— Ciro! Como ela está?! — perguntou Fábio ao ver Ciro que voltava da sala onde Márcia estava recebendo tratamento.

Nos olhos de Fábio havia uma súplica. Ciro o olhou e avisou:

— Eu pedi a um amigo meu que a acompanhasse. Ele é um excelente obstetra. Ainda está com ela e pediu alguns exames que vou solicitar com urgência ao laboratório de plantão.

— Mas e Márcia, como ela está? — insistiu Fábio.

— Ela não voltou completamente a si e a hemorragia ainda não foi controlada totalmente. Vamos aguardar.

Ciro colocou a mão no ombro de Fábio e o balançou lentamente tentando animá-lo.

— Ciro, ela vai ficar internada? — tornou Fábio inconformado.

— Sem dúvida. Depois que tivermos um parecer e seu estado sob controle, deverá ficar em observação, no mínimo.

— Poderia pedir um quarto particular? Eu preciso ficar com ela. Pode deixar que eu me encarrego de todas as despesas.

— Nem se preocupe com isso, Fábio. Vou providenciar esses exames, depois vejo o quarto.

— Obrigado.

Fábio se abatera com o estado de Márcia, mesmo assim não se esqueceu de suas obrigações para com seu pai e virando-se para Roberto, pediu:

— Roberto, preciso de um favor.

— Claro, Fábio. O que tiver ao meu alcance.

— Daria pra você levar meu pai para minha casa? Eu preciso ficar com a Márcia. Não posso deixá-la... — as lágrimas brotaram e sua voz estremeceu.

— Fica tranqüilo. Eu o levarei e dormirei lá com ele. Amanhã bem cedo venho para cá.

— Voltarei amanhã com você, filho! — disse o senhor Aristides para Roberto. Virando-se para o filho, avisou: — Ela vai ficar boa, se Deus quiser! Mas amanhã sem falta, Fábio, você tem que falar com o pai da Marcinha. Essa situação não pode ficar assim não senhor.

— Eu não sei se devo, pai. Talvez fosse melhor esperarmos Márcia se recuperar. Ela vai querer nos acompanhar. Vai querer estar presente.

O senhor Aristides foi rápido em seu raciocínio e observou:

— Esperar ela se recuperar, pra quê? Pra ela estar junto e conforme a reação do pai, passar mal novamente e ter de vir pra cá? Você pode muito bem ir falar com o homem. É tão responsável quanto ela. Eu vou junto com você. Vim aqui pra isso, não foi? O que não vai ficar bem é o homem saber que a filha está num hospital, você está aqui com ela e sem lhe dar uma satisfação sobre o que está acontecendo. Como vai explicar o estado dela, desse jeito, aqui num hospital?

Fábio percebeu que seu pai tinha razão. Aquela situação não poderia mais se prolongar.

— O senhor tem razão, pai. Amanhã mesmo eu irei lá.

Rose vendo que Fábio estava abatido, propôs gentil:

— Fábio, vai pra casa. Eu ficarei com ela. Você precisa descansar.

Fábio não concordou. Passou a noite no hospital ao lado de Márcia.

Na manhã seguinte, Márcia estava mais calma, porém extenuada, visivelmente enfraquecida. Recebia soro e alguns medicamentos intravenosos.

Fábio não saía de seu lado. Fazia-lhe carinhos, afagava seus cabelos, beijava-lhe as mãos e acariciava-lhe o ventre mostrando-se afetuoso com o filho. Nunca tinha visto Márcia tão abatida, tão desfigurada. Ela estava muito magra e com um aspecto doentio. Toda sua exuberância, todo aquele vigor que antes se destacavam à primeira vista, haviam desaparecido. Até o pouco que recuperou, enquanto ficou na fazenda do pai de Fábio, parecia ter perdido em poucas horas.

Fábio estava penalizado, uma angústia e preocupação corroíam seu coração que a cada hora, apertava mais. Vendo-a lúcida, comentou generoso:

— Você vai ficar boa. Vamos sair daqui e fazer uma ultrasonografia. Não se esqueça de que me prometeu deixar ver o nosso bebê.

Pela primeira vez, Márcia sorriu. Aquele filho parecia ser a coluna mestra para a luta de ambos pela vida.

— Má, você está melhor?

— Agora estou. Foi bom você ter ficado comigo — respondeu com a voz fraca e o olhar profundo. Passados breves segundos, disse amargurada e chorando: — Eu não me conformo, Fábio. Minha mãe morreu há mais de um mês e eu nem me despedi dela. Nem você me contou, Fábio...

— Márcia — explicou Fábio, ponderado —, sua mãe desencarnou um dia antes da minha. Eu acredito que o Roberto tomou a melhor decisão por causa do seu estado que já não estava nada bom lá em Minas. Eu teria feito o mesmo. Tanto é que concordei com ele para que você ficasse sabendo só após chegarmos aqui, devido aos recursos. Não adiantaria nada você ficar sabendo de tudo lá.

Ciro bateu suavemente à porta, foi entrando e cumprimentando:

— Bom dia, Fábio.

— Olá, Ciro!

Ciro aproximou-se de sua irmã, beijou-lhe a testa, acariciou-lhe o rosto e perguntou:

— Sente-se melhor, Marcinha?

— Sim.

— E as dores, continuam?

— Bem pouco, quase nada — respondia com voz cansada.

Fábio virou-se para ele e perguntou:

— E os exames Ciro, você já tem os resultados?

— Estão aqui. Essa moça aí, está fraca, anêmica e precisa se cuidar muito! — Virando-se para Márcia ele continuou, só que bem firme: — Márcia, eu sei que toda mulher grávida fica sensível. É comum a sensibilidade aumentar no seu estado. Umas se sensibilizam mais, outras menos... sendo assim, qualquer coisa se torna um pesadelo e os fatos realmente sérios, transformam-se em uma tortura, uma tragédia. Eu já senti isso na própria pele. Tenho duas filhas e a Rose, apesar de toda a sua calma, durante cada gravidez, quase me deixou maluco no começo. Você deve se lembrar, eu cheguei a comentar isso com você, depois tudo passou. Eu sei que é difícil controlar, mas procure segurar seus impulsos. Deverá pensar e agir mais friamente, Márcia, principalmente agora. — Ciro procurava esclarecer e orientar com carinho, mas sabia que não poderia oferecer margens para que a irmã se desestimulasse. Breve pausa se fez e ele continuou: — Lembra-se do que eu falei uma vez sobre aquele ser vivo dentro no ventre que conseguia se desenvolver sozinho com uma força sobrenatural? — Ela pendeu a cabeça positivamente e ele prosseguiu: — Agora, você tem um desses aí, dentro de você. Sua agitação e o seu desespero podem prejudicá-lo e matá-lo. Eu sei que os problemas são difíceis, mas, descontrolada, você não irá resolvê-los e acabará se prejudicando muito mais.

— Meu bebê está bem? — perguntou Márcia temerosa e quase chorando.

— Agora nós vamos sair daqui, você vai se preparar para fazer uma ultra-sonografia para sabermos como ele está.

— Vamos vê-lo?! — exaltou-se Fábio, ansioso.

— Sim, Fábio — respondeu Ciro sorrindo. — Vamos vê-lo!

Durante a realização do exame, Fábio chorou de alegria e numa ação inesperada chegou perto do Ciro, que também assistia emocionado, segurou sua cabeça e deu-lhe um beijo no rosto.

Ciro sorriu e o abraçou. Entendeu o que Fábio sentia. Ciro já era pai. Mas Fábio era emotivo e sensível por índole. Além disso, havia passado recentemente por um período extremamente crítico e seu filho parece ter sido uma das principais razões de sua vitória. Ao sair da sala onde foi realizado o exame, Fábio não tirava o sorriso do rosto. Não cabia em si de tanta felicidade.

Márcia, agora tranqüila por saber que o filho estava bem, perguntou:

— Você viu?

— Eu vi. Eu vi sim! Como é bonitinho! — dizia Fábio.

O Roberto e o senhor Aristides já os esperavam no quarto, quando eles entraram.

Fábio foi abraçar Roberto e seu pai, e ainda estava emocionado.

— Vocês precisavam ver! O Ciro assistiu. Pergunta pra ele como é lindo!

— Puxa! Se eu tivesse chegado mais cedo... — lamentou Roberto.

Fábio olhou para seu pai e percebeu que era hora de ir. Virou-se para Márcia dizendo:

— Eu tenho que dar uma saída. Volto assim que puder.

— Aonde você vai? — perguntou ela entristecida.

— O Fábio precisa de um banho, Márcia — interveio Roberto em socorro a Fábio. — Ele chegou de viagem e veio direto pra cá. Precisa descansar, também está se recuperando.

Ciro aproveitou e disse:

— Percebi que ficou com poucas seqüelas, Fábio. Pelo que Roberto me contou do seu estado... fico admirado de vê-lo assim.

— Os outros médicos também. Graças a Deus. Eu tenho certeza de que essas poucas seqüelas que restaram vão desaparecer. A propósito, Ciro, eu tenho todos os meus exames e radiografias, gostaria que desse uma olhada, sei que é sua área...

— É claro que sim! — ofereceu-se. — Eu ia mesmo pedir isso. Gostaria de acompanhá-lo agora, se você quiser.

Fábio, discretamente, puxou Ciro para um canto, enquanto Márcia distraía-se com Roberto, e falou:

— Ciro, o que me preocupa são algumas dores que vão e vem na minha cabeça. É uma pontada forte e não dá pra disfarçar. É insuportável. Tenho medo de que ocorra perto dela, por sorte ainda não aconteceu. Não quero preocupá-la ainda mais. Entende?

— Desde quando as vem sentindo, você observou se o período, o espaço de tempo entre uma dor e outra aumentou? Diminuiu? São os mesmos?

— Nem aumentou nem diminuiu. O espaço entre uma dor e outra pode ser de dois dias como pode ser de duas horas e depois no dia seguinte. Esses períodos são irregulares.

— Pode até ser normal, Fábio. Você teve uma lesão séria. Mas me traga os seus exames para que eu dê uma olhada e também vamos realizar alguns novos, para nos orientarmos melhor.

— Obrigado, Ciro!

— Não tem do quê!

Fábio despediu-se de Márcia, e Roberto o levou, junto com o senhor Aristides, para a casa de seu pai.

Paula, que tinha acabado de saber de tudo, por intermédio de Rose, chegou ao hospital e ficou com Márcia. Ciro decidiu ir para a casa de seu pai, pois temia a reação dele.

25

Discussões acaloradas

O senhor Jovino havia melhorado um pouco seu gênio. Não estava sendo tão agressivo como antes, mas desde a morte de dona Mariana agitava-se inconformado, não só com a perda de sua mulher, mas também com a ausência de sua filha caçula Márcia.

Os filhos explicaram sobre o estado de Fábio e a morte do Ney. Mas para ele, aquilo não era justificativa plausível.

— Vamos entrando — convidou Roberto um tanto apreensivo.

Já na sala, Fábio demonstrou nervosismo, seu coração estava apertado. Sentou-se ao lado de seu pai e de frente a Ciro, que também parecia bem preocupado. Porém permanecia calado e sério.

Roberto foi chamar seu pai e, ao entrar na sala, o senhor Jovino, sem rodeios, foi questionando Fábio, sem qualquer cortesia:

— Onde você se meteu com minha filha?!

Fábio levantou-se e estendeu a mão para cumprimentá-lo.

— Bom dia, senhor Jovino. Como tem passado?

O senhor Jovino não retribuiu ao aperto de mão e Fábio, sem graça, não teve nem tempo de apresentar seu pai, pois o senhor Jovino imediatamente começou a reclamar:

— Eu estou muito mal! Onde está a Márcia?! Por que ela não veio pro enterro da mãe?! — exigia aos berros. — Aquela ingrata! Desnaturada! Sai correndo atrás do namorado e nem se importa com os problemas da família!!!

Fábio calmamente tentou explicar:

— Senhor Jovino, eu e meu irmão sofremos um acidente. Meu irmão morreu e eu fiquei muito mal. Fiquei em coma por...

— Isso não me interessa!!! — vociferava o homem.

— É que a Márcia, quando soube, passou muito mal lá em Minas. Eram dois dias de viagem, ela não chegaria a tempo.

— Mesmo assim. Por que até agora ela não voltou?! Aquela vadia! Nunca pensei que tivesse uma filha assim!!!

Fábio não agüentava mais aquela angústia. Tinha que falar. Então olhou para Ciro, que aguardava com grande expectativa, respirou fundo e revelou:

— Eu vim aqui hoje, senhor Jovino, para dizer-lhe que eu e a Márcia vamos nos casar.

— Por que ela não veio?! — gritou o senhor Jovino. — Por que está fugindo?!

— Ela não está fugindo, senhor Jovino; na verdade ela não passou bem por todo esse um mês e meio em que ficou lá. Só ontem à noite, ao chegarmos de Minas, nós contamos à Márcia que a dona Mariana faleceu. A Márcia passou muito mal com a notícia e está internada.

— Foi isso mesmo, pai — confirmou Roberto. — Fui eu quem decidiu não contar à Márcia que a mãe tinha morrido.

A culpa por não ter vindo ao enterro é toda minha. Ela não estava sabendo até ontem.

O senhor Jovino estava furioso e começou a gritar mais alto:

— Quem é você pra decidir uma coisa dessas?!!!

— Senhor Jovino — disse Fábio tentando ser tranqüilo —, lá em Minas, a Márcia não estava nada bem. Uma notícia como essa prejudicaria ainda mais sua saúde já tão comprometida.

O senhor Aristides assistia a tudo pacientemente calado. A situação era difícil e ele acreditou que ainda não era hora de se manifestar.

Jonas estava ali, como estava presente também na noite anterior, no apartamento de Márcia passando-lhe vibrações fortes de angústia e desespero. Foi isso o que a fez chegar aquele estado desesperador. Agora também estava ali, influenciando o senhor Jovino, que não se controlava.

O pai de Márcia gritava com Fábio que procurava um jeito maleável de contar tudo e não conseguia.

— Eu quero saber da minha filha!!! Onde é que ela está?! Por que não está aqui?!

Fábio não encontrou outro jeito. Nervoso, levantou-se do sofá e acabou falando:

— Como eu disse, nós vamos nos casar! Eu amo a Márcia e o senhor terá que aceitar... Ela está esperando um filho meu.

O senhor Jovino silenciou, ficou estático, pasmado e empalideceu. Mas Fábio continuou:

— Não foi dito nada sobre a morte de sua mãe porque ela não estava bem e corria o risco de perder o bebê. Somente ontem, quando chegamos de Minas, o Roberto contou a ela. A Márcia ficou desesperada, passou muito mal, quase perdeu nosso filho e agora está internada. Pronto! É isso!

Ciro pensou que seu pai fosse passar mal. Mas o senhor Jovino enrubesceu, suspirou fundo e ganhou forças, foi na direção de Fábio e o empurrou no peito com as duas mãos, ao gritar enlouquecido:

— Seu moleque!!! Infeliz!!! Desgraçado!!!

Fábio só ficou olhando-o. Deixando-o descarregar sua ira. Ciro levantou e tentou deter o pai que também o empurrou. O senhor Jovino, muito influenciado por Jonas, xingou Fábio dos piores nomes. Ele não se controlava. Nervoso e agitado andava pela sala de um lado para outro. Seus gritos podiam ser ouvidos por quem passasse na rua.

— Aquela vadia! Cachorra!!! A Márcia não poderia ter feito isso comigo. Eu vou matá-la! Desgraçada! Se eu puser minhas mãos nela, eu a mato!!! Aquela desavergonhada! E você seu cachorro, por que não morreu no acidente? Aquela infeliz poderia ter morrido que para mim a dor seria menor do que passar por essa vergonha! Ela deixou de ser minha filha! Deveria ter morrido junto com o filho bastardo!!!

O senhor Aristides, que se mantinha em silêncio até aquele momento, decidiu se manifestar:

— Senhor Jovino? — interrompeu calmamente.

O homem imediatamente o olhou e de repente se surpreendeu com ele que não havia sido apresentado. Ao ver aquele senhor alto e magro, de cabelos brancos e fala mansa, parou de gritar, mesmo sem entender o motivo e aguardou.

O senhor Aristides falava baixo e com muita convicção, olhando diretamente nos olhos do senhor Jovino.

— Por favor, deixe-me apresentar: eu sou o Aristides, o pai de Fábio. Não vim aqui para brigar, muito menos para defender meu filho. Só queria, se puder, que me desse um pouco de atenção. Eu vim aqui para esclarecer essa situação, pois acredito que temos quase a mesma idade e somente eu posso falar-lhe assim. Tive criação antiga e severa, acredito que o respeito, a moral e os bons costumes devam sempre estar em primeiro lugar.

Todos ficaram pasmados. O senhor Jovino parou de falar e até sentou-se, ouvindo atentamente o que o senhor Aristides tinha para lhe dizer, e ele continuou:

— Como o senhor, eu também sou do tipo antigo. Nunca aprovei moça solteira ter filho. Sempre eduquei meus filhos para não fazerem, com a filha de ninguém, o que eles não quisessem que acontecesse com uma irmã, se eles tivessem uma. Mas não adiantou. Apesar de Fábio ter sempre um bom comportamento, nunca me deu trabalho e é um ótimo filho, mas foi justamente ele quem provocou tudo isso. Eu tenho certeza de que ele concorda com toda a responsabilidade que tem de assumir e se fosse o caso dele não poder assumir, por qualquer motivo, eu assumiria por ele, nosso neto não iria deixar de ter um nome.

— Não é um nome que me importa — respondeu o senhor Jovino menos exaltado. — Eu não me conformo com a vadiagem da Márcia e com a falta de respeito do Fábio. Criei minhas filhas exigindo respeito e não esperava passar por essa vergonha, principalmente com a Márcia.

— Eu amo a Márcia. Nós nos amamos, o senhor me entende? — defendeu-se Fábio.

— Cale a boca! — gritou o senhor Jovino.

— Espere um pouco, filho — acalmou o senhor Aristides. — Fique quieto, eu entendo o homem, ele tem razão. Tem direito a opinião. — Voltando-se para o senhor Jovino o senhor Aristides continuou: — Se eu contar a minha história o senhor vai entender. Como eu já disse, nunca concordei com filho bastardo. Eu tinha dois filhos jovens, moços bonitos, que trabalhavam e estudavam. Tinham seu próprio sustento, eram responsáveis. Nunca precisei mantê-los ou sustentá-los depois de adultos. Eles somente moravam numa casa que era minha, pois não quiseram voltar para Minas comigo e com a mãe. Tudo em minha vida estava perfeito. De repente minha mulher estava morrendo. O senhor sabe muito bem o que é isso. Olhei para a mulher com quem vivi pra mais de quarenta anos e soube que ela estava desenganada. Isso não foi nada fácil. O senhor sabe como é. — Breve pausa se fez para reflexão e prosseguiu: — Não podíamos ter filhos e a verdade é que viemos para São Paulo, pra mais de trinta anos atrás, pra ela fazer um tratamento, pois onde vivíamos não tinha recurso pra isso. E deu certo. Tivemos o Fábio e o Sidney. Eles nos completavam. Vivemos muitos anos com muita felicidade. Mas, de repente, vi minha mulher minguando. Daí que eu só tinha meus dois filhos e eu os queria perto de mim naquele momento tão difícil, eram a maior riqueza que Deus permitiu minha mulher deixar. Horas depois de eu tê-los comigo, assisti aos dois serem atropelados e jogados para cima, bem na minha frente — duas lágrimas correram na face alva do senhor, mas ele não se deteve e desfechou: — Um morreu na minha frente e eu não pude fazer nada.

O senhor Jovino ouvia atentamente e o senhor Aristides continuou:

— O Fábio foi socorrido, mas, no hospital, sabe o que eu ouvi? — O senhor Jovino balançou a cabeça negativamente e o senhor Aristides contou: — Que em questão de horas o meu Fábio também morreria. Disseram que ninguém se recuperaria de um traumatismo como aquele, e, se um milagre desses acontecesse, o Fábio ficaria paralítico e debilitado mentalmente pro resto da vida.

O senhor Jovino começou a colocar-se no lugar do senhor Aristides, como um pai no meio de um acontecimento igual àquele.

— Sabe, senhor Jovino, — continuou o senhor Aristides sempre tranqüilo e com voz mansa —, naquela hora eu queria morrer junto. Todo o meu preparo moral e religioso acabou e eu não me conformei, não aceitei e caí em desespero. Eu não tinha mais o meu filho caçula, minha mulher estava morrendo e o filho mais velho também estava indo embora. Os meus dois filhos se iriam para sempre, sem deixar um herdeiro, sem deixar nada vivo neste mundo. Nada vivo que provasse a existência deles aqui, nem a minha. Naquele momento eu me vi morto. Depois de alguns dias, chegou lá em Minas a sua filha Márcia de quem Fábio tanto falou, com quem tinha feito tantos planos. Deu pra ver que ele gostava demais dessa moça, pois em suas cartas só falava dela e mandou até foto. O Fábio falou em se casar com ela, assim que voltasse para São Paulo, mas essa volta teve que ser adiada. Quando eu olhei para aquela moça bonita, abatida pela dor que sentia, mas conforme o Fábio falou, ela era muito bonita mesmo! Desculpe minha sinceridade, mas sabe o que pensei ao ver sua filha? Por que o Fábio não se casou antes de vir pra cá? Não precisava nem ter me avisado. Ele poderia ter casado e até já ter filhos com ela! Desculpe mais uma vez, mas eu cheguei ao cúmulo de pensar também que ele não deveria ter ouvido minhas orientações, não deveria ter respeitado tanto assim aquela moça, deveria ter um filho com ela mesmo sem se casar. Um filho é a continuação da vida.

Os olhos do senhor Aristides se encheram de lágrimas, mas ele seguiu:

— Bem mais tarde, quando eu soube que a sua Márcia estava esperando um filho do meu Fábio, senhor Jovino, o senhor não imagina o que é não se ter nada e de repente se ganhar tudo. Eu agradeci a Deus por Fábio não ter dado tanto ouvido às minhas exigências, ao meu modo antigo de pensar e julgar as filhas dos outros. Foi como se Deus tivesse me dado mais um filho depois de me tirar um e praticamente o outro.

O senhor Jovino estava sentado, com a cabeça baixa segurando-a com as mãos e os cotovelos apoiados nos joelhos.

Fábio que também ouvia tudo, cabisbaixo, se emocionou.

O senhor Aristides ainda disse:

— Senhor Jovino, Deus foi bom e me devolveu o Fábio quase perfeito. Mas tenho certeza de que ele vai ficar melhor. Quanto à sua filha, nós só escondemos tudo dela porque a pobre estava fraca e teve que ser internada duas vezes lá em Minas. Quando ela chegou aqui em São Paulo e soube que a mãe tinha morrido há mais de um mês, passou muito mal mesmo. Eu vi como ela ficou. Além disso, ela sofre demais porque está com muito medo de sua reação. Senhor Jovino, é duro perder um filho e não se ter mais nada dele. Por isso eu peço, não critique mais a atitude dos dois. Não recrimine sua filha, não a maltrate nem a amaldiçoe. Se o senhor não concorda com isso, pelo menos, não diga nada ainda. O Fábio vai assumir tudo e eu darei todo o apoio e a ajuda que eles precisarem. O meu Fábio é responsável. Tenho certeza disso. Ele não vai maltratar a sua filha, posso garantir.

Jonas estava furioso, o senhor Jovino não reagia mais, ficou ali parado todo o tempo e ouvindo tudo. Por mais que Jonas tentasse, não conseguia mais agitá-lo. As palavras meigas do senhor Aristides o acalmaram tanto que as influências de Jonas passavam despercebidas.

O espírito Jonas não pôde ver, mas Fábio recebia um grande amparo espiritual. Durante todo o tempo que estava ali quieto, Fábio orou, não perdeu sua fé por um segundo.

— Eu não posso concordar com uma pouca vergonha dessas — disse o senhor Jovino, mais calmo.

— Pouca vergonha seria se nossos filhos não assumissem a criança que está por vir ou se sua filha não soubesse quem é o pai. Por isso, eu não vejo "pouca vergonha" nenhuma e estou muito ansioso para ter em meus braços o nosso neto, ou neta!

O senhor Jovino sentiu-se gelar com a frase: "Nosso neto!" Sim, seu neto! Mais um neto! Sim, o filho de Márcia seria seu neto. Márcia era sua pupila. Sempre foi!

Ele lembrou-se do amor que tinha por suas netas. Lamentou-se por Melissa que poderia estar ali se tudo aquilo não tivesse acontecido. Lembrou-se de que Melissa estava grávida quando morreu e no começo, quando soube de sua gravidez, recriminou e criticou muito. Não tanto quanto agora com a sua Márcia, pois não esperava isso de sua caçula. Mas depois de tudo, acabou aceitando a neta Melissa dentro de sua própria casa para cuidar dela. Como seria bom se o filho de

Melissa estivesse ali. Ele estaria grandinho e correndo pra lá e pra cá. Seria seu bisneto!

O senhor Aristides tinha razão. Um filho é um pedaço vivo de cada um de nós, os netos e os bisnetos são as multiplicações desses pedaços. Mas algo estava errado. Ele não conseguia aceitar, justo a Márcia!

Fábio, interrompendo seus pensamentos, avisou serenamente:

— Senhor Jovino, marcarei o casamento para o mais breve possível. Demorará somente o tempo de correr as papeladas. Eu não sei direito qual a idéia do senhor, por isso só tenho um pedido a fazer. Por favor — avisou suplicando —, a Márcia não pode passar mais nervoso. Se o senhor não aceita essa situação, eu só posso dizer que lamento muito, mas não vou deixar a Márcia se expor a correr riscos.

A princípio o senhor Jovino não disse nada. Jonas o instigava, era muita petulância de Fábio falar-lhe assim. Por fim, dando ouvidos aos desejos de Jonas, o senhor Jovino falou:

— Você está sendo muito abusado em falar assim comigo, ponha-se em seu lugar.

— Desculpe-me. Só estou protegendo a Márcia e o meu filho — defendeu-se Fábio sem pretensões, com a devida educação.

O senhor Jovino não quis perder a oportunidade de agredi-lo com palavras e disse:

— Eu sei que nem trabalhando você está. Como pretende sustentá-la? Ou vai deixar que ela o sustente? Sim, porque você está aí todo torto, manco e falando diferente!

— Pai! — repreendeu Roberto.

— Cale a boca! Não pedi a sua opinião!

Ciro aproximou-se de Fábio e disse:

— Não esquenta. Por favor, não o leve a mal.

— Ele está certo, Ciro! — concordou Fábio, bem firme. — Eu tenho que assumir toda minha responsabilidade. Seu pai está pensando no bem-estar de sua filha, do seu neto e eu concordo com ele. — E virando-se para o senhor, completou: — Estarei desempregado por pouco tempo, senhor Jovino. Não se preocupe. Quando minha mãe estava internada e fui para Minas, eu já estava com um emprego arrumado. Nem mesmo sabíamos da gravidez e eu já tinha planos de me casar com a Márcia. Agora creio que perdi esse emprego, mas arrumarei outro. Sou capacitado, tenho uma profissão e sempre procurei manter-me atualizado nela. Sou persistente e não sou acomodado. Nunca tive preguiça e não será um mês e pouco parado que me fará perder o ânimo. Estarei empregado em breve, acredite. Sua filha não vai me sustentar. Ao contrário, assim que puder, ela deixará de trabalhar para cuidar do nosso filho. Ah! Só mais uma coisa. Quanto aos meus movimentos, estou mancando porque eu tirei o gesso há poucos dias, tive várias fraturas inclusive craniana, e minha paralisia facial em nada poderá atrapalhar a minha capacidade para o trabalho, isto é, se eu ficar com a face parcialmente paralisada, pois acredito que ficarei perfeito novamente, o senhor vai ver.

Ciro levantou-se e bateu no ombro de Fábio, como gesto de quem o apoiava.

Fábio voltou-se para todos e disse:

— Tudo o que precisávamos esclarecer, já foi dito. Agora penso em ir ao hospital, estou preocupado com a Márcia. — Estendendo a mão ao senhor Jovino, disse com voz firme e sem rancor: — Até logo, senhor Jovino. Quando o senhor quiser, poderemos conversar novamente.

O senhor Jovino levantou o olhar e de mau gosto estendeu-lhe a mão que Fábio apertou com firmeza ao completar:

— Desculpe-me, senhor Jovino, mas eu estou convicto do que quero. Nada vai me impedir. Ainda terá orgulho de mim.

O senhor Jovino não respondeu nada, estava magoado com tudo aquilo. O pai de Fábio também se despediu e disse:

— Enquanto o meu filho não trabalhar eu sustento os três. Tenho um sítio produtivo e uma fazenda de gado leiteiro em Minas Gerais. Tenho condições mais do que suficientes, para apoiar os três o tempo que for preciso, não se preocupe. Aliás, eles são os únicos herdeiros daquilo tudo. Só peço que perdoe sua filha, ela não merece isso. A Márcia é uma boa moça.

O senhor Jovino também não respondeu nada.

Roberto virou-se para Fábio, prontificando-se:

— Eu levo vocês. Vamos?

— Eu gostaria de passar primeiro na minha casa. Estou esgotado, mas só preciso de um banho — pediu Fábio gentilmente.

— Claro! Vamos, lá.

— Vocês me dão uma carona? — pediu Ciro. — Preciso voltar para o hospital e é caminho de vocês.

— Claro. Vamos todos.

Jonas estava furioso. Gritava, xingava, mas ninguém podia entrar em suas vibrações. Eles estavam protegidos. Enfurecido, corroía-se por dentro, pois Fábio havia voltado e novamente interferiria em seus planos. Teria que acabar com Fábio de uma vez, do contrário não conseguiria obter sucesso.

Ciro sentou-se atrás com Fábio e foram conversando. Depois que deixaram Ciro no hospital, seguiram para a casa de Fábio conforme planejaram.

— Hoje é sábado, nesse horário o cartório já fechou, mas na segunda-feira vou lá a fim de saber o que é necessário para marcar o casamento.

Chegando à casa de Fábio, o senhor Aristides pediu:

— Filho, eu quero que passe essa casa pro seu nome. Antes eu tinha você e o seu irmão, teriam que dividir. Agora é só você. Passe-a o quanto antes, eu trouxe aqui comigo todos os documentos. Quando eu voltar pra Minas, vou providenciar o inventário do sítio e da fazenda.

— O que é isso, pai? Deixa isso pra lá.

— Eu insisto, Fábio. Não teima.

De repente Fábio ficou pálido, sentiu uma forte tontura, segurou-se na mesa com as duas mãos e abaixou a cabeça.

— O que foi, Fábio? — perguntou Roberto, preocupado.

Fábio ficou ainda mais branco e gelado. Levou uma mão na cabeça e pediu:

— Ajude-me a chegar ao quarto, por favor. Estou sentindo muita dor.

— Filho! — desesperou-se o senhor Aristides — Oh, meu filho! O que foi?

Roberto levou Fábio para o quarto que, ao se deitar, avisou:

— É uma dor muito forte, Roberto!!! Ela me derruba, não consigo reagir...

— Vamos pro hospital?

— Não. Já vai passar. De repente ela passa... como se nada tivesse acontecido.

Fábio abraçou a própria cabeça com seus braços e afundou o rosto no travesseiro.

Roberto não sabia o que fazer e Fábio, virando-se, pediu:

— Abra a janela, por favor... Preciso de ar.

Roberto ficou ali junto com o senhor Aristides. Algum tempo depois, Fábio começou melhorar. Ainda pálido murmurou esmorecido:

— Puxa, cara! É terrível sentir isso.

— A Márcia não sabe que você está sentindo essas dores?

— Não. Por sorte, todas as vezes que me deu, ela não estava por perto.

— Não será por causa do nervoso que você passou, Fábio?

— Não sei. Creio que não, pois de outras vezes chegou a me dar isso enquanto eu dormia, acordei quase gritando.

— Já falou com o Ciro?

— Já. Eu vou fazer alguns exames.

Fábio tomou um banho, alimentou-se e depois ele e Roberto foram para o hospital. O senhor Aristides resolveu ficar em casa.

* * *

Mais tarde, chegando ao hospital, Fábio se assustou por não encontrar Márcia no quarto. Desesperado, saiu à procura de Ciro que o avisou:

— Ela está no CTI, Fábio.

— Ela o quê?!!!

— Sua pressão caiu muito e nós não conseguimos reanimá-la. Tivemos que mandá-la para o CTI. A gravidez não permite o uso de qualquer medicamento. Você sabe...

— Não pode ser! — gritou Fábio que, pela primeira vez, mostrava-se verdadeiramente fora de controle. Esfregando o rosto e os cabelos com as mãos, como se quisesse despertar de um pesadelo, ele repetiu: — Não pode ser. Meu Deus! O que está acontecendo?

— Acalme-se, Fábio. A Márcia ficará boa. Ela foi para lá só para garantir.

— Garantir o quê, Ciro?! Se ela estivesse bem estaria no quarto ou em casa, não é?

— Eu entrei em contato com o médico que ela consultou pela primeira vez quando soube que estava grávida. Ele me passou os exames que fizeram naquela época, só que ela não voltou para pegar os resultados. Mas agora o temos.

— Como você conseguiu isso?

— Revirei a bolsa dela e encontrei os comprovantes dos exames realizados e a receita dos remédios que ele indicou. Coisas simples, medicamentos comuns às gestantes. Através do telefone constante nesses receituários entrei em contato com ele, expliquei a situação e ele me mandou tudo via Fax. Naquela época, a Márcia já estava anêmica e muito fraca. Segundo o que conversamos, ela não avisou que faria uma viagem longa, se o tivesse feito ele teria desaconselhado porque diagnosticou que não estava em condições de se expor. Outra coisa, ela não disse que passava por sérios problemas na família, a mãe doente, que estava sob pressão no emprego, preocupada com você, passando nervoso e tudo mais. Só contou que... queria saber da gravidez.

Ciro prendeu as palavras, quase disse algo que poderia preocupar Fábio desnecessariamente. Ficou sabendo, através daquele médico, que o Roberto era soropositivo, pois Márcia só relatou o problema de seu irmão como sendo sua maior preocupação.

— E os exames feitos, estão iguais ou piores aos daquela época? — perguntou Fábio.

— Estão mais ou menos iguais. Não se preocupe, vai dar tudo certo. Nos exames não foi encontrada nenhuma virose ou doença. Graças a Deus, isso ela não tem. Márcia está com uma anemia profunda, abalada emocionalmente, nervosa e não é por menos. Só que isso tudo reflete no equilíbrio de sua saúde — informou Ciro para tranqüilizá-lo.

— E o bebê?

— Digamos que... está com ela.

— Você acha que...

— Fábio, não podemos adiantar nada. Não viu o seu caso. Se dependesse dos médicos já o teriam enterrado, não foi? Vai para casa e descansa, rapaz. Você não pode ficar se esgotando tanto. Nem sei como é que está em pé! Vai descansar.

— Se eu for, você jura que me avisa de tudo?

— Claro que sim! Quando ela melhorar e voltar para o quarto, eu mando buscá-lo.

— Preciso ir para casa mesmo. Estou muito cansado.

Ciro bateu nas costas de Fábio, consolando-o, ao recomendar:

— Vai, rapaz. Descansa. O Roberto o levará.

Fábio voltou para sua casa. Ele estava triste e abatido. Contou a seu pai sobre o estado de Márcia, que também sofreu ao saber. O senhor Aristides desejava demais aquele neto.

— Filho, ela vai ficar boa e o nenê também, tenha fé.

— Pai, é a única coisa que eu tenho. Mas ela está muito fraca. Eu sempre percebi que a Márcia nunca se alimentou bem. Ela comia pouco e só se alimentava com café, biscoitos e salgadinhos. — Fábio estava esgotado, abatido. Virou-se para seu pai e pediu: — Pai, eu preciso ficar sozinho. Só eu e Deus. Preciso conversar muito com Ele.

— Vai, filho. Vai pro seu quarto. Eu vou ficar aqui sem incomodar.

Fábio entrou para o quarto e rezou. Orou com toda a sua força e amor. Depois ficou lá por algumas horas em absoluto silêncio.

Mais tarde o telefone tocou. Era Ciro dizendo que Márcia se recuperava e o bebê parecia estar bem, que estava no quarto, mas precisava ficar em repouso, sob observação, pois havia saído há pouco do CTI.

* * *

Na segunda-feira, pela manhã, Fábio ligou para o serviço de Márcia a fim de avisar sobre sua internação, o que a impedia de retornar das férias.

— Fábio! — exclamou Zé, que atendeu ao telefone. — Que bom falar com você! Que surpresa!

Toda a seção se alvoroçou sobre Zé, que mal podia falar.

— Fábio? É o Fábio?! Como ele está? Vamos Zé, pergunta! — queriam saber todos de uma vez.

— Esperem! — gritou Zé irritado. — Eu não estou conseguindo ouvi-lo!

— A Márcia! Então ela... internada?! Tá, deixa que eu digo. Deixa com a gente. Mantenha-nos avisado de qualquer coisa e assim que ela puder receber visitas, nós iremos vê-la.

O diretor, senhor Rodrigo, passava pela seção. Ele saía da sala de Márcia que estava sendo ocupada por um chefe interino até que ela voltasse. Surpreso, quando soube que Márcia não havia ido trabalhar, foi falar com o encarregado que a substituía para saber de alguma notícia.

Quando Zé desligou o telefone, ninguém entrou num acordo e todos faziam diversas perguntas ao mesmo tempo:
— O Fábio ligou?!
— E a Márcia?
— O que houve para ela estar internada?!
— Calma, gente! Espera — irritou-se Zé — Uma coisa de cada vez.
O diretor aproximou-se dele e, sisudo, perguntou:
— Quem telefonou, senhor José?
— O Fábio, doutor Rodrigo.
— O Fábio! Ele não sofreu um acidente no qual ficou em coma?
— Sim. Mas milagrosamente ele se recuperou.
— Venha comigo, senhor José. Conte-me tudo em minha sala.
Zé o acompanhou e lhe deu a notícia:
— O irmão da Márcia nos tem informado com freqüência sobre o Fábio. Apesar de ter sido desenganado, ele saiu do coma, reagiu bem e está se recuperando.
— Ele ficou completamente bom?
— Segundo o irmão da Márcia, o Roberto, o Fábio ainda está mancando e com o rosto parcialmente paralisado, mas não ficou com debilidade mental ou física como previam.
— Então ele está bom?! — insistiu o diretor.
— Pelo jeito, está. Acabei de falar com ele!
— E a senhorita Márcia?
— Daí que a Márcia foi para Minas, na época do acidente, assim que ela pegou férias, e nessa mesma época a mãe dela morreu.
— Morreu?! Eu não soube. Por que eu não soube?
— Não sei. Ficou todo mundo sabendo, alguns foram ao enterro, até eu fui.

— E daí?

— Bem... ao chegar a Minas Gerais, a Márcia passou muito mal quando viu o Fábio em coma. Teve até que ficar internada por causa do nervoso. Daí que a mãe dela morreu e o irmão dela não contou nada.

— Que irresponsável! Imprudente! — criticou o diretor austero.

— É porque a Márcia passou muito mal devido...

— Devido ao quê? Não há o que justifique uma arbitrariedade dessas!

— Bem... sabe como é...

— Não sei, não. Pode dizer?

— A Márcia está grávida e quase perdeu o nenê quando soube da morte do irmão dele, viu o estado do Fábio, os diagnósticos de que ele estava desenganado e, se sobrevivesse, ficaria com sérios danos devido ao traumatismo craniano. Ela até precisou ficar internada! Foi por isso que o irmão não contou nada. O Roberto quis poupá-la.

— Dona Márcia, grávida?!!! — surpreendeu-se levantando de sua confortável poltrona. Sentando-se em seguida. — Foi por isso que... — Ele segurou suas palavras. Lembrou-se de como ela estava abatida e passou mal chegando a desmaiar em sua sala.

— O pior foi o seguinte — contou Zé —: a Márcia ficou sabendo que a mãe havia morrido somente na sexta-feira passada, quando voltou de Minas, um mês e meio depois. Quando lhe contaram, ela ficou tão mal que teve de ser internada novamente e foi para o CTI. Passou por sérios problemas e risco de morrerem os dois, ela e o bebê.

— CTI?!!! — exclamou o diretor, levantando-se levemente da cadeira. — Riscos...!

— Mas o Fábio me disse que ela já saiu de lá e está no quarto. Foi por isso que ela não veio trabalhar hoje. Ainda ficará internada para não perder o bebê.

— E o senhor Fábio, como está? — perguntou interessado.

— Ah! Ele está péssimo, né, diretor. Estavam marcando o casamento. Ele gosta muito dela.

— Preciso vê-lo. Sabe como posso encontrá-lo?

— Eu tenho o telefone da casa dele e da Márcia, só não sei se tem alguém lá.

— Por favor, providencie-os para mim. O quanto antes.

* * *

Já no hospital, Fábio, com seu rosto encostado ao de Márcia, dizia baixinho:

— Nunca mais faça isso novamente. Eu a proíbo de me dar esse susto de novo.

Márcia sorriu, ela sentia-se cansada, mas parecia reagir.

— Sabia que a Paula ficou furiosa quando soube que eu estava grávida e não disse nada a ela?

— A Paula?

— Disse que só soube quando eu fui internada, através de Rose que avisou. Ela quer matar o Roberto porque ele só contou para o Ciro.

— Ih! O ciúme já começou — divertiu-se Fábio.

— A Paula me disse que até agora a Bárbara está abatida por causa da morte do Ney.

— Quando fazíamos o culto do Evangelho na casa dela, eu percebia a troca de olhares entre os dois — afirmou Fábio.

— Será que eles estavam namorando?

— Creio que não. Acho que estavam só flertando. Eu até chamei a atenção do Ney, porque a Bárbara é muito novinha.

— Pelo que Paula me contou, acho que ela estava gostando dele.

— Isso passa. Ela é jovem. — Sem rodeios, agora mais sério, Fábio decidiu avisar: — Márcia, eu fui falar com o seu pai. Contei tudo.

Quando Fábio percebeu seu susto, pois Márcia tentava fazer várias perguntas que não saíam, ele foi mais rápido para não fazê-la sofrer.

— Não fique nervosa, por favor. Não vou negar, o senhor Jovino ficou bravo sim. Zangou-se comigo, mas por fim se acalmou depois que meu pai falou com ele.

— Como ele reagiu, Fábio?! — perguntou aflita.

— Como eu disse. Ele se zangou, mas depois se acalmou. Com o tempo ele se acostuma, daqui a alguns dias isso passa. Vai gostar de ser avô novamente — riu para disfarçar.

— Ele vem me ver?

Fábio não sabia o que dizer, então tentou dissimular:

— Sabe, eu acharia melhor que ele não viesse para você não se emocionar mais.

— Fábio, eu queria tanto vê-lo!

— Calma, você o verá. Ah! Ia me esquecendo! Hoje cedo liguei para o seu serviço — contou para distraí-la.

— Avisou o carrasco também? — perguntou referindo-se ao diretor.

— Pedi que o avisassem. Eu falei com o Zé, ele deve ter dado o recado.

— Ah! Deu sim. O Zé é um amor. Muito prestativo.
— Eeeh! Vê lá hein! Posso ficar com ciúme!

Dizendo isso ele a abraçou com carinho, beijando-lhe com amor.

26

Unidos por amor

Alguns dias depois, Márcia já estava em seu apartamento. Sua aparência era melhor, passou a se alimentar mais, pois os enjôos diminuíram. Nunca ficava sozinha.

Fábio praticamente mudou-se para lá e o senhor Aristides não a deixava por um momento.

Os irmãos, muito preocupados, sempre ligavam, quando não estavam com ela. Somente seu pai não dava notícias.

— Márcia! — Exclamava Fábio eufórico, pois acabava de chegar. — Acabei de voltar daquela empresa, agora! Aquela que eu tinha arrumado o emprego e que não voltei para levar meus documentos porque fiquei em Minas. Você não vai acreditar! — contava sem deixá-la responder.

— A vaga está esperando você?! — perguntou antes que a interrompesse.

— Não! Aquela vaga foi preenchida. Eu conversei novamente com o mesmo diretor que me entrevistou da outra vez. Expliquei e contei o que aconteceu, a razão pela qual eu não voltei mais. Nossa!!! Você tinha que ver a cara do homem!

Como ele ficou impressionado. Até meus exames eu levei para que pudesse ver. Por fim, acabei falando que eu precisava de um emprego! Que não foi por irresponsabilidade que eu deixei de ir ao dia agendado para a entrega dos documentos. Daí que...? — sorriu aguardando.

— Daí o quê Fábio?! Fala homem!

— É a conta de arrumar a minha documentação e eu começo a trabalhar.

Márcia o abraçou e ele continuou:

— Aí eu fiquei preocupado com o exame médico, então ele disse: "Se você saiu daquele estado e ficou como está, tem condições de se sair bem de qualquer 'fria', meu filho. Eu vou interferir pessoalmente junto ao médico da firma". Depois ele deu um sorriso cínico e disse: "Aquela vaga que era para ser sua, foi o filho dele quem preencheu." Como quem diz: ele tem que me aprovar ou...

— Eu não acredito, Fábio. Isso é bom demais!

— Mais uma coisa... amanhã, será que você tem condições de sair? Só um pouco?

— Para onde? — perguntou curiosa.

— Para irmos até o cartório.

— Fábio...

Márcia não sabia o que responder. Um largo sorriso iluminou seu doce rosto. Emocionada, seus olhos brilharam. Então, abraçando-a com ternura, Fábio argumentou baixinho:

— Não diga nada, meu amor. Não é preciso responder. Só quero saber se você estará bem, tá?

Ela escondeu o rosto em seu peito, envolvendo-o com ternura. Sentia-se segura, protegida e amparada por seu grande amor. Ajeitando-a nos braços, Fábio a beijou com toda ternura.

O espírito Jonas presenciava tudo e estava irado. Desejava acabar com Fábio. Iria se dispor a tudo, não teria nada a perder. Revoltado, sempre que podia, desabafava aos berros com seus ajudantes:

— O que esse cara tem?! Sete vidas, por acaso?!

— Olha, Jonas, a gente tentou — lembrava um deles apreensivo.

— Até que conseguimos ter sucesso. Ele foi despedido, perdeu a velha e o irmão, ficou mal... ficou no "bico do corvo"! Ele se abalou pra caramba com isso, meu! — esclareceu o outro com ironia.

— É sim. Até o atropelamento nós fizemos direitinho — tornou o primeiro.

Os ajudantes de Jonas afirmavam serem os responsáveis pelo acidente onde Ney faleceu e Fábio ficou em estado grave. Mas isso não era verdade.

— O Fábio é duro na queda, cara — tornou um dos ajudantes. — Nós bem que te avisamos, compadre! Ele tem gente grande atrás dele. Você mesmo viu, meu chapa, ele ficou lá e cá, mas o desgraçado não morreu de jeito algum. Tem as "costas largas", isso sim.

— Não sei de onde vem essa força — inquietou-se Jonas inconformado. — Se eu mesmo não tivesse visto, não teria acreditado. Foi muito fácil ficar ao lado da Márcia atormentando e fazendo com que entrasse em desespero, histérica feito uma louca. Mas ela também, de algum jeito, ganhou proteção e eu acho que vem dele. Isso parece que é contagioso. Mas não vai ficar assim não. Aaah! Não vai não! Vou acabar com eles de qualquer jeito.

A partir de então, o espírito Jonas tentava, por todos os meios, atingir Fábio que, no entanto, nem mesmo sentia sua presença ou qualquer vibração pesarosa em que esses espíritos quisessem envolvê-lo. Sua alegria e satisfação por ter Márcia perto de si, e ainda a espera de seu filho, faziam-no exalar energias de elevada felicidade.

Jonas sentia que algo errado estava acontecendo. Quando se aproximava de Márcia para perturbá-la, não conseguia. Sentia-se fraco e até caia.

* * *

Os dias foram passando e os ajudantes de Jonas chegaram com uma novidade.

— Jonas!!! Nós já sabemos como!!!

— Como o quê?!

— Como acabar com o Fábio!

— Como? Digam como posso fazer isso?! — interrogou eufórico com os olhos brilhando.

— Nós conhecemos um sujeito por aí que trabalha para um "cara" — explicou referindo-se a um outro espírito. — Ele nos disse que o "cara" é dos bons, consegue tudo. Garantiu que pode cuidar do Fábio pra você, só que, em troca, você fará alguns favores pra ele.

Jonas se interessou imediatamente e decidiu ir procurar o tal "sujeito", ou melhor, o referido espírito que poderia auxiliá-lo.

— Meu nome é Jonas. Disseram que você é bom no que faz. Preciso da sua ajuda.

— Depende — respondeu com arrogância, olhando para Jonas com o queixo erguido e com ar de pouco caso.

— Depende do quê?

— Se você prestar serviços para mim, eu posso ajudar.

— Eu faço — concordou Jonas antecipando-se eufórico. — Proponho-me a qualquer coisa!

— Pode me chamar de Zul. O que você quer que seja feito, Jonas?

— Zul, eu quero acabar com um cara que está vivo ainda. O cara é durão, não consigo derrubar o desgraçado de jeito nenhum. Ninguém consegue deter o "praga". Ele está atrapalhando minha vingança para com algumas pessoas. Só consegui prejudicá-lo poucas vezes. Mas ele se ergue e fica firme novamente e mais forte!

— Isso me parece ser fácil. Não tenho dificuldades em atrapalhar encarnados. Só tem o seguinte: temos que fazer um pacto.

— Certo. Eu concordo. — E ficou ouvindo as propostas.

* * *

Longe dali, Márcia descansava em seu quarto. Fábio entrou vagarosamente para espiá-la, mas ela abriu os olhos e sorriu.

— Acordei você? — perguntou ele correspondendo ao sorriso.

— Não. Venha, sente-se aqui — pediu com doçura.

Acomodando-se ao seu lado, beijou-a, afagou-lhe com carinho, depois perguntou:

— Sabe quem ligou?

— Quem?

— A Ana. Ela disse que está vindo pra cá visitá-la. — Sorriu cinicamente ao avisar: — Só que o seu querido diretor tanto insistiu que está vindo junto com ela.

— O senhor Rodrigo?!

— Em "carne e osso".

— Ah! Não, Fábio... — lamentou com mimos.

— Deixa, não esquenta. Má, eu darei uma saída. Precisamos de algumas coisas para servir, né? Temos que ser bons anfitriões! — sorriu largamente ao brincar. — Você ficará bem sozinha?

— Claro que sim. Mas e se eles chegarem?

— Voltarei rápido. E a Paula ligou avisando que virá para cá. Talvez já esteja chegando. Vou indo para não demorar muito, tá? — despediu-se, beijou-a e saiu.

Quando Fábio retornou, Ana e o diretor estavam acomodados no sofá da sala e Márcia lhes fazia companhia. Paula não havia chegado.

O diretor não parecia o mesmo. Ao ver Fábio entrar, levantou-se rapidamente e o ajudou com os pacotes e depois o cumprimentou com apreço:

— Fábio! Que bom vê-lo saudável!

— Obrigado. Como tem passado, senhor Rodrigo?

— Bem. Muito Bem.

— Como vai, Fábio? — perguntou Ana feliz ao vê-lo.

— Bem. Agora estou bem. Graças a Deus!

— Pensei que poderia encontrá-lo mais abatido. Disseram-me que você ficou com algumas seqüelas, mas eu não vejo nada — comentou o diretor, animado, ao olhá-lo de cima a baixo.

— Mas ainda tenho sim — tornou Fábio sem ênfase, mas realista. — Perceberá em meu rosto, principalmente enquanto falo ou dou um sorriso, uma paralisia parcial e a perna, às vezes, não me obedece. Mas isso não é nada, estou perfeito de mente e alma! Isso é o mais importante.

Todos sorriram satisfeitos e a conversa continuou. Queriam detalhes de tudo o que haviam experimentado. Até que o senhor Rodrigo se manifestou para chegar a seu objetivo:

— A senhorita Márcia nos deu um grande susto. Mas vejo que está bem melhor. Quando pretende voltar às suas atividades?

— Acredito que na próxima semana — respondeu Márcia.

— Eu acho que não — interferiu Fábio — Ela terá que se recuperar muito antes de voltar ao trabalho. Não vou deixar que arrisque a sua saúde ou a do nosso filho por causa de serviço.

Fábio foi categórico e o diretor encabulou-se com a sua convicção. Sério, aguardou por alguma argumentação que não houve. Ana, com simplicidade, virou-se para Fábio e perguntou:

— Você ainda não arrumou nada, não é Fábio?

Para espanto de Ana e do diretor, Fábio respondeu quase orgulhoso:

— Arrumei sim. Começo a trabalhar na próxima quarta-feira.

— Arrumou?! — exclamou o diretor.

— Sim. Claro — respondeu Fábio agora com simplicidade.

— É que... bem... — gaguejava o diretor — O cargo de dona Márcia está à disposição. — Márcia espantou-se, mas ele logo explicou: — Quero dizer, a dona Ana passará a exercer outra função. Eu pretendo remanejar a dona Márcia para o lugar que dona Ana ocupa hoje e não vejo ninguém melhor do que o senhor para substituir dona Márcia em sua tarefa.

— Obrigado, senhor Rodrigo — respondeu Fábio imediato.
— É muito gratificante saber disso, mas já estou empregado.

— Pense bem. É um bom salário, hein!
— O que vou receber na nova empresa é maior.
O diretor sentiu-se envergonhado, porém insistiu:
— Não seja precipitado. Pense bem. Podemos conversar a respeito de um valor diferente. Pode gostar da nossa oferta. Não responda agora, pense primeiro.
Conversaram muito e só mais tarde eles se foram.
— Fábio, você ficou louco? Por que não aceitou? — perguntou Márcia assim que se viu a sós com ele.
— Aceitar a proposta dele, seria regredir nessas alturas do campeonato. Se eu não tivesse arrumado nada, poderia até parar e pensar, mas com tudo o que tenho, seria tolice abrir mão dessa conquista. Márcia, eu sou capacitado, tenho uma boa profissão e sou muito competente nela. Eu procuro um emprego e não quero esmolas. Foi ele mesmo quem me despediu, não foi?
— Sim, foi, mas...
— Não houve motivo para fazer isso. Ele está é com remorso e falta de pessoal competente. Agora, ele que dê essa chance para quem realmente precise ou mereça. Isso será bom para que aprenda a valorizar os subalternos e não tratá-los mais com tanto desprezo, arrogância...

* * *

Passados alguns dias, Fábio começou no novo emprego. Estava bem animado, principalmente pelo fato de, a cada dia, recuperar mais seus movimentos.
Ciro providenciou os resultados dos exames que fizera em Fábio e foi conversar com ele:

— Fábio, você está normal. Os resultados dos exames são animadores! Não deram absolutamente nada. Você pode perceber melhoras até no seu físico. Deixou de mancar, seu rosto está quase perfeito. Pelo que vi nos exames que você trouxe de Minas, eu afirmaria que houve um milagre por ter sobrevivido e outro milagre por estar assim.

— Ainda sinto meu rosto dormente e parte do meu braço e perna também. Não estou reclamando, só contando ao meu médico — sorriu ao brincar.

— Creio que isso é questão de dias. Como neuro, estou cansado de ver casos assim. O corpo ou parte dele, fica dormente por longo período, depois, aos poucos, vai restabelecendo os estímulos. Além disso, o seu acidente é muito recente e você se recuperou rápido demais. Não há explicação para isso! Você deve é agradecer! — animou-se.

— E como eu agradeço! Nem imagina! Só estou comentando. Já senti grande melhora quanto à paralisia, recuperei bem meus movimentos e a fala. Mas as dores na cabeça que venho experimentando são insuportáveis. Algumas vezes a Márcia me pegou em crises. Tenho que deitar e me isolar em silêncio, ou posso acabar gritando. É muito forte, mesmo — relatou sério. — Não tem como disfarçar, e ela está preocupada. Eu disse que dores são normais devido ao acidente que sofri. Afinal de contas, eu rachei a cabeça no chão, não é? — riu agora. — Mas sua irmã não se convenceu e não quero que se preocupe ou fique nervosa, penso em seu estado.

— Eu estou dizendo que está tudo normal, diante do quadro apresentado através dos resultados dos exames clínicos. Mas vamos lembrar que sofreu uma lesão gravíssima, Fábio! — enfatizou Ciro. — Por um ano, sabe que não pode se machucar, praticar nenhum esporte, bater a cabeça e muitas outras coisas como já expliquei. Diante dos resultados desses exames mais recentes, não há o que questionar. Agora, perante suas queixas, eu só posso medicá-lo com analgésico potente como um vasoconstritor que reduz o fluxo sangüíneo cerebral no momento dessas crises dolorosas e prescrever doses periódicas de uma medicação mais branda como tratamento preventivo, já que você diz que as dores são insuportáveis e irregulares. Mesmo assim, vou procurar alguns colegas que se interessem em fazer algumas pesquisas, você se dispõe? Terá que passar por várias baterias de exames.

— Claro que sim.
— Ótimo. Isso é bom. Verei o que faço.

* * *

Chegou o dia tão esperado do casamento entre Márcia e Fábio. O senhor Jovino não havia procurado a filha que lamentava muito a sua ausência.

— Fábio, eu vou procurar meu pai — às vezes desejava.
— Márcia, espera um pouco — convencia-a.
— Por quê?
— Se ele quisesse falar com você a teria procurado. Teve muito tempo para isso. O Roberto me falou que lhe contou sobre o casamento e ele não se manifestou.
— Ele não virá, não é, Fábio?
— Não tem problema. Só não vai procurá-lo. Principalmente hoje. Não precisa magoar seu coração justamente em um dia tão importante quanto este, não é?

Ela, mesmo contra seus desejos, acreditou que Fábio tinha razão.

* * *

Foi um casamento simples. Somente no civil.

Todo aquele sonho que Márcia sempre ostentou de ter uma linda igreja enfeitada com flores de laranjeiras, tapetes aveludados, coral ao vivo, damas de honras e muitos convidados, ela dispensou. O sonho de um lindo vestido de noiva do melhor estilo, o qual até o modelo um dia imaginou, foi substituído por um bonito vestido bege que lhe caiu muito bem no corpo que levemente começava a perder a forma esbelta.

Márcia não se importou com a simplicidade da rápida cerimônia, uma vez que descobriu que sua felicidade era estar ao lado de Fábio, que a respeitava, amava e oferecia-lhe todo carinho e atenção. O que mais poderia querer? Afinal, cerimônias pomposas, o mais belo vestido e festa arrojada jamais lhe dariam a felicidade e a alegria que tinha.

Ele, por sua vez, não cabia em si de satisfação.

Após saírem do cartório, casados, foram direto para a casa de Fábio, onde o pai dele mandou preparar um almoço para os padrinhos, irmãos da Márcia e alguns poucos conhecidos.

Bete e Roberto foram padrinhos de Márcia enquanto Ciro e Rose de Fábio.

Horas depois, alguns convidados já tinham ido embora da pequena recepção. Ao ficar a sós com a amiga, Bete perguntou:

— Vocês vão viajar?

— Não. O Fábio está com emprego novo, sabe como é. E eu voltei a trabalhar semana passada, já fiquei fora muito tempo — lembrou a noiva.

— Márcia, estou muito feliz por vocês.

Márcia a abraçou e disse emocionada:

— Obrigada, Bete. Se não fosse por você, eu não sei o que teria sido de mim em meio a tantos problemas pelos quais passei. A gravidez inesperada, o apoio que me deu diante de tudo aquilo que aconteceu... o acidente do Fábio... Você me deu tanta força! Se eu contar tudo o que aconteceu entre nós, ninguém vai acreditar, até o Roberto duvidou.

— Hoje ele não duvida mais — afirmou Bete.

Márcia ficou assustada. Será que havia algo entre Bete e seu irmão? Eles estavam muito juntos ultimamente. Sem resistir à curiosidade, questionou:

— Bete, me desculpa perguntar, mas você e o Beto não...

— Nós somos dois grandes amigos. Não vou negar que estou apaixonada por seu irmão e ele por mim. Mas fique tranqüila que não há nada entre nós, além de um grande sentimento que só nos deixa próximos um do outro. Não há mais nada além disso. Nós saímos, passeamos, vamos ao cinema, ele vai lá em casa e eu na casa de seu pai. Porém não temos nenhuma intimidade, o próprio Roberto não se permite nem eu poderia, seria suicídio. Eu só lamento não tê-lo conhecido antes e fico triste por ser soropositivo. Eu adoro o seu irmão.

Depois de ouvir isso, Márcia a abraçou emocionada e grata pelo tratamento que Bete dispensava ao irmão que ela tanto amava.

— Ah! Deixa-me contar uma coisa — disse Bete empolgada. — Estamos pensando em fazer uma viagem, um passeio para nos divertirmos mais.
— Só você e o Beto?!
— Sim. Claro.
— Pra onde?
— Para Minas Gerais. Uniremos o útil ao agradável. O Fábio precisa de alguém para ir buscar seu carro que ficou lá e nós adoramos aquele lugar. Por isso iremos de ônibus e voltaremos com o carro do Fábio. É claro que ficaremos lá uma semana, no mínimo, antes de voltarmos.
— Quando vocês vão?
— Daqui alguns dias. Não marcamos a data ainda. Preciso, primeiro, fazer a solicitação de minhas férias no serviço.

Márcia se surpreendeu com Bete. Sabia que a amiga era uma pessoa incrível, mas jamais imaginaria que chegasse a esse ponto.

Em outra parte da casa, Fábio afastou-se de todos e foi em direção ao seu quarto. Roberto percebeu que ele não estava bem e o seguiu. Quando Fábio ia entrando no quarto, caiu repentinamente. Roberto correu, segurou-o ao perguntar preocupado:

— Fábio! O que foi?

Ele segurou a cabeça e começou a gemer. Roberto o levou para a cama. Fábio gemia e rolava de um lado para outro. A dor foi muito forte dessa vez, tanto que Fábio pediu suplicando:

— Roberto, pelo amor de Deus, me ajuda! Preciso ir para o hospital. Não agüento mais!

Depois disso, Fábio perdeu os sentidos, largando-se nos braços do cunhado.

Jonas estava no quarto ao lado de Fábio e o espírito Zul junto com ele. Zul deu um sorriso macabro e desdenhou com o canto da boca. Ele era alto e magro. Usava uma capa marrom escura e um pequeno chapéu quebrado na testa. Trazia seguro na boca algo que fazia lembrar um cigarro, mas não era. Virando-se para Jonas, ainda falou:

— Viu como é fácil. Como você diz que quer vê-lo sofrer antes, vamos nos divertir muito.

Roberto e Ciro socorreram Fábio para o hospital. Márcia ficou atordoada. Bete e o senhor Aristides levaram-na para o apartamento e ficaram lhe fazendo companhia até terem alguma notícia.

— Márcia, o Fábio se recuperou de um estado crítico há pouco tempo. Talvez isso seja normal — explicava Bete tentando consolá-la.

— Eu não sei, Bete. Isso não me parece normal. Eu sinto que algo está errado, meu coração está me dizendo isso.

— Não será nada, minha filha. Deus não iria nos devolver Fábio para tirá-lo — dizia o senhor Aristides entre lágrimas.

Paula, que já havia ido embora da pequena recepção, retornou. Soube por Roberto o que aconteceu com Fábio, pois ele telefonou pedindo para que fosse até o apartamento de Márcia para vê-la. Estava preocupado com seu estado.

— Márcia. Oh! Minha irmã.

Abraçando Márcia, Paula se sensibilizou ao comprovar sua aflição.

— O Roberto me ligou e contou sobre o Fábio.

— Não há explicação, Paula — contava entre os soluços. — Já fizeram de tudo, mas ninguém descobre o que Fábio tem. Ele se recuperou tanto. Sua fala está normal, quase não há mais sinais de paralisia. Não há explicação...

Paula, segurou o rosto de Márcia com suas mãos, olhou-a bem nos olhos e disse:

— Tem sim, minha irmã. Para Deus sempre há uma explicação. Olha, quando Fábio foi à minha casa pela primeira vez, eu mal o conhecia. Eu o havia visto uma, talvez duas vezes. Por isso me zanguei. Na verdade Fábio me pareceu muito intrometido, interferindo em meus problemas particulares daquela forma sem ser convidado por mim. Hoje, no entanto, eu devo tanto ao Fábio! Devo tudo o que sei, tudo o que aprendi. Tive que experimentar tanta amargura até aprender, você não imagina. Se não fosse pelo Fábio, talvez Melissa estivesse em sofrimento até hoje. Jamais poderá imaginar a estima que eu tenho por seu marido e por você. Estou disposta a qualquer coisa para ajudá-los.

— Mas não há o que fazer, Paula! Você não entende. Não se descobre o que o Fábio tem.

— Bem que se diz que, quando estamos envolvidos no problema, não conseguimos achar a solução. — Olhando fixamente para Márcia, Paula continuou: — Não estou falando de cuidar do problema, minha irmã. Estou querendo eliminar a causa.

— Que causa? — perguntou Márcia desconsolada.

— Nada é por acaso Márcia. Eu e o João Vítor estávamos com muitos problemas e não víamos a causa. Eu nunca acreditei em Espiritismo, precisei ver o nosso irmão Roberto incorporar o espírito Jonas para eu saber o que aconteceu com minha filha, saber onde e como ela estava, porque sempre me enganei vivendo na ilusão de que Melissa encontrava-se em um bom lugar. Somente depois que vi e ouvi o que Jonas disse através de Roberto, foi que acreditei e procurei me evoluir para ajudar minha filha. Agora é a sua vez. Não pode se enganar com as aparências, Márcia. Os sintomas que Fábio apresenta em seu corpo podem ser espirituais, pois não é encontrada a causa física. Vocês se esqueceram disso?!

Márcia ficou olhando sem dizer nada. Paula parecia estar certa.

— Além do mais — continuou Paula —, o Fábio vem nos ajudando muito desde quando nos conheceu. Auxiliou Melissa que não estava em boas condições... mas aí eu pergunto: e Jonas? Como é que Jonas está? Será que não quer se vingar de Fábio, porque ele nos ajudou?

— Paula, você sabe o que está me dizendo?

— Sei sim, minha irmã. Estou falando de obsessão.

Naquele momento, Roberto entrou com Fábio que estava abatido e sonolento devido aos medicamentos que tomou.

— Fábio! — quase gritou Márcia que correu ao seu encontro, abraçando-o. — Você melhorou?

Ele a beijou e, meio entorpecido, respondeu:

— Estou bem. Má, me desculpa. Eu sinto muito ter estragado o dia do nosso casamento.

Fábio sentou-se no sofá e ficou à mercê das perguntas de todos e por fim falou:

— Gente, eu não sei o que é que eu tenho. Pior ainda, nem os médicos sabem.

— Fábio — comentou Paula —, eu estava conversando com a Márcia pouco antes de você chegar e gostaria de propor o seguinte: vamos começar a fazer orações aqui ou em sua casa todas as semanas, um Evangelho, como fizemos na minha?

Fábio pendeu a cabeça positivamente dizendo:

— Sim, Paula. Eu já sei o que você está pensando. Ia propor isso, ou melhor, eu ia pedir que me ajudassem. Principalmente pelo fato de eu não ter condições, digamos, de dirigir um Evangelho no Lar. Alguém terá de fazê-lo.

— Podem contar comigo. Faço questão de ajudar — ofereceu-se Bete.

— Esperem um pouco — pediu Roberto. — Eu ainda não sei onde vocês vão morar. Já decidiram se vão morar na casa do Fábio ou aqui? Seria bom fazerem as orações onde vocês fixassem residência, não acham?

— Você tem razão, Roberto — concordou Fábio. — Mas nós ainda não decidimos aonde vamos nos estabelecer. Depois que fizermos isso avisamos vocês, certo?

Conversaram ainda mais um pouco, entretanto, após a partida de todos e enquanto Márcia tomava um banho, o senhor Aristides sugeria a Fábio:

— Filho, mora lá na casa, ela é grande tem três quartos espaçosos e dá até pra fazer mais, sala enorme, cozinha, então...! Os banheiros são grandes! Olha só o tamanho disso aqui! Cabem mais de três desses só dentro de casa. Eu construí aquela casa há mais de trinta e cinco anos, antes de você nascer. É uma casa muito boa, tem um bom quintal pra criança e até gramado. Vão pra lá. Eu já disse, a casa é sua!

— Pai, o senhor já viu o que tem nesse apartamento? Os móveis, a decoração delicada, o capricho em cada detalhe e o orgulho que a Márcia tem por ter conseguido isso sozinha?

— Carrega tudo pra lá.

— Até que dá pai, mas não combina. A casa é boa, mas eu não sei... A casa está precisando de um trato, como trocar a pia, melhorar os banheiros, ela é simples por ser antiga. Eu não quero tirar a Márcia desse conforto, de cada detalhe caprichoso que ela colocou aqui.

— Eu vou mandar reformar, trocar os pisos, as coisas dos banheiros, os azulejos, fazer aquela cozinha que se planeja, pintar tudinho e depois levaremos a Márcia para comprar alguns móveis novos. Algo de que ela goste. Eu tenho dinheiro pra isso.

— Pai, espere. Primeiro vou falar com ela. Sabe, a gente tem tanta coisa para resolver. Pensar em arrumar aquela casa agora, será só mais um problema. Estou mais preocupado com a chegada do bebê. Precisamos deixar tudo arrumado para recebê-lo.

— Conversa com a Márcia, filho. Deixaremos tudo arrumadinho, até o quarto do meu neto ficará da maneira que ela gostar. Acho que não vai se importar em mudar pra lá. A gente compra tudo novo e do jeito que ela quiser.

— Vou conversar com ela, pai. Eu vou conversar — afirmou para contentá-lo.

Márcia saiu do banho e eles foram levar o senhor Aristides para a casa. Na volta, Fábio propunha à Márcia que mudassem para a casa de seu pai.

— Além do que Márcia, seria uma boa economia. Não teríamos despesas com o condomínio que pagamos hoje...

— Por mim Fábio, tudo bem. Está ótimo. Nem precisa gastar tanto com a reforma. Arrume o que for mais necessário. Eu não me importo, vamos morar lá sim.

— Não se importa mesmo?! — surpreendeu-se o marido.

— Mesmo. Já se foi o tempo em que me importava e me orgulhava com a aparência. Antigamente, para mim, tudo tinha de ser bonito, perfeito, novo, modelo do ano e impecável. Não digo que devemos estragar o que temos, ou não procurar ter coisa melhor. Devemos conservar com carinho o que conseguimos, mas o importante é o nosso bem-estar e eu só quero ficar com você.

Fábio aproveitou a parada no farol e a beijou. Ela realmente havia mudado. Cresceu muito espiritualmente.

— Márcia, assim que mudarmos, voltarei a freqüentar o centro que é lá perto da casa. Você vem comigo?

— Claro, Fábio — sorriu com doçura. — Não vai se ver livre de mim. Acredite!

* * *

Sem demora, assim que soube da novidade, o senhor Aristides mandou pintar a casa, após algumas reformas. Tudo foi bem rápido e o jovem casal mudou-se para lá. O pai de Fábio tinha razão: a casa era bem maior, mais arejada e com a nova decoração, sem ostentação luxuosa, ficou um lar bem aconchegante, agradável, moderno e confortável.

O senhor Aristides decidiu que ficaria morando com o filho até o nascimento de seu neto e só depois disso voltaria para Minas Gerais.

Márcia e Fábio sempre pediram para que ficasse, mas ele estava decidido. Só queria ver o neto nascer.

* * *

Há tempos Fábio não comparecia ao centro espírita que freqüentou por muito tempo. Muitos sentiam sua falta.

Ao chegarem lá, foram recebidos com grande entusiasmo.

— Fábio! — exclamou o dirigente quando o viu entrando ao lado de Márcia.

— Que prazer, Fabinho! Como é bom tê-lo conosco! Que falta você nos fez!

O homem estava realmente satisfeito ao vê-lo e, após o longo abraço apertado, com orgulho, Fábio apresentou:

— Senhor Miguel, essa é minha esposa, Márcia.

— Prazer! — cumprimentou estampando agradável sorriso.

— O prazer é todo nosso! — exclamou o senhor Miguel.

— Tenho uma surpresa para o senhor! — disse Fábio olhando para trás a procura de seu pai que parou para cumprimentar alguns velhos conhecidos.

— Tidinho!!! Seu velho fujão!!! — gritou sorridente ao vê-lo.

— Miguel! — respondeu o senhor Aristides emocionado ao encontrar o amigo de tantos anos.

Os dois se abraçaram demoradamente e emocionados. Havia muitos anos que não se encontravam.

Foi naquele centro e com aqueles companheiros que o senhor Aristides pôde encontrar a ajuda para os trabalhos de desobsessão de Fábio na adolescência.

Conversaram por muito tempo até que o senhor revelou:

— Soubemos da sua luta, Fabinho — afirmou o senhor Miguel agora mais sério. — Seguimos você com amor e carinho através das orações. Apesar de estarmos longe, nossos corações o envolviam e nos aproximavam.

— Obrigado — disse Fábio. — Eu sempre pude contar com vocês. Quero pedir desculpas por não tê-los convidado para o meu casamento, que foi há duas semanas. Sei que entenderão. Foi só no civil, algo muito simples.

— Ora, Fabinho! O mais importante foi você ter voltado e trazido sua esposa junto. — Virando-se para Márcia, comentou: — Você é muito bonita, exatamente como o Fábio me falou tempos atrás. Ele só falava em você.

— Obrigada, senhor Miguel — respondeu Márcia encabulada.

— Tenho mais uma novidade! — enfatizou Fábio radiante. — Meu herdeiro ou herdeira já está a caminho!

Márcia corou. Fábio acabou de dizer que havia se casado há duas semanas. Poderia ter esperado um pouco mais para anunciar que ela estava grávida. Mas Fábio era assim mesmo. Ele não se continha.

— Parabéns! Parabéns, Fábio! — cumprimentou, abraçando-o com prazer.

— Parabéns, Tidinho! Até que enfim será avô.

Após a breve euforia, Fábio pediu:

— Senhor Miguel, preciso conversar com o senhor.

— Já sei! Você quer retomar suas tarefas e voltar às atividades novamente?

— Quero. Eu quero muito. Só que estou passando por alguns problemas que vão me impedir, temporariamente, de fazer isso. Eu e a Márcia precisamos de um tratamento de assistência espiritual.

— Claro, filho. Vocês terão todo o amparo que Deus nos oferecer. Pode contar conosco. A propósito, estão fazendo o Evangelho no Lar, não estão?

— Não corretamente. Falhamos algumas vezes. A Márcia esteve internada e eu passando por crises. São dores insuportáveis que vêm me mantendo no hospital por algumas horas devido às pesquisas de diversos médicos e incontáveis exames clínicos.

— Qual a origem, Fabinho? — perguntou o senhor Miguel.

— Não sei não, senhor. Os médicos não encontram nada que justifique o que eu sinto.

— Você virá na próxima quarta-feira? — perguntou o senhor Miguel.

— Sim. Sem dúvida. Estou morando no mesmo lugar. Fica mais perto agora. — avisou Fábio.

— Venha mais cedo para conversarmos um pouco.

— Venho sim.

— E quanto a você, moça bonita — disse o senhor Miguel sorrindo —, cuide bem desse herdeiro, sairá ao pai e valerá ouro!

Márcia sorriu. E Fábio perguntou:

— O senhor tem o meu telefone, não tem senhor Miguel?

— Tenho sim. Se não mudou o número...

— Não. É o mesmo.

— Eu ligarei, caso seja preciso, mas não se esqueça de me telefonar também, caso precise, viu?

Depois que se despediram, já iam embora, porém o senhor Miguel lembrou-se que precisava entregar algo muito importante para Fábio. Foi ao escritório do centro e rapidamente apanhou um envelope. Em seguida correu para entregá-lo.

— Fábio! Fábio!

Ele se voltou e o homem disse:

— Puxa, Fábio, como eu pude me esquecer? — Com o envelope nas mãos, ele continuou: — Isso é para você, filho. Leia em sua casa. Foi através dessa mensagem que soubemos o que aconteceu com vocês.

Fábio pegou o envelope e foi abri-lo quando o senhor Miguel insistiu:

— Leia em sua casa, Fábio.

Novas despedidas e Fábio, Márcia e o senhor Aristides voltaram para casa.

27

Tentando separar os que se amam

Fábio não via a hora de chegar para ler a mensagem que recebeu. Estava ansioso e os outros também.

Jonas e Zul já haviam feito o tal pacto e aguardavam a chegada deles em casa.

— Viu só? — disse Jonas. — Eles voltaram do tal lugar que eu falei. Cada vez que ele vai lá, parece que vem mais forte. Recebe alguma ajuda e o pior que os caras que o ajudam não aparecem, a gente não consegue ver. Ficará difícil influenciá-los. Nós não vamos conseguir.

— Não diga, nós não vamos conseguir. Está se baseando por você. Já me viu agindo antes — avisou Zul.

Ao entrarem em casa, Fábio virou-se para seu pai e sua esposa, falando:

— Estou tão curioso para ler isso!

— Será que podemos ouvir? — perguntou Márcia.

— Ninguém disse o contrário — justificou Fábio que rápido se sentou à mesa da cozinha. Márcia e o senhor Aristides sentaram-se um de cada lado, desejosos para saber do que se tratava.

Fábio pegou o envelope, virou-o na mão e, sem ter como saber, antes de abri-lo avisou com tranqüilidade peculiar:
— É do Ney.
O senhor Aristides e Márcia se entreolharam, mas não disseram nada. Fábio abriu o envelope, pegou a carta que havia dentro desdobrou-a cuidadosamente e começou a ler o seu conteúdo:

Queridos amigos e companheiros,

Eu não sei muito bem ainda como é que eu devo proceder para me comunicar, pois é a minha primeira vez.
Aqui é o Ney, o Sidney, irmão do Fabinho, filho do senhor Aristides, o senhor Tidinho.
Eu desencarnei há pouco tempo em um acidente ocorrido em Minas Gerais.
Eu e o meu irmão Fábio fomos atropelados. É estranho falar, mas eu nada sofri, pois acredito ter sido desencarnado no momento em que percebi o Fábio me puxando pela camisa. Não senti a pancada, nem mesmo vi o carro.
Só sei dizer que acordei aqui.
Fui recebido com muito carinho por amigos de meu pai e de vocês também que conheci aí no centro quando eu era pequeno e sei que há muito tempo eles desencarnaram.
Fiquei um pouco assustado quando despertei de fato. Mas não senti nada. Nenhuma dor, nenhuma angústia. Logo eu soube que minha mãe Eulália também estava aqui e se recuperando.

Sei que hoje o meu irmão Fábio está lutando muito para reagir e continuar suas experiências junto a vocês. O Fabinho necessita de muita ajuda. O seu corpo sofre muito. Ele ficou inerte e pode perceber tudo o que ocorreu em volta dele. Mas o seu filho, que ainda está sendo preparado, é o seu maior motivo para continuar a vida aí.

O Fábio sofre com resignação, e sei que, quando puder ler esta mensagem, estará muito bem.

Fábio, você nem imagina como é aqui e também não pode imaginar como você me ajudou com tudo o que veio me ensinando durante toda a minha vida aí. Principalmente com aquele papo que tivemos no carro, enquanto viajávamos para Minas Gerais, lembra?

Puxa, cara! Foi o máximo! Foi o maior barato mesmo!

Fábio deu uma parada. Sua voz embargou. Ele respirou fundo, sorriu para disfarçar sua emoção e disse:

— Eu implicava tanto com o Ney para que não usasse essas gírias. Ele nunca conseguiu ficar muito tempo sem pronunciá-las. Até achei que demorou muito para começar a se empolgar e falar, digo, escrever assim. Nunca pensei que ficaria feliz em ouvi-las novamente.

Depois de controlar a emoção, Fábio continuou:

Meu! Você iria adorar ver e sentir como é desse lado. Pelo menos onde eu estou, né!

Tudo o que se lê nos livros narrados por alguns espíritos é verdade, cara.

Lembra-se de que eu questionei isso com você durante a viagem?

Eu disse que você iria adorar, mas ainda terá muito que fazer por aí. Vê se te cuida, cara. Cuida também do meu sobrinho e da Márcia. Diga a ela que eu a amo e que é para ela se cuidar bem, pois assim meu sobrinho estará ótimo.

Não sei quando é que essa mensagem lhe chegará às mãos. Talvez vocês já saibam pelos exames. Porém aqui nós já sabemos antes da concepção. É homem! Vocês já podem escolher um lindo nome. É homem! Cara!

A mãe está feliz com isso. Ainda se recupera, mas está lúcida, saudosa e feliz. Ela já sabe que é avó.

Diga pro pai que estamos bem. E que valeu! Eu o amo. Agradeço tudo o que ele me ensinou. Ele é um excelente pai.

Fabinho, vê se te cuida, ô meu. Você é muito bom e precisa se manter assim. Você tem muita fé e terá que se valer dela. É a hora da verdade!

Estamos torcendo por vocês e orando muito.

Tenham fé.

Não lamentem o meu desencarne. Nada é por acaso. Diga ao pai que, se não fosse lá em Minas, meu acidente seria em outro lugar e se você não estivesse ao lado, eu estaria sozinho, não foi culpa de ninguém, chegou a minha hora.

Quanto a você, Fábio, sabe que precisava passar por aquilo e, como eu disse, se não fosse ali seria em outro lugar. Eu sei que sentiu a pancada, sentiu sua cabeça bater com força no chão, sentiu muita dor e ficou inconsciente só por pouco tempo e depois voltou a sentir tudo o que acontecia com o seu corpo. Principalmente as dores, que eram muito fortes. Eu sinto muito por você Fábio, mas por outro lado sei que só passou pelo que tinha de passar, só sofreu as conseqüências de seus próprios atos cometidos num passado distante. Você sabe do que eu estou falando. Saiba que não ficaram rescaldos. Agora tudo acabou. Você teve paciência com o seu sofrimento, sofreu com resignação. Não lamentou nada do que ocorreu. Fábio, você nem imagina como isso é importante para a nossa evolução.

Por isso sempre tenha fé, por mais difícil que possa ser. Não reclame, não lamente. Confie em Deus. Nada é por acaso.

Seu irmão, Sidney.

Quando Fábio terminou, os três se abraçaram chorando. Foi muita emoção.

Fábio não tinha palavras, porém o senhor Aristides falou:

— Graças a Deus o meu filho e minha mulher estão bem!

— Você viu, Fábio. O Ney disse que é homem — lembrou Márcia emocionada.

Num canto da cozinha, Zul e Jonas aguardavam. Zul debochava do que via e Jonas corroía-se de raiva. Pela emoção que os três sentiam.

— Está em bom lugar! — dizia Jonas debochadamente.

— Ele está rondando no inferno. Se eu achar esse cara por aqui vou dar nele.

— Vamos lá! — disse Zul.

— Lá onde? — perguntou Jonas.

Zul aproximou-se de Fábio que, com o coração ainda repleto de emoção, levantou-se da cadeira avisando:

— Vou tomar um banho. Quero dormir logo, amanhã vou levantar bem cedo.

Fábio sentiu-se tonto, mas insistiu no que se propôs a fazer.

Márcia e o senhor Aristides ficaram sentados à mesa da cozinha relendo a mensagem.

Fábio, normalmente, entrou no banheiro, ligou o chuveiro e de repente ouviram um barulho. Márcia assustou-se anunciando:

— É o Fábio!

Ela correu para a porta do banheiro e o chamou:

— Fábio? Fábio? Aconteceu alguma coisa?

Fábio não respondeu. Tentou forçar a porta que não estava trancada, mas oferecia resistência. O senhor Aristides chegou perto e ajudou-a a empurrar. Fábio encontrava-se caído atrás da porta. Ele se debatia como se sofresse um ataque.

— Fábio! — gritou Márcia apavorada.

Com muito custo, ela e o seu sogro arrastaram Fábio para o quarto. Ele gemia e girava o corpo de um lado para o outro, reclamando de fortes dores.

Márcia correu ao telefone e chamou Ciro. Quando Ciro chegou, Fábio começava a apresentar melhoras.

Ainda com dores, mas sentado na cama, ele contou tudo em detalhes:

— Entrei no banheiro, liguei o chuveiro pra esquentar a água, tirei só a camiseta, voltei até o box e coloquei a mão na água para ver se já estava morna, eu me lembro muito bem — afirmava Fábio preocupado. — Eu tirei o cinto e em seguida olhei no espelho... foi quando eu passava as costas da mão para sentir como estava minha barba, se devia fazê-la ou não... eu vi nitidamente no espelho um homem atrás de mim.

— Um homem? — perguntou Márcia.

— É sim. Eu tenho certeza — disse convicto. — Eu me assustei, virei imediatamente e ele sumiu. Fiquei tonto e senti aquela dor novamente. Foi tão intensa que devo ter perdido os sentidos, não vi mais nada.

— Fábio — perguntou Ciro —, será que você não sentiu uma dor muito forte e depois viu o homem? Veja bem, eu não sou descrente, só quero alertar que dores fortes podem provocar alucinações.

— Não Ciro. Eu sabia muito bem o que eu estava fazendo. E sei o que eu vi.

A partir daquele dia, Fábio começou a sentir dores com mais freqüência. Não abandonou os recursos da medicina, mas passou a cuidar mais do lado espiritual, da vigilância e reforma íntima.

Semanalmente, em sua casa, todos se reuniam em oração, os irmãos de Márcia sempre estavam presentes.

Com o tempo, todos podiam perceber que, vagarosamente, a alegria de Fábio estava diminuia. Já não era tão extrovertido e brincalhão como antes, porém nunca desagradou ninguém, somente ficava quieto.

O senhor Aristides conversava muito com o filho e diante de tanta mudança na personalidade de Fábio, um dia decidiu avisar:

— Filho, estou preocupado com você!

— Com o quê, pai?

— Você está mais triste. Muito preocupado. Você mudou muito, Fábio. A Márcia também está percebendo. Ela não fala nada, mas eu sei que essa menina está magoada com isso, lembre-se de seu estado.

— Pai, não sei o que está acontecendo. Sinto uma tristeza indefinida, parece que estou sozinho nessa luta. Vejo-os constantemente à minha volta me ajudando, mas nada adianta. A cada dia eu pioro. Estou muito preocupado com o meu serviço. Essas crises com fortes dores, já aconteceram lá várias vezes. Não sei o que podem pensar, ninguém quer um funcionário problemático, doente.

— Isso vai passar, Fábio. Já enfrentou problemas piores em sua vida, meu filho. Lembra-se de tudo o que sofreu quando tinha quinze anos? Muita gente me disse que aquilo era doença, que deveríamos interná-lo num sanatório e que eu e sua mãe estávamos perdendo tempo. Mas nós ficamos firmes, não abalamos nossa fé em nenhum minuto, e os amigos verdadeiros sempre apareceram para ajudar.

— Eu sei, pai. Eu sou tão grato por isso. Se não fosse por vocês...

— Então, filho, isso vai passar também. Não desanime.

— Vai passar, pai, mas o que eu sinto está sendo difícil de encarar. Sabe, eu não digo nada, principalmente por causa da Márcia, pelo estado dela, mas meus pensamentos estão...

Fábio se calou.

— Estão o quê, filho? — perguntou experiente e desconfiado.

— Estão cada dia pior.

— Como, Fábio? — insistiu o pai.

— É difícil falar, pai.

— Nada é difícil. Diga filho, o que é?

— Pai, nem quando solteiro eu era mulherengo. O senhor sabe, sempre fui calmo, nunca achei que para ser homem teria que ficar correndo atrás de mulheres. Quando eu conheci a Márcia e comecei a gostar dela, fiz tudo do jeito que achei mais correto, mais honesto. Primeiro acabei o meu noivado com a Bete, só depois que tive a certeza de que a Márcia gostava de mim me aproximei dela para um compromisso sério. Eu adoro a Márcia, pai! — falou suplicando entendimento.

— Mas por que você está me falando isso?

— Porque a cada dia, aparecem diferentes mulheres na minha frente. Recebo "cantadas", elas se insinuam, provocam. Já teve até uma que me fez um convite para sairmos.

— E você, Fábio? — perguntou seu pai preocupado.

— Lógico que não aceitei, né pai?! Eu amo minha mulher e meu filho que vai chegar. Só que...

— Só que...?

— De uns tempos pra cá, isso começou a mexer comigo. Sabe a moça que acabei de contar que me convidou para sair? Eu fico ansioso para vê-la. Quero ficar conversando com ela. E quando isso acontece, eu me esqueço de tudo, dos meus problemas, da Márcia, do bebê...

— Filho, isso não se faz! — zangou-se o senhor Aristides. — A Márcia não merece isso. Você tem que respeitá-la. Onde está sua vigilância?

— Não aconteceu nada, pai. Acredite em mim. Eu não saí com ela, só ficamos conversando na hora do café, no almoço. Não sei por que sinto isso. Sei que ela sai com um e com outro. O que eu estou questionando são os meus sentimentos.

— Fábio, isso não pode acontecer. Esse tipo de pensamento é para desviá-lo do caminho correto. Enquanto você pensa que se distrai e se diverte, esquecendo seus problemas, está se entregando à mercê de manipuladores inferiores do plano espiritual que não querem o seu bem. Você sabe do que eu estou falando. Fábio, você não pode dar vazão a esse tipo de pensamentos. São eles que não o deixam reagir para melhorar e vencer os obstáculos como essa tristeza, esse desânimo quando está em casa. Essas idéias e sentimentos tiram toda a sua força e toda energia de auxílio que recebe para se recuperar.

— Pai, eu só estou desabafando com o senhor. Já sei de tudo isso. Não posso contar à Márcia o que se passa comigo, apesar dela ser minha amiga. Além do mais, ela não merece e não entenderia. Estou contando para o senhor saber por que estou triste. É curioso, lá no serviço esse mau humor passa. Não quero vir embora para casa...

— Eu não disse para você contar isso à Márcia. Estou dizendo para você ter fé e se vigiar muito mais.

— Eu só não me deixei dominar por isso que sinto, pai, porque oro demais, pois esses sentimentos são muito fortes, o senhor nem imagina.

Cada dia que passava, Fábio sentia-se mais pressionado. Tudo em que sempre acreditou, estava sendo colocado à prova. Não conseguia ter paz nem mesmo para dormir. A insônia começou a atacá-lo e o pouco que descansava era num sono turbulento. Acordava sentindo-se perturbado e cansado.

Um dia, quando ele não se vigiou, surpreendeu-se passando dos limites.

— Fábio, vamos na casa da Paula? — pediu Márcia com jeitinho.

— Não. Não vamos não — resolveu absoluto.

— Ah! Vamos lá, vai? Todo mundo tá lá, é o aniversário da Bárbara, não tem festa, mas a Rose fez um bolo para cantarmos parabéns — explicou com simplicidade sem perceber a intolerância do marido.

— Eu não quero ir, Márcia. Vá você. Estou cansado, não vê?

— Eu não quero ir sozinha. Vamos, vai? — pediu com mimo.

— Não! Chama o meu pai para ir com você — falava parecendo enfadado.

— Não é a mesma coisa. Vamos lá, anime-se. Você precisa se distrair — decidiu com largo sorriso animado, ignorando seu mau humor.

Fábio estava sentado no sofá com o corpo largado. Márcia pegou em seu braço e começou a puxá-lo, brincando e rindo, pois sabia que não conseguiria levantá-lo. Num movimento rápido e estúpido, Fábio puxou o braço, empurrando-a e fazendo-a largá-lo, ao mesmo tempo em que gritou com voz forte e de forma cruel:

— Vê se me esquece! Caramba! Eu já disse que não vou!!!

Márcia se assustou com o grito, perdendo o fôlego. Não esperava aquilo. Afinal, só estava brincando como fez outras vezes, não poderia tê-lo ofendido. Ela empalideceu e gelou, enquanto todo seu corpo tremia.

O senhor Aristides, que estava na cozinha, ouviu tudo e correu até a sala.

Márcia paralisou-se estarrecida. Nunca viu Fábio levantar o volume da voz desde quando o conheceu. Jamais o viu reagir com estupidez e modos rudes. Agora o marido se revelava e justo com ela.

— Márcia, filha! — disse o senhor Aristides que a segurou pelo braço e com a outra mão em seu ombro a fez sentar no sofá, pois percebeu que a nora se desfigurava. — Fique calma, filha.

— Não se preocupe, pai — murmurou a nora com voz fraca. — Estou bem.

Márcia esfriou e percebeu seu coração bater descompassado. Sentiu que até o bebê remexeu-se em seu ventre de maneira brusca e incomum devido ao seu susto.

De lábios brancos e queixo trêmulo, abaixou o olhar e segurou o ventre acariciando o filho com carinho. Nem mesmo conseguia chorar.

Quando Fábio, arrependido, deu-se conta de tudo o que fez, já tinha acontecido. Foi rápido demais.

Aproximando-se dele, o senhor Aristides o encarou sisudo, dizendo veemente, mas com um volume baixo na voz que denunciava sua indignação:

— Nunca mais faça isso novamente, Fábio! Não foi esse o exemplo que viu entre mim e sua mãe. Sua mulher não pediu para estar aqui nessas condições e nesse estado. Você é responsável por tudo isso, goste ou não, pois não ficaria grávida sozinha. E conhecendo agora melhor a moral que ela tem, coisa rara hoje em dia, vejo que precisou se esforçar muito para seduzi-la e engravidá-la porque você não é nenhum garoto ingênuo e ela é de boa família! Isso eu percebi ao entrar naquela casa e conversar com aquele homem uma única vez. Foi criada dentro de bons costumes e você não a respeitou como deveria. Além do mais, Fábio, eu mesmo garanti ao pai dela que meu filho era um homem responsável e nunca iria maltratá-la. Gostaria que honrasse meu nome e o seu. Quero que seja homem o suficiente para honrar também a promessa que eu fiz ao senhor Jovino quando afirmei que cuidaríamos da filha e do nosso neto, entendeu?!

Fábio, atordoado, não disse uma única palavra. Vendo-o parado e olhando fixamente para Márcia, o senhor Aristides virou as costas e saiu, largando-os a sós.

Fábio abaixou a cabeça, sem dizer nada. Seu pai tinha toda razão. E agora, como corrigir aquilo?

Ajoelhando-se ao lado do sofá onde Márcia estava sentada e ainda nitidamente assustada, ele a tocou com carinho e pediu implorando:

— Desculpe-me, Má. Por favor, eu não sei o que me deu, me desculpa?

Quando Fábio abraçou-a e foi beijá-la, Márcia virou o rosto negando-se. Mesmo assim ele a abraçou com carinho e acariciou seus cabelos, pois se arrependeu realmente do que fez.

Zul e Jonas observavam de um canto. Jonas não acreditou.

— Puxa, Zul! Eu sempre quis ver esse cara perder as estribeiras como fez agora. Queria vê-lo impaciente e rancoroso e nunca consegui! Parabéns Zul! Você é bom mesmo!

— Isso é só o começo. Vou ensinar uma coisa. Gente como ele, você não consegue derrubar de uma vez. Tem que balançá-lo muito antes.

O clima ficou difícil entre Fábio e Márcia que não deu uma única palavra a respeito do acontecido. Fábio se arrependeu incrivelmente. Justo ele que era tão cauteloso, ponderado e calmo em meio a situações difíceis, sempre procurou soluções sem desespero. Agora, abrupto, e, por um motivo insignificante, gritou com ela, puxou o braço que segurava e com muita estupidez empurrando-a! Isso não poderia ter acontecido no estado em que Márcia se encontrava.

Sentando-se ao lado da esposa, falou com voz generosa tentando redimir-se:

— Desculpa, Má. Vamos lá na casa da Paula, sim. Eu sei que você não tem saído de casa, a não ser para trabalhar e que nós quase não temos nos divertido ou simplesmente passeado por aí. Entendo que se sente presa e necessita se distrair. Não entendo como isso foi acontecer. Perdoe-me, por favor. E... vamos lá, vamos. Vamos nos arrumar?

Com voz baixa, muito calma, ela respondeu:

— Não, Fábio. Eu não quero ir mais — afirmou levantando-se, indo para o quanto.

Fábio parou e começou a contemplá-la:

"Como a Márcia mudou!", admirou-a em pensamento. "Está tão mais calma, diferente de antes. Até fisicamente... Como eu não percebi e deixei tudo isso passar assim? Sua barriga está maior! Minha mulher está linda ao perder a silhueta para agasalhar meu filho! Sua aparência melhorou sensivelmente, está cada vez mais bonita!", surpreendia-se calado e maravilhado com o que reparava. "Seus cabelos estão bem mais compridos agora, soltos e ondulados, caiam sobre os ombros, parecia um manto a cobrir suas costas. Apesar de tudo o que passou, do sofrimento, das mudanças, minha mulher está mais doce e bem segura de si. Trocou tudo o que tinha por minha causa! E agora... Meu Deus! O que eu fiz com o amor da minha vida? Por que a maltratei?"

Fábio torturava-se. Definitivamente sua esposa não era mais a mesma. Agora só se produzia para ir trabalhar. Quando permanecia em casa, não usava nenhuma maquiagem, porém nunca descuidou de sua aparência. Sempre se apresentava limpa e arrumada. Usava roupas mais leves e descontraídas. Ficava à vontade e até andava descalça pelo quintal, coisa que antigamente ninguém via. Em algumas horas vagas, ela cuidava dos seus vasos com plantas e do belo jardim que cultivou com carinho.

Márcia parecia mais tranqüila e menos vaidosa. Sua linda barriga já aparecia bem e não se importava em ver seu belo corpo perder a forma elegante, vagarosamente.

Depois de observar e admirá-la bem, Fábio foi à sua procura.

Márcia estava deitada na cama. Sentando-se ao seu lado, começou a acariciar-lhe a face gélida, os cabelos e a barriga, beijando-a como se pudesse beijar o filho que tanto desejava. Mas, magoada, permaneceu indiferente, com olhar fixo no teto do quarto.

A campainha tocou e Fábio saiu para atender. Era Roberto.

— E aí Fábio, tudo bem? — cumprimentou Roberto.

— Tudo. Vamos entrar.

— E a Márcia? — perguntou Roberto.

— Está lá no quarto.

Fábio não conseguia disfarçar e Roberto, percebendo que algo estava errado, perguntou:

— Algum problema, Fábio? A Márcia está bem?

— Está sim — afirmou sério.

— E você, como se sente?

— Há dias que eu não sinto nada. Tomara que continue assim.

Fábio sentia que precisava desabafar. Precisava falar, sentia-se muito mal com tudo aquilo. Sem titubear, contou tudo para o cunhado:

— Sabe Roberto, eu não sei o que me deu! — suplicava entendimento.

— E a Márcia, não disse nada?

— Pior que não. Está lá no quarto sem dar uma palavra. Se pelo menos me xingasse, gritasse, poderia até me bater, me agredir, eu mereço! Mas não, ela não diz nada.

— Isso é difícil, hein! Nunca vi a Márcia deixar de reagir. Ela sempre foi explosiva com qualquer coisa — comentou Roberto surpreso.

— Eu sei disso. Mas a Márcia parece ter mudado, e muito! — salientou Fábio arrependido consigo mesmo.

— Por um lado isso é bom. Ela está aprendendo a se controlar. Por outro, nós não sabemos o que está pensando — afirmou Roberto. — Tenho medo disso. Ela está grávida... vai saber o que pode fazer!

— Você vai falar com ela? — perguntou Fábio.

— Claro. Vou sim.

Fábio ficou na cozinha e Roberto foi até o quarto.

Márcia ficou feliz ao vê-lo e o abraçou com carinho sem exibir qualquer problema pelo ocorrido entre ela e o marido.

— Você está gordinha hein, Márcia!

— Você acha? — perguntou animada, olhando para a barriga, enquanto passava a mão contornando-a.

— Olha só! Não dá mais pra esconder esse barrigão! E os enjôos?

— Sumiram completamente. Ainda bem.

— Márcia, o Fábio me contou que gritou com você e...

— Ele não só gritou. Ele foi estúpido. Nunca vi o Fábio assim.

— Isso acontece, Márcia. Ele está arrependido.

— Pois que fique. Ele me magoou muito, Beto.

— Tenha um pouco de paciência. O Fábio está passando por momentos difíceis, sofre com essas crises de dores na cabeça que não têm origem, está preocupado com o emprego, com você nesse estado e com o nenê também. Afinal, vocês dependem dele. Apesar de você trabalhar, ele é o homem da casa.

— Mais paciência do que eu tenho, Beto? Minha vida mudou completamente. Não estou reclamando, estou só expondo o meu lado. Eu era independente, não tinha satisfação pra dar a ninguém, chegava a minha casa na hora que eu bem queria, passeava, saía, divertia-me, tudo isso! E agora?!

— Você sabia que iria mudar. Que depois de casada teria que assumir inúmeras responsabilidades.

— Eu sei. Não estou reclamando disso, nem das minhas responsabilidades — falava baixo, porém sentida. — Só que, por mais que eu faça, o Fábio parece que não reconhece. Todo final de semana ficamos trancados aqui dentro de casa só porque ele está cansado. Quando o chamo para sair, não quer, ou acorda tão tarde que não dá pra ir aonde planejei. Nunca conseguimos nos acertar. Tolero tudo isso por entender e querer ajudá-lo em suas dificuldades, mas está sendo impossível. Agora, gritar comigo e ser estúpido sem qualquer razão, é inadmissível. Desse jeito onde é que vamos parar? E se eu resolver gritar também, como é que fica? O Fábio mudou muito, Beto. Eu esperava tudo, menos isso. Não foi esse o homem por quem me apaixonei e com quem me casei.

— Dá um tempo pra ele, Má. Isso passa.

— Tomara que passe rápido, Beto. Tomara.

— Vamos lá na casa da Paula?

— Eu não quero mais, Beto.

— Vamos, vai. O Fábio está esperando.

— Por favor, Beto. Não insista.

Roberto percebeu que não adiantaria, a irmã estava irredutível. Depois de pensar um pouco decidiu contar.

— Sabe Má, aconteceu um negócio chato.
— O quê?
— Sabe a Júlia?
— O que tem ela? — perguntou simples.
— Passou para o outro lado.
— A Júlia morreu?! — espantou-se Márcia.
— Sim. Ela teve complicações respiratórias devido à falta de imunidade.

Márcia ficou estarrecida. Não sabia o que dizer.

— Márcia — continuou Roberto —, o Ciro já sabe sobre mim.
— Como?! Quem contou e como ele reagiu?
— Ele já sabe faz tempo.
— Como? Você contou?
— Não. Ele descobriu. Lembra-se de quando ele pegou em sua bolsa os papéis de exames médicos, na ocasião em que você ficou internada?
— Sei, lembro.
— Ele ligou para aquele médico que a atendeu quando foi fazer o primeiro ultra-som e disse que era médico. Falou que você não estava bem, corria risco, e ele, como seu médico, precisava de referências sobre o início de sua gravidez. Daí o médico começou a falar sobre os exames já realizados, que faltavam só o de colesterol e glicemia, pois precisava estar em jejum, ainda ressaltou que você estava fraca, anêmica. Depois, para tranqüilizar Ciro, ele avisou que seu exame de HIV tinha dado negativo, porque você falou, durante a consulta, que tinha um caso de soropositivo na família e que era

um irmão com quem tinha muita ligação. Ciro logo deduziu que só poderia ser eu. Como se não bastasse, o homem passou, via Fax, todos os seus resultados de exames para o Ciro acompanhar, pois havia resultado de hepatite, rubéola e outras doenças viróticas. Mas o que ressaltou e preocupou foi a sua anemia.

— E o Ciro, como reagiu com você?

— O Ciro não me disse nada. Só conversamos sobre isso agora, depois que a Júlia morreu. Ele me contou que, quando soube, não se conformou, ficou sem dormir umas três noites. Ele não entendia como eu agia tão normalmente.

— Beto, eu contei para o Fábio — avisou temerosa.

— Como ele reagiu?

— Lamentou muito. Você nem imagina como ele ficou chateado. Disse que pode contar conosco para tudo e que só tocará no assunto com você caso o procure para desabafar. — Márcia se sentou na cama e o abraçou dizendo quase chorando: — Eu também não entendo, Beto. De onde vem toda essa tua força que não o faz se revoltar?

— De Deus, Márcia. Só pode ser Dele. Ele colocou pessoas maravilhosas no meu caminho que me dão muita força para eu suportar isso tudo, pois não é fácil. Você não imagina, minha querida...

— Não tem outra explicação, Beto. Essa sua força só pode vir Dele.

Afastando-a de si e passando a mão sobre a barriga da irmã, Roberto disse:

— Ei, Má! Você está colocando um obstáculo entre a gente — brincou para afastar a melancolia. — Olha só que barrigão!

— Não está tão grande assim — reconheceu.

— Você é que não está vendo direito, Má!

Dizendo isso acariciou e beijou a barriga de Márcia que sorria esquecendo-se de tudo. Nesse momento Fábio entrou no quarto e ficou feliz com a cena.

— Já está com cinco meses, entrando no sexto — avisou Fábio orgulhoso que se aproximou e começou acariciá-la também.

Márcia sentiu-se muito feliz com tanto mimo.

Jonas abalou-se quando soube da morte da irmã. Encostou-se na parede e sentiu-se muito abalado. O espírito Zul aproximou-se dele e disse:

— Que é isso cara?! Vai amarelar agora? Será alguém a mais para ajudar. Quanto maior o grupo, mais força teremos.

Jonas lembrou-se disso. Júlia era forte e persistente. Poderia contar com o apoio dela. Foi ela quem mandou aqueles dois primeiros a lhe ajudar. Com Júlia por perto, Fábio iria fraquejar e cair de uma vez.

Realmente Fábio estava enfraquecendo. Cada dia que passava, ele sentia-se mais perturbado. Mas não conversava sobre o assunto.

28

Sob terríveis seduções

Fábio sofria assédios constantes. Era terrível suportar calado e se conter às diversas situações que pareciam tentadoras.

Dono de um porte físico atraente, além de presença e comportamento marcante, ainda mais agora com a ajuda de Márcia capacitada de incrível bom gosto na escolha de suas roupas, ele se destacava demasiadamente, chamando muito a atenção.

Para tentar se livrar de convites indesejáveis, sempre que podia, falava com entusiasmo do filho que ia nascer, do quanto admirava sua mulher que estava cada vez mais bonita e o quão ansiosos aguardavam pelo bebê. Mas isso parecia exercer mais a atração de algumas mulheres que se empenhavam em provocá-lo a fim de instigá-lo para o adultério.

Em certa ocasião, Fábio comentou que no sábado iria com Márcia a um determinado magazine para fazerem as compras das últimas peças que faltavam para o enxoval do bebê.

No sábado, conforme planejaram, ele e Márcia, bem alegres, escolhiam algumas coisas no "setor para bebês" quando apareceu Lu, a colega que Fábio havia comentado a respeito para seu pai. Justamente ela a que mais se insinuava, chegando a propor encontros íntimos.

Fábio surpreendeu-se, não entendeu o que Lu fazia ali.

— Olá, Fábio? — cumprimentou sorridente.

— Como vai, Lu? — sobressaltou-se, ele.

Lu, que nunca o havia beijado, aproximou-se de Fábio e deu-lhe beijos no rosto. Márcia enfureceu-se de imediato, porém continuou sorrindo e mantendo toda a classe. Ele ficou sem jeito, aquilo nunca tinha acontecido. Assim que pôde apresentou sua mulher:

— Lu, esta é a minha esposa, Márcia. — Sorrindo ao passar a mão na barriga de Márcia, avisou: — E esse é o nosso bebê.

A moça nem a cumprimentou e, de imediato, foi exclamando a fim de humilhar com desprezo:

— Nossa! De quantos meses você está?!

— Na próxima semana eu completo seis — replicou Márcia sorrindo ao erguer-se com exuberância e medi-la com o olhar.

— Que horror menina! No oitavo ou no nono você vai explodir! Olha só como está gorda!

— Não é verdade que eu tenha engordado tanto assim. Como você exagera! Nunca me viu antes para fazer comparações. Aumentei meu peso em somente oito quilos e eu sempre fui magra — defendeu-se Márcia sem trégua, ostentando orgulho. — Tenho acompanhamento médico adequado e sinto-me muito bem.

— Vai ver que o bebê é grande — argumentou Fábio que percebeu a agressão e tentou harmonizar o duelo de palavras que se iniciava. — Vai puxar ao pai.

— Vai ver que é — falou Lu, com desdém. — Toma cuidado, Márcia, para não ficar relaxada. O Fábio não vai gostar. Ele admira mulheres elegantes, não é, Fábio?

— Eu sei disso — afirmou Márcia ligeira para defrontá-la com seu raciocínio afiado, antes que o marido interferisse. — Sei que meu marido adora mulheres cultas, inteligentes, elegantes, educadas, descentes e íntegras, que não ficam se oferecendo facilmente como um objeto supérfluo e descartável. Foi por isso que se casou comigo! Decidimos ter um filho para reforçar nosso amor e vivemos muito bem, obrigada! Jamais me verá relaxada como diz.

Fábio sorriu constrangido e não comentou nada. Mas de imediato, Márcia decidiu:

— Se nos dá licença, Lu, precisamos ir, estamos com pressa. Até logo — disse Márcia com sorriso cínico estendendo a mão à Lu, pois queria livrar-se dela depois da afronta.

Sem alongar as despedidas, separaram-se, e Márcia, com sentimento interior de vitória, continuou com suas compras normalmente; sustentando, vez e outra, um sorriso silencioso, com sabor de triunfo, ao recordar de sua agilidade ao se deparar com aquela que tentou inferiorizá-la com críticas e opiniões humilhantes.

* * *

Bem mais tarde, já em casa, Fábio, que nada falou sobre o acontecimento até então, censurou:

— Sabe, Márcia, eu acho que não precisava ter sido tão grossa com a Lu.

— Tão grossa, Fábio?! Você acha que eu fui mal educada?! — questionou a esposa perplexa.

— Eu acho — afirmou, agora, sisudo. — Apesar de sua classe ao falar, sustentou um sorriso cínico querendo rebaixá-la, deprimi-la, sei lá... Afinal tratava-se de minha colega de trabalho.

Márcia, indignada, bateu com força sobre a mesa um pacote que segurava. Virou-se para Fábio, dizendo irritada:

— Eu posso ser grossa, como você está dizendo, mas as pessoas só recebem de mim exatamente o que me oferecem. Nunca critiquei uma pessoa por sua aparência, principalmente a esposa ou namorada de algum amigo, e na frente dele. Não reparo se está gorda, magra, bem ou mal vestida, se não tem bom gosto ou coisa assim. Quem tem esse tipo de atitude não passa de uma pessoa sem princípios, mal educada, muito baixa e que está a fim de se ressaltar para conquistar o homem da outra. Não sou desprovida de inteligência, Fábio! — falou firme. — Observei muito bem o jeito que aquela Lu olhou para você e em seguida, sem me cumprimentar, tentou me humilhar pensando que eu fosse uma idiota qualquer para ficar submissa naquela situação. Mesmo se eu estivesse gorda, enorme, por razões que ela desconhecesse, jamais deveria dizer alguma coisa! Mas não é esse o caso. Será que aquela cretina não viu que estou grávida?!

— Lu não é cretina — retrucou Fábio imediatamente.

— Ah, não! Defendendo sua amiguinha?! — revidou debochando.

— Ela é só uma conhecida. Não confunde as coisas, Márcia.

— Em vez de dar razão para mim, que sou sua esposa, você fica defendendo qualquer uma? Meus conhecidos não ficam me dando beijinhos no rosto e largando você de lado, sem cumprimentá-lo, muito menos o subjugando e criticando sua aparência.

— Mas e o Arnaldo? Você saiu com ele duas vezes sem terem qualquer compromisso e, pelo que sei, beijaram-se na boca, não foi?! — perguntou ofendido alteando a voz.

— Você está querendo me confundir, Fábio! Não é disso que estamos falando. Você sabe muito bem que eu namorei o Arnaldo por um ano, depois desmanchei e...

— E quando se viu sozinha — interrompeu-a impiedoso e irônico —, correu de volta pra ele!

— Não seja ignorante, Fábio — argumentou magoada, em baixo volume de voz, porém bem firme. — Você está me ofendendo, e me conhece muito bem para admitir que está errado. Já trabalhou comigo e sabe como me comporto. Nunca fui "uma qualquer" mesmo com todos os assédios que sofri. Meus pais sempre me ensinaram a valorizar minha integridade, como lembrou o pai outro dia. Ninguém tem nenhum motivo para falar assim comigo, principalmente você! — Aproximando-se, foi mais veemente: — Não pode duvidar da minha moral, Fábio! Eu não devo nada e você bem sabe!!! Assumo que saí com o Arnaldo após terminar um namoro sério, mas foi antes de nós dois termos qualquer compromisso. Você também era noivo antes de namorarmos. Qual o problema nisso?!

Fábio sabia que não poderia pôr em dúvida a moral de Márcia, mas inexplicavelmente sentia vontade de agredi-la com palavras. Ela, por sua vez, pôs-se à sua frente, encarou-o bem séria, não se intimidou e insistiu:

— Você tem alguma dúvida quanto à minha moral ou quanto ao meu comportamento, Fábio?! — Diante do silêncio Márcia continuou falando firme, mais alto e quase agressiva devido aos sentimentos de revolta por conta da ironia: —

Além dos meus irmãos, o primeiro homem a dormir na minha casa e na minha cama foi você!!! Alguma dúvida, Fábio?!!! Se eu fiquei grávida antes do casamento a culpa também é sua! Eu não fiz esse filho sozinha!!! O único homem com quem eu fui para a cama, até hoje, foi você!!! Ou você quer questionar isso também?!!! Tem alguma dúvida?!!!

— Não! Eu não disse isso! Não seja ignorante! — retrucou Fábio.

— Eu, ignorante?! — admirou-se Márcia com deboche.

— É, sim! Está sendo ignorante, quadrada, antiquada. Não estou falando nada disso. Não era esse o assunto.

— Nisso concordamos. O assunto não era esse, falávamos da sua amiguinha que tentou me humilhar, mas depois você reclamou que eu beijei o Arnaldo, que corri de volta pra ele quando estava sozinha... Da forma como falou colocou em dúvida minha reputação, minha moral e integridade! Em seguida, me chama de antiquada? Chega, Fábio! Pára! Não estou reconhecendo o homem que conheci e com quem me casei.

— Não é isso, Márcia. Talvez eu esteja sendo autêntico somente agora.

Márcia segurou-o pelo braço e tentou olhá-lo nos olhos. Fábio não a encarou. Tirou a mão dela de seu braço e a afastou para passar. Márcia segurou-o novamente só que com força, tentando conversar:

— Fábio, espera. Eu...

Interrompendo-a abruptamente, gritou com voz grave, irritado:

— Larga meu braço, Márcia! Já chega!!! Você está pensando que é dona da verdade? Aonde quer chegar?!

Márcia ficou incrédula. Largou-o sozinho e foi para o quarto. Magoou-se profundamente e não queria chorar perto dele. Imediatamente o marido caiu em si e questionou murmurando:

— O que é que eu estou fazendo?

Rápido correu para alcançá-la, mas a esposa já havia entrado no quarto e trancado a porta.

Mais calmo, agora, e com voz branda, ele a chamou e pediu:

— Márcia? Márcia, abra a porta, por favor.

O senhor Aristides, que estava em seu quarto, pôde ouvir exatamente toda a discussão. Em certo momento pensou em se envolver devido ao estado da nora, não queria que ficasse nervosa, mas o assunto lhe pareceu muito particular, íntimo demais, e a nora defendia-se bem, por isso ele permaneceu quieto como se não estivesse em casa.

— Márcia, abra a porta, por favor. Vamos conversar? — pedia Fábio com certa generosidade. Arrependeu-se de tudo o que falou.

Não era a primeira vez que fazia isso com Márcia. Por que tudo tinha de ser assim?

Sua vida mudou muito. Principalmente seu modo de pensar e agir. Ele nunca foi agressivo com gestos ou palavras, agora estava sendo injusto com Márcia. Começou a achar que talvez o seu acidente tivesse provocado algum problema de ordem psicológica.

Decidiu insistir. Tinha que falar com ela. Márcia não podia passar mais nervoso, ele sabia disso. O início da gravidez já havia sido difícil demais, foi um milagre não perderem aquele filho.

— Márcia, abra a porta, por favor. Vamos conversar.

Fábio começou a escutar os soluços. Ela estava chorando e chorando muito. Começou a temer por seu estado de saúde e pelo bebê. Então calmamente ameaçou, com voz afável, mas para o bem de sua mulher:

— Márcia, abra a porta. Estou preocupado com você. Se não abrir, eu terei de arrombar. E não vou esperar muito não. Abra a porta, por favor.

Diante da ameaça, após breves segundos, Márcia levantou-se e abriu a porta. Imediatamente Fábio a abraçou dizendo:

— Não vou mais fazer isso, Má. Perdoe minha estupidez. Não deveria ter falado tudo aquilo, você não merece. — Entre os beijos que lhe dava no rosto e os carinhos que lhe fazia, afirmava amável e implorando: — Eu sei que você não merece nada do que falei. Você sempre foi minha... só minha. Perdoe-me, por favor. Nunca mais vou falar assim.

Márcia estava chorando. Não retribuiu ao abraço nem aos carinhos, ainda se sentia ofendida, muito magoada. Sem qualquer palavra, não olhava para o marido, mantendo a cabeça baixa e o olhar perdido no chão enquanto as lágrimas rolavam. Tinha certeza de que ele não cumpriria a promessa.

Fábio reconhecia suas falhas e sabia onde errava. Só que uma força maior agia sobre ele. Nos últimos tempos, diante de situações corriqueiras falava áspero e quando se dava conta, já havia respondido com modos grosseiros, agressivos.

Em muitas ocasiões por fatos banais e irrelevantes, Fábio irritou-se em demasia.

Como na ocasião em que certo dia, combinou com Márcia que a levaria e a buscaria no serviço. Ao vê-lo à sua espera Márcia entrou no carro toda sorridente e foi beijá-lo, quando o marido protestou:

— Você viu que horas são?!

— Dezoito e vinte — respondeu simplesmente.

— Você sai às dezoito, não é? Por que não saiu no horário? Caramba! Eu fiquei aqui plantado no carro feito tonto!

— Fábio, não é tanto tempo assim. Além do mais nunca conseguimos sair no horário certo, você bem sabe! Já trabalhou comigo — defendeu-se intimidada pela surpresa.

Mas Fábio, irritado, ficou sem dar uma palavra até que chegassem a sua casa.

Esse tipo de comportamento o deixava mal-humorado, contagiando todos à sua volta.

O espírito Jonas ficava cada vez mais animado quando percebia esse tipo de atitude. Seu objetivo era perturbar a paz e a tranquilidade de Fábio ao máximo.

Depois de alguns dias, Jonas encontrou Júlia, que não estava em condições de auxiliá-lo no momento. Mas, com o passar do tempo, Jonas a ajudou e ensinou inúmeras coisas, as quais aprendeu rapidamente.

Aos poucos, Júlia também passou a ajudá-lo com Fábio que, a cada dia, deixava-se envolver pelas influências sugeridas por aqueles espíritos sofredores e sem instrução.

Abraçada a Fábio, Júlia passava-lhe sentimentos de conquista, de sedução. Realçava-lhe o orgulho dizendo que era um homem simpático, bonito, ganhava bem, que poderia fazer o que quisesse. Deveria sair, passear e se ver livre daquelas encrencas de família que arrumou para si, afinal, todos só lhe traziam aborrecimentos.

Cada vez mais, Fábio era assediado por influência de Júlia e ele sentia-se demasiadamente vaidoso, agora, por ser objeto de desejo e admiração.

— Olá, Fábio?

— Bom dia, Lu! — respondeu animado.

Lu encostou-se em sua mesa quase sentando.

— Parece que seu final de semana não foi muito bom. Você está com um ar de cansado.

— Foi como sempre — respondeu Fábio sorrindo.

— Fábio, você precisa sair com o pessoal daqui do serviço, sempre se nega. Não sabe o quanto é ótimo nos reunirmos num grupo e irmos a algum barzinho para jogarmos conversa fora, arejarmos, vermos coisas diferentes. Isso não é pecado. Se sua mulher não quer acompanhá-lo ou não pode, vá sozinho, não fará mal algum.

— O que é isso, Lu. Se eu for me divertir, tenho de levar a Márcia.

— Por quê? Sabe, alguns casais, quando caem na rotina, têm que dar um tempo. Um sai para um lado e o outro para outro. Daí que, quando se encontram, estarão se sentindo melhor.

— A Márcia está grávida. Não posso deixá-la sair sozinha. Não teria cabimento. Além do mais, meu casamento não caiu na rotina ainda.

— Como não, Fábio?! É só olhar para você, está estampado em sua testa. Aposto que anda se irritando com a Márcia, discutem por besteiras, quase não saem de casa...

"Lu tem razão", pensava enquanto conversavam. "Talvez eu precise sair e me distrair para não levar essas tensões para casa".

No momento em que oferecia, com fala mansa e generosa, diversas sugestões a Fábio, Lu se insinuava. Sua roupa era curta e decotada; com movimentos sensuais e provocantes fazia questão de exibir suas pernas, colo e ressaltar a silhueta do belo corpo que possuía. Os leves suspiros e olhar excitante eram constantes e provocativos. Ninguém podia negar sua beleza e, de repente, Fábio flagrou-se admirado com o corpo de Lu.

A princípio se recriminou, mas desejos ardentes correram-lhe pela mente.

— E então Fábio, vamos qualquer dia tomar uma cerveja?
— Talvez, Lu. Vamos ver — respondeu sem pensar.
— Não esqueço uma promessa. Vou ficar esperando, ou até lembrando-o — afirmou ao sair sorrindo.

Fábio não sabia mais o que fazer. Lu não o deixava em paz. Mesmo com o tempo, por diversas vezes, deparou-se admirando a colega de trabalho.

Um conflito íntimo travava-se constantemente, pois sabia que amava Márcia. Sua mulher também era muito bonita, sem dúvida! Se houvesse uma comparação, sua esposa seria mais bonita do que Lu em sua opinião. Até mesmo agora, durante a gravidez, Márcia ficou com uma beleza ainda mais generosa, sutil. Fora isso, no sentido moral, jamais poderia comparar Márcia a qualquer outra mulher.

Mas Fábio tinha a impressão de que a vida de casado o estava cansando. Todo dia a mesma coisa, isso o enjoava. Quando era solteiro não tinha aventuras, também não saía com os colegas para beber, mas era diferente, não tinha tantos problemas, tantas preocupações.

Será que seu casamento foi um erro? Seu pai o pressionou demais para assumir Márcia e o filho o quanto antes. Se bem que ele também queria muito se casar. Mas naquela época estava sensível devido ao seu acidente, à morte de seu irmão e de sua mãe. Porém agora pensando melhor, sentia necessidade de conversar com Márcia a respeito disso. Talvez até ela quisesse voltar à vida que tinha antigamente. Ela gostava de morar sozinha. Mas e o seu pai? Ali, em sua casa, dando opiniões e sempre dizendo o que ele deveria fazer. Se seu pai, pelo menos, voltasse para Minas Gerais, seria um alívio. Por causa de seu pai, não tinha mais privacidade.

Os pensamentos de Fábio eram velozes. Júlia e Jonas, a cada dia, o influenciavam mais. Júlia não o largava e Fábio começou a ser fraco até em sua fé. Começou acreditar que suas orações em nada estavam adiantando. Agora não se sentia tão bem como antes, quando orava.

Além de tudo, os irmãos da Márcia e alguns amigos do centro espírita iam à sua casa toda semana para fazerem o Evangelho justo no sábado, o dia que tinha para descansar, assistir a um filme, ficar à vontade com a Márcia. Sim, porque, como se já não bastasse o seu pai, os irmãos dela viviam lá quando eles estavam em casa e isso restringia ainda mais a liberdade dos dois, talvez esse fosse o problema entre ele e a mulher. Fora isso a obrigação de ir ao centro espírita toda semana o cansava demais, poderia ir dormir mais cedo...

Fábio começou a faltar às sessões do centro espírita, dizendo estar exausto.

Jonas sentia-se vitorioso. Agora faltava pouco para aquele intrometido sair de vez de seu caminho.

Zul tinha razão, derrubar uma pessoa como Fábio de uma vez não teria graça e seria difícil. O melhor era fazê-lo se desprender daquilo em que sempre acreditou e depois induzi-lo a seguir por caminhos que antes pensava serem errados e por fim fazê-lo sofrer, deixando-o à mercê das conseqüências de tudo que ele mesmo criou.

A ajuda de Zul não poderia ter sido melhor. Ele era indispensável.

Um dia, Fábio passou por uma forte experiência:

— Fábio! Meu filho nasceu! — disse um colega.

— Parabéns, Marcelo! Que ele tenha muita saúde — desejou Fábio com sinceridade.

— Obrigado. Mas hoje, Fábio, você não escapa. É sexta-feira e estou pagando a cervejada para todos, vamos lá!

— Não dá Marcelo, preciso ir para casa — respondeu Fábio.

— Você nunca aceitou sair com a gente, Fábio. Estou me sentindo ofendido, porque hoje nasceu o meu filho e eu faço questão que vá. Todos da seção irão. Se não nos acompanhar, vou ficar chateado.

Fábio não viu outra saída e acabou aceitando. Na cervejaria, Fábio bebeu só meio copo de cerveja, pois não era acostumado com bebidas alcoólicas.

Após a comemoração, Lu, que também foi convidada, aproximou-se de Fábio dizendo:

— Fábio, será que você pode me dar uma carona?

— Lu, eu vou pro sentindo oposto ao seu e...

— Até o metrô, por favor. Será que fica tão contramão assim?

Fábio ficou sem jeito, não poderia negar. No caminho Lu começou a se insinuar tentando seduzi-lo. O espírito Júlia atirou-se sobre Fábio, envolvendo-o com carícias que o encarnado não podia sentir, começando a incentivá-lo e animá-lo. Enquanto Lu falava-lhe coisas que pudesse persuadi-lo. Fábio não sentia qualquer presença espiritual, estava demasiadamente entusiasmado.

Parados próximo ao metrô, onde Lu deveria descer, ela permaneceu dentro do carro e Fábio não podia pedir que saísse e nem queria que o fizesse. A moça conversava de um jeito manso, meigo e colocou o braço sobre o banco de Fábio, encostando sua mão em seu ombro. Suavemente, com as unhas, começou a arranhar-lhe o pescoço, num gesto delicado, vagaroso e sedutor. Aproximando-se dele com tentadoras carícias, foi beijá-lo.

Fábio, fascinado e atraído, deixou-se levar e a envolveu num abraço forte, dominando-a para corresponder Lu largou-se em seus braços aguardando. Ele olhou-a nos olhos e, ao se aproximar para beijá-la, algo que pareceu gritar no fundo de seu peito, o fez parar e dizer:

— Não. Não vou fazer isso. Não vou fazer isso a mim nem à minha mulher. Nós não merecemos.

Ele ajeitou-se no banco e delicadamente empurrou a amiga para o devido lugar. Lu irritou-se, enfurecida, pois jamais havia sido rejeitada e ainda tentou afrontá-lo a fim de tentá-lo para que se auto-afirmasse.

— Você não é homem, não?

Fábio, nervoso, suspirou fundo, passou as mãos pelos cabelos e depois sacudiu a cabeça como quem quisesse acordar e ficar mais atento. Contrariado por se deixar envolver a tal ponto, pediu firme:

— Desça, Lu. Já trouxe até onde me pediu. Desça do carro, por favor.

Lu não se conformou. Nenhum homem havia feito aquilo com ela. O que é que essa Márcia teria para Fábio rejeitá-la assim? Não convencida, insistiu na pergunta tentando provocá-lo:

— O que é isso, Fábio? Você não é homem? Está querendo deixar a desejar sua reputação?

— Sou homem sim, Lu — disse Fábio movido por uma força que parecia ter-lhe chegado de forma extra, de elevados conceitos espirituais superiores. — Sou homem. Mas só tenho de provar isso para minha esposa, e não para mais alguém. Você é muito insignificante, imoral e medíocre para eu perder meu tempo em querer provar isso. E sou homem o suficiente para dizer: não, não a quero. Eu amo a minha mulher e meu filho que vai nascer. Acima de tudo, eu respeito a Márcia e o nosso casamento. Agora por favor, desça.

— Você vai se arrepender! — gritou ela inconformada.

Fábio deu um leve sorriso e disse:

— Não vou não. Não mesmo.

Lu desceu do carro furiosa e bateu a porta com toda força.

Fábio ficou incrédulo com o que aconteceu e a que ponto deixou chegar àquela situação. Como pôde se deixar envolver por uma tentação tão ardilosa que só poderia ser elaborada por espíritos inferiores?

Ele pretendia mandar seu pai embora para Minas, queria que a Márcia concordasse em morar sozinha, começou a acreditar que seu casamento teria sido um erro, um fracasso.

De repente, Fábio se alertou sobre tudo o que reclamava. Aqueles pensamentos não eram seus. Justo ele que amava tanto a Márcia. E o seu pai, então, mandá-lo embora para Minas agora seria o mesmo que se desfazer de sua viga mestra. Seu pai lhe trazia, naquele momento, toda força e apoio espiritual que podia receber, pois o prevenia de seu comportamento e o aconselhava. Ele dirigia as reuniões, fazia o Evangelho, incentivava-o a ir ao centro espírita. Se seu pai saísse de sua vida agora, ele poderia se acabar. Igual a quando era adolescente, se seu pai tivesse desistido de ajudá-lo, provavelmente não chegaria aonde estava hoje.

Fábio assustou-se por se deixar influenciar àquele ponto. Lembrou-se de Roberto e o tanto que Márcia aconselhou, recriminou e o alertou. Se Roberto tivesse ouvido, talvez não estivesse condenado. E se ele não tivesse despertado e dito um não, poderia tomar um rumo semelhante ao do cunhado.

Na espiritualidade, no mesmo instante, Zul irritou-se com Júlia:

— Não se distraia, idiota!

— Eu não me distraí. Foi ele quem reagiu! — defendeu-se Júlia.

— Você não pode perder uma única oportunidade. Lembre-se disso. Ou então o cara se alerta.

Fábio foi para casa pensando em tudo aquilo que aconteceu. Sentia nojo de si mesmo por ter abraçado Lu, tê-la tomado em seus braços e apertado-a contra o peito.

Ao chegar, Márcia foi abraçá-lo quando ele espalmou a mão e pediu carinhoso:

— Má, meu bem, não me abrace, nem me beije. — Sorrindo embaraçado, avisou com delicadeza: — Você está de banho tomado, com roupa limpinha, cheirosa, linda...! Estou sujo. Sinto-me sujo. Quero ir direto para um banho. Depois pode me abraçar e beijar o quanto quiser — sorriu amoroso ao prosseguir —, se me deixar fazer o mesmo com você, certo? — Sorrindo, pediu gentilmente: — Importa-se em pegar minhas roupas, por favor.

— Lógico que não — respondeu sorrindo, mas sem entender.

Após sair do banho, Fábio procurou pela esposa. Abraçou-a com força, beijou-lhe como há tempos não fazia. Acariciou-lhe a barriga, ajoelhando e beijando-a, sentindo o filho mexer.

Márcia estranhou seu comportamento, mas não disse nada, o marido agia como tempos atrás. Levantando-se e olhando firme em seus olhos, Fábio declarou-se apaixonado, agradeceu sua paciência, beijou-lhe com todo amor ao envolvê-la com carinho e doce ternura na privacidade de seu quarto.

* * *

No dia seguinte haveria a reunião para o Evangelho no Lar na casa de Fábio. Roberto, como sempre, foi o primeiro a chegar.

Jonas, sempre irritado, conversava com Zul.

— Essas reuniões são o que me enchem, não agüento mais.

— Então, vamos acabar com ela antes de começar — disse Zul.

Roberto foi cumprimentar Márcia que lhe pareceu um pouco triste.

— Oh, Marcinha! O que houve?

— Nada. Não houve nada, Beto.

— Foi algo entre você e o Fábio? — perguntou baixinho.

— Não... — respondeu agora quase chorando. — É que já deixei queimar os dois bolos que fiz... Descuidei por um minuto... — chorou magoada. — Era para... para servir...

— Sabe Má, as mulheres em seu estado ficam sensíveis mesmo. Qualquer coisa pode deixá-la abalada — orientou sorrindo ao abraçá-la. — Calma que isso passa. Não precisamos do bolo, queremos é sua alegria, vê-la calma fará muito bem a nós e a você mesma.

Márcia não disse nada e o irmão lhe fazia um carinho meigo quando o cunhado chegou.

— E aí, Roberto, tudo bem? — disse Fábio que acabava de sair do banho, secando os cabelos na toalha. Estava sem camisa e jogou a toalha em volta do seu pescoço. Roberto levantou-se e foi cumprimentá-lo. Fábio, entretanto, fechou o sorriso e franziu a testa, levou as mãos no rosto e o esfregou. Seu corpo balançou e quase caiu. Roberto correu para perto dele, perguntando:

— Fábio, o que foi?

Roberto o segurou. Fábio levantou a cabeça e se fez firme. Quando Roberto estava bem perto, Fábio tirou a toalha que envolvia seu pescoço e passou por cima de sua cabeça, colocando-a em volta do pescoço do cunhado que se assustou, não esperava por aquilo. Fábio juntou rapidamente as duas pontas da toalha na frente e começou a torcê-la dizendo:

— Some daqui! Não quero mais ver você aqui, suma!

Roberto começou a reagir, mas sentia-se sufocado. Esmurrou Fábio que parecia não sentir nada, estava completamente transformado e começou a sacudir Roberto pela toalha enrolada em seu pescoço. Da cozinha foram parar na sala. Márcia tentou separá-los, mas o marido a empurrou.

— Senhor Aristides! Depressa! — gritou Márcia desesperada.

O pai de Fábio chegou e não conseguia tirar Roberto daquela situação, Fábio tinha muita força. Márcia chorava e gritava:

— Não, Fábio! Por favor, largue-o! — voltando-se para o sogro, implorava ao segurá-lo pelo braço: — Pai, faça alguma coisa, pelo amor de Deus!!!

Por sorte, Ciro e Rose chegaram e, a custo, Ciro conseguiu livrar Roberto que se sentia esmorecido por conseqüência da asfixia.

Fábio sentou-se no sofá, sua respiração era forte, seus olhos arregalados e estranhos. Estava transformado.

— Calma, meu filho — disse o senhor Aristides.

— Você não é meu pai! Não me chame assim!

Fábio respondia com muita raiva. Sua voz era rouca, ninguém o reconhecia.

— O que você quer? — perguntou Ciro.

Fábio bateu no próprio peito com o punho fechado e respondeu:

— Ele! Eu quero ele!

— Você não pode querer nada. Vá embora. Aqui não é o seu lugar — ordenou o senhor Aristides calmamente.

— Cale a boca, velho! Eu fico onde eu quiser.

— Não fica não — replicou o senhor Aristides que passou a fazer uma prece em voz alta.

Fábio levantou-se e olhou-o com raiva. Quando ameaçou ir em direção de seu pai, como se fosse agredi-lo, caiu indefeso.

Roberto e Ciro o colocaram no sofá. Fábio estava sem sentidos e muito pálido.

Rose havia levado Márcia para o quarto; ela chorava muito.

Assim que Fábio começou a retomar os sentidos, assustou-se com todos à sua volta. Não se lembrava do acontecido. Firme, seu pai olhou-o nos olhos e repreendeu sério:

— Aconteceu, Fábio. Quem quer que seja que agiu através de você, agrediu Roberto como se quisesse matá-lo. É lógico que não conseguiria. Mas a culpa é sua, filho. Aconteceu uma agressão.

— Não foi culpa dele, senhor Aristides, o senhor viu, não era Fábio — defendeu Roberto.

O senhor Aristides, calmo, porém veemente, reforçou:

— A culpa é de Fábio sim. Ele tem entendimento e orientação. Tem condições de afastar de si quaisquer influências que receba de outro. Para as coisas terem chegado a esse ponto, é porque o Fábio deixou-se abater, deixou-se levar por pensamentos e sentimentos que o induziram e o induzem a idéias ou atos que não são de sua índole, não é mesmo, Fábio?

Fábio abaixou a cabeça e não disse nada. Mais uma vez seu pai tinha toda razão. Ele foi fraco e se deixou seduzir por pensamentos e sentimentos que não lhe eram próprias e a partir da hora em que não reagiu contra tais, deixando-se levar por elas, Fábio se entregou ao domínio e à mercê daqueles que não queriam o seu bem.

Somente o fato de ter rejeitado os assédios de Lu no dia anterior, não era o suficiente. Sua falta de vigilância já vinha de tempos, e não seria em um dia que retomaria o equilíbrio mediúnico, moral e espiritual. Haveria de se forçar muito para reconquistar o que deixou abalar nele. Precisaria reformar-se intimamente e vigiar-se de modo constante.

Jonas sentia-se saciado, imensamente feliz. Acreditava que Fábio estava sob seu total controle.

A partir daquele dia, Fábio passou a reagir. No principio não via progresso, mas sabia que recebia amparo e que conseguiria. Voltou a ter fé.

Passou a freqüentar o centro espírita assiduamente e a elevar seus pensamentos em prece com fé e amor. Realizava o Evangelho no Lar com exata perfeição.

Cada vez que percebia os desvios de seus pensamentos, Fábio se corrigia imediatamente.

Márcia, em suas preces, sempre pedia o auxílio do plano espiritual. Tinha certeza de que tudo aquilo seria passageiro e tinha fé de que Fábio voltaria a ser totalmente como antes. Ela acreditava que só Deus e Jesus poderiam ampará-los. Sua fé era fervorosa. Com muita paciência e resignação ficou ao lado do marido durante todo tempo, orientando e apoiando-o.

Com o passar do tempo, Fábio sentia-se bem melhor. Até as fortes dores de cabeça diminuíram de intensidade e freqüência.

Sua vida melhorou consideravelmente e se sentia muito feliz ao lado da esposa que, por sua vez, estava maravilhada com o seu progresso, seu carinho e a atenção.

Fábio e Márcia voltaram a se encantar um com o outro e ambos com o bebê que viria.

Já no serviço, Fábio tomou outra postura, não se deixando influenciar por seduções e aparências, respeitando sua própria vontade para recusar os convites indesejáveis.

Apesar de trabalhar há pouco tempo naquela empresa, acabou sendo promovido. O que facilitou a mudança de suas atitudes para com quem precisava.

Isso e muitas outras coisas que aconteceram o deixaram em harmonia e mais seguro de si, pois sentiu que sua fé e persistência na boa moral, mais uma vez, fizeram-no vencer barreiras que, a princípio, pareciam ser intransponíveis.

29

Reconciliações

O espírito Jonas, com a nítida elevação dos encarnados, irritava-se com a irmã:

— Você não pára aqui, Júlia! Eu mandei você vigiar a Márcia o tempo todo. Por onde andou?

— Fica na sua. Eu tenho coisas para resolver.

— Que coisas?! Você não vê que esses dois estão se unindo novamente? Não estão nem percebendo a nossa influência!

— Cadê o Zul? Por que ele não está aqui? — quis saber Júlia.

— O Zul tem um chefe e ele mandou chamá-lo um pouco. Mas vai voltar logo.

Márcia já se encontrava no oitavo mês de gestação. Tudo corria bem e Fábio, novamente, contagiava todos com sua alegria e brincadeira. Seu casamento estava indo maravilhosamente bem.

— Márcia, olha só o que eu comprei para o bebê! — mostrou entusiasmado, ao acabar de chegar.

— Uma bicicleta?! — espantou-se Márcia sem conseguir segurar o riso. — Você sabe quanto tempo vai demorar para ele andar nisso? — riu agora com gosto.

Fábio ficou sem graça. Será que estaria sendo precipitado?

— É que eu queria comprar algo para ele e não sabia o quê — respondeu desconsertado.

Márcia sorriu e entendeu. Fábio era assim mesmo, não tinha jeito.

— Vem cá — chamou-o carinhosa. — Sente-se aqui. Vem conversar com ele.

Fábio sempre que se aproximava da barriga de Márcia acariciava-a, conversava com o nenê e mesmo desafinado, cantava para ele, contava-lhe estórias e fazia a maior festa quando o sentia mexer.

— Márcia — perguntou Fábio —, qual nome vamos dar a ele. Você escolhe.

Márcia não titubeou e disse:

— Gabriel.

— Gostei. Adorei. É esse mesmo: Gabriel! É um nome muito forte, além de bonito. Para mim é significativo. É o nome do anjo Gabriel que o Chico fala em seus livros.

— Eu pensei nisso — confessou animada. — Será uma homenagem, concorda?

— Claro!

Márcia sorriu, e ele, agora sentado a seu lado deitou-a em seus braços envolvendo-a com carinho enquanto a contemplava. Após algum tempo, a mulher comentou:

— Fábio, estou um pouco triste. Faz cerca de sete meses que eu não vejo meu pai.

Fábio lamentou em silêncio. Beijou Márcia e a abraçou consolando, depois disse:

— Deixa o Gabriel nascer. Tenho certeza de que ele não vai resistir e virá visitá-lo. — Fábio mudou de assunto para dissimular, perguntando: — Já pediu sua licença maternidade? Você está no oitavo mês, um pouco inchada e muito gorda.

— Gorda?! — a vaidade de Márcia gritou alto.

Fábio reconsiderou rapidamente para não incomodá-la e sorriu generoso ao corrigir:

— Quero dizer que sua barriga está grande. Liiindamente enooorme!!! Eu nunca vi você tão bonita — beijou-a nos lábios, trazendo no olhar um brilho apaixonado. — Só acredito que precisa de mais descanso, meu amor. Deveria solicitar sua licença agora, não acha?

— Amanhã eu vou ao médico, bem cedo e cuidarei de tudo. Não estou mesmo gostando de ir trabalhar assim. Tenho de admitir que... Ai, que droga! Tenho que admitir que me canso demais, não agüento mais meu peso... — gargalhou gostoso. — As costas doem, as pernas incham... — riu ao ter que contar: — Você sabia que eu não caibo mais entre a cadeira e a mesa. Tenho que sentar de lado. E quando vou ao banheiro, preciso usar o box do sanitário para pessoas com necessidades especiais, pois, por causa da barriga, não consigo fechar a porta dos outros box comuns!

Fábio a abraçou carinhosamente, riu junto e pediu com jeitinho:

— Então não perca tempo para não prejudicar sua saúde ou a do nosso filho.

O senhor Aristides, silencioso, estava em seu quarto e não pôde deixar de ouvir aquela conversa. Pensativo, primeiro ficou feliz com a convivência carinhosa e respeitável entre Márcia e Fábio, mas depois sentiu o coração apertado pelo fato da nora entristecer-se devido à ausência de seu pai. Gostava muito dela como se fosse sua própria filha. Nunca imaginou que a nora poderia tratá-lo tão bem e, vez e outra, até o chamava carinhosamente de pai, o que o deixava orgulhoso de satisfação. Sempre quis ter uma filha para ter seu carinho. Mas a situação era difícil, o senhor Jovino não cedia, mesmo com os outros filhos pedindo para que fosse visitar Márcia.

* * *

No dia seguinte, Márcia foi bem cedo ao médico. Cuidou da documentação de sua licença maternidade, despediu-se dos amigos no serviço e depois voltou para casa.

Naquele dia o sol estava escaldante e ela precisou enfrentar um trânsito intenso, que devido a algumas obras, prejudicava a circulação e a trajetória dos veículos na região.

Já passavam das 14 horas e dentro de seu carro começou a se incomodar com o calor. Ligou o ar condicionado que amenizou um pouco seu sofrimento, mas o banco parecia inadequado ao seu corpo, o volante quase se encostava à sua barriga, o cinto de segurança machucava, mal conseguia se mexer, os pés doíam e nada estava bom. Acreditou que tinha chegado o momento de parar de dirigir. Demorou o triplo do tempo para chegar à sua casa.

Ao entrar em sua residência, procurou pelo sogro que não estava nem havia lhe deixado um bilhete. O senhor Aristides não costumava fazer isso. Pelo fato de não avisá-la, não deveria ter ido longe.

Márcia, enrubescida pelo calor, muito corada mesmo e com seus pés incrivelmente inchados, tirou as sandálias que apertavam demais e largou-se no sofá, sentindo-se esgotada. Num gesto comum pelo calor, torceu os longos e vastos cabelos, jogando-os para trás do sofá.

"Como esta barriga está pesada! Não imaginava que fosse assim. Este bebê deve ser grande mesmo", riu de seus pensamentos. "Minhas costas doem tanto, parecem que vão rasgar a qualquer momento", olhando-se melhor, reparou ao recordar "Nossa, eu era tão magra! Como estou enorme, tenho que admitir...", sorria quando de repente a campainha tocou.

— Ah! Não... — Márcia lamentou ter que atender, ficar ali largada, no frescor daquela sala, era tão bom.

Com dificuldade se levantou, olhou pela janela através da cortina, mas não conseguiu reconhecer o homem que se virou de costas para a casa. Além do que, o seu carro na garagem atrapalhava sua visão. Não tinha jeito, teria que sair para ver quem era.

Suspirou fundo, apanhou a chave do portão e saiu descalça mesmo. Quanto mais se aproximava do portão, mais tremia. Não podia acreditar. Sem suportar, gritou ao correr os últimos metros:

— Pai!!!

Sim. Era seu pai. O senhor Jovino a olhou de cima a baixo e depois subiu o olhar fixando-o nos olhos da filha.

Márcia abriu o portão e atirou-se contra o pai, sem se incomodar com a volumosa barriga.

Ambos choraram sem parar, era um misto de alegria e satisfação. Entraram abraçados e Márcia não o largou. Depois de muito tempo, o senhor Jovino conseguiu falar.

— Filha, me perdoa.

— Não precisa pedir isso, pai. Eu o esperava a qualquer momento.

— Eu preciso falar sim, filha. Estou engasgado. — Enxugando as lágrimas continuou: — Desculpa, Márcia. Sei que errei fazendo tudo isso com você. Ficou magoada e sofrendo por minha causa, eu sei.

O senhor Jovino era interrompido pelos soluços. Então a filha o consolou:

— Pai, eu nem tenho o que dizer. Não estou magoada com o senhor. Senti sua falta, mas estou tão feliz agora! O mais importante é que o senhor está aqui. Tenho que pedir desculpas também por tudo o que fiz... pelo nervoso, pelo desgosto e irritação que sofreu por minha causa, mas...

— Não vamos falar em perdão. Está certo? Vim aqui por você e por estar interessado em outra coisa — afirmou sorrindo. Depois perguntou: — Diz uma coisa, filha. E o seu nenê?

— Ele está bem. Está ótimo! É um menino, pai. Será seu primeiro neto homem.

— Você está bem?

— Estou melhor agora com o senhor ao meu lado — falou dengosa.

— Você está muito bonita, filha. Nossa! Como você engordou! Está tão linda! Parece com sua mãe... — emocionou-se o senhor perdendo as palavras. — Ela ficava assim...

O senhor Aristides entrou às escondidas e foi para o seu quarto sem ser percebido.

Arquitetando um bom plano, o pai de Fábio foi até a casa do pai de Márcia fazer-lhe uma visita de cortesia sem avisar ninguém.

Ao chegar, foi recebido com surpresa pelo senhor Jovino que estava sozinho em casa.

Convidado a entrar, os dois conversaram sobre diversos assuntos sem mencionarem os nomes dos filhos. Depois de um bom tempo, após tomar um último gole de café, o senhor Aristides decidiu:

— Bom, está na hora de ir.

— Está cedo Aristides. Fica mais um pouco — pediu o senhor Jovino. — Não é sempre que eu tenho uma companhia como você, que é do meu tempo, para conversar.

— Não. Não. De jeito nenhum! A minha nora está para chegar e eu não posso deixá-la sozinha. De jeito algum! — exibiu-se o senhor Aristides, com orgulho ao falar.

O senhor Jovino corroeu-se de curiosidade, ciúme e inveja. Sentia muita saudade de Márcia. Desejava vê-la. O senhor Aristides continuou:

— Sabe Jovino, ela está nos últimos dias da gravidez. Hoje mesmo, vai estar em casa à tarde e eu não posso deixá-la sozinha. Meu filho está trabalhando e sou eu quem cuida dela e com o maior prazer! Que moça boa! Eu não tenho uma nora, tenho uma filha! — envaideceu-se. — Hoje de manhã ela foi ao médico para cuidar da licença maternidade. Eu até insisti para ir, mas ela disse que não precisava, que passaria no serviço depois... Você sabe como é.

O senhor Jovino não agüentou e perguntou:

— Ela está bem?

— Está linda! Que barrigão! Nunca vi igual. É homem! Vai se chamar Gabriel. Os exames mostraram que é um garoto muito grande e saudável. Não vejo a hora dele nascer. Faz tempo que eu não seguro um nenê pequeno em meu colo, mas acho que a gente nunca perde a prática. — Depois de uma breve pausa, pai de Fábio continuou falando sorridente e orgulhoso: — Eu quero pegar meu neto no colo, erguê-lo ao alto e agradecer a Deus por me dar essa criaturinha tão importante que quase não conseguiu vingar de tanto problema que a mãe teve, pobre moça. Mas agora está tudo bem! Estou grato por Deus ter devolvido meu filho com saúde e me presentear com uma filha maravilhosa que até me chama de pai, às vezes. Sabe, ganhei vida novamente depois de achar que estava tudo perdido.

O senhor Jovino respirou fundo. Passou a mão pelos ralos cabelos brancos e se torturou de saudade. Como estaria Márcia? Há tempos não via sua filha. Como seria grávida? Sua filha era muito bonita, elegante. Nunca a tinha visto gorda, nem poderia imaginar como estaria. Em meio a esses pensamentos, perguntou:

— Ela está nos últimos dias, é?

— Tá sim. Tem que ver que coisa linda! Meu filho está todo orgulhoso e eu tenho certeza de que você também ficaria.

— Eu não sei onde eles moram — lamentou o senhor Jovino intimidado.

— Mas eu sei. Vamos logo, ponha um sapato, homem!!! Não posso demorar, não vou deixá-la sozinha.

— E se ela não quiser me ver?! — questionou.

— Eu duvido! A Marcinha vive falando e lamentando a sua falta, homem de Deus! Sua filha te ama muito! Você é que está ficando um velho tolo e caduco, carregando um orgulho besta e perdendo tempo com o nada em vez de dar e receber o carinho da sua filha mais querida — instigou-o brincando só para provocá-lo ainda mais.

O senhor Jovino ficou agitado e não perdeu tempo. Arrumou-se e foi com o senhor Aristides.

Ao chegarem perto da casa e virem o carro de Márcia na garagem, combinaram que só o senhor Jovino ficaria no portão e que o pai de Fábio nada tinha a ver com aquela visita.

Márcia não viu o senhor Aristides entrar. Estava envolvida demais com seu pai. Nunca soube que foi seu sogro quem antecipou aquele encontro.

Ela e o pai ficaram conversando por horas, até anoitecer. Bem depois ouviram o barulho do carro de Fábio que tinha acabado de chegar.

— É o Fábio! — anunciou Márcia satisfeita.

O senhor Jovino levantou-se rapidamente e avisou:

— Eu vou embora, filha.

— Não pai. De jeito nenhum! — segurou-o preocupada com a decisão.

— Seu marido não vai me querer aqui.

— Não o julgue, pai. Espere, por favor.

Fábio estava distraído. Agiu como de rotina. Entrou pelos fundos, passou pela cozinha e ao chegar à sala ficou surpreso, incrédulo, mas não disse nada. Demonstrava seriedade e continuou assim. Colocou sua pasta sobre a mesa, afrouxou a gravata e pôs o paletó na cadeira. Foi na direção do senhor Jovino que parecia apreensivo e encabulado. Fábio estendeu-lhe a mão e perguntou:

— O senhor está bem? Como tem passado?

O senhor Jovino não viu o largo sorriso que se fez no rosto do genro, pois abaixou a cabeça ao retribuir o cumprimento.

Fábio imediatamente pegou sua mão com firmeza e o puxou dando-lhe um forte abraço ao mesmo tempo em que gargalhou com gostosa satisfação ao balançá-lo, estapeando-lhe as costas com prazer.

Diante disso, Márcia, desajeitada pela barriga, tentou abraçá-los e Fábio brincou:

— Ei! Aqui não cabe você não! — beijou-a com carinho.

O senhor Jovino tentou se justificar. Mas Fábio não deixou. Foi logo conversando e perguntando como estava a gráfica e a vida. Márcia sentia-se feliz e realizada.

Quando foram levar o senhor Jovino de volta para casa, ao chegarem lá, Márcia entrou primeiro e foi para a cozinha, quase matando Roberto de susto.

— Você aqui?!!!

Márcia o abraçou e contou o tudo com grande euforia.

— O pai ?! Na sua casa?! Eu não acredito! Falei tanto com ele e ele nunca quis me ouvir.

— Eu nem acredito, Beto! Quase que, literalmente, dei à luz hoje mesmo! — ria e brincava encantada como uma criança diante do presente mais desejado.

Fábio e o senhor Jovino entraram conversando animadamente. Roberto só acreditou porque os viu. Depois de tudo o que Fábio ouviu de seu pai, quando se encontraram pela última vez, pensou que nunca mais queria vê-lo. Roberto reconhecia que o cunhado realmente era uma pessoa muito especial, evoluída.

De volta para sua casa, Márcia inquieta perguntou:

— E o seu pai, onde será que está?! Não o vi a tarde inteira. Estou preocupada com ele. Saiu, nem deixou um bilhetinho, como sempre faz.

— Já deve ter chegado a essa hora.

— É estranho. Ele nunca sai sem me avisar! Onde será que ele foi? — reclamou Márcia.

Fábio sentiu que havia um "dedinho" de seu pai naquele reencontro, mas não comentou nada com a mulher nem perguntou a seu pai. Estava satisfeito e isso bastava.

Nessas alturas, Jonas e Júlia discutiam muito.

— Viu só no que deu? Eles acabaram se acertando por sua culpa, Júlia. Você tinha que sair, né?!

— Eu tive que sair para resolver algumas coisas!!! Qual é?!

— Que coisas?!

— Estou com problemas por sua causa — defendeu-se Júlia.

— Por minha causa?!

— É sim. Eu pedi para o ajudarem quando eu estava encarnada. Só que não deu tempo de pagar tudo o que prometi, até porque o serviço não foi completado. Depois eu fiquei doente e agora eles estão me cobrando.

— Sua idiota! Imbecil!!! — gritou Jonas empurrando-a. — Você vai se dar mal.

— Foi para ajudar você, cretino! Fiz isso por você!

— Vê se fica aqui e toma conta da situação.

— Aonde você vai?

— Procurar o Zul. Nós estamos perdendo forças. Precisamos de mais ajuda.

Chegando à sua casa, Márcia, ao ver seu sogro, abraçou-o e foi logo contando o que aconteceu, como se ele não soubesse.

O senhor Aristides oferecia-lhe toda atenção, gesticulando com o semblante a cada detalhe que ela contava emocionada. Fábio desconfiou ainda mais ao ver o sorriso cínico de seu pai, enquanto ouvia tudo silenciosamente com constante ar de satisfação. Porém não disse nada. Ele não queria estragar a felicidade de Márcia. Pouco importava se o senhor Jovino a procurou por iniciativa própria ou por incentivo.

— Pai, eu pensei que nunca mais meu pai iria me ver — dizia agora atrapalhada por chamá-lo também de pai.

— O que é isso, minha filha! — defendia o senhor Aristides satisfeito e orgulhoso, pois a consideração de Márcia, para com ele, não havia mudado. — Pai, que é pai, sempre procura seus filhos.

Naquela noite, Márcia não parou de falar no assunto. Fábio e seu pai trocavam olhares e sorrisos, não interferindo na felicidade que demonstrava.

Ao se deitar, Márcia não tirava o sorriso do rosto e Fábio pediu:

— Agora fica tranqüila. Vê se dorme para o nenê descansar também, tá?

Márcia adormeceu. Mas, durante a madrugada, Fábio despertou com a mulher remexendo-se agitadamente. Ela falava alguma coisa que o marido não conseguia entender. Ao perceber que era um pesadelo, Fábio a chamou com carinho segurando-a com cuidado:

— Márcia... acorda... você está sonhando, meu bem. Acorda.

— Não. Não! — começou a falar mais alto. — Eu não vou! Tenho que tirá-la de lá!!! — gritou, agitando-se de um lado para outro.

— Márcia — chamou Fábio mais firme. — Você está sonhando. Acorda, meu bem.

Foi então, que suspirando profundamente e com um choro desesperador, Márcia despertou.

— Calma. Calma. Você estava sonhando — disse Fábio com voz meiga e abraçando-a com carinho. Márcia chorava compulsivamente recostada no peito do marido.

Minutos depois, acreditando que ela demorava a se recompor, Fábio levantou-se e foi preparar um copo com água adoçada.

— Beba, Má. Vai fazer bem. Você vai se acalmar.

Bebeu a água em goles miúdos, mas ainda estava assustada.

— Você está bem, Márcia? — perguntou carinhoso, afagando-a.

Com a voz embargada pelos soluços, ela respondeu:

— Minha mãe... Eu sonhei... com minha mãe, Fábio.

— Foi um sonho, minha querida, vem cá — abraçou-a com afeto, recostando-a em si. — Vai passar. Você só está assustada.

— Minha mãe não está bem, Fábio. Ela está num lugar ruim.

— Isso foi só um sonho, meu amor.

— Será...?

— Márcia, quando os irmãos sem instrução querem nos perturbar, eles procuram atingir nossos pontos fracos. Como por exemplo, mexerem com as pessoas que amamos, com nossos pensamentos... Você, mais do que ninguém, acompanhou o quanto eu sofri com isso.

— Mas eu sonhei com a minha mãe.

— Eles podem fazer você sonhar com isso sim. Podem simular situações de tal forma que você acredite serem verdadeiras. Isso só para abalar, perturbar sua felicidade.

Márcia ficou mais calma, porém preocupada. Realmente muito aflita com o pesadelo. Vendo-a mais calma, eles voltaram a se deitar. Passado algum tempo, ela o chamou:

— Fábio?

Fábio já estava dormindo. Mas acordou no primeiro chamado e sonolento respondeu:

— O que é?

— Fábio, eu acho que não estou bem — reclamou com voz fraca.

Sentando-se rapidamente na cama, acendeu a luz e preocupou-se:

— O que você tem? É o nenê?

— Eu não sei. Sinto umas dores...

Fábio atrapalhou-se, mas não perdeu tempo.

— Vamos. Vista esse robe — pediu ligeiro.

— Eu quero tomar um banho — respondeu Márcia.

— De jeito nenhum. Nós vamos para o hospital, agora!

— Eu preciso de um banho, estou suada — insistiu ela melancólica, quase chorando.

— E se não der tempo, Má?

Por mais que Fábio falasse, não adiantou. Márcia teimou e foi para o banho.

No banheiro, as dores aumentaram e ela sentiu-se mal. Fábio a ajudou, enquanto seu pai telefonava para Ciro.

O senhor Aristides auxiliou Fábio a colocá-la no carro, indo os três para o hospital.

Tudo foi muito rápido. As dores aumentaram de freqüência de forma irregular, e Márcia, que não era de reclamar, chegava a gemer durante as fortes contrações.

Já no hospital, depois de algum tempo do atendimento, Ciro explicava a Fábio:

— Acalme-se. Ela está muito bem. Foi um alarme falso. Somente a pressão arterial se alterou, mas já está sob controle. Ela e o bebê passam bem.

Fábio passou as mãos pelos cabelos, esfregou o rosto e avisou:

— Ela ficou nervosa, Ciro. Teve um pesadelo e acordou gritando. Depois disso, as dores começaram.

— Isso acontece, Fábio. Alarme falso é muito comum. Mas temos de ficar de olho na pressão — avisou Ciro. — Nada de comida com sal. E evitem as fortes emoções. Se bem que sonho, ninguém controla.

— Será que foi por minha causa, filho? — perguntou o senhor Jovino, bem aflito, a Ciro. — Ontem à tarde eu fui até lá na casa dela. Nós nos encontramos, conversamos muito... Será que a Márcia se emocionou comigo e por isso passou mal?

— Pode ter sido qualquer coisa como: ansiedade, emoção, alimentos salgados...! — enfatizou. — Mas não se preocupem isso é completamente normal. E outra, vamos lembrar que a Márcia está próximo a dar à luz e é seu primeiro filho. Cada organismo reage de um jeito.

— Posso vê-la, Ciro? — perguntou Fábio.

— Sim. Claro, Fábio! — afirmou ao sorrir.

— Nós também? — perguntou Roberto ansioso.

— Melhor ficarem aqui. A Márcia daqui a pouco vai para casa, o soro já está terminando, aí vocês poderão ficar com ela o teeempo todo! — brincou.

Júlia vangloriava-se por ter conseguido fazer Márcia se agitar.

— Jonas, a Márcia passou mal. Tiveram que socorrê-la. Isso agitou toda a família.

— É, Júlia. Você está melhorando.

— E o Zul, Jonas. Por onde ele anda, hein?

— Encontrei com ele que disse que o seu chefe quer me ver. Como o Zul está me ajudando é natural que o chefe dele queira saber quem eu sou. E o Zul disse que tem alguns trabalhos para eu fazer. Estou ficando importante.

— Sei.

— Sabe, Júlia. Estou com um mau pressentimento. Por isso acho que preciso me juntar com uns caras que têm mais força, como o chefe do Zul, por exemplo.

— Por quê? — perguntou o espírito Júlia.

— Sabe quando você tem a impressão de que algo não está correto, que alguma coisa vai dar errado e que você vai se dar mal? — previu Jonas.

— Como o quê? Não há nada errado. Todos já ficaram melindrados com o estado da Márcia. Todos se mobilizaram e eu tive uma idéia. Já pensou se ela morrer? A família inteira vai enlouquecer! A começar desse maridinho dela. Quero ver onde fica toda essa fé, quero vê-lo resistir a isso. O pai dela, então, nem se fala! Velho safado, sem palavra! Mas ele vai ver, ainda mais que só agora voltou a falar com ela. — Júlia era sarcástica. Sempre debochava enquanto falava. — Jonas, pense bem. A Márcia está num estado sensível. Sua pressão pode subir a qualquer momento se ela ficar nervosa, ou se alterar por alguma coisa. Isso pode acontecer até na sala de parto, hein? Isso não lhe dá nenhuma idéia?

Jonas deixou de se preocupar com o que sentiu e passou a ter idéias junto com Júlia a respeito de Márcia.

— Você tem toda razão. Agora, mais do que nunca, precisamos nos unir para alcançar nosso objetivo.

— Vamos perturbá-la. Deixá-la nervosa, agitada, preocupada, louquinha! Tenho certeza de que juntos teremos ótimos resultados! — gargalhou Júlia.

— Acabando com ela, acabaremos com todos! Sempre foi a mais mimada, o xodó da família.

Márcia já estava em sua casa descansando.

— Puxa, Má. Que susto!— confessou Roberto. — Quando a Rose me telefonou, avisando que você estava indo para o hospital, eu levantei rápido e fiquei tão atarantado que primeiro coloquei o tênis e depois fui tentar colocar o agasalho. Tudo ao contrário.

— Até eu — completou Ciro —, que estou acostumado com isso, fiquei preocupado e indeciso, tive até que chamar um colega para opinar comigo. Foi igual ao nascimento das minhas filhas, planejei em fazer o parto, mas que nada, "amarelei"!

Márcia sorria apesar de encabulada pela preocupação que causou a todos.

— Mas o que ninguém observou — salientou Paula —, foi o Fábio usando calça social e sapatos, com a camisa do pijama — gargalhou satisfeita por ter observado.

Fábio se olhou e somente naquela hora viu que não tinha acabado de trocar de roupa.

Todos riram e brincavam.

— Mas fala a verdade, Ciro — afirmou Fábio sorridente —, você está cansado de ver maridos assim como eu, não está?

— Até pior, Fábio! É muito comum nós vermos os maridos trocarem pares de calçados e usarem um sapato diferente do outro em cada pé.

Aproveitando a saída do senhor Jovino do quarto, Roberto não perdeu tempo:

— Gente! Vocês tinham de ver o pai! Assim que atendi ao telefone, eu disse para a Rose que ligou: "A Márcia foi para o hospital?! Será que vai nascer hoje? Estou indo pra lá!" Quando olhei, o velho estava trocado, em pé, na porta, me apressando e dizendo: "Vamos logo! Quero ser o primeiro a ver o Gabriel! Não vou dar esse gostinho pro outro avô!"

Depois de rirem muito, Ciro virou-se para Márcia e, bem sério, recomendou:

— Márcia, você está no oitavo mês. É um bebê saudável, mas não queremos que ele nasça antes da hora, não é?

— Claro, Ciro.

— Então repouse e procure controlar as emoções, além de não comer nada com sal.

— Pode deixar, Ciro — respondeu Fábio. — É só dizer ao meu pai que a Márcia precisa descansar e comer tudo sem sal que ela não levantará desta cama e toda sua alimentação será insípida, completamente sem sabor! Eu garanto!

* * *

Naquele dia Fábio não foi trabalhar. Decidiu ficar com Márcia e também teria de procurar a mulher que já lavava e passava as roupas da casa e pedir-lhe que ficasse com Márcia nos próximos dias. Apesar de seu pai acompanhar a nora em tudo, ela poderia precisar da companhia de uma mulher, até para conversar mais à vontade sobre o que sentia, pois dona Vera era experiente na maternidade, já tinha quatro filhos.

Fábio saiu e foi à procura de dona Vera.

— Vou sim, senhor Fábio. É claro que ficarei com ela o tempo que precisar — confirmou a senhora.

— É somente até a hora de eu voltar do serviço. Meu pai vai estar lá com a senhora para ajudar no que for preciso.

— Ele não vai precisar se incomodar. Eu já conheço bem a casa, sei onde fica tudo. Já cuidei de lá tanto tempo pro senhor e pro seu irmão, não é? E agora vou ter prazer de cuidar da Marcinha e do seu bebê, depois que ele nascer.

— Então ficamos assim. Amanhã a senhora começa e combina o preço de seus serviços com a Márcia, está certo?

— Depois a gente vê isso, senhor Fábio, não se preocupe.

Em sua casa, Fábio contava à Márcia sobre o que havia combinado com dona Vera.

— Será melhor para você, Má. Ela fará todo o serviço da casa, além da roupa que ela já cuida e também será uma companhia. Tivemos sorte dela não estar trabalhando em outro lugar e aceitar o serviço, não é fácil arrumar uma pessoa de confiança hoje em dia.

— Se minha mãe estivesse viva, Fábio. Tenho certeza de que não iria precisar de ninguém para me ajudar.

— A minha também, Márcia. Ela iria dar todo apoio e ajuda necessária. — Suspirando fundo, lamentou: — E pensar que nem chegou a conhecê-la...

— Você teve notícias de sua mãe, Fábio. Através da mensagem do Ney. Sabe que ela está bem. Mas eu...

— Não vai ficar preocupada novamente, não é? Você já me deu um susto hoje — advertiu Fábio amável, e a abraçou.

— Estou bem. Só um pouco preocupada.

— Vamos fazer preces com mais freqüência à sua mãe e quando eu tiver uma oportunidade no centro, perguntarei a algum amigo do plano espiritual para que nos informe sobre ela, se ele puder, claro.

Márcia ficou ansiosa, queria notícias de sua mãe. Sabia que nem sempre isso era possível, mesmo assim queria tentar.

Jonas e Júlia estavam observando e planejando o que poderiam fazer para inquietar Márcia, para alterar seu estado. Apesar de que, já há algum tempo, nem Fábio nem Márcia sentiam qualquer perturbação, pois estavam em um nível espiritual bem melhor e não conseguiam perceber as sugestões de nenhum deles.

Fábio e Márcia mudaram seu modo de pensar e agir, diante do assédio espiritual de Jonas e Júlia. Definitivamente, eles não davam mais atenção aos pensamentos sem harmonia que percebiam, certos de que esses não faziam parte de seus princípios. Márcia passou a ser menos eufórica e mais crente na proteção e sabedoria Divina.

Eles nunca deixavam de fazer o Evangelho no Lar, freqüentavam o centro espírita e Fábio voltou a assumir as mesmas tarefas que realizava antes no centro.

Tudo isso impossibilitava os ataques de Jonas e Júlia que cada vez mais se revoltavam, mas não desistiam da vingança.

Em uma das vezes em que realizavam uma reunião, através de Roberto um mentor amigo se manifestou.

— Qual é seu nome? — perguntou Fábio que dirigia a sessão.

— Lucas. Eu venho em paz e trago notícias das quais sei que gostariam de ouvir.

— Pode dizer — respondeu Fábio bem atento, a fim de não ser enganado.

— A senhora sua mãe, Fábio, recuperou-se bem do estado em que se encontrava quando desencarnou. Seu irmão está em um curso muito importante aos desencarnados no nível dele. Ele, sabendo que eu viria aqui, mandou-lhe lembranças.

Fábio emocionou-se, porém se conteve e lembrou de perguntar sobre a mãe de Márcia.

— Gostaríamos de saber sobre dona Mariana, mãe de Márcia. Você teria condições de nos informar?

— Sim. Claro — respondeu o espírito Lucas de forma pronta e cortês. — Dona Mariana está se refazendo. Ainda pensa que está doente, mas se recuperando a cada dia, pois não sentiu mais dores e acreditou que os "remédios" que está tomando agora — sorriu generoso — surtem ótimos efeitos.

— Então ela está em um bom lugar? — perguntou Fábio temendo a resposta.

— Sim. Ela se encontra em um hospital, ainda, mas cremos que permanecerá lá por pouco tempo. Foi bem recebida por grandes amigos e parentes na espiritualidade e está sendo bem tratada. Esses parentes e amigos que se encontram no plano espiritual, em boas condições, vão visitá-la com freqüência. Isso ajudou sua compreensão sobre o desencarne e sobre o plano espiritual. Por ter adotado a religião católica, ela, às vezes, acredita que está no céu. Mas isso não importa, uma vez que a fé em Deus é o que nos sustenta. Em breve dona Mariana compreenderá melhor.

Após essa notícia Márcia, que excepcionalmente assistia àquela seção no centro, pois esse trabalho era destinado aos mentores instruídos, sentiu-se bem mais tranqüila. Depois do pesadelo que teve com sua mãe, ficou temerosa pelas condições dela.

Jonas e Júlia chegaram a sua casa. Eles estavam mal-humorados e brigando.

Por alguns minutos pararam de discutir. Foi quando três mentores se deixaram ver por eles. Júlia assustada perguntou:

— Quem são esses caras? O que eles querem?

— Esses caras nunca procuraram, você? Eles acreditam que são anjos justiceiros e querem que paremos com o que estamos fazendo para a Márcia e a família. — Jonas respondeu.

— Já me procuraram sim, mas o que me ofereceram não foi muito bom, não era o que eu queria — afirmou Júlia.

Aproximando-se deles um dos mentores falou:

— É hora de acabarem com o tipo de pensamentos e atitudes que vocês sustentam, não acham?

— O que vocês têm com isso?! — respondeu Jonas estúpido.

— Temos muita coisa sim, meus filhos.

— Não somos teus filhos! — disse Júlia.

— Vocês já fizeram muito, é hora de pararem e o melhor a fazer é virem conosco, pois somente assim vocês se livrarão de muitos transtornos e grande sofrimento.

— Nos levaria para um lugar bom? — interessou-se Júlia.

— Nós os levaríamos para um lugar adequado às condições de vocês, onde pudessem ser tratados, aprender a mudar a forma de pensar...

— Pro inferno você e sua oferta! — respondeu Jonas. — Já conheci esta história antes. Lá só tem sofrimento e dor, não é lugar para nós. Aquilo é o inferno. Não é o nosso lugar.

— Vocês só irão passar pelas condições que vocês próprios provocaram. Com o tempo, através do arrependimento verdadeiro, através do amor em Jesus e aos Seus ensinamentos, vocês serão recolhidos para condições verdadeiramente dignas dos seus sentimentos. Em outras palavras, somente quando se arrependerem realmente de tudo que provocaram, e em seus corações existirem amor para com àqueles que vocês prejudicaram, estarão em condições de serem ajudados e se livrarão de muita dor e muito sofrimento. Precisam ter fé.

— Ninguém quer realmente nos ajudar — afirmou o espírito Júlia. — Isso é tudo conversa. Quando eu desencarnei, sofri muito. No começo vi meu corpo e não entendi o que acontecia. Procurei pela minha família e não consegui compreender por que não me davam atenção. Rezei, rezei muito e depois me revoltei porque não havia explicação para o que estava acontecendo e nenhum de vocês sequer se deu ao trabalho de me procurar para me avisar o que acontecia. Começaram, então, a passar por mim muitas pessoas que me xingavam e me humilhavam. Eu me sentia fraca, doente, largada no meio da rua. Muitos me maltrataram, chamavam-me de aidética. Diziam que a culpa era minha e que eu também era homicida. Eu nunca matei ninguém, como podiam me chamar assim? Resumindo, não apareceu ninguém como vocês para me defender! Aquilo tudo foi injusto comigo e o único que me ajudou foi Jonas, meu irmão.

— Você fala de justiça, filha? — perguntou o mentor. — A justiça só pertence a Deus. Quando foi que deixou sob o julgamento de Deus qualquer coisa que lhe tenha parecido injusta? Nunca. Você, sempre, em seus pensamentos e ações desejou o mal aos outros. Cobiçou as condições alheias recriminando e mal-dizendo os méritos. Sempre teve opiniões e sentimentos indignos a qualquer ser humano. Seu palavreado nunca foi adequado e sempre procurou vingança àquilo em que não acreditou ser correto, não esperando a palavra final do Criador. Você nos diz que rezou!? Não é o suficiente murmurar algumas palavras para se obter o que deseja. Devemos sentir as nossas orações no coração e aguardarmos, com fé, o tempo que for preciso para obtermos uma resposta ao que pedimos e finalmente aceitarmos a decisão do nosso Criador. Sem críticas, sem desespero, sem mágoas, pois é ao Pai Maior a quem pertence à justiça e nós não sabemos o que merecemos.

Quanto ao fato de terem-na acusado de homicídio, quero lembrá-la, Júlia, que, quando encarnada, sabendo ser portadora de um vírus — HIV — tão perigoso que é o agente causador da síndrome da imunodeficiência adquirida — AIDS — responsável por tantas lesões, doenças e óbitos, provocados por extremas enfermidades que se tornam fatais, o que fez? Explicando melhor, em outras palavras: Quando você, ciente de portar esse vírus letal, o que fez para que outros não se contaminassem com ele através de você? Eu mesmo respondo. Nada. Não fez nada. Muito ao contrário. Acreditou que não tinha nada a perder e se usou, como transmissora desse terrível vírus, para, propositadamente, contaminar várias pessoas. Valeu-se do que portava para vingar-se de forma maldosa e cruel. Então eu explico, filha: Quem provoca a morte de alguém direta ou indiretamente, é homicida sim. Com certeza irá ressarcir todo e qualquer prejuízo que tenha causado. E ainda, como se não bastasse, cometeu o grande erro de comercializar com espíritos inferiores, sem instrução, para maltratar pessoas e conseguir se vingar. Aí nós temos dois grandes erros: A princípio não quis confiar na sabedoria Divina, pois nós não podemos julgar se é certo ou errado o comportamento alheio. Não podemos exigir justiça a qualquer preço. Segundo, vingar-se é querer se colocar no lugar de Deus para punir àqueles que você julgou. Isso foi um grande erro, filha.

— Vá embora! Não quero saber de mais nada! — irritou-se Júlia.

— O melhor seria vocês pensarem agora e decidirem enquanto ainda podem escolher.

— Sumam daqui! Minha irmã já disse que não queremos nada com vocês! — gritou Jonas.

— Essa atitude é lamentável. Mas um dia ainda terão fé. Todos evoluímos.

Dizendo isso, os três mentores foram embora.

— Que droga! — disse Jonas furioso — Esses caras não desistem mesmo. Quero que eles sumam.

30

Recompensa Divina

Passaram-se os dias e o espírito Jonas irritava-se cada vez mais porque Márcia e Fábio não sentiam absolutamente nada com a presença dele nem de Júlia, muito menos com o que lhes sugeriam. Tudo o que faziam para perturbá-los era inútil.

Márcia estava em sua casa, no quarto preparado e decorado com todo carinho para a chegada do bebê. Tudo era bem gracioso e de grande bom gosto.

Sentada na cama que seria de Gabriel, bem ao lado do berço, acariciava com ternura os aparatos delicados e os bichinhos de pelúcia, sorrindo sem perceber, imaginando como seria...

Havia algumas horas que ela percebia leves contrações. Pelas dores estarem distantes umas das outras e bem fracas, não disse nada a ninguém, sabia que teria um bom tempo. Já havia tomado banho e se arrumado conforme queria. Deixou suas coisas junto às do bebê em lugar fácil e no jeito para serem pegas. Saindo do quarto calmamente, acreditou ser hora de chamar Fábio e avisar seu irmão Ciro.

— Fábio? Sou eu, bem — disse ao ligar para o marido.

— Oi! O que está acontecendo, Márcia?! — Fábio parecia ter percebido.

— Nada urgente. Liguei para o seu celular porque o telefone de sua mesa estava ocupado. É que... bem, só gostaria que você viesse embora agora, para não pegar trânsito mais tarde.

— É o bebê?! Chegou a hora?!!! — perguntou eufórico e feliz.

— Não sei se chegou a hora — riu do marido —, mas gostaria de ir para o hospital. Não quero correria nem surpresas.

— Estou indo, agora mesmo! Espere aí! Beijo!

Fábio desligou o telefone e, nervoso, mal conseguiu avisar um colega sobre a razão de sua saída.

Ciro já estava no hospital e com o telefonema de Márcia ficou preparado, junto com um colega obstetra.

O senhor Aristides telefonou para o senhor Jovino e toda a família foi alertada, colocando-se em polvorosa. Somente a futura mamãe, apesar das dores, parecia calma.

Márcia já estava no hospital e Fábio insistiu em acompanhá-la, gostaria de assistir ao nascimento de seu filho. As horas iam passando normalmente, entretanto, parecia uma eternidade para todos que aguardavam por notícias.

Na sala de parto, viram que Fábio estava se desfigurando, apesar de ficar ao lado de Márcia e afagando-a, suspeitaram que tivessem de socorrê-lo, pois empalideceu parecendo que iria desmaiar a qualquer instante. Para poupá-lo, Ciro o levou de volta à sala de espera a fim de que ficasse junto com os outros.

Ansiosa, a família aguardava por notícias que Ciro, vez e outra, aparecia para lhes dar, sempre avisando que estava tudo bem.

Somente por volta das seis horas da manhã, Gabriel nasceu.

Ciro, sorridente, apareceu na sala de espera avisando com grande entusiasmo:

— É um garoto forte e rosado, aparentando ter excelente saúde! Foi tudo normal e Márcia passa bem.

Fábio não conseguiu conter suas emoções. Chorou como ninguém nunca viu. Seu choro misturava-se com seu riso e sua alegria. Mesmo em meio aos abraços e cumprimentos, Fábio lembrou-se de agradecer. Foi para um canto mais isolado e orou a Deus, com toda sua fé, com todo o seu amor, agradecendo por aquele momento tão sagrado em suas vidas e por tudo ter corrido bem.

Depois de algum tempo, eles puderam ver Márcia. Ela sentia-se cansada, até exaurida de forças, pois havia ficado muito tempo em trabalho de parto, apesar disso estava feliz.

Fábio abraçando-a, colou seu rosto ao dela e disse baixinho:

— Eu amo vocês dois. Vocês são a razão de minha vida e da minha felicidade.

Lágrimas de alegria correram no rosto de Márcia que se misturaram às dele.

Aquele dia parecia ser o mais feliz de suas vidas.

* * *

Em sua casa, num dos raros momentos a sós com seu filho, Márcia o contemplava admirada. Gabriel dormia bem quieto e tranquilo. Um sono invejável.

Sentando-se na cama, ao lado do berço, ela pediu perdão a Deus porque, tempos atrás havia pensado e suicidar-se, depois quando desconfiou da gravidez queria o aborto e isso na verdade significaria nada mais, nada menos, do que matar aquele ser inocente e indefeso.

Seria tão cruel fazer o aborto naquela época quanto matar seu filho agora, ali como ele estava, dormindo tranqüilo e indefeso.

"Onde eu estava com a cabeça para pensar em fazer algo tão horrível?! Por pior que fosse a minha situação, ou a de qualquer mulher, não há nada que justifique o aborto", pensava arrependida.

O aborto, sem dúvidas é um homicídio, seria o mesmo que matar um bebê dormindo. A maldade, a crueldade, a atrocidade seriam as mesmas. Ela pediu perdão por seus pensamentos e por ignorar a sabedoria Divina, não dando atenção ao mínimo que já sabia, ou ao seu próprio instinto de preservação da vida humana.

Por mais sem instrução que possa ser a criatura humana, sempre existirá essa intuição de defesa e conservação da existência. Mesmo estando distante de suas lembranças, no fundo de seu ser, ele poderá encontrá-lo sem dificuldade e com coragem superar os obstáculos.

As lágrimas rolaram no rosto de Márcia. Ela fez uma prece ao seu filho, pedindo a Deus todas as bênçãos àquela criaturinha tão doce, tão viva, tão especial para ela.

Fábio aproximou-se do quarto e entrou vagarosamente. Sem dizer nada, sentou-se ao lado de sua amada e os dois ficaram ali por horas, admirando com carinho aquele que era o símbolo maior do seu amor: Gabriel.

* * *

Naquela semana, como também na que se seguiu, Fábio e Márcia não puderam comparecer ao centro espírita. Eles estavam atrapalhados com os afazeres para o bem-estar de Gabriel, que não se continha por muito tempo quando era necessário reclamar de alguma coisa.

— Márcia — avisava Fábio, com serenidade, enquanto trazia Gabriel, aos berros, em seus braços —, não sei mais o que fazer, queriiida! — ironizou brincando. — O bebê não pára de chorar, meu amooor! Sai logo desse banho e vem amamentá-lo. É só isso o que não posso fazer por você.

— Estou indo, Fábio! Espere só mais um pouco! — respondia ela que estava embaixo do chuveiro.

Fábio balançava o nenê enquanto dizia com ternura:

— Espere aí, Gabriel, a mamãe já vem. Só mais um pouquinho, viu? Você vai querer uma mamãe bem limpinha, não é?

Não adiantava. Gabriel, definitivamente, não queria saber de conversa e só chorava; mesmo sendo balançado, acariciado, beijado e mudado de posição pelo pai apavorado, o garotinho gritava estridente para avisar que estava com fome.

— Marciiinhaaa! — dizia Fábio desesperado, mas brincando. — Ele acordou assim que você entrou aí, acho que não agüenta mais esperar. Vem logo, mamãaaae!

— Já vou!!! — respondia Márcia apressando-se ao máximo. — Pronto. Estou indo!

Ao sair do banheiro, ela nem chegou a se pentear e foi, às pressas, amamentar Gabriel.

— Vem com a mamãe, meu amor — dizia Márcia ao filhinho embalando a voz com doçura, pegando-o no colo e aconchegando-o ao peito.

Gabriel parou de chorar imediatamente e Fábio suspirou aliviado. Agora, sem conseguir tirar o sorriso estampado no rosto, estagnou ao observar Márcia amamentar seu filho e pensou em voz alta, falando mansamente:

— Nunca vi coisa mais linda!!!

Sua mulher sorriu e não disse nada. Ele pegou uma escova e passou a pentear carinhosamente os cabelos úmidos de Márcia, como uma forma de tentar ajudá-la com generoso prazer.

O senhor Aristides chegou do centro espírita e trouxe consigo o senhor Miguel, dirigente do centro e amigo íntimo de todos.

— Fábio! Miguel está aqui. Veio visitá-los! — anunciou seu pai.

Fábio beijou Márcia e foi recebê-los.

— Senhor Miguel! Que prazer tê-lo em minha casa!

— Vim visitar vocês e conhecer o herdeiro! Pegue, essa é uma simples lembrança. Espero que ele goste.

— Obrigado! Mas não precisava se incomodar. — Com o presente nas mãos, Fábio o convidou: — Venha comigo, venha conhecê-lo! — disse levando-o até o quarto.

— Que meninão, hein, Fábio! Puxa! Que garoto lindo!!! — exclamou o senhor Miguel verdadeiramente admirado. — Você também, Márcia, como está bonita! Que mãe linda!

— Obrigada, senhor Miguel — agradeceu timidamente.

— Ele se parece comigo, não é?! — perguntou Fábio empolgado e orgulhoso.

O senhor Miguel sorriu. Era muita pretensão de Fábio, mas entendeu a sua empolgação e não querendo contrariá-lo, contribuiu para massagear-lhe o ego sem desagradar a mãe do menino:

— O Gabriel tem alguns traços da Márcia, mas se parece com você sim.

— Eu não falei, Má?!!! — exclamou Fábio vaidoso.

O senhor Aristides só sorria orgulhoso, pois achava Fábio parecido com ele, assim sendo, seu neto também. Mas era verdade, Gabriel parecia-se muito com o pai.

— Vamos deixá-los tranqüilos, Fábio — sugeriu o senhor Miguel. — A alimentação é sagrada, é um momento que devemos ter harmonia e assuntos saudáveis, por isso orar e agradecer antes das refeições é muito importante devido ao fato de impregnarmos o que comemos com o que pensamos e falamos, com energias superiores que nos chegam dos amigos espirituais do "alto" aos quais nos ligamos.

— Voltando-se para a mãe, que sorria com o filho ao peito, ainda orientou: — Faça uma prece antes de amamentar esse garotão, viu Márcia? E não fique preocupada com mais nada nesses momentos, pois assim transmitirá ao seu filho indescritíveis energias salutares, calmantes e benéficas, verdadeiras bênçãos que nutrem e sustentam o espírito! Agora vou até a sala para deixá-los tranqüilos. Parabéns pelo lindo filho.

Foram para a sala e o senhor Miguel tirou do bolso um envelope dizendo:

— É outra mensagem para você, Fábio.

Ele pegou o envelope e tirou de dentro uma carta, desdobrou-a e começou a ler:

Querido irmão Fábio.
Sei que você está muito bem. Quero parabenizá-lo por seus esforços, pela fé e perseverança que teve para superar aqueles obstáculos que pareciam ser intransponíveis na época.

Sua fé, suas preces, sua resignação, vontade de vencer, seu amor em Deus e nos ensinamentos do Querido Mestre, sua paciência e boa vontade, foram as únicas armas e as mais poderosas e eficazes para as armadilhas infelizes dos sofredores que acreditam que a justiça pertence a eles.

Mais uma vez, querido Fábio, você nos provou que tudo acontece conforme à vontade de Deus se nós tivermos fé, força de vontade, a boa moral, que é a oração constante em nossos pensamentos diários e o cultivo incansável da paciência. Com isso nós não seremos, mas já somos vencedores.

Quando o objetivo é o bem e o amor, nenhuma luta é inválida e, de um jeito ou de outro, nós somos agradecidos pelas bênçãos de Deus por tantas oportunidades de harmonizarmos o que desarmonizamos.

Não é a riqueza material que importa, não é o número de notas depositadas em um banco ou em nosso bolso que nos faz rico, mas sim o amor em Jesus, a fé em Deus, o desejo do bem a todos os nossos irmãos. Isso é o mais importante para sermos nobres.

Querido irmão, eu estou muito bem.

Só tenho agradecimentos a você e ao nosso pai que tanto me ensinou, tanto tem orado por mim e pelo meu bem-estar. Você não imagina como é essencial o apoio dos encarnados para com seus entes queridos que já estão desse lado. É difícil, entretanto muito importante a aceitação diante do desencarne e a força que nos emite através das boas orações, não lamentando a nossa partida, nos auxilia indescritivelmente. Isso ajuda a nos mantermos firmes e fiéis à nossa fé.

Diante do meu desencarne, o que vocês me enviaram, através de seus bons pensamentos e sentimentos, muito me valeu para eu não sofrer e não lamentar esta separação temporária, facilitando para ficar nas condições que estou.

Nas últimas horas de minha vida terrena, você me disse: "Diante da dúvida, tenha fé e aguarde a manifestação de Deus, que é inconfundível e que nunca nos desampara. Tenha sempre paciência". Isso foi tão importante quando eu despertei! Parecia que eu acabara de ouvir você dando-me conselho tão elevado, suas palavras ficaram vivas na minha memória, Fábio.

Diga ao pai que eu consigo receber suas vibrações de amor e fé, obrigado.

Diga à Márcia que eu tenho de reconhecer que ela está mais linda do que antes. A beleza interior que ela despertou, diante do amadurecimento pela fé e pelo amor em Deus, é incomparável a de sua linda e elegante aparência.

Ao meu sobrinho, diga que eu o amo. Não tenho palavras para traduzir o que sinto.

Peço-lhe um favor. Diga a Rose para tomar cuidado com a ingestão de medicamentos. Ela está grávida e ainda não sabe.

Quanto ao Roberto, irmão da Márcia, apesar da angústia e do desespero que às vezes invade sua alma, diga a ele que sua resignação, paciência e aceitação, há muito o está amparando para o crescimento e enobrecimento de seu espírito. Diga a ele que não se torture, preocupando-se com o sofrimento futuro que ainda não aconteceu e talvez nem acontecerá. Tudo isso é passageiro, rápido. Aqui onde estou não se sofre e como ele vem orando a Deus pedindo ultimamente por amparo, ele será recebido e amparado por espíritos bons e amigos.

Tudo está caminhando tranqüilamente, mantenha sua fé e seu amor em Deus.

Os bons pensamentos e as boas palavras nos afastam de tudo o que é ruim.

Amo todos vocês.

Seu irmão,
Sidney.

Fábio emocionou-se. Seus olhos se encheram de lágrimas, tentou disfarçar, mas seu peito apertava com uma doce saudade, então disse:

— Sinto muita falta do Ney.

— Todos sentimos, Fábio — afirmou o senhor Miguel. — Mas nos confortamos e nos alegramos por sabermos que ele está em um bom lugar.

— Sim, claro. Isso é maravilhoso saber — sorriu.

* * *

Naquela noite, depois que todos se deitaram, Fábio não conseguiu dormir. Levantou-se, pegou o Evangelho, foi até a cozinha, sentou-se à mesa e passou a lê-lo. Depois que terminou, fez uma prece e ficou ali, em silêncio, por alguns minutos.

Márcia, que sentiu sua falta, levantou e foi à procura do marido. Não querendo assustá-lo, aproximou-se arrastando suavemente os chinelos. Fábio percebeu sua presença, porém não se manifestou. Ela colocou a mão em seu ombro, depois puxou uma cadeira, sentou ao seu lado e por fim perguntou:

— O que foi, Fábio?

— Não sei dizer. Sinto uma coisa...

— Aquelas premonições?

— Talvez seja — respondeu sensível.

Fábio não queria comentar nada, mas sentia que algo estava para acontecer.

— Vamos, venha dormir — propôs ela sorrindo. — Enquanto o Gabriel deixa, ele adormeceu quase agora e daqui a umas três horas deve acordar.

Fábio sorriu e reconheceu:

— Até que ele é bonzinho, chora só pra mamar. Lembro-me do Ney quando ele era bebê, eu tinha uns oito anos... Como ele era chorão! Não dá pra esquecer.

— Vamos, você precisa descansar — chamou com doçura.

Na manhã seguinte, Roberto os acordou.

— Hoje é sábado, meu! Levantar cedo faz bem. Vê se tira essa cara de "amarrotado", Fábio!

— Meu, estamos acordando de quatro a cinco vezes na noite. Não dá, né! — disse Fábio ainda sonolento e com voz grave.

Roberto parecia pouco se importar e entrou à procura da irmã.

— Márcia?!

— Quieto!!! — sussurrou ela exigente. — Se acordar o Gabriel, vai ter!

— Deixa só eu dar uma olhadinha nele? — murmurou.

— Mas fica quieto, não diga nada.

— Está bem — cochichou o tio sorrindo.

Roberto foi até o quarto e sentado na cama, ficou muito tempo só olhando seu sobrinho sob o véu do cortinado do berço. Ele não disse nada, só o admirava.

Márcia e Fábio o deixaram lá sozinho enquanto tomavam café. Passado algum tempo, Roberto voltou para a cozinha e comentou:

— Nossa! Como ele cresceu! Está mais gordinho e bem rosado.

— Eu também achei que ele engordou — concordou Márcia. — Apesar de só ter vinte e cinco dias, acho que ele está bem grande.

— Parece com você, Marcinha — disse Roberto para implicar com o cunhado.

— Oh, meu! O que é isso? Tá cego? Ele se parece comigo — reclamou Fábio.

— Um pouco, Fábio. Ele se parece só um pouco com você.

— Sente-se aí, Beto. Vou pegar uma xícara para você.

— Não, Má. De jeito nenhum. Tomei café agora mesmo. Obrigado. Já estou indo, só passei aqui para ver o Gabriel.

— Não vai não — pediu Fábio. — Fique aí que vamos bater um papo.

— Outra hora, Fábio. Preciso mesmo ir. Queria dar uma passada na casa da Bete, mas... não sei não... Acho que vou ligar e pedir para ela passar lá em casa.

— E você e a Bete, Roberto. Como estão? — perguntou Márcia.

— Somente amigos, Márcia. Absolutamente nada mais. Eu adoro a Bete e a respeito muito.

— Não se zangue! Desculpe-me — disse Márcia.

— Não estou zangado. Só estranho as pessoas não acreditarem em um amor platônico. Ninguém acredita num relacionamento sem interesse físico ou material — defendeu-se Roberto.

— Desculpe-me. Não pensei no que estava falando — ela disse ao abraçá-lo sorrindo.

Ele deu-lhe um beijo e sorriu. Desviando o assunto, comentou:

— Você me parece tão bem, Má. Não está mais inchada, está bem rosada. Olha só...!

Nesse momento, Roberto beliscou fortemente as bochechas da irmã balançando seu rosto de um lado para outro. E Márcia gritou:

— Ai! Pára, Beto!!! Sabe que eu não gosto disto!!!

— Quieta! Vai acordar o Gabriel! — sussurrou brincando.

Fábio sorriu, mas ao olhar para Roberto sentiu algo indefinido e triste.

— Vou indo. Tchau pessoal! — despediu-se o cunhado.

Roberto se foi e o dia correu normalmente.

Mais tarde, enquanto conversavam, Fábio fez um convite a Márcia:

— Vamos dar uma volta, Má?

— Onde?

— Sei lá. Vamos ao shopping. Depois podemos passar na casa do Ciro para falar com a Rose sobre a mensagem do Ney. Sabe que eu já tinha me esquecido?

— Só se não formos muito longe. Não quero andar muito — pediu Márcia. — E tenho de achar um lugar tranqüilo para amamentar o meu "bezerrinho" — riu com mimo.

— Claro que não iremos longe. Vamos lá, vamos arrumar as coisas até o Gabriel acordar.

Nesse momento o telefone tocou, era Ciro.
— Márcia?
— Oi, Ciro! Tudo bem?
— Tudo. O Fábio está? — perguntou Ciro sem demora.
— Está. Espere que ele já fala com você.

Ela estranhou a rapidez que o irmão exigia, nem perguntou do sobrinho. Nesse instante, Fábio aproximou-se e atendeu.
— Fábio, é o Ciro.
— Olá Ciro, tudo bem?
— Quase tudo, Fábio — disse mais realista e entristecido.
— Sabe o que é? O Roberto me procurou assim que saiu de sua casa hoje cedo porque ele estava preocupado.
— Como é? Não estou entendendo!
— Estou de plantão no hospital — Ciro explicou melhor. — E assim que o Roberto saiu daí de sua casa, veio pra cá e me procurou. Contou que há alguns dias vem sentindo dores nas costas e pensou que fosse problema com a coluna. Hoje ao sair da sua casa, percebeu que estava com febre e com medo de que pudesse ter contagiado o Gabriel com qualquer virose ou mesmo gripe. Ele me procurou para saber o que tinha.
— Pelo que percebemos o Roberto nem pegou o Gabriel nem tocou nele. O Gabriel estava dormindo e o Roberto o viu no berço. A Márcia foi tirar o véu para ele vê-lo melhor, mas seu irmão não deixou e só ficou lá, sentado e olhando.
— Sim, eu sei. Foi exatamente isso que o Roberto me contou. Mas isso não é importante, pois não poderia ter contaminado o Gabriel.
— O que o Roberto tem? — perguntou Fábio preocupado.
— Pneumonia dupla. Eu o internei. Ele não me parece muito bem. Sei que Márcia está de dieta e amamentando, por isso não

contei a ela, mas seria bom se você o fizesse. Não concordo em esconder fatos desse tipo, já tivemos experiências anteriores.

— Claro, Ciro. Vou avisá-la. Nos mantenha informados. Obrigado. Tchau.

Márcia estava na expectativa, porém não se esqueceu do recado para Rose.

— Você não avisou sobre a Rose!

— Esqueci! Não deu tempo, Má. Liga pra ela agora, vai.

— Nós não íamos lá?

— Isso é muito importante, avise-a por telefone mesmo, depois conversamos pessoalmente.

— O que o Ciro queria? — perguntou Márcia desconfiada.

— Primeiro liga pra Rose. Isso é importante. Não sei como fui me esquecer — lamentou. — Deveríamos ter ligado ontem à noite mesmo.

Márcia pegou o telefone e ligou para a cunhada.

— Rose? É a Márcia.

— Oi, Má! Tudo bem? E o Gabriel?

— Está lindo! E bem comilão! Está tudo bem. Você e as meninas estão bem?

— As meninas estão ótimas. Eu é que estou com dores de cabeça diariamente. Já fiz de tudo para me livrar dela, mas acredito que os remédios que tomei prejudicaram meu estômago. Tive vômitos e coloquei tudo para fora. Sem falar nas tonturas, náuseas, azia... — Rose riu forçado e disse: — Preciso de um médico, você conhece algum?

— Aconselho parar de tomar tudo e procurar um médico especialista em obstetrícia. — Márcia riu e revelou: — Você está grávida.

— O que é isso, Márcia? Não estou não!

— Está sim! Antes de tomar qualquer coisa, procure ter certeza.

— Imagine! — riu a cunhada. — Não estou grávida não, Márcia. — O riso cessou. Rose fez breve pausa e respondeu gaguejando ao murmurar: — Eu... acho.

— Recebemos uma mensagem do Ney e ele pediu para você parar de tomar remédios, pois está grávida. Parabéns! — revelou com satisfação e sem trégua.

— Não pode ser! — exclamou Rose. — Ou será...?

— Mas é! Acredito que por você nem desconfiar é que nos avisaram. Não querem que se prejudique com automedicação.

Rose ficou muito surpresa, mas feliz com a notícia. Decididamente iria fazer um exame para ter certeza. Elas riram e conversaram mais um pouco.

Fábio, porém, não parecia contente. Preocupava-se com o estado de Roberto.

— Puxa, Fábio! — comentou Márcia ao desligar. — Por essa a Rose não esperava. Ela ficou na maior alegria, disse que iria ligar pro Ciro e ver se faz um exame o quanto antes.

— Márcia — contou o marido sem demora —, o Ciro telefonou àquela hora avisando que o Roberto foi procurá-lo, pois ficou preocupado. Contou que veio aqui em casa hoje cedo ver o Gabriel e só mais tarde percebeu que tinha febre alta. Disse que estava com medo de ter contaminado o sobrinho com algum tipo de gripe. Falou que nem pegou o nenê no colo, porque ele estava dormindo e não podia acordá-lo.

— E daí? — perguntou Márcia calmamente.

— O Ciro disse que não precisamos nos preocupar. Primeiro porque ele nem pegou o Gabriel no colo, segundo porque não há como contagiar...

Fábio deteve as palavras e Márcia sentiu um frio correr-lhe no corpo e perguntou:

— O que ele tem?

— Pneumonia — respondeu em tom de lamento.

Márcia entristeceu e sentou-se no sofá ao dizer:

— Ele me parecia tão bem, tão alegre quando saiu daqui.

— Eu também achei. — Sentando ao seu lado, contou: — Outro dia, estava pensando e observando-o, apesar de portador do vírus HIV, o Roberto não aparenta nenhum sintoma pela falta de imunidade. Ele não está magro, pelo contrário, seu porte é bem atlético, não está pálido ou coisa assim, nem reclama de sentir nada. Ele vive normalmente conosco e até me esqueço de que ele tem isso.

— O Ciro falou se ele está bem?

— Disse que está com pneumonia nos dois pulmões e... não estava muito bem... a febre ainda era alta.

— Vamos pro hospital, Fábio?

— Márcia, é melhor não. Lá não é lugar para você, que está de dieta e amamentando, além do mais e o Gabriel? Você não irá levá-lo a um hospital sem necessidade, não é?

Fábio pensava em preservar a saúde dela e do bebê. Queria poupar Márcia de sofrimentos maiores. Sabia que a esposa era muito apegada ao irmão e certamente padeceria se o visse doente. Fábio sentiu que algo aconteceria com Roberto. Como de fato aconteceu.

Apesar de estar em um bom hospital e sob cuidados de bons médicos, inclusive de seu irmão, Roberto desencarnou suavemente no segundo dia.

Como previsto por Sidney, Roberto foi amparado pelo plano espiritual. Teve um desligamento suave e depois de alguns dias, foi recebido com alegria quando despertou na espiritualidade.

Para a surpresa de todos, diante do acontecido trágico, Márcia se controlou. Chorou, porém o fez pela falta e pela saudade que sentiria de seu irmão tão querido. Ela o amava muito. Mas, agora, devido ao conhecimento, preparo e principalmente a certeza de que essa separação seria necessária e que reencontraria com seu irmão novamente em algum lugar um dia, conformou-se. Sabia que a vida não acaba após a morte do corpo, e se conteve por entender que nada terminou ali. Apesar da grande falta que Roberto lhe faria, apesar da saudade...

Márcia cresceu espiritualmente, sua fé e confiança no Criador estava inabalável.

— Sabe Fábio — dizia Márcia —, como admiro a Bete. Desde quando ela e Roberto se conheceram, mesmo sabendo de seu problema, nunca teve qualquer preconceito ou fez pouco caso dele, pelo contrário, foi companheira, saíram juntos, mostrou-se a melhor das amigas e parceira incomparável.

— Eu sempre admirei a Bete, Márcia. Ela sempre foi assim. Nós nos conhecemos no centro espírita e seus pais ajudaram os meus e a mim na adolescência. Foi a única amiga que eu tive em meio a todas aquelas dificuldades por que passei. Os outros fugiam de mim como se eu tivesse uma doença contagiosa.

— Eu a admiro tanto que não tenho palavras para descrevê-la. A Bete é mais que maravilhosa.

Fábio sorriu concordando. Depois de um tempo, Márcia perguntou:

— Como será que está meu irmão?

— Deve estar ainda, digamos, dormindo, ou talvez despertando para a nova vida — respondeu esboçando leve sorriso. — Quando se desencarna como Roberto, preparado e instruído, tanto para ele quanto para o plano espiritual fica muito mais fácil. O espírito geralmente fica adormecido e desperta depois de alguns dias, semanas ou até meses, depende do caso. A princípio, sente-se um pouco confuso com toda nova experiência. Mas devido ao grau de entendimento e aceitação, será orientado por amigos e continuará vivendo e aprendendo.

— Você acha que ele está bem?

— O próprio Ney avisou, um dia antes do Roberto ir para o hospital, que ele estaria bem, para que não se preocupasse. Nem mesmo deu tempo para eu mostrar a mensagem para o Roberto. Naquele dia pela manhã quando ele esteve aqui, eu estava entorpecido de tanto sono que acabei me esquecendo. Acho que foi melhor assim.

Márcia acenou com a cabeça positivamente e, chamada ao quarto pelo choro do Gabriel que acabou de acordar, foi ver o filhinho.

Júlia ria debochadamente.

— Roberto, amparado, sei! Quero ver a cara de espanto daquele infeliz.

Júlia voltou à realidade com a aproximação de Jonas.

— Júlia! Júlia!

— O que foi?! Pra que tanto alarido? — respondeu ela.

— O que é aquilo lá fora?! — gritava Jonas desesperado.

— Aquilo o quê?

— Há um monte de homens e de mulheres com vestimentas estranhas, de cores vermelhas e pretas, saia de palha e rodada, trazendo nas mãos um monte de objetos, cordas, punhais e não sei mais o quê...

Júlia ficou atordoada, sentindo-se muito mal. Havia prometido inúmeras oferendas a um grupo espiritual desencarnado, em troca de que Márcia e Roberto fossem perseguidos e perturbados. Mas nem tudo o que prometeu foi cumprido corretamente porque não achou que o seu desejo foi bem realizado. Além disso, sua doença e seu desencarne atrapalharam seu acompanhamento aos trabalhos efetuados. Agora acreditavam que chegou o momento de lhe cobrar.

— Eles estão...

Jonas nem terminou a frase, pois aqueles espíritos entraram ali e colocaram-se um ao lado do outro em uma formação geométrica no chão. De dois em dois até chegarem perto de Júlia.

As mulheres cantavam uma música que não se podia entender bem o que diziam. Elas rodopiavam e pulavam. Por fim, com um grito estridente, chegou, depois de um grande pulo, um espírito com a aparência de homem moreno, alto e magro, vestido com uma espécie de "tanga afro" e tiras em torno da testa e nos braços, com o peito de fora.

Júlia tentou correr, mas não conseguiu. Foi agarrada por algumas mulheres.

Júlia gritava e se debatia, mas nada adiantou.

— Larguem-me. Vocês não podem fazer isso!!! — gritava ela.

— Soltem minha irmã! — ordenou Jonas indo na direção daquele que parecia ser o chefe daquele grupo.

— Não se atreva!!! — vociferou de modo a estremecê-lo.
— Vocês nos subjugaram. Achou que nosso serviço não pres-

tou. Não colaborou conosco e não pagou o que devia. Agora ela vai com a gente. Será o nosso sacrifício, o exemplo de que precisamos.

— Mas não foi culpa minha! — defendeu-se Júlia aos gritos. — Eu não paguei porque adoeci. Houve algum engano, não disse nada sobre vocês não trabalharem direito.

O homem aproximou-se dela e cuspiu-lhe no rosto, dizendo:

— Mentirosa! Podem levá-la!

— Espere aí! — disse Jonas.

— Não se meta! Ainda não temos nada contra você. Ela vai e de lá não sairá mais.

Jonas acovardou-se.

Eles seguraram Júlia em decúbito ventral, presa pelos punhos e tornozelos por cordas. Levaram-na, chicoteando-a enquanto cantavam num dialeto estranho.

Jonas não sabia o que fazer. Ficou desesperado e saiu à procura de Zul. Depois de muito tempo, finalmente o encontrou.

— Zul! Que bom encontrar você aqui! Preciso de sua ajuda!

— Ei, cara! — disse Zul. — Por onde andou?! O chefe está furioso com o seu desprezo. Mandou chamar para conhecer você e não se deu ao trabalho de dar satisfação.

— É que eu andava ocupado demais com aquele pessoal. Aconteceu um monte de coisa. Eles se reconciliaram e estão cada vez mais fortes. Não conseguimos mais atingi-los. Mas agora surgiu um problema mais importante. Minha irmã encontra-se em apuros. Preciso da sua ajuda para livrá-la de um pessoal que a prendeu e a levou não sei pra onde, me ajuda Zul!

— Sem antes ver o chefe, não dá. Você tem que vir comigo — avisou o espírito Zul.

— Então vamos.

Jonas estava desesperado, faria qualquer coisa para livrar sua irmã. Então seguiu com Zul.

Eles percorreram longa distância chegando a um lugar baixo, deserto e estranho. O ar parecia cinza e pesado. Passaram por alguns portões metálicos e altos onde havia chapas metálicas com altos relevos semelhantes a rostos humanos com as bocas abertas. Subiram alguns degraus e diante de uma porta forte, alta e escura, Zul se anunciou. As portas se abriram e eles entraram.

Andaram por um corredor escuro, iluminado por tochas tremulantes. Podia-se sentir algo estranho. Jonas experimentou um medo horripilante, mas não disse nada.

Estarreceu-se mais ainda quando Zul ordenou firme:

— Fique aqui. Vou avisar que você chegou.

A cada segundo, tudo parecia mais tenebroso. Jonas começou a ouvir gritos e gemidos ao longe. Porém negava-se acreditar, pois estava apavorado. Passado um tempo considerável, Zul voltou e disse:

— Vamos. Venha comigo.

Andaram mais um pouco, depois entraram numa ante-sala de dar calafrios e por fim numa sala onde havia somente uma cadeira alta que fazia lembrar um trono. Um tapete vermelho cobria todo o chão. Havia uma espécie de fumaça no ar.

O espírito que era denominado como "chefe", assemelhava-se a um homem de estatura descomunal e aparência deformada para amedrontar seus subalternos. Estava de costas e virou-se com a chegada de sua visita. Ele olhou bem para Jonas e exclamou, perguntando:

— Você?!!!

— Eu o quê? — perguntou Jonas timidamente.

— Você vai pagar tudo o que fez e será a partir de agora!!!
Ele irado, gritava muito, vociferando em tom horripilante. Obedecendo ao seu chamado, entraram na sala alguns outros que seguraram Jonas pelos braços que, desesperado, gritava:

— O que eu fiz?! Nem o conheço!!!

Transtornado pela raiva que sentia de Jonas, acabou gritando e cuspinhando enquanto falava:

— Eu sou Manoel, avô do Rônei, lembra-se? Sou pai do Eraldo também, que era o tio mais novo do Rônei. Isso não lhe diz nada?!

Jonas empalideceu. Suas pernas amoleceram e seu corpo ficou frio enquanto suava. Mesmo assim, Jonas negou.

— Eu não sei do que está falando.

— Sabe sim! — vociferou grunhindo de ódio. — Sabe muito bem! Você matou meu filho e meu neto. Por sua causa eles hoje sofrem no "vale", e eu não posso fazer nada por eles.

— Eu?! Eu não fiz nada! — disse Jonas tentando se defender.

Aproximando-se deu-lhe alguns tapas no rosto e disse grosseiro:

— Não imagina quantos estão atrás de você! Prontos para saciarem sua sede de vingança por tudo o que provocou a tantos jovens.

— O que é isso?! Do que você está falando?!

— Você viciou meu filho e meu neto, dando-lhes gratuitamente drogas para que ficassem dependentes desse mal. Com o tempo eles não puderam mais se livrar desse vício e até venderam seus próprios corpos para conseguirem dinheiro.

Eles roubaram! — gritava — Furtaram e venderam suas coisas, seus pertences e coisas de sua própria casa para conseguirem comprar drogas. O Eraldo, meu filho, morreu primeiro, atacado de vírus, vítima da AIDS, que adquiriu através de seringas ou sei lá o quê!

Seu desgraçado! Você matou meu filho e, como se não bastasse, meu neto morreu logo depois por uma superdose.

Hoje eles encontram-se doentes e com dores piores do que quando encarnados. O Eraldo está sem pele, deformado e sentindo dores horríveis em suas feridas e contrações nos órgãos internos diuturnamente. O Rônei está com o apodrecimento aparente de seu estômago. Sabe como se aparenta? Está visível pra qualquer um ver! Sangrando, putrificando e caindo os pedaços por onde quer que ele ande, e a culpa é sua!!!

— Eu não sei de nada — acovardou-se Jonas.

— Aqui, meu caro Jonas, não adianta negar. Muitos outros jovens estão em situações iguais ou piores a de meu filho e meu neto, e nós não podemos fazer nada para ajudá-los.

— Pode me soltar! A culpa não é minha! O que vai fazer comigo?! — perguntou Jonas.

— Vou mandar informar a todos que o procuram que eu o encontrei e que você está comigo, à disposição para se vingarem — gargalhou tenebrosamente. — Aliás, ouvi dizer que você adora uma vingança, não é? Pois nunca mais terá sossego, Jonas. Até que a sua última vítima seja resgatada de todos os sofrimentos.

— Não! Não pode fazer isso comigo! Não!!!

Jonas gritava e se debatia inutilmente.

— Veremos se não posso. Você não sabe o que o espera.

— Não! Pelo amor de Deus! Não! Deus, me ajude!

O pedido de Jonas não passava de palavras em meio a um desespero, pois previa o que sofreria. Gritou por Deus porque se acostumou a ouvir o nome Dele em qualquer situação difícil, porém o remorso estava longe de seu coração.

— Levem-no daqui! Espalhem a notícia de que ele está à disposição!

O homem caiu em delirante gargalhada.

Jonas foi levado para uma espécie de cela e aprisionado.

Essa cela era um lugar úmido, escuro, grudento, com um odor horrível e inigualável a tudo o que Jonas já conhecera. No local havia insetos, animais pequenos, barulhos estranhos e aterrorizantes, propositadamente "produzidos" por aqueles espíritos tenebrosos a fim de causar medo.

Jonas ficaria à mercê de sua sorte para sofrer as conseqüências de todos os seus atos, todas as suas arbitrariedades. Nem poderia imaginar o que mais o esperava.

Devido julgar-se sempre com razão, devido sua falta de fé no Criador, acreditando que sairia impune de todos os seus atos, agora sofreria por isso. Aquilo era somente o começo.

* * *

Passados alguns meses, tudo corria normalmente. Márcia, Fábio, Gabriel e o senhor Aristides estavam na casa de Ciro e Rose fazendo uma visita de boas-vindas a Vinícius que nascera.

— Olha só, Gabriel, daqui alguns dias o priminho Vinícius vai poder brincar com você — dizia Fábio a seu filho que pulava em seu colo.

— Como ele está grande, Fábio? — admirou-se Ciro.

— É sim. Passou tão rápido. Nós nem percebemos e de repente ele já está quase falando e querendo andar.

Chamando Márcia para longe de todos, Rose perguntou:
— O que foi Márcia? Você me parece chateada.
— É que o meu sogro quer ir embora para Minas Gerais, eu quero que ele fique — respondeu Márcia entristecida.
— Ele precisa cuidar das coisas lá, não é? — justificou Rose.
— Lá, em Minas, ele tem um funcionário que é como um irmão. O homem é muito honesto e prestativo, trabalha com ele há muitos anos e cuida de tudo. Bem que o senhor Aristides poderia deixá-lo cuidar das coisas lá e ficar aqui. Não precisa se preocupar com nada, tem de tudo aqui... — disse Márcia quase chorando. — Estou acostumada com ele... é como um pai...
— Só que não podemos interferir na vontade dele — lembrou Rose.
Paula, que também estava lá e ouvia a conversa, observou:
— Será que é só por causa de seu sogro que está assim, minha irmã?
— Por que me diz isso? — perguntou Márcia murmurando.
— Não sei. Você está diferente. Chateada, sim, mas... está abatida demais. Parece que outra coisa a incomoda. Está sensível, chorona...
— Não — negou Márcia, sentida. — É que ele é tão bom pra nós. Não quero que nos separemos.
— Ah! Eu soube que o pai está indo no centro espírita com você e com o Fábio. É mesmo? — tornou Paula para não vê-la chorar.
— É sim — confirmou Márcia. — Já foi lá conosco três vezes. Percebi que está adorando as palestras e quando vai começar os passes, é sempre o primeiro da fila. Tem que ver que engraçado.

— Qualquer dia, vou levá-lo ao centro que eu, o João Vítor e a Bárbara freqüentamos. Ele vai gostar de lá também.

— Paula, eu estava achando o pai muito sozinho naquela casa. Estive conversando com o Fábio sobre isso e nós decidimos que o pai vai morar com a gente, vamos fazer a mudança dele na próxima semana.

— Mas o pai já sabe, Márcia?! — admirou-se Paula.

— Já. Adorou a idéia. Tem que ver como ele ficou. Está até arrumando as coisas — riu sem ânimo.

— Jura?! Nem dá pra acreditar.

— Claro! — confirmou Márcia.

— Fico feliz com isso, Má — comentou Rose. — Eu estava mesmo preocupada com o senhor Jovino sozinho naquela casa.

— Márcia, eu estava falando isso para o João Vítor — argumentou Paula. — Pensamos em levar o pai para morar com a gente. Só que minha casa é pequena e o quarto da Bárbara é miúdo, mal dá para ela.

— Não se preocupe, Paula — tranqüilizou a irmã. — Minha casa é grande e eu faço questão. Até pelo fato do pai e o pai, digo... — riu ao confundir-se, balançando a cabeça como querendo organizar as idéias. — O pai e o senhor Aristides se dão muito bem, um fará companhia ao outro. Eles poderão dividir o quarto, que é grande, e, se por acaso isso não der certo, minha casa tem muito espaço e dá para construir mais um quarto. A não ser que o senhor Aristides não queira ficar em São Paulo mesmo — desfechou chateada.

— Está vendo, Márcia? — lembrou Rose. — Você não vai ficar sozinha naquela casa. Seu pai vai morar com você, se acaso o senhor Aristides for embora, seu pai fará companhia.

— Eu sei, Rose, só que gosto muito do meu sogro. Você nem imagina! Ele é um pai para mim, eu já disse. Pode parecer que eu esteja sendo egoísta, mas gostaria que os dois morassem lá comigo — quase chorou novamente.

Paula sorriu e admirou a mudança de Márcia.

— A propósito, Paula — continuou Márcia contendo-se para não chorar —, por que você não se muda para a casa do pai? Acho que o Ciro não vai se importar. Ele está estabilizado e eu também. Poderá sair do aluguel, isso será muito bom, não é?

— Não sei, Márcia. E se o pai...

Márcia não deixou que continuasse e falou:

— O pai foi o primeiro a propor isso, Paula. Converse com o João Vítor e veja qual é o melhor para vocês.

— Isso, Paula — incentivou Rose. — Será ótimo para vocês!

Mesmo antes de conversar com seu marido, ela ficou feliz com a idéia. Não só pela mudança de sua situação financeira, mas também pela falta de ambição de seus irmãos.

Dias depois, Paula mudou-se para a casa de seu pai. Gostaria que ele ficasse lá, morando com ela, mas o senhor Jovino decidiu ir morar com a Márcia e Fábio. Talvez por ciúme do Gabriel com o outro avô.

A família de Paula passou por uma sensível mudança. Tanto ela como seu marido, ficaram mais calmos e passaram a viver muito bem. Eles eram tarefeiros no centro espírita que freqüentavam e Bárbara os ajudava.

O senhor Jovino passou a administração da gráfica para João Vítor, que se saiu muito bem ocupando o lugar que era de Roberto.

Na casa de Fábio e Márcia, os dois avôs ficavam disputando o neto que, aos dez meses de vida, não podia reclamar de falta de atenção, carinho, brincadeiras e mimos.

Márcia nunca foi tão feliz. Descobriu que a felicidade estava nas minúcias da vida e não nas grandes conquistas terrenas.

Um dia, logo após o jantar, Fábio conversava com seu pai.

— Pai, pensa bem — aconselhava Fábio.

— Já resolvi, filho. Vou mesmo voltar para Minas — decidiu o senhor Aristides.

— Esse velho está ficando caduco — dizia o senhor Jovino para provocá-lo. — Quer voltar para aquele "fim de mundo" e ficar lá sem fazer nada. Só de papo para o ar...!

— Caduco é você — revidou o senhor Aristides. — Eu tenho o que fazer lá sim. Não sou como você que deixa os serviços para os outros. Quer ir comigo pra saber o que é trabalho mesmo?! Quer?! Vamos?!

— Parem. Parem com isso — pediu Fábio calmamente, pois já estava acostumado com as constantes discussões dos dois, que sempre acabavam bem, mas duravam muito. — Não comecem. Eu só quero saber se o senhor vai mesmo voltar, pai?

— Estou decidido, Fábio. Vou voltar. Não tolero mais esse aí...! — indicou o senhor Jovino com o queixo.

— Pai, essa casa é grande, tem espaço sobrando. Fica — pediu Fábio com jeitinho. — A Márcia está chateada com essa idéia. Está chorando por causa disso... Já estou cansado de vê-la triste esses dias, aí pelos cantos, pelo fato do senhor ficar repetindo que vai embora. Puxa, não a torture! Não sei mais o que dizer, ela está sensível! Gosta muito do senhor.

O senhor Aristides ficou pensativo, titubeou e falou:

— Preciso voltar. Faz tempo que não vejo sua tia... — Após segundos, perguntou preocupado e triste: — Achei a Marcinha muito abatida... a vi choramingando também. Será que é por minha causa? Será que gosta tanto de mim assim?

— Está vendo? — interferiu o senhor Jovino. — Você nem percebe quando maltrata minha filha. É lógico que ela está chorosa por sua causa, velho tolo! Depois diz que gosta dela! Velho caduco e cego!

— Caduco é você! — retrucou o outro.

Fábio se levantou. Não tinha como conversarem, não daquele jeito. Mas, em seu íntimo, apreciava a presença dos dois e até se divertia com as discussões sempre engraçadas.

* * *

Mais tarde, depois que seu pai e seu sogro foram dormir, Fábio observou que Márcia estava chateada. Aliás, cada dia que passava, a esposa parecia mais tristonha.

Assim que Gabriel dormiu, Fábio aproximou-se dela, abraçou-a com carinho e a beijou. Depois, enquanto a envolvia com ternura em seus braços, perguntou com brandura:

— Por que você está assim triste, hein?

— Não é nada — respondeu com simplicidade.

— Márcia, eu a conheço. Não tente me enganar, meu amor. Vamos, me conta, vai.

Ela ficou pensativa por alguns segundos, suspirou fundo, depois o encarou e falou preocupada:

— Fábio, você está bem empregado. Eu deixei o meu serviço depois da licença maternidade e me dedico só ao

Gabriel. Além de ter a Vera que me ajuda com a casa, meu pai e seu pai que me fazem companhia... — embargou as palavras. Sorriu agora e comentou: — Eles vivem implicando um com o outro, mas não se largam. Pode parecer bobagem, porém isso enche nossa casa de vida! Agora, depois de tudo estabilizado e tranqüilo, seu pai quer ir embora... — disse com voz trêmula para chorar. — Gosto muito do seu pai. Puxa! Você não imagina o quanto... — lágrimas rolaram.

— Não podemos fazer nada, meu amor. Eu disse que ele é teimoso. — Fábio a abraçou, recostou-a em seu peito e pediu: — Não fique assim. Não é motivo para tanta amargura, Márcia. Você está ficando tão sensível para algumas coisas. Isso só traz tristeza que a deixa abatida, pálida. Sabe, andei te observando e estou preocupado com sua saúde. Emagreceu muito, está com olheiras fundas... Não dorme, chora à toa...

— Eu não queria dizer nada pra você, por enquanto, mas...

— Mas... Está doente? Sente alguma coisa? — perguntou agora preocupado.

— Não... Não estou tão triste assim, ou melhor, não é só isso.

— Eu não estou entendendo, Má. Explique-se direito — pediu apreensivo.

Chorando e rindo ao mesmo tempo, ela se viu obrigada a contar:

— Eu não estou tão triste, eu estou enjoada. Não consigo comer nada que vomito. Acho que estou grávida. Acho, não... Fiz um teste de farmácia hoje e deu positivo. Meu medo são as náuseas... Ai, Fábio... estou feliz, mas... começar tudo de novo...

Fábio ficou petrificado por um instante com o que ouvia de sua esposa. Segundos após a surpresa, parecendo cair em si, muito feliz, ele a levantou no ar, abraçou-a e a beijou o quanto pôde.

— Eu te amo, Márcia! Te amo!!!

Não se contendo, acordou os dois avôs e contou a novidade.

Na mesma hora, o senhor Aristides mudou de idéia e decidiu não voltar mais para Minas Gerais. Afinal de contas, ele teria de ficar para ajudar sua nora, que era mais do que uma filha. Fábio precisaria trabalhar, ela poderia passar mal, como na primeira gestação, e somente ele tinha acompanhado Márcia durante esse período. Acreditou que o sogro de seu filho não seria capaz de cuidar tão bem dela. Depois, o outro avô tomaria conta do neto Gabriel, mas quem cuidaria de Márcia melhor que ele? Não poderia confiar só na empregada. Fora isso, futuramente, como poderia olhar duas crianças? Uma o outro avô a ajudaria, mas e a outra? Então, definitivamente o senhor Aristides resolveu ficar por amor à sua nora, e criou diversas discussões com o senhor Jovino por se achar bem mais preparado para tratar de tudo.

Márcia deu à luz a outro menino.

Só que, agora, foi Fábio quem escolheu o nome do filho. E mais uma vez, como uma homenagem a uma das grandes personalidades dos livros psicografados por Chico Xavier, Fábio colocou em seu filho o nome de André Luiz.

O amor e a responsabilidade superam qualquer obstáculo.

Deus sempre está olhando por todos que têm fé. Mesmo diante de circunstâncias que possam parecer críticas ou irreparáveis, sempre haverá o amparo e a melhor solução, se o amor e a fé no criador forem mantidos verdadeiramente fortes. Isso nos faz despertar para a vida.

SCHELLIDA.

Levamos o livro espírita cada vez mais longe!

Av. Porto Ferreira, 1031 | Parque Iracema
CEP 15809-020 | Catanduva-SP

www.**lumeneditorial**.com.br
www.**boanova**.net

atendimento@lumeneditorial.com.br
boanova@boanova.net

17 3531.4444

17 99257.5523

Siga-nos em nossas redes sociais.

@boanovaed

boanovaeditora

CURTA, COMENTE, COMPARTILHE E SALVE.
utilize #boanovaeditora

Conheça outros
livros da médium

Acesse nossa loja

Fale pelo whatsapp